AF834029

Yearbook of the ILA Italian Branch

Volume 2

The Yearbook of the ILA Italian Branch aims to create a forum for debate between Academia, law professionals and civil servants on public and private international law, as well as European Union law, coherently with the statutory task of the International Law Association (ILA).

The Yearbook of the ILA Italian Branch welcomes suggestions for articles (8.000/10.000 words) or comments (6.000/8.000). You may contact us by sending a 750/1.000 words abstract at ilaitaly@gmail.com, to the attention of prof. Alberto Malatesta. We strongly recommend sending your suggestion by the 15th of February of each year.

Organizational Chart

General Editor:

ALBERTO MALATESTA, *LIUC University, Castellanza; Secretary-General of ILA Italy.*

Associate Editor:

DONATO GRECO, *University of Naples Federico II.*

Board of Directors:

GIOVANNA ADINOLFI, *University of Milan*; ALBERTO MALATESTA, *LIUC University, Castellanza; Secretary-General of ILA Italy*; MARIA CHIARA MALAGUTI, *Catholic University of the Sacred Heart, Rome*; ATTILA M.TANZI, *University of Bologna; President of ILA Italy.*

Scientific Board:

GIOVANNA ADINOLFI, *University of Milan*; GIACOMO AIELLO, *State Attorney General*; STEFANIA BARIATTI, *University of Milan*; MASSIMO BENEDETTELLI, *Arblit*; IDA CARACCIOLO, *University of Campania Luigi Vanvitelli, Caserta*; MICHELANGELO CICOGNA, *De Berti Jacchia Franchini Forlani Law Firm*; SERENA FORLATI, *University of Ferrara*; MICAELA FRULLI, *University of Florence*; PIETRO FRANZINA, *Catholic University of the Sacred Heart, Milan*; MARIA CHIARA MALAGUTI, *Catholic University of the Sacred Heart, Rome*; ALBERTO MALATESTA, *LIUC University, Castellanza; Secretary-General of ILA Italy*; PIETRO MANZINI, *University of Bologna*; GIORGIO MARRAPODI, *Ministry for Foreign Affairs and International Cooperation of Italy*; MICHAEL MCILWRATH, *MDisputes, Florence*; ENRICO MILANO, *University of Verona*; GIAN BATTISTA ORIGONI, *Gianni & Origoni and Partners*; FULVIO MARIA PALOMBINO, *Roma Tor Vergata University*; IRENE PETRELLI, *Curtis, Mallet-Prevost, Colt & Mosle*; MIRKO SOSSAI, *Roma Tre University*; ATTILA M. TANZI, *University of Bologna*; CHIARA TONDINI, *MDisputes, Florence*; EUGENIO TRANCHINO, *Watson Farley & Williams, Milan.*

Editorial Board:

CARLOTTA CERETELLI, *University of Padua*; MARCO DIMETTO, *University of Padua*; ESTER FERRIELLO, *University of Naples Federico II*; DONATO GRECO, *University of Naples Federico II*; MARIANGELA LA MANNA, *Catholic University of the Sacred Heart, Milan*; GIULIANA LAMPO, *University of Cagliari*; ANDREA MENSI, *Catholic University of the Sacred Heart, Milan*; GUSTAVO MINERVINI, *University of Turin.*

Yearbook of the ILA Italian Branch

ILA Italy

VOLUME 2

BRILL | NIJHOFF

ISSN 3117-9320
ISBN 978-90-04-76688-4
ISBN 978-90-04-76689-1 (PDF)
DOI https://doi.org/10.1163/9789004766891

Library of Congress Cataloging-in-Publication Data
A CIP catalog record for this book has been applied for at the Library of Congress.

© 2026 the author(s), published by Koninklijke Brill BV, Plantijnstraat 2, 2321 JC Leiden, The Netherlands.

All rights reserved. No part of this publication may be reproduced, translated, stored in a retrieval system, or transmitted in any form or by any means, electronic, mechanical, photocopying, recording or otherwise, without prior written permission from the publisher. Text and datamining for commercial purposes requires the publisher's permission.

Brill Nijhoff and Koninklijke Brill BV are part of De Gruyter Brill.
www.degruyterbrill.com

Questions about General Product Safety Regulation: productsafety@degruyterbrill.com

Contents

PART 3
Views from International Lawyers

PART 4
Reports by ILA Italy Committees and Study Groups Members

PART 5
Judicial and Arbitral Practice

PART 6

Book Reviews

Foreword

The second volume of the Yearbook comes to the light in a time when international law is under strain and perhaps evolving towards new models. In this regard, Prof. Attila Tanzi's thought-provoking reflections on the most recent events open the "Essays and Articles" Section and aim to keep readers of the Yearbook updated while spurring debate on the core principles of international law.

Against this chaotic backdrop, the Yearbook continues to uphold the peaceful coexistence among States: principles such as environmental protection, the international governance of common resources, and the peaceful settlement of disputes should still be pursued and strengthened. The positive reception and appraisal of the first volume by international lawyers lead us to continue along this path.

In this line, the Editorial by Prof. Ida Caracciolo and Prof. Maria Teresa Infante Caffi, both sitting as judges at the International Tribunal for the Law of the Sea (ITLOS), covers the key elements for the protection of the marine environment and highlights the obligations of States stemming from the Tribunal's 2025 Advisory Opinion on Climate Change.

The "Essays and Articles" Section hosts the contributions presented at two outstanding workshops. The first are the proceedings of the Conference on "Law in a Extreme Space: The Undersea Dimension", held at the University Milan-Bicocca under the auspices of many institutions, among which is the Italian Ministry of Foreign Affairs, and sponsored by ILA-Italy. Academics and diplomats contributed to the topic, and their discussion resulted in the adoption of a Declaration. Ilaria Tani, Pasquale Velotti, and Salvatore Zappalà shared their views with the Yearbook.

The second set of essays are the proceedings of the Conference on the 100th anniversary of the Mavrommatis Judgment, held at the University of Padua in 2024. Many experts from different countries (Andrea Gattini, Zachary Douglas, Marco Dimetto, Carlotta Ceretelli, Marina Mangarelli, Rodrigo Polanco Lazo, Roberto Ruoppo and Michael Waibel) expressed their thoughts on the multifaceted aspects of this famous decision rendered by the Permanent Court of International Justice, mainly on its legacy and on its current relevance.

This year, the "Views from International Lawyers" Section features two distinct contributions. The first is devoted to the memory of Antonio Crivellaro, one of the most renowned Italian international arbitrators, who passed away in 2025, with Federico Cabona offering both a personal and professional portrait of him. The second is a contribution by Eugenio Tranchino, examining offshore infrastructures at the intersection of the international law of the sea and Italy's domestic legal framework. By analysing the recent establishment of the Italian exclusive economic zone and the evolution of maritime spatial planning instruments, the author highlights the regulatory challenges surrounding offshore wind development and hydrocarbon extraction in the Mediterranean context.

In the belief that their contributions are of great benefit for all the scholars of the Section, the "Reports by ILA Italy Committees and Study Groups Members" are maintained and focus on the activity of the ILA Global Health Law Committee (report edited by Pia Acconci and Stefania Negri) and of the newly established Committee on the Contribution of International Law to the Global Sustainable Development Goals and the Post-2030 Agenda (edited by Ilaria Espa).

In times of sanctions and counter-sanctions, especially between the European Union and Russia, the "Judicial and Arbitral Practice" has been used to investigate their implications in the private law field, with special reference to anti-suit injunctions. Hussein Haeri, together with Christopher Birks and Antonio Leandro, depicts an updated scenario of this far-reaching judicial instrument and explores its relevance and limits from various points of view.

In the last Section, Giulia Perrone reviewed *L'esperienza del male. Guerra, tortura, genocidio, terrorismo alla sbarra*, a book interview of Prof. Antonio Cassese with Giorgio Acquaviva, recently edited by Micaela Frulli.

Also this year, our gratitude goes to some international law firms for backing us in the realisation of the Yearbook: Gianni & Origoni and Watson Farley & Williams, for confirming their long-standing support, and Carlenutti Studio legale Associato and Curtis, Mallet-Prevost, Colt & Mosie LLP for getting on board.

Milan, January 27, 2026.

Alberto Malatesta
Secretary-General of ILA Italy

Notes on Contributors

Pia Acconci
Full Professor of International Law at the University of Teramo, where she also taught EU Law. Since 1 September 2024, she has been the Academic Coordinator of the Jean Monnet Module on EU against Disinformation through Investment and Communication (EUAD). From 1 September 2018 to 28 February 2023, she was the Academic Coordinator of the Jean Monnet Module on EU Investment Law. Since 2015, she has been a member of the ILA Committee on Global Health Law. From 2004 to 2008, she was a member of the ILA Committee on International Law concerning Foreign Direct Investment. She obtained a PhD in International Economic Law from the University of Bergamo in 1997.

Federico Alberto Cabona
Senior Associate at BonelliErede since 2018. As a member of the Italian Bar, he specialises in commercial and investment arbitration, with a particular focus on construction, cross-border trade, and post-M&A matters, acting as both Counsel and Tribunal Secretary. He currently serves on the Editorial Committee of *Diritto del Commercio Internazionale* and is a member of the International Law Association Committee on Conflict-of-Laws Issues in International Arbitration and a Co-Chair of AA40, the Italian below-40 Arbitration Association.

Christopher Birks
Senior Associate in the Public International Law and International Arbitration teams at Withers LLP, based in London. He specialises in complex commercial disputes, regularly acting in international arbitration and cross-border litigation. He has extensive experience in public international law and arbitration-related matters in the English courts, particularly in sovereign enforcement proceedings as well as the whole gamut of applications under the English Arbitration Act. His enforcement expertise encompasses a deep understanding of sovereign immunities, private international law and asset-tracing techniques.

Ida Caracciolo
Judge of the International Tribunal for the Law of the Sea (ITLOS) since 1 October 2020; Full Professor of International Law, Department of Political Sciences, University of Campania Luigi Vanvitelli, since 2005; Member of the

Permanent Court of Arbitration since 2025 and Vice Arbitrator at the OSCE Court of Arbitration and Conciliation. Legal Expert of the Italian Ministry of Foreign Affairs (1994–2020); Member of the Italian delegation in several multilateral and bilateral negotiations. Counsel for Italy in cases before the International Court of Justice, the Court of Justice of the European Union, the ITLOS, and the European Court of Human Rights (1994–2020). Ad hoc judge at the European Court of Human Rights (2016–2020). Visiting Professor at different foreign universities.

Carlotta Ceretelli
Assistant Professor of International Law at the University of Padova, School of Law. Her research revolves around the fields of international dispute settlement, general principles of international law, sustainable development and social rights. She is currently finalising a book project on the concept of sound administration of justice in international adjudication.

Marco Dimetto
Assistant Professor of International Law at the University of Padova, School of Law. His publications address issues of international dispute settlement and international economic law. He was awarded the 2021 Rosalyn Higgins Prize by *The Law and Practice of International Courts and Tribunals* and the 2024 Annual Prize of the Italian Society of International Law (*Premio SIDI*).

Zachary Douglas KC
Full Professor at University LUISS Guido Carli, Rome and Professor of International Law at the Graduate Institute in Geneva, where he is also the Director of the Masters of International Dispute Settlement. He is a Barrister and King's Counsel at the London Bar and a member of 3VB Chambers. He has an extensive practice as arbitrator and counsel in international cases.

Ilaria Espa
Associate Professor of International Economic Law at the Università della Svizzera italiana in Lugano and Fellow at the World Trade Institute of the University of Bern. She is also Adjunct Professor at the Catholic University of the Sacred Heart in Milan and Lead Counsel for the Natural Resources Programme of the Centre for International Sustainable Development Law. She serves as Co-Rapporteur of the International Law Association Committee on International Law for the SDGs, Co-Convenor of the Energy and International Law Interest Group of the European Society of International Law and of the International Economic Law Interest Group of the Italian Society of Inter-

national Law, and Secretary of the Swiss Energy Law Association. In 2022, the European Commission added Ilaria Espa to the List of Candidates for Appointment as Arbitrators and Trade and Sustainable Development Experts.

Andrea Gattini
Full Professor of International Law at the University of Padova, School of Law. He is an associated member of the *Institut des Hautes Études Internationales* (Université Paris II Panthéon-Assas) and several other international academic institutions. Formerly, he had been counsel of the Federal Republic of Germany before the International Court of Justice in the *Jurisdictional Immunities of the State* case.

Hussein Haeri KC
Partner at Withers LLP in London, Head of Public International Law and Co-Head of International Arbitration at the firm. He is a King's Counsel in England and Wales and Professor of Practice at SOAS, University of London. He has 20 years' experience in international dispute resolution in London, Paris and New York. His clients include Governments, multinational corporations and international organisations. He is a Fellow of the Lauterpacht Centre for International Law (University of Cambridge). He is also a Member of the Faculty at Roma Tre University, Certificate Course in International Commercial and Investment Arbitration.

Maria Teresa Infante Caffi
Academic at the University of Chile, Faculty of Law, where she served as Director of the Institute of International Studies (1987–1994). Judge of the International Tribunal for the Law of the Sea since 2020 and Member of the Curatorium of The Hague Academy of International Law, the Institute of International Law, the International Law Association, and the Instituto Hispano Luso Americano de Derecho Internacional. Former President of the Chilean Society of International Law and the Latin American Society of International Law (SLADI) (2016–2018). Co-Agent in cases before the International Court of Justice and former Ambassador to the Kingdom of the Netherlands.

Antonio Leandro
Full Professor of International Law at the Aldo Moro University of Bari. PhD in International and European Union Law at the Sapienza University of Rome. Lawyer qualified to practice before the Italian Supreme Court. Expert for the European Commission and UNIDROIT. Observer to the HCCH Group

of Experts on Carbon Markets. Occasional member of the Italian delegation to the European Judicial Network in Civil and Commercial Matters. Fellow of the Roma Tre-UNIDROIT Centre for Transnational Commercial Law and International Arbitration. Member by invitation of the Conference on European Restructuring and Insolvency Law and of the International Insolvency Institute. Author of five monographs and around 200 papers, as well as Editor or Co-Editor of six collective volumes. He co-directs a scientific book series and an academic journal, and sits on several editorial boards.

Martina Magnarelli
International arbitration specialist with work experience in six jurisdictions across Europe. An international lawyer, former Counsel at Seven Summits Arbitration, Martina has acted in international arbitration proceedings under the ICC, DIS, ICDR, CAM, CEAC and Swiss Rules with seats in Paris, Zurich, Munich, Amsterdam, London, and New York. She has experience in a diverse range of sectors, including private equity, infrastructure projects, energy and natural resources. Martina regularly publishes and speaks at international conferences on commercial and investment arbitration.

Stefania Negri
Associate Professor of International Law at the School of Law of the University of Salerno, where she teaches Public International Law, International Health and Environmental Law, and the legal clinic "One Health". At her home institution, she holds the positions of Vice-Dean for International Relations and Erasmus Departmental Coordinator. She is currently President of the European Association of Health Law; Director of the Jean Monnet Centre of Excellence "New Visions of the European Union's Role in Global Health"; Coordinator of the Jean Monnet Module "One Health: Global and EU Perspectives"; Member of the Italian delegation at the GHSA Legal Preparedness Action Package and co-Chair of the Sub-working Group on One Health; Member of the ILA Global Health Law Committee; co-founder and a Member of the coordinating committee of the ESIL Interest Group on International Health Law. She is Co-Editor of the *Journal of Global Health Law* (Edward Elgar Publishing).

Giulia Perrone
Postdoctoral Researcher in International Law at the Mediterranean University of Reggio Calabria, where she focuses on universal jurisdiction over international crimes in EU Member States. She is a Teaching Assistant in International Criminal Law at University LUISS Guido Carli, Rome and contributes

to the DEFEART.IT research project with a study on the protection of cultural heritage in emergency situations, as part of the University of Florence research unit. Giulia holds a PhD in International Law from the University of Turin and has acquired teaching and research experience at several universities and research centers, including the Lauterpacht Centre for International Law (University of Cambridge), the Universidad de Sevilla, the Universidad Autónoma de Madrid, and Sciences Po. She serves on the Secretariat of the Italian Branch of the International Law Association. Prior to her academic career, Giulia worked as an international human rights advocate.

Rodrigo Polanco Lazo
Legal Adviser for Spanish and Portuguese-speaking jurisdictions at the Swiss Institute of Comparative Law, a Senior Lecturer, Researcher, and Academic Coordinator of master's programmes at the World Trade Institute, University of Bern, and a Visiting Professor at the University of Chile. Rodrigo holds a bachelor's degree, a Diploma in Air and Space Law, and a Master of Laws from the Universidad de Chile, an LLM in International Legal Studies from New York University, a PhD in Law from the University of Bern, and a habilitation ("Privatdozent") from the same university.

Roberto Ruoppo
Associate Professor of International Law at Marche Polytechnic University of Ancona, Italy. He is also Professor at the University LUISS Guido Carli, Rome, where he currently teaches "Artificial Intelligence: National, International and EU Law perspectives". He is the author of a monographic work (*La proprietà nel diritto internazionale*, 2022) and several scientific articles. He has participated in several scientific conferences as a speaker, is a member of the Italian Society of International Law and of the Italian Branch of the International Law Association and works in the editorial boards of leading international law journals.

Ilaria Tani
Associate Professor of International Law at the University of Milano-Bicocca, where she teaches Italian Maritime Law and, in master's and doctoral programmes taught in English, International Law of the Sea, Ocean Affairs Law and Policy, and Polar Law. She is a visiting lecturer at other institutions of advanced education. She serves as Coordinator of the PhD programme in Marine Sciences, Technology and Management, jointly offered by the University of Milano-Bicocca and the Italian Institute of Technology. She is a member of working groups at NATO, the United Nations and the International Hydro-

graphic Organization. She is a scientific advisor to the Italian Navy. She previously served as Associate Legal Officer in the Division for Ocean Affairs and the Law of the Sea, Office of Legal Affairs of the United Nations (New York, United States). She is a lawyer admitted to the Milan Bar.

Pasquale Velotti
Deputy Head of the Service for Legal Affairs, Diplomatic Disputes and International Agreements of the Ministry of Foreign Affairs and International Cooperation. He currently coordinates negotiations for Italy's adoption of treaties and oversees disputes before national courts in which the Ministry of Foreign Affairs is a party, as well as litigation before major international courts in which the State is a party. In addition, he monitors developments in soft law and international investment law affecting Italy. He served as Italian Consul in Montevideo and at the Italian Embassy in Copenhagen. Later, he worked extensively at the Directorate for Personnel, gaining substantial experience in administrative and human resources management. Recently, he was a member of the International Criminal Law Commission at the Ministry of Justice.

Michael Waibel
Full Professor of International Law at the University of Vienna. His teaching and writing focus on international law, international economic law, sovereign debt and international dispute settlement. He received the Deák Prize of the American Society of International Law, the Book Prize of the European Society of International Law and a Leverhulme Prize for his research. He is Co-General Editor of the *ICSID Reports* (with Jorge Viñuales) and Co-Editor-in-Chief of the *Journal of International Economic Law* (with Kathleen Claussen and Sergio Puig).

Salvatore Zappalà
Professor of International Law at the University of Catania. He previously taught in Florence and Pisa. Former Legal Adviser to the Permanent Mission of Italy to the United Nations in New York (2010–2018). He has published extensively in public international law, international humanitarian law, international criminal law, and human rights law.

PART 1

Editorial

1

El derecho internacional ante las reconfiguraciones del mundo actual

Attila M. Tanzi

1 Introducción

Excelentísimas autoridades, distinguidos colegas, estimados y queridos amigos y amigas, señoras y señores, es para mí un gran honor, y también un profundo privilegio, haber sido invitado a dictar esta lección magistral ante ustedes.

Soy plenamente consciente de la complejidad que entraña hablar de derecho internacional en los tiempos que atravesamos. Sin embargo, estoy convencido de que, precisamente en momentos como estos, constituye un deber ineludible para todo jurista internacionalista no sustraerse a ese desafío.

Hoy se habla mucho de una supuesta crisis del derecho internacional desde múltiples frentes: algunos autorizados y rigurosos, otros menos competentes, e incluso abiertamente desinformados. Pero más allá de la diversidad de voces, el debate está instalado, y no podemos ignorarlo.

Sería, no obstante, un ejercicio puramente retórico reconstruir aquí la sucesión de hechos y declaraciones políticas de relevancia internacional que alimentan esa discusión.

Todo ello es ya bien conocido por todos: desde la invasión de Ucrania, y antes aún, la ocupación ocurrida en Crimea; la dramática situación en Gaza; los acontecimientos del 3 de enero de este año en Venezuela; las pretensiones estadounidenses relativas a la soberanía territorial sobre Groenlandia; hasta las críticas formuladas por ese gobierno contra las instituciones multilaterales, en particular contra las Naciones Unidas, y contra el propio método del diálogo multilateral como forma de articulación de la comunidad internacional.

No es necesario reiterar lo evidente. Prefiero, en cambio, comenzar compartiendo con ustedes, de manera directa y estructurada, los cuatro puntos esenciales que hoy me honra someter a su reflexión.

Attila M. Tanzi, Catedrático de Derecho Internacional, Universidad Alma Mater de Bolonia; presidente de la ILA Italia; miembro asociado de 3 Verulam Buildings, Londres. Este editorial refleja una ponencia presentada el miércoles 11 de febrero en Asunción (Paraguay), cuando el Centro de Estudios de Derecho, Economía y Política (CEDEP) dio la bienvenida al Presidente de ILA Italia para un debate sobre el derecho internacional en el contexto de los cambios internacionales en curso.

© 2026 THE AUTHOR(S) | HTTPS://DOI.ORG/10.1163/9789004766891-002

En primer lugar, deseo partir del hilo conductor de mi exposición, del presupuesto general que orienta mis reflexiones: la sociedad es quien crea el derecho, y no el derecho quien crea la sociedad.

La crisis del derecho no es sino el resultado de la crisis, del cambio y del malestar de la sociedad que le sirve de fundamento, tanto en el plano internacional como en el nacional. Sin embargo, la "crisis" puede ser interpretada también como una oportunidad: una oportunidad de transformación, de adaptación, o incluso de reafirmación del *status quo* desde una conciencia renovada de sus límites y posibilidades.

En segundo lugar, me referiré a la presunta crisis del orden internacional como reflejo de situaciones de crisis internas. En efecto, muchas de las tensiones que observamos en el plano global no son sino la proyección externa de fracturas políticas, sociales e institucionales que se gestan en el ámbito nacional.

El tercer punto que deseo compartir con ustedes es la consideración de que la supuesta crisis actual del derecho internacional – cuya verdadera dimensión aún no puede medirse en medio del flujo vertiginoso de los acontecimientos – constituye el reflejo de una crisis más profunda: la de la sociedad internacional de los Estados.

Subrayo deliberadamente la expresión "sociedad internacional de los Estados" en lugar de "comunidad internacional", porque la primera ofrece una mayor neutralidad conceptual. La noción de comunidad presupone un grado de cohesión axiológica y de solidaridad que quizás hoy no podamos dar por sentado con la misma certeza de otrora.

Finalmente, el cuarto punto, que también será el espacio de mis conclusiones, nos conduce a la confrontación con una pregunta inevitable: ¿debemos ser pesimistas u optimistas? Y si consideramos racionalmente fundado uno u otro diagnóstico, ¿qué conducta debemos adoptar nosotros, juristas, diplomáticos, funcionarios del Estado, ciudadanos del mundo, frente a este escenario?

Por razones de tiempo, abordaré los distintos puntos con la mayor síntesis posible, para concentrarme con mayor detenimiento en el cuarto y último, especialmente en su dimensión propositiva.

2 La crisis del derecho como expresión de la crisis social

La crisis de un lenguaje compartido. En el contexto de la crisis actual, o, si se prefiere, del actual proceso de transformación y degradación social, que inevitablemente afecta al derecho, hay un elemento que merece especial atención: la crisis y el deterioro del lenguaje.

Este tema es fundamental para quienes, como quien les habla, y afortunadamente no estoy solo en esta convicción, consideramos que una de las funciones esenciales del derecho, y del derecho internacional en particular, es la comunicación. El derecho proporciona el lenguaje compartido mediante el cual los actores internacionales confirman, interpretan y aplican las normas, o promueven su transformación dentro de un sistema jurídico cuyas fuentes son, en gran medida, de naturaleza participativa.

La política internacional de los gobernantes, la diplomacia de los funcionarios de las cancillerías y la actividad de los operadores jurídicos, consultores, abogados, jueces, árbitros, se desarrollan y se realizan a través del lenguaje. Y no de cualquier lenguaje, sino de un lenguaje sustantivo, estructurado, normativamente cargado.

La comunicación en las relaciones internacionales funciona en la medida en que exista una convención lingüística suficientemente compartida: para nuestros fines, el derecho internacional entendido como lenguaje común.

Un lenguaje común no solo para cooperar, sino también para discrepar; no solo para preservar el *status quo*, sino también para promover el cambio; un lenguaje que permita disputar pacíficamente dentro de reglas reconocidas.

Uno de los pilares fundamentales de ese lenguaje común es la aceptación compartida de sus fuentes, basadas en el principio de la buena fe: *pacta sunt servanda* y *consuetudo est servanda*.

Cuando estos principios pierden su fuerza performativa, el lenguaje mismo comienza a erosionarse. Esos principios fueron respetados cuando la primera Administración Trump quiso cambiar el acuerdo de libre comercio del NAFTA. Simplemente, el cambio de sus reglas se realizó precisamente en el marco jurídico del derecho de los tratados y de la negociación del nuevo tratado – el USMCA –, mientras que el NAFTA continuó siendo respetado y cumplido hasta la entrada en vigencia del tratado posterior.

En la década de 1980, Sir Robert Y. Jennings, entonces presidente de la Corte Internacional de Justicia, afirmaba:

"En una sociedad de Estados profundamente dividida por ideologías, por religión, por pobreza y riqueza, por poder y debilidad, por tamaño, por historia y por geografía, conviene no perder nunca de vista que el único vocabulario de ideas que tienen en común es el derecho internacional público" (1984).

Esta reflexión se formuló en plena Guerra Fría, cuando el mundo estaba estructurado en tres grandes bloques: el occidental industrializado, el bloque soviético y el grupo de países en desarrollo más cercano a este. Hoy, sin embargo, las divisiones son aún más complejas, más fragmentadas y menos previsibles.

El punto que quiero destacar es que la complejidad de la sociedad internacional y de su orden jurídico no es sino el reflejo de esa complejidad social, tanto dentro de los Estados como en las relaciones entre ellos.

Expresiones que ayer parecían hasta axiomas – como el "sentido común" o la *conventional wisdom* – hoy se desmoronan ante una realidad en constante transformación.

Por ello, me parece fundamental que nosotros, juristas, asumamos la responsabilidad de preservar ese lenguaje común: conservarlo, defenderlo y difundirlo, sin impedir, por ello, las transformaciones necesarias en el contenido de las normas.

Porque el lenguaje del derecho internacional no debe ser un instrumento de inmovilismo, pero tampoco puede convertirse en una herramienta vacía o manipulable a voluntad.

3 La relación entre la crisis de la sociedad internacional y la crisis de los ordenamientos nacionales

Como recordaba Friedrich de Martens, el gran jurista y diplomático ruso, uno de los artífices de las Conferencias de Paz de La Haya de 1899 y 1907, al afirmar que: "Las carencias del derecho internacional (...) no son sino la consecuencia inevitable de las imperfecciones y la inestabilidad que caracterizan al sistema jurídico interno que ha prevalecido hasta ahora en todos los Estados".

Esta observación conserva hoy una sorprendente actualidad. Resulta cada vez más evidente, y de manera cada vez más extendida en el mundo, la presencia de "imperfecciones e inestabilidad" en los sistemas jurídicos nacionales. No es difícil constatar, en numerosos ordenamientos internos, carencias y problemáticas de naturaleza constitucional, penal, civil, administrativa y fiscal. Pero estas deficiencias técnicas no son sino el reflejo jurídico de algo más profundo: una grave inestabilidad social. El deterioro del tejido social, la fragmentación política, la polarización ideológica y la erosión de la confianza institucional terminan inevitablemente proyectándose sobre el derecho. Y cuando el derecho pierde su arraigo social, también pierde su eficacia. Todo esto se traduce en un fenómeno particularmente preocupante: la disminución de la observancia espontánea del derecho.

El derecho funciona plenamente cuando es obedecido no solo por temor a la sanción, sino también porque es reconocido como legítimo. Y ese reconocimiento implica la aceptación de la autoridad. La autoridad jurídica no se impone únicamente, sino que se reconoce. Y se reconoce en sociedades relativamente homogéneas o, al menos, cohesionadas en torno a intereses y valores compartidos. Cuando esa base común se debilita, el cumplimiento espontáneo disminuye; cuando disminuye el cumplimiento espontáneo, aumenta la necesidad de coerción; y cuando aumenta la coerción, se erosiona aún más la legitimidad.

En este sentido, la crisis del derecho internacional no puede entenderse aislada de la crisis de los ordenamientos internos. La sociedad internacional está compuesta por Estados, y estos, a su vez, reflejan la salud o la fragilidad de sus propias sociedades. La inestabilidad interna se proyecta hacia el exterior y el debilitamiento del reconocimiento de la autoridad en el ámbito nacional termina afectando también el reconocimiento de las obligaciones internacionales.

4 La actual crisis del derecho internacional como crisis de comunicación entre los Estados y como debilitamiento de una comunidad, real o percibida, de valores e intereses

El tercer punto que deseo abordar es el de una eventual crisis del derecho internacional derivada, ante todo, de una crisis de comunicación entre los Estados y de la ausencia, o al menos, de la percepción debilitada, de una verdadera comunidad de valores o de intereses compartidos. La verdadera magnitud de esta crisis, o, si se quiere, de esta posible oportunidad de transformación, aún no puede medirse con claridad en medio del flujo acelerado de los acontecimientos. Pero lo que sí parece evidente es que constituye el reflejo de una crisis más profunda: la crisis de la sociedad internacional de los Estados. Insisto deliberadamente en la expresión "sociedad internacional de los Estados", y no "comunidad internacional".

La noción de comunidad presupone una cohesión axiológica más intensa, una identificación más sólida en torno a valores comunes. La expresión "sociedad", en cambio, permite describir con mayor neutralidad terminológica la realidad presente: un espacio de interacción regulada, pero no necesariamente armonizada. Después de los horrores y devastaciones de la Segunda Guerra Mundial, en las décadas de reconstrucción – económica, política y moral – asistimos a un proceso de búsqueda de valores sociales y jurídicos compartidos.

El derecho internacional evolucionó entonces desde un derecho de mera coexistencia hacia un derecho de cooperación. Este tránsito se desarrolló fundamentalmente en el marco de foros multilaterales intergubernamentales, que pasaron a constituir una dimensión estructural del derecho internacional entendido como proceso, según la terminología desarrollada por la Escuela de New Haven o, más sencillamente, por la tradición académica de Yale en la época del realismo jurídico americano. La institucionalización de esos foros multilaterales no solo ofreció el espacio indispensable para el diálogo Este-Oeste y Norte-Sur, sino que también permitió la consolidación, la revisión negociada y la codificación progresiva del derecho internacional. Sin embargo, este mismo proceso también generó efectos secundarios.

Con el paso del tiempo, la creciente institucionalización dio lugar a fenómenos de burocratización del proceso jurídico internacional. En ocasiones, ello condujo a una cierta banalización del discurso normativo o a una confusión en la jerarquización de las prioridades, diluyendo la centralidad de los valores fundamentales que habían inspirado el proyecto cooperativo de la posguerra. Cuando el procedimiento sustituye al propósito y la producción normativa se convierte en un fin en sí mismo, el lenguaje jurídico corre el riesgo de perder densidad sustantiva. Al propio tiempo, cuando el lenguaje pierde densidad, la comunicación entre los Estados se vuelve más formal que real. En este sentido, la actual crisis también puede interpretarse como una crisis del propio modelo cooperativo que caracterizó el orden internacional de la segunda mitad del siglo XX.

5 Conclusiones: ¿pesimismo u optimismo? Tres razones para no abdicar del derecho internacional

El año pasado firmé un editorial en el volumen inaugural del Anuario de la Sección Italiana de la *International Law Association*. Mi orientación, entonces, era bastante pesimista, aunque no resignada. Este pesimismo se fundamentaba en algunos de los acontecimientos que he mencionado y que se desarrollaron hasta 2025. Era un pesimismo fundado en la constatación objetiva de un aumento de la inestabilidad global y en el riesgo, nada teórico, de la progresiva irrelevancia del derecho en las relaciones internacionales. Y, en efecto, desde comienzos de 2026, esa tendencia pareció confirmarse, especialmente tras una sesión ordinaria de la Asamblea General de las Naciones Unidas, particularmente conflictiva, marcada por un debate profundamente polarizado.

Hoy, sin embargo, me dirijo a ustedes con una actitud, paradójicamente, más optimista que la del año pasado y, quizá, hasta más combativa. Asumo esta actitud no porque yo crea que la situación internacional ha tocado fondo. Al contrario: no estoy convencido de que exista un límite automático al deterioro. La conflictividad social, económica y política en diversas regiones del mundo puede agravarse incluso. Pienso en la inestabilidad financiera internacional, en los desafíos demográficos, en el medio ambiente, en el riesgo de nuevas pandemias, en las dificultades para controlar y regular la inteligencia artificial, en la creciente vulnerabilidad frente a ataques informáticos y en la complejidad de normativizar el espacio cibernético.

Y permanece, además, la cuestión esencial de la prohibición del uso de la fuerza – tanto en el espacio físico como en el cibernético – a la que regresaré brevemente. Pero hoy no debo hablar del destino del mundo. Debo hablar del derecho internacional. Y desde esa perspectiva, deseo señalar tres razones para un optimismo prudente.

5.1 Primer motivo de optimismo: la vitalidad (y también los límites) del litigio estratégico internacional

En los últimos años se ha observado ante las jurisdicciones internacionales un fenómeno creciente: los Estados y los actores no estatales, incluidos individuos y organizaciones no gubernamentales, recurren a mecanismos jurisdiccionales, no solamente para resolver controversias jurídicas, sino también para producir efectos políticos, diplomáticos e incluso simbólicos que trascienden los intereses inmediatos de las partes involucradas.

La jurisdicción se utiliza como instrumento para promover los derechos humanos, proteger el medio ambiente, aclarar normas jurídicas, exigir responsabilidad a actores poderosos o influir en la opinión pública internacional.

En muchos casos, el objetivo no es únicamente obtener una decisión favorable, sino crear un marco jurídico que condicione la acción política futura del Estado demandado, incluso durante el propio procedimiento judicial, que suele ser prolongado.

Conviene subrayar que el litigio estratégico no adopta una única configuración, sino que puede desarrollarse tanto en una dimensión estrictamente bilateral como en un marco más amplio, de alcance multilateral.

Este fenómeno se manifiesta ante múltiples foros internacionales, entre ellos la Corte Internacional de Justicia, el Tribunal Internacional del Derecho del Mar, la Corte Penal Internacional, la Corte Interamericana de Derechos Humanos, el Tribunal Europeo de Derechos Humanos, la Corte Africana de Derechos Humanos y los Pueblos, así como los órganos de los tratados de las Naciones Unidas.

La litigación estratégica suele contar con el apoyo de organizaciones no gubernamentales, académicos, redes transnacionales e incluso coaliciones estatales, que contribuyen a estructurar jurídicamente los casos y a generar impulso político y normativo.

Los objetivos político-jurídicos mencionados se persiguen tanto a través de la función contenciosa como de la consultiva de los tribunales internacionales.

Permítanme añadir que, aunque hoy la expresión "litigio estratégico" esté de moda, la lógica que lo inspira no es nueva. Las consideraciones políticas han estado siempre presentes, en mayor o menor medida, en las decisiones estatales relativas al recurso al contencioso internacional.

Lo que sí constituye una novedad relevante es la frecuencia creciente de casos que implican la invocación y la aplicación de normas *erga omnes*, con una clara finalidad política, tanto en procedimientos contenciosos como en consultivos. Asimismo, se observa un aumento significativo de las intervenciones de terceros Estados en litigios relacionados con la determinación de obligaciones de carácter general.

En conclusión, esta práctica constituye un motivo de optimismo… pero un optimismo moderado.

Por un lado, revela la vitalidad del derecho internacional entre un número significativo de Estados y en amplios sectores de la sociedad civil. Denota confianza en el derecho como herramienta de acción política y como espacio de argumentación racional.

Por otro lado, esta estrategia diplomático-judicial puede generar resistencias. Algunos Estados, movidos por una lógica más pragmática o política, prefieren soluciones negociadas y pueden percibir la judicialización excesiva como una forma de presión o como una externalización de decisiones soberanas.

El desafío, por tanto, parece consistir en equilibrar la litigación estratégica con la apertura permanente de canales diplomáticos.

5.2 Segundo motivo de optimismo: el precedente histórico del giro pragmático tras el unilateralismo

El segundo motivo de optimismo es de naturaleza histórica. Me refiero al precedente de la presidencia estadounidense de George W. Bush Jr., que inició su mandato en enero de 2001 con una concepción del derecho internacional, en ciertos aspectos, comparable a la que hoy observamos en Washington.

La posición adoptada en aquel momento se basaba en la autopercepción de Estados Unidos como la única superpotencia global tras el fin de la Guerra Fría. Esa postura se caracterizaba por la aspiración a consolidar un diseño hegemónico del orden internacional.

Bajo el impulso ideológico de círculos ultraconservadores – como la *Heritage Foundation*, y de figuras gubernamentales como John Bolton, entonces

Subsecretario de Estado y posteriormente Embajador ante las Naciones Unidas (y luego Consejero de Seguridad Nacional también durante la primera presidencia Trump), se defendieron tesis orientadas a vaciar de contenido las restricciones derivadas del Capítulo VII de la Carta de las Naciones Unidas y del derecho consuetudinario en materia de uso de la fuerza, al menos en lo que respectaba al proprios Estados Unidos.

Esa postura se podía comparar con una suerte de "doctrina de soberanía limitada invertida", evocando – aunque en un contexto completamente distinto – la lógica de la *doctrina Brezhnev* en la esfera soviética. Se trataba, en definitiva, de un proyecto hegemónico que aspiraba a administrar una especie de *pax americana*, evocadora, en el imaginario retórico, de la *pax romana*.

Sin embargo, varios autores – entre ellos quien hoy les habla – sostuvieron en aquel momento que, en un contexto de transición inminente del equilibrio mundial del poder, marcado por la emergencia progresiva de nuevas potencias, resultaba estratégicamente imprudente intentar desmontar unilateralmente el marco jurídico internacional.

Precisamente porque ese marco podía ofrecer un contexto normativo basado en reglas capaz de contener los factores inevitablemente explosivos que acompañan todo proceso de transición y reajuste del poder global.

El giro histórico que sustenta mi tesis optimista se produjo tras el dramático atentado contra las Torres Gemelas el 11 de septiembre de 2001.

Ese acontecimiento reveló, por un lado, la vulnerabilidad de la propia superpotencia; y, por otro, generó una solidaridad casi unánime en el seno de las Naciones Unidas hacia Estados Unidos.

Ambos factores condujeron rápidamente al Gobierno estadounidense a reinsertarse en los mecanismos institucionales de la ONU. Se invocó el artículo 51 de la Carta para justificar la reacción armada contra el régimen afgano que protegía a Al-Qaeda, y se buscó, al menos inicialmente, la legitimación del Consejo de Seguridad en el marco del Capítulo VII.

En otras palabras, el unilateralismo hegemónico de inspiración ideológica cedió paso a un pragmatismo utilitario. Y ese pragmatismo reconoció, en un momento de crisis existencial, la utilidad del multilateralismo institucional.

Esta experiencia histórica sugiere una reflexión más amplia: incluso las potencias más inclinadas al unilateralismo pueden redescubrir el valor del marco jurídico internacional cuando enfrentan situaciones de vulnerabilidad o emergencia.

A la luz de esto, no es imposible imaginar que futuras crisis globales – ya sea vinculadas a transformaciones geopolíticas, a desafíos tecnológicos o a riesgos sistémicos – puedan desencadenar una nueva toma de conciencia sobre la utilidad del retorno al multilateralismo y a la cooperación, frente a las tentaciones unilaterales del presente.

La historia demuestra que el derecho internacional no desaparece necesariamente en los momentos de máxima tensión; a veces, es precisamente entonces cuando revela su función estructural.

5.3 Tercer motivo de optimismo: la lógica de acción/reacción y la resiliencia normativa

El tercer motivo de optimismo se vincula con una dinámica bien conocida en la evolución del derecho internacional: la relación entre acción y reacción, entre estabilidad y cambio, e incluso entre tentativa de abrogación y reafirmación normativa.

En el último año hemos observado una diferencia significativa respecto de períodos anteriores en relación con determinadas pretensiones y conductas contrarias a normas internacionales.

Tradicionalmente, cuando un Estado deseaba modificar una regla que consideraba desfavorable, recurría – al menos formalmente – a los procedimientos previstos por el propio sistema jurídico para el cambio normativo, conforme a las reglas sobre las fuentes del derecho internacional.

Incluso las violaciones más evidentes del derecho internacional solían ir acompañadas de algún intento de justificación jurídica. Se invocaban causas excluyentes de ilicitud, interpretaciones extensivas del derecho de legítima defensa, estados de necesidad u otras construcciones argumentativas destinadas a preservar, al menos en apariencia, la coherencia del discurso normativo.

Fue el caso, por ejemplo, de la operación militar rusa iniciada el 24 de febrero de 2022, respecto de la cual el presidente ruso invocó el artículo 51 de la Carta de las Naciones Unidas y procedió a la correspondiente notificación al Consejo de Seguridad. Más allá del juicio que pueda merecer esa argumentación, el dato relevante es que se sintió la necesidad de formular una justificación jurídica.

Hoy, en cambio, observamos situaciones en las que una potencia que se percibe a sí misma como hegemónica formula pretensiones manifiestamente contrarias al derecho internacional sin considerar necesario ofrecer siquiera una justificación formal o "cosmética" en términos jurídicos o diplomáticos.

Durante un tiempo, esta actitud pudo interpretarse como una técnica de presión o de negociación maximalista, frente a la cual otros Estados adoptaron una postura inicial de relativa aquiescencia o prudente silencio. Esa aparente pasividad contribuyó, sin duda, a alimentar la narrativa de una crisis estructural del derecho internacional.

Sin embargo, recientemente se ha registrado una inversión significativa de tendencia. Se ha producido una reacción más clara y articulada por parte de numerosos Estados, destinada a evitar que el silencio, o la falta de contestación, se traduzca en aquiescencia, y, por lo tanto, en un eventual efecto erosivo o abrogativo de la norma vulnerada (o incluso de la mera amenaza de vulneración).

No debemos olvidar que, en materia de prohibición del uso de la fuerza, la amenaza misma constituye una violación del derecho internacional.

Resulta particularmente interesante que esta reacción haya encontrado expresión explícita en el ámbito oficial del Consejo de Seguridad de las Naciones Unidas, donde varios Estados han reafirmado con claridad la vigencia de las normas fundamentales del orden internacional, aun en situaciones de fuerte polarización política.

Este fenómeno sugiere que el sistema jurídico internacional conserva mecanismos internos de defensa normativa. Cuando una regla central es cuestionada de manera frontal, puede activarse una dinámica de reafirmación colectiva.

Hace apenas unos días se celebró en Nueva York el debate abierto del Consejo de Seguridad titulado: "Reafirmar el estado de derecho internacional: vías para revitalizar la paz, la justicia y el multilateralismo".

Permítanme compartir con ustedes algunos pasajes de la intervención pronunciada el 26 de enero de 2026 por el Representante Permanente de la República Italiana, el Embajador Giorgio Marrapodi.

Tras recordar que en nuestros días "los fundamentos del estado de derecho en las relaciones internacionales están siendo sacudidos por guerras de agresión injustificadas y por un flagrante desprecio del derecho internacional humanitario y de los derechos humanos en muchas partes del mundo", el representante italiano reafirmó con claridad que: "Italia continúa manteniéndose firme en la defensa de la Carta de las Naciones Unidas, de la soberanía y la integridad territorial de los Estados, y del derecho de los pueblos a la autodeterminación y a los derechos humanos".

Asimismo, subrayó la necesidad de un esfuerzo conjunto para revitalizar "un sistema multilateral de relaciones pacíficas entre los Estados basado en el estado de derecho", añadiendo que "las situaciones que puedan constituir una violación del derecho internacional por parte de los Estados, especialmente cuando puedan afectar la paz y la seguridad internacionales, deben ser adecuadamente abordadas".

Finalmente, el Embajador situó nuevamente en el centro del debate el papel del Consejo de Seguridad, así como el de las organizaciones regionales, dentro del marco normativo más amplio del principio de la solución pacífica de controversias, consagrado en el artículo 33 de la Carta, destacando el papel crítico que desempeña la Corte Internacional de Justicia en ese contexto.

¿Por qué considero relevante esta intervención (respaldada por muchas delegaciones de diferentes grupos regionales)? Porque demuestra que, hasta en un momento de fuerte tensión geopolítica, el lenguaje del derecho internacional sigue siendo el lenguaje en el que muchos Estados formulan sus posiciones oficiales. Todo ello no necesariamente por axiomas idealistas, sino por una racionalidad geopolítica de conjunto, sobre todo compartida y percibida por Estados medianos y pequeños en las distintas regiones del mundo, tanto del Norte Global como del Sur Global.

No asistimos al abandono del marco jurídico, sino a una disputa intensa dentro de él. Apreciar esa diferencia es fundamental. Mientras las controversias se expresen en el lenguaje de la Carta, mientras la soberanía, la integridad territorial, la solución pacífica de controversias y el papel de las jurisdicciones internacionales sigan siendo invocados como parámetros de legitimidad, el derecho internacional no está muerto. No está muerto, está en disputa. Y un derecho disputado es un derecho vivo.

Les agradezco profundamente su atención y paciencia.

1 *BIS*

International Law Facing Today's World Reconfigurations

Attila M. Tanzi

1 Introduction

Your Excellencies, distinguished colleagues, dear friends, ladies and gentlemen, it is a great honor and a profound privilege for me to have been invited to deliver this keynote speech before you.

I am fully aware of the complexity involved in discussing international law in the times we are living in. However, I am convinced that, precisely at times like these, it is a fundamental duty for every international lawyer not to shy away from this challenge.

Today, there is much talk of a supposed crisis of international law, from multiple fronts: some authoritative and rigorous, others less competent, and even openly misinformed. But beyond the diversity of voices, the debate is ongoing, and we cannot ignore it.

It would be, however, a rather rhetorical exercise to reconstruct here the succession of events and the political statements of international relevance fueling such a discussion.

All of this is already well known to everyone: from the invasion of Ukraine, and even before that, the occupation of Crimea; the dramatic situation in Gaza; the events of January 3 this year in Venezuela; the US claims regarding territorial sovereignty over Greenland; to the criticism made by that government against multilateral institutions, in particular against the United Nations, and against the very method of multilateral dialogue as a form of articulation of the international community.

There is no need to reiterate the obvious. Instead, I prefer to begin by sharing with you, in a direct and structured manner, the four essential points that I am honored to submit for your consideration today.

Attila M. Tanzi, Professor of International Law, University of Bologna; President of ILA Italy; Associate Member of 3 Verulam Buildings, London. This editorial reflects a presentation delivered on Wednesday, 11 February, in Asunción (Paraguay), when the Centro de Estudios de Derecho, Economía y Política (CEDEP) welcomed ILA Italy's President for a discussion on international law in the context of ongoing international changes.

© 2026 THE AUTHOR(S) | HTTPS://DOI.ORG/10.1163/9789004766891-003

First, I would like to start with the central theme of my presentation, the general premise that guides my reflections: society creates law, not the other way around.

The crisis of law is nothing more than the result of the crisis, change, and unrest in the society that serves as its foundation, both internationally and nationally. However, the "crisis" can also be interpreted as an opportunity: an opportunity for transformation, adaptation, or even reaffirmation of the *status quo* from a renewed awareness of its limits and possibilities.

Secondly, I will refer to the alleged crisis of the international order as a reflection of internal crisis situations. Indeed, many of the tensions we observe at the global level are nothing but the external projection of political, social, and institutional fractures that are brewing at the domestic level.

The third point I would like to share with you is the consideration that the alleged current crisis of international law – the true extent of which cannot yet be measured amid the dizzying flow of events – is a reflection of a deeper crisis: that of the international society of States.

I deliberately emphasize the expression "international society of States" rather than "international community", because the former offers greater conceptual neutrality. The notion of a community presupposes, indeed, a degree of axiological cohesion and solidarity that we may not be able to take for granted today with the same certainty as in the past.

Finally, the fourth point, which will also be the focus of my conclusions, leads us to confront an inevitable question: should we be pessimistic or optimistic? And if we consider one or the other diagnosis to be rationally founded, what course of action should we, as lawyers, diplomats, government officials, and citizens of the world, take in the face of this scenario?

For the sake of time, I will address the first points as succinctly as possible so as to focus more closely on the fourth and final point, especially its proactive dimension.

2 The Crisis of Law as an Expression of Social Crisis

The crisis of a shared language. In the context of the current crisis, or, if you prefer, the current process of social transformation and degradation, which inevitably affects the law, there is one element that deserves special attention: the crisis and deterioration of language.

This issue is fundamental for those who, like myself, and fortunately I am not alone in this conviction, consider that one of the essential functions of law, and of international law in particular, is communication. Law provides the shared language through which international actors confirm, interpret, and apply norms, or promote their transformation within a legal system whose sources are mostly participatory in nature.

The international policy of governments, the diplomacy of foreign ministry officials, and the activities of legal practitioners, consultants, lawyers, judges, and arbitrators are developed and carried out through language. And not just any language, but a substantive, structured, normatively charged language.

Communication in international relations works to the extent that there is a sufficiently shared linguistic convention: for our purposes, international law understood as a common language.

A common language not only for cooperation, but also for disagreement; not only for preserving the *status quo*, but also for promoting change; a language that allows for peaceful dispute within recognized rules.

One of the fundamental pillars of this common language is the shared acceptance of its sources, based on the principle of good faith: *pacta sunt servanda* and *consuetudo est servanda*.

When these principles lose their performative force, the language itself begins to erode. These principles were respected when the first Trump administration wanted to change the North American Free Trade Agreement (NAFTA). Quite simply, the change in its rules was carried out precisely within the legal framework of treaty law and the negotiations of the new treaty – the United States-Mexico-Canada Agreement (USMCA) – whereas NAFTA continued to be respected and complied with until the subsequent treaty entered into force.

In the 1980s, Sir Robert Y. Jennings, then president of the International Court of Justice, stated: "In a society of states deeply divided by ideology, religion, poverty and wealth, power and weakness, size, history, and geography, it is important never to lose sight of the fact that the only vocabulary of ideas they have in common is public international law" (1984).

This reflection was made at the height of the Cold War, when the world was structured into three major blocs: the industrialized West, the Soviet bloc, and the group of developing countries closest to it. Today, however, the divisions are even more complex, more fragmented, and less predictable.

The point I want to make is that the complexity of international society and its legal order is nothing more than a reflection of that social complexity, both within States and in the relations between them.

Expressions that yesterday seemed like axioms – such as "common sense" or "conventional wisdom" – are now crumbling in the face of a constantly changing reality.

That is why I believe it is essential that we, as lawyers, take on the responsibility of preserving that common language: preserving it, defending it, and disseminating it, without thereby halting the necessary transformations in the content of the rules.

That is because the language of international law should not be an instrument of immobility, but neither can it become an empty tool to be manipulated at will.

3 The Relationship between the Crisis within the International Society and the Crisis in National Legal Systems

As Friedrich von Martens, the great Russian jurist and diplomat, one of the architects of the Hague Peace Conferences of 1899 and 1907, recalled: "The shortcomings of international law (...) are nothing more than the inevitable consequence of the imperfections and instability that characterize the domestic legal system that has prevailed until now in all States".

This observation remains surprisingly relevant today. The presence of "imperfections and instability" in national legal systems is becoming increasingly evident and widespread throughout the world. It is not difficult to identify shortcomings and problems of a constitutional, criminal, civil, administrative, and fiscal nature in many domestic legal systems. But these technical deficiencies are merely the legal reflection of something deeper: serious social instability. The deterioration of the social fabric, political fragmentation, ideological polarization, and the erosion of institutional trust inevitably end up affecting the law. And when the law loses its social roots, it also loses its effectiveness. All of this translates into a particularly worrying phenomenon: the decline in spontaneous compliance with the law.

The law functions fully when it is obeyed not only out of fear of punishment, but also because it is recognized as legitimate. And that recognition implies acceptance of authority. Legal authority is not imposed but recognized. And it is recognized in societies that are relatively homogeneous or, at least, cohesive around shared interests and values. Whenever such a common ground weakens, spontaneous compliance declines as well; when spontaneous compliance declines, the need for coercion increases; and when coercion increases, legitimacy is further eroded.

In this sense, the crisis of international law cannot be understood in isolation from the crisis affecting domestic legal systems. International society is composed of States, and these, in turn, reflect the health or fragility of their own societies. Internal instability is projected outward, and the weakening of the recognition of authority at national level ultimately affects the recognition of international obligations as well.

4 The Current Crisis of International Law as a Crisis of Communication between States and as a Weakening of a Real or Perceived Community of Values and Interests

The third point I wish to address is that of a possible crisis of international law stemming, above all, from a crisis of communication between States and the absence, or at least the weakened perception, of a true community of shared values and interests. The true magnitude of this crisis, or, if you will, of this possible opportunity for transformation, cannot yet be clearly measured amid the rapid flow of events. But what does seem clear is that it reflects a deeper crisis: the crisis of the international society of States. I deliberately emphasize the expression "international society of States" rather than "international community".

The notion of community presupposes a more intense axiological cohesion, a more solid identification around common values. The expression "society", on the other hand, allows us to describe the present reality with greater terminological neutrality: a space of regulated, but not necessarily harmonized, interaction. After the horrors and devastation of World War II, in the decades of economic, political, and moral reconstruction, we witnessed a process of searching for shared social and legal values.

International law then evolved from a law of mere coexistence to a law of cooperation. This transition took place mainly within the framework of multilateral intergovernmental forums, which became a structural dimension of international law understood as a process, according to the terminology developed by the New Haven School or, more simply, by the Yale academic tradition at the time of American legal realism. The institutionalization of these multilateral forums not only provided the indispensable space for East–West and North–South dialogue, but also allowed for the consolidation, negotiated revision, and progressive codification of international law. However, this same process also generated side effects.

Over time, increasing institutionalization gave rise to phenomena of bureaucratization of the international legal process. At times, this led to a certain trivialization of normative discourse or confusion in the hierarchy of priorities, diluting the centrality of the fundamental values that had inspired the postwar cooperative project. When procedure replaces purpose and normative production becomes an end by itself, legal language risks losing its substantive density. At the same time, when language loses density, communication between States becomes more formal than real. In this sense, the current crisis can also be interpreted as a crisis of the cooperative model itself that characterized the international order of the second half of the 20th century.

5 Conclusions: Pessimism or Optimism? Three Reasons Not to Abandon International Law

Last year, I signed an editorial in the inaugural volume of the Yearbook of the Italian Branch of the International Law Association. My outlook at the time was quite pessimistic, though not resigned. This pessimism was based on some of the events I have mentioned, which unfolded until 2025. It was a pessimism based on the objective observation of increasing global instability and the very real risk of the progressive irrelevance of law in international relations. And, indeed, since the beginning of 2026, this trend seemed to be confirmed, especially after a particularly conflictive regular session of the United Nations General Assembly, marked by a deeply polarized debate.

Today, however, I address you with an attitude that is, paradoxically, more optimistic than the one of last year and, perhaps, even more combative. I take this attitude not because I believe that the international situation has bottomed out. Quite the opposite, I am not convinced that there is an inherent limit to deterioration. Social, economic, and political conflict in various regions of the world may even worsen. I am thinking of international financial instability, demographic challenges, the environment, the risk of new pandemics, the difficulties in controlling and regulating artificial intelligence, the growing vulnerability to cyberattacks, and the complexity of regulating cyberspace.

And then there is the essential question of the prohibition of the use of force – in both the physical realm and cyberspace – to which I will return briefly. But today I am not here to talk about the fate of the world. I am here to talk about international law. And from that perspective, I would like to point out three reasons for cautious optimism.

5.1 First Reason for Optimism: The Vitality (and Also the Limits) of Strategic International Litigation

In recent years, a growing phenomenon has been observed before international courts and tribunals: States and non-State actors, including individuals and non-governmental organizations, are resorting to judicial mechanisms not only to solve legal disputes, but also to produce political, diplomatic, and even symbolic effects that transcend the immediate interests of the parties involved.

Jurisdiction is used as a tool to promote human rights, protect the environment, clarify legal norms, hold powerful actors accountable, or influence international public opinion.

In many cases, the objective is not only to obtain a favorable decision, but also to create a legal framework that conditions the future political action of the defendant State, even during the judicial proceedings themselves, which are often protracted.

It should be emphasized that strategic litigation does not take a single form but it can well develop both in a strictly bilateral dimension and in a broader, multilateral framework.

This phenomenon is evident in many international forums, including the International Court of Justice, the International Tribunal for the Law of the Sea, the International Criminal Court, the Inter-American Court of Human Rights, the European Court of Human Rights, the African Court on Human and Peoples' Rights, and the United Nations treaty bodies.

Strategic litigation is often supported by non-governmental organizations, academics, transnational networks, and even State coalitions, which help to legally structure cases, and generate political and normative momentum.

The aforementioned political and legal objectives are pursued through both the contentious and advisory functions of international courts.

Let me add that, although the term "strategic litigation" is in vogue today, the logic behind it is not new. Political considerations have always been present, to a greater or lesser extent, in State decisions regarding the use of international litigation.

What is a significant development is the growing frequency of cases involving the invocation and application of *erga omnes* norms, with a clear political purpose, in both contentious and advisory proceedings. There has also been a significant increase in the number of third State interventions in litigation relating to the determination of general obligations.

In conclusion, this practice is a cause for optimism ... but moderate optimism.

On the one hand, it reveals the vitality of international law among a significant number of States and in broad sectors of civil society. It denotes confidence in the law as a tool for political action and as a space for rational argumentation.

On the other hand, this diplomatic-judicial strategy may generate resistance. Some States, driven by a more pragmatic or political logic, prefer negotiated solutions and may perceive excessive judicialization as a form of pressure or as an externalization of sovereign decisions.

The challenge, therefore, seems to be to balance strategic litigation with the permanent opening of diplomatic channels.

5.2 Second Reason for Optimism: The Historical Precedent of the Pragmatic Shift after Unilateralism

The second reason for optimism is historical in nature. I am referring to the precedent set by the US presidency of George W. Bush Jr., who began his term in January 2001 with a conception of international law that was, in certain respects, comparable to what we see today in Washington.

The position adopted at that time was based on the US self-perception as the sole global superpower after the end of the Cold War. That stance was characterized by the aspiration to consolidate a hegemonic design of the international order.

Under the ideological impetus of ultra-conservative circles – such as the Heritage Foundation – and government figures such as John Bolton, then Under Secretary of State and later Ambassador to the United Nations (and then National Security Advisor during Trump's first term), arguments were put forward aimed at emptying the restrictions derived from Chapter VII of the United Nations Charter and customary law on the use of force of their content, at least as far as the United States itself was concerned.

This position could be compared to a kind of "reverse limited sovereignty doctrine", evoking – albeit in a completely different context – the logic of the Brezhnev doctrine in the Soviet sphere. In short, it was a hegemonic project that aspired to administer a kind of *pax americana*, evocative, in the rhetorical imagination, of the *pax romana*.

However, several authors – including myself – argued at the time that, in a context of imminent transition in the global balance of power, marked by the gradual emergence of new powers, it was strategically unwise to attempt to unilaterally dismantle the international legal framework.

Precisely because that framework could offer a rules-based normative context capable of containing the inevitably explosive factors that accompany any process of transition and readjustment of global power.

The historical turning point that underpins my optimistic thesis came after the dramatic attack on the Twin Towers on September 11, 2001.

That event revealed, on the one hand, the vulnerability of the superpower itself; and, on the other, it generated an almost unanimous solidarity within the United Nations toward the USA.

Both factors quickly led the US Government to reinsert itself into the institutional mechanisms of the UN. Article 51 of the Charter was invoked to justify the armed reaction against the Afghan regime that was protecting Al-Qaeda, and, at least initially, the legitimacy of the Security Council was sought under Chapter VII.

In other words, ideologically inspired hegemonic unilateralism gave way to utilitarian pragmatism. And that pragmatism recognized, at a time of existential crisis, the usefulness of institutional multilateralism.

This historical experience suggests a broader reflection: even the powers most inclined toward unilateralism can rediscover the value of the international legal framework when faced with situations of vulnerability or emergency.

In light of this, it is not impossible to imagine that future global crises – whether linked to geopolitical transformations, technological challenges, or systemic risks – could trigger a new awareness of the usefulness of a return to multilateralism and cooperation, in the face of the unilateral temptations of the present.

History shows that international law does not necessarily disappear in times of maximum tension; sometimes, it is precisely then that it reveals its structural function.

5.3 Third Reason for Optimism: The Logic of Action/Reaction and Normative Resilience

The third reason for optimism is linked to a well-known dynamic in the evolution of international law: the relationship between action and reaction, between stability and change, and even between attempts at abrogation and normative reaffirmation.

In the last year, we have observed a significant difference from previous periods in relation to certain claims and behaviors contrary to international norms.

Traditionally, when a State wished to modify a rule that it considered unfavorable, it resorted – at least formally – to the procedures provided for by the legal system itself for normative change, in accordance with the rules on the sources of international law.

Even the most obvious violations of international law were usually accompanied by some attempt at legal justification. Circumstances precluding wrongfulness, broad interpretations of the right to self-defense, states of necessity, or other argumentative constructions were invoked in order to preserve, at least in appearance, the coherence of the normative discourse.

This was the case, for example, with the Russian military operation launched on February 24, 2022, in respect of which the Russian president invoked article 51 of the United Nations Charter and proceeded to notify the Security Council accordingly. Regardless of the merits of this argument, the relevant fact is that the need to formulate a legal justification was felt.

Today, however, we see situations in which a power that perceives itself as hegemonic makes claims that are manifestly contrary to international law without considering it necessary to offer even a formal or "cosmetic" justification in legal or diplomatic terms.

For a time, this attitude could be interpreted as a technique of pressure or maximalist negotiation, in response to which other States adopted an initial stance of relative acquiescence or prudent silence. This apparent passivity undoubtedly contributed to fueling the narrative of a structural crisis of international law.

However, there has recently been a significant reversal of this trend. Numerous States have responded in a clearer and more articulate manner, seeking to prevent silence or failure to respond from being interpreted as acquiescence and, therefore, from eventually eroding or abrogating the violated norm (or even the mere threat of violation).

We must not forget that, when it comes to the prohibition of the use of force, the threat itself constitutes a violation of international law.

It is particularly interesting that this reaction has found explicit expression in the official sphere of the United Nations Security Council, where several States have clearly reaffirmed the validity of the fundamental rules of the international order, even in situations of strong political polarization.

This phenomenon suggests that the international legal system retains internal mechanisms for normative defense. When a central rule is challenged head-on, a dynamic of collective reaffirmation can be activated.

Just a few days ago, the Security Council held an open debate in New York entitled: "Reaffirming the International Rule of Law: Ways to Revitalize Peace, Justice, and Multilateralism".

Allow me to share with you some excerpts from the speech delivered on January 26, 2026, by the Permanent Representative of the Italian Republic, Ambassador Giorgio Marrapodi.

After recalling that today "the foundations of the rule of law in international relations are being shaken by unjustified wars of aggression and by a flagrant disregard for international humanitarian law and human rights in many parts of the world", the Italian representative clearly reaffirmed that "Italy continues to stand firm in its defense of the Charter of the United Nations, the sovereignty and territorial integrity of States, and the right of peoples to self-determination and human rights".

He also stressed the need for a joint effort to revitalize "a multilateral system of peaceful relations between States based on the rule of law", adding that "situations that may constitute a violation of international law by States, especially when they may affect international peace and security, must be adequately addressed".

Finally, the Ambassador once again placed the role of the Security Council, as well as that of regional organizations, at the center of the debate, within the broader normative framework of the principle of peaceful settlement of disputes enshrined in article 33 of the Charter, highlighting the critical role played by the International Court of Justice in that context.

Why do I consider this intervention (supported by many delegations from different regional groups) to be relevant? Because it shows that, even at a time of high geopolitical tension, the language of international law remains the language in which many States formulate their official positions. This is not necessarily due to idealistic axioms, but rather to an overall geopolitical rationality, shared and perceived above all by medium-sized and small States in different regions of the world, both in the Global North and the Global South.

We are not witnessing the abandonment of the legal framework, but rather an intense dispute within it. It is essential to appreciate this difference. As long as disputes are expressed in the language of the Charter, as long as sovereignty, territorial integrity, the peaceful settlement of disputes, and the role of international jurisdictions continue to be invoked as parameters of legitimacy, international law is not dead. It is not dead; it is in dispute. And a disputed law is a living law.

I am deeply grateful for your attention and patience.

2

The ITLOS Advisory Opinion on Climate Change: Key Legal Elements for the Protection of the Marine Environment

Ida Caracciolo and María Teresa Infante Caffi

1 Introduction

In the biennium 2024–2025, several proceedings brought before various international courts and tribunals concerning climate change and the obligations of States under international law reached their conclusion. The sequence began with the European Court of Human Rights (ECtHR),[1] followed by the International Tribunal for the Law of the Sea (ITLOS),[2] the EFTA Court,[3] the Inter-American Court of Human Rights (I-ACtHR),[4] and the International Court of Justice (ICJ).[5] Domestic courts likewise made their contribution to this jurisprudential development.[6]

1 *Inter alia, Verein KlimaSeniorinnen Schweiz and Others v Switzerland*, App no 53600/20 (ECtHR 9 April 2024).

2 *Request for an Advisory Opinion Submitted by The Commission of Small Island States on Climate Change and International Law* (Advisory Opinion of 21 May 2024) hereinafter Advisory Opinion on *Climate Change*. <https://www.itlos.org/fileadmin/itlos/documents/cases/31/Advisory_Opinion/C31_Adv_Op_21.05.2024_corr.pdf> accessed 10 September 2025.

3 *The Norwegian State and Greenpeace Nordic and Nature and Youth Norway* Case E-18/24 (EFTA Court, 21 May 2025) <https://eftacourt.int/download/18-24-judgment/?wpdmdl=10625> accessed 10 September 2025.

4 *The Climate Emergency and Human Rights*, Advisory Opinion AO-32/25, Inter-American Court of Human Rights Series A No 32 (29 May 2025).

5 *Obligations of States in respect of Climate Change* (Advisory Opinion) <https://www.icj-cij.org/sites/default/files/case-related/187/187-20250723-adv-01-00-en.pdf> accessed 10 September 2025.

6 Eg *Milieudefensie et al v Royal Dutch Shell plc*, The Hague Court of Appeal (12 November 2024) <https://www.climatecasechart.com/documents/milieudefensie-et-al-v-royal-dutch-shell-plc-judgment_7bfb> and *Do-Hyun Kim et al. v South Korea*, Constitutional Court of South

Ida Caracciolo, Professor of International Law, University of Naples Luigi Vanvitelli; Judge, International Tribunal for the Law of the Sea. | *María Teresa Infante Caffi*, Professor of International Law, University of Cile; Judge, International Tribunal for the Law of the Sea. This contribution is the result of continuous joint work and interaction by the authors. However, Sections 4, 5 and 6 are to be attributed to Ida Caracciolo and Sections 2, 3, and 7 to María Teresa Infante Caffi.

© 2026 THE AUTHOR(S) | HTTPS://DOI.ORG/10.1163/9789004766891-004

It remains premature to assess the concrete impact that these judgments and advisory opinions will exert on State practice and, consequently, on the global struggle against climate change. Nonetheless, they have already highlighted the transversal nature of environmental issues generally, and climate change in particular. Obligations incumbent upon States have been identified across multiple branches of international law.

With respect to the law of the sea, the obligations of States to address pollution and the adverse effects of climate change on the marine environment are articulated in Advisory Opinion No. 31 of ITLOS and further echoed by the ICJ. ITLOS engaged with the matter in greater depth, given its specific competence to interpret and apply UNCLOS and the precise terms of the request for an advisory opinion submitted by the Commission of Small Island States (COSIS).

As is well known, COSIS activated the advisory jurisdiction of ITLOS by letter dated 12 December 2022, requesting clarification on:

> What are the specific obligations of State Parties to the United Nations Convention on the Law of the Sea ('UNCLOS'), including under Part XII:
> a) to prevent, reduce and control pollution of the marine environment in relation to the deleterious effects that result or are likely to result from climate change, including through ocean warming and sea level rise, and ocean acidification, which are caused by anthropogenic greenhouse gas emissions into the atmosphere?
> b) to protect and preserve the marine environment in relation to climate change impacts, including ocean warming and sea level rise, and ocean acidification?

The Advisory Opinion, delivered on 21 May 2024, adhered strictly to the scope of the questions formulated by COSIS, which defined the ambit of the Tribunal's advisory jurisdiction. Accordingly, numerous States and other participants in the proceedings sought to delimit and clarify the scope of the request, since both the scope and content of the advisory procedure could only be discerned through the terms of the COSIS submission.

The Advisory Opinion itself is substantial, comprising 440 paragraphs in addition to the operative part. It offers a meticulous examination of the relevant provisions of UNCLOS, with analytical interpretations of those rules deemed pertinent to the COSIS request.

Korea (29 August 2024), <https://www.climatecasechart.com/document/do-hyun-kim-et-al-v-south-korea_2dd5> accessed 10 September 2025.

Although formally limited to the obligations of States Parties to UNCLOS, insofar as they are required to combat marine pollution and protect and preserve the marine environment in relation to climate change impacts, many of the Tribunal's interpretative conclusions extend beyond the confines of the specific request. In effect, COSIS's application enabled the Tribunal, for the first time, to provide authoritative interpretations of a significant number of provisions concerning marine environmental protection contained in Part XII and other parts of the Convention.

The purpose of this article is not to retrace the entire reasoning of the Advisory Opinion but to highlight certain aspects that are particularly significant both in terms of the Tribunal's reasoning and in relation to the practical objective of ensuring effective protection of the marine environment against climate change. Particular attention will be paid to the following issues: first, the relationship between UNCLOS and external legal regimes, a methodological and interpretative premise of fundamental importance given the broader international *corpus juris* on climate change; second, the role of scientific data, and specifically the identification of "well-founded" scientific evidence that can legitimately serve as the basis of legal analysis; third, the reconstruction of the obligations of conduct incumbent upon States, with particular emphasis to the standard of due diligence. The obligations of cooperation and assistance are also addressed, as they play a central role in tackling a global and profoundly impactful phenomenon such as climate change. Finally, this article will examine the aforementioned advisory opinions delivered by the I-ACtHR and the ICJ, with a view to identifying their similarities and divergences with the Advisory Opinion of ITLOS.

2 Applicable Law, Climate Change Treaties, and the Law of the Sea

In response to the two questions submitted by COSIS to ITLOS, the Tribunal's analysis focused on the relationship between the law of the sea and other instruments negotiated to address climate change or related issues. To determine the legal situation of the United Nations Convention on the Law of the Sea (UNCLOS) (1982) in respect of other instruments applicable to climate change, such as the Framework Convention on Climate Change (UNFCCC) (1992), the Kyoto Protocol to the UNFCCC (1997), and the Paris Agreement (2015), and their ensuing obligations and principles, the Tribunal proceeded not only to an exercise of interpretation of each of them, but also of systemic integration.

This methodology is based on article 31(1) and (3)(c) of the Vienna Convention on the Law of Treaties (1969):

> 1. A treaty shall be interpreted in good faith in accordance with the ordinary meaning to be given to the terms of the treaty in their context and in the light of its object and purpose [...].
> 3. There shall be taken into account together with the context: [...]
> (c) any relevant rules of international law applicable in the relations between the parties.

Article 31(3)(c) summarizes the principle of systemic integration, in the sense that treaties are considered as being part of an international legal system.[7]

Therefore, other instruments have been recognized by ITLOS as being relevant sources, in particular, international instruments adopted within the framework of the International Maritime Organization (IMO), and the International Civil Aviation Organization (ICAO), together with the Convention on Biological Diversity (1992) (which contains a well-accepted definition of ecosystem), the Vienna Convention for the Protection of the Ozone Layer (1985), the Montreal Protocol on Substances that Deplete the Ozone Layer (1987) and the Kigali amendment (2016), as well as the United Nations Agreement for the Implementation of the United Nations Convention on the Law of the Sea relating to the Conservation and Management of Straddling Fish Stocks and Highly Migratory Fish Stocks (1995, UNFSA).

Regarding IMO, one of the major legal and technical contributions is found in the amended Annex VI to the International Convention for the Prevention of Pollution from Ships of 2 November 1973, as modified by the Protocol of 1978 (MARPOL), which deals with the prevention of air pollution from ships. According to ITLOS, the 2023 IMO Strategy on Reduction of GHG Emissions from Ships constitutes, also plays a role in global efforts by addressing greenhouse gas (GHG) emissions from international shipping.

This vast picture includes sections other than Part XII of UNCLOS, in particular specific obligations in Parts V and VII on the conservation of living resources of the sea, such as article 61 on the conservation of living resources in the exclusive economic zone, and articles 117 and 119, on the conservation of living resources of the high seas. Other instruments are also relevant to deal with climate change, and the Tribunal assigns them value.

7 Campbell McLachlan, 'The Principle of Systemic Integration and Article 31(3)(c) of the Vienna Convention' (2005) 54 ICLQ 280.

This leads to the analysis of the possibility of a *lex specialis*[8] overruling the applicability of UNCLOS as separate normative bodies. In this regard, the Advisory Opinion advances views in favor of a substantive integration of the climate change regime into the Law of the Sea. The Tribunal makes clear that while the UNFCCC and the Paris Agreement are primary legal instruments addressing the global problem of climate change, their relevance in interpreting and applying the Convention with respect to marine pollution from anthropogenic GHG emissions does not override or supersede the obligations embedded in UNCLOS, in articles 192 and 194 of Section XII. Moreover, the Tribunal clearly states that complying with the obligations and commitments under the climate regime does not satisfy the UNCLOS obligations, and that they constitute separate agreements, "with separate sets of obligations". The consequence is clear, and a State that fails to comply with these obligations would engage its international responsibility.

In like manner, ITLOS finds that the Paris Agreement complements the UNCLOS in relation to the obligation to adopt all necessary measures to prevent, reduce and control marine pollution associated with anthropogenic GHG emissions. On the other hand, for ITLOS, article 192 imposing obligations upon states "to protect and preserve the marine environment", is also "a statement of principle upon which the legal order for the protection and preservation of the marine environment under the Convention is based" (para 184). In this respect, ITLOS precises the nature of the obligations applicable and sets out that the specific obligations of States Parties under the Convention to protect and preserve the marine environment in relation to climate change impacts and ocean acidification go beyond the prevention, reduction and control of marine pollution.

3 Science and the Law of the Sea: A Dynamic Relationship

A significant contribution of the Advisory Opinion on *Climate Change* is its reflection on how the law of the sea is informed by science. Science is also central to the climate change regime and its associated norms and regulations.

8 The analysis follows closely the conclusions of the work of the International Law Commission Study Group on the 'Fragmentation of International Law: Difficulties Arising from Diversification and Expansion of International Law', in the sense that when several rules bear on a single issue, they should, to the extent possible, be interpreted to give rise to a single set of compatible obligations (ILC, 'Report of the International Law Commission on the Work of its 58th Session' (2006) UN Doc A/CN.4/SER.A/2006/Add.1 (Part 2)).

In relation to climate change science, the Tribunal recalls Resolution 43/53 of 6 December 1988, where the United Nations General Assembly recognized for the first time, that climate change was "a common concern of mankind". The General Assembly also stated that "the emerging evidence indicates that continued growth in atmospheric concentrations of 'greenhouse' gases could produce global warming with an eventual rise in sea levels, the effects of which could be disastrous for mankind if timely steps are not taken at all levels". This was a point of departure of a progressive development of instruments and programs that endorsed the action of the World Meteorological Organization and the United Nations Environment Programme, that jointly established the Intergovernmental Panel on Climate Change (IPCC). The Panel has been charged with the duty to coordinate "scientific assessments of the magnitude, timing and potential environmental and socio-economic impact of climate change and realistic response strategies".[9] The adverse effects of climate change on the ocean and marine life have become one of the main areas of concern of this effort.

The Tribunal has taken note that at the time of adoption of its 2024 Advisory Opinion, there were 195 member countries of the IPCC. ITLOS reasoning takes science as the backbone to understanding climate change, as well as the status and scope of the responses given by the international community in international law. This means that it is hereby assumed that the studies prepared by the Intergovernmental Panel on Climate Change (IPCC) 'reflect the scientific consensus' in this area (para 208). ITLOS also notes that in the absence of scientific certainty, the precautionary approach and an ecosystem approach must be applied. On this matter, ITLOS follows its earlier conclusions in the Advisory Opinion on the *Responsibilities and obligations of States sponsoring persons and entities with respect to activities in the Area*, which stated that this approach is 'part of customary international law' (para 135). In this recent Advisory Opinion, ITLOS asserts that the precautionary approach is necessary 'given the serious and irreversible damage that may be caused to the marine environment' by marine pollution arising from anthropogenic greenhouse gas emissions (para 213).

In the Operative section, the Advisory Opinion reflects the same perspective and concludes that, according to article 194(1) of UNCLOS,

> States Parties to the Convention have the specific obligations to take all necessary measures to prevent, reduce and control marine pollution from anthropogenic GHG emissions and to endeavor to harmonize their policies in this con-

9 UNGA Res 43/53 (6 December 1988) UN Doc A/Res/43/53, para 5.

> nection. Such measures should be determined objectively, taking into account, inter alia, the best available science and relevant international rules and standards contained in climate change treaties such as the UNFCCC and the Paris Agreement, in particular the global temperature goal of limiting the temperature increase to 1.5°C above pre-industrial levels and the timeline for emission pathways to achieve that goal.

Regarding the scope and content of the necessary measures, the Tribunal acknowledges that they "may vary in accordance with the means available to States Parties and their capabilities. The necessary measures include, in particular, those to reduce GHG emissions" (para 441(3)(b)). It is noteworthy that the Tribunal recalls the 2023 IPCC Synthesis Report to state that "climate change is a threat to human well-being and planetary health" (2023 Synthesis Report, p. 89), and that "[v]ulnerable communities who have historically contributed the least to current climate change are disproportionately affected (*high confidence*)" (2023 Synthesis Report, p. 5). The exposure to ocean and cryosphere changes by coastal human communities, as stressed by the IPCC (2019 Special Report on the Ocean and Cryosphere in a Changing Climate, Section 1.5.3), is also acknowledged by ITLOS.

According to the Tribunal, the IPCC reports are indicative of the numerous effects on the ocean produced by the accumulation of anthropogenic GHGs in the atmosphere. The 2023 Synthesis Report is quoted to state that climate change has caused "substantial damages and increasingly irreversible losses", including in "cryospheric and coastal and open ocean ecosystems (*high confidence*)" (2023 Synthesis Report, p. 46). In addition, ITLOS quotes the 2019 Special Report, according to which, "[c]limate change-related effects in the ocean include sea level rise, increasing ocean heat content and marine heat waves, ocean deoxygenation, and ocean acidification (2019 Special Report, p. 79)" (para 59).

In a detailed appraisal of the various reports emanating from the IPCC, ITLOS quotes the 2023 Synthesis Report that concludes that "[g]lobal warming will continue to increase in the near term in nearly all considered scenarios and modelled pathways" (2023 Synthesis Report, p. 68). Then ITLOS shares the view contained in the same report by which "[d]eep, rapid, and sustained GHG emissions reductions, reaching net zero CO_2 emissions and including strong emissions reductions of other GHGs, in particular CH_4, are necessary to limit warming to 1.5°C [...] or less than 2°C [...] by the end of century (*high confidence*)" (2023 Synthesis Report, p. 68).

4 The Interpretative Reconstruction of Obligations of Conduct Aimed at Combating Marine Pollution and the Adverse Effects of Climate Change on the Marine Environment

In the 2024 Advisory Opinion, the Tribunal identifies in Part XII of UNCLOS, and elsewhere in the Convention, various obligations incumbent on States that also apply to the fight against marine pollution and other harmful effects of climate change. The Tribunal clarifies the content, scope, and legal nature of many of these obligations. In this context, one of the most debated issues concerned whether some of these obligations were obligations of conduct or of result.

As known, this distinction originates from the theory of obligations in domestic civil law. In civil law tradition, the distinction relates to the content of the performance required. In obligations of means, the debtor is required to perform a specific activity with due diligence but is not responsible for guaranteeing a particular outcome. Conversely, in obligations of result, the debtor is bound not only to perform an activity but also to achieve a specific result. In the latter case, the obligation is considered fulfilled only when the expected result is obtained. In international law this distinction, has developed slowly according to input from international case law[10] and the United Nations International Law Commission,[11] which are not entirely consistent with each other.

The Seabed Disputes Chamber had already clarified the notion of obligation of conduct in the Advisory Opinion on the *Responsibilities and obligations of States sponsoring persons and entities with respect to activities in the Area.* According to the Chamber "[t]he sponsoring State's obligation 'to ensure' is not an obligation to achieve, in each and every case, the result that the sponsored contractor complies with the aforementioned obligations. Rather, it is an obligation to deploy adequate means, to exercise best possible efforts, to do the utmost, to obtain this result. To utilize the terminology current in inter-

10 *Nuclear Tests* (*Australia v France*) (Questions of jurisdiction and/or admissibility) [1974] ICJ Rep 253, para 56; *LaGrand* (*Germany v United States of America* (Merits) [2001] ICJ Rep 466, para 111; *Legality of the Threat or Use of Nuclear Weapons* (Advisory Opinion) [1997] ICJ Rep 226, para 99; *Application of the Convention on the Prevention and Punishment of the Crime of Genocide* (*Bosnia and Herzegovina v Serbia and Montenegro*) [2007] ICJ Rep 43, para 430; *Pulp Mills on the River Uruguay* (*Argentina v Uruguay*) [2010] ICJ Rep 14, para 187.

11 ILC, 'Third Report on State responsibility, by Mr. Roberto Ago, Special Rapporteur, the internationally wrongful act of the State, source of international responsibility' (1971) A/CN.4/246 and Add.1–3; ILC, 'Draft Articles on the Prevention of Transboundary Harm from Hazardous Activities with Commentaries' (2001) UN Doc A/56/10.

national law, this obligation may be characterized as an obligation "of conduct" and not "of result", and as an obligation of 'due diligence'".[12]

These conclusions were also reflected in the Advisory Opinion of the Tribunal on *Request for an Advisory Opinion submitted by the Sub-regional Fisheries Commission* (*SRFC*) from the perspective of the flag State's liability in relation to the failure of vessels flying its flag to comply with the relevant laws and regulations concerning IUU fishing activities in the exclusive economic zone.[13] For the Tribunal the flag State responsibility cannot stem from each and every violation committed by persons under its jurisdiction. On the contrary, the flag State is not liable "if it has taken all necessary and appropriate measures to meet its "due diligence" obligations to ensure that vessels flying its flag do not conduct IUU fishing activities in the exclusive economic zones of the SRFC Member States" (paras 146 and 148).

Obviously, the question of the classification of many obligations relating to the protection of the marine environment under UNCLOS, such as obligations of diligence or result, was a core issue in the Advisory Opinion on *Climate Change*, mainly with reference to articles 192, 194 and 197 UNCLOS. Most of the interventions during the written and oral proceedings dealt with this issue, and most of them agreed that these articles contain obligations of conduct and not an obligation to ensure a certain result. It was also affirmed that certain obligations of conduct may be regarded as exacting obligations of conduct (paras 237–238). In general, an obligation of conduct was understood as an obligation to deploy adequate means and to exercise best possible efforts, to do the utmost (para 233). However, for others the question of the nature of obligations in Part XII remained open since this Part contains obligations of result and obligations of conduct. Some participants indicated that they did not want to characterize obligations contained in article 192 because "in the context of the Convention and international law generally, these labels are largely unhelpful, as many obligations straddle both categories" (para 395).

---

12 *Responsibilities and obligations of States sponsoring persons and entities with respect to activities in the Area* (Advisory Opinion) [2011] ITLOS Rep 10, para 110. See Nilüfer Oral, 'The Contribution of ITLOS to the Development of International Law for Protection of the Marine Environment and Conservation of Living Resources, Case-Law and the Development of International Law', in Patrícia Galvão Teles, Manuel de Almeida Ribeiro (eds), 'Case-Law and the Development of International Law: Contributions by International Courts and Tribunals' (Brill 2021) 180 ff and Ida Caracciolo, 'Due diligence et droit de la mer', in Sarah Cassella (ed), 'Le standard de due diligence et la responsabilité internationale' (Pedone 2018) 163 ff.

13 *Request for an advisory opinion submitted by the Sub-Regional Fisheries Commission* (*SRFC*) (*Request for Advisory Opinion submitted to the Tribunal*) (Advisory Opinion) [2015] ITLOS Rep 4.

In this context, the Tribunal confirms and clarifies its relevant jurisprudence on obligations of conduct and further develops the concept of due diligence. Notably, concerning article 194(1), the Tribunal holds that the very essence of this type of obligations lies in the fact that they require the State to put in place "[...] a national system, including legislation, administrative procedures and an enforcement mechanism necessary to regulate the activities in question, and to exercise adequate vigilance to make such a system function efficiently, with a view to achieving the intended objective" (para 235). These obligations assume particular significance in circumstances where activities resulting in the emission of GHG detrimental to the marine environment are primarily conducted by private persons or entities. According to the Tribunal, "[t]he obligation to regulate marine pollution from anthropogenic GHG emissions is a primary example in this respect, it would not be reasonable to hold a State, which has acted with due diligence, responsible simply because such pollution has occurred" (para 236). The Tribunal also recalls that the Seabed Disputes Chamber in the Advisory Opinion on *Responsibilities and Obligations of States sponsoring persons and entities with respect to activities in the Area* recognized that another example of an obligation of due diligence is that contained in article 194(2). This provision requires States to take all necessary measures to ensure that activities under their jurisdiction or control are so conducted as not to cause damage by pollution to other States and their environment, and that pollution arising from incidents or activities under their jurisdiction or control does not spread beyond the areas where they exercise sovereign rights (para 254).

The Tribunal not only upholds its previous jurisprudence but also expands upon it by clarifying that certain obligations, such as those under article 194(1), and some other obligations under Part XII of the Convention, may be formulated "in such a way as to prescribe not only the required conduct of States but also the intended objective or result of such conduct". The fact that the intended objective and result are indicated in such norms does not indicate automatically that they establish obligations of result. On the contrary, according to the Tribunal, the nature of these obligations "[...] depends on whether States are required to achieve the intended objective or result [...] This, in turn, depends essentially upon the text of the relevant provision and the overall circumstances envisaged by it" (para 238).

Following this kind of assessment, the Tribunal concludes that under article 194(1) States are not required "[...] to guarantee the prevention, reduction and control of marine pollution at all times but to make their best efforts to achieve such result" (para 233). On the other hand, articles 192 and 197 impose to States respectively the due diligence obligation to protect and preserve the marine environment and the due diligence obligation to cooperate on a global or regional basis (paras 395 and 309).

The Tribunal also examines in detail the question of the content of the obligation of conduct, starting from the observation that such content depends “on the nature of the specific treaty obligation so qualified and may vary over time” (para 397).

For instance, concerning article 194(1), for the Tribunal, it imposes to States to take all necessary measures with a view to reducing and controlling existing marine pollution from such emissions and eventually preventing such pollution from occurring at all. Therefore, this obligation does not entail the immediate cessation of marine pollution from anthropogenic GHG emissions (para 199). According to the Tribunal, the term “necessary” “should be understood broadly. Accordingly, necessary measures include not only measures which are indispensable to prevent, reduce and control marine pollution but also other measures which make it possible to achieve that objective” (para 201). To some extent, the Tribunal evokes the idea of ancillary measures. Such necessary measures must be determined objectively, taking into account, *inter alia*, the best available science and relevant international rules and standards contained in climate change treaties, in particular the global temperature goal indicated in the Paris Agreement and the timeline for emission pathways to achieve that goal (para 222).[14]

Bearing in mind the objectives to be pursued, on the basis of article 194(3), the Tribunal identifies certain categories of measures to be taken, including those “[…] designed to minimize, to the fullest possible extent, the release of toxic, harmful or noxious substances, especially those which are persistent. In the context of climate change, those measures are commonly known as “mitigation measures”. Central to such measures is the reduction of anthropogenic GHG emissions into the atmosphere” (para 205).

The Tribunal also emphasizes a factor of variability in the measures required. In fact, their scope and content “[…] may vary in accordance with the means available to States Parties and their capabilities. In the context of marine pollution from anthropogenic GHG emissions, States with greater means and capabilities must do more to reduce such emissions than States with less means and capabilities”. The Tribunal considers that the obligation established in article 194(1) does not refer to the principle of common but differentiated responsibilities and respective capabilities as such, but it contains some elements common to this principle. Thus, while all States are

14 For the role of science and the reference to external rules, see *supra* Sections 2 and 3.

required to support mitigation measures, the scope of these measures to be adopted may, on the other hand, differ between developed States and developing States. At the same time, it is not only for developed States to take action, even if they should "continue taking the lead" (para 229).

Finally, concerning the obligations contained in article 192, the Tribunal identifies three categories of measures with reference to the objective they are intended to achieve: mitigation measures to reduce anthropogenic GHG emissions and resilience and adaptation actions to enhance adaptive capacity, strengthen resilience and reduce vulnerability to climate change (para 393). The scope of these measures is to be inferred from climate change agreements, in particular the UNFCC and the Paris Agreement (paras 391–394).

5 Due Diligence: Assessing the Concept and the Applicable Standard

The Advisory Opinion on *Responsibilities and obligations of States sponsoring persons and entities with respect to activities in the Area* had already emphasized the significance of the concept of due diligence in relation to obligations of conduct. Such obligations are characterized as obligations of due diligence because, while States are required to undertake certain actions, compliance is assessed not by the attainment of a specific result, but by reference to the effort made. This effort is measured against a standard of due diligence. Accordingly, identifying the appropriate due diligence standard is crucial: if set too low, it risks weakening the State's commitment; if set too high, it demands a particularly rigorous and qualified level of conduct.

As emphasized by the Seabed Disputes Chamber, recalling the ICJ, the notions of obligations of 'due diligence' and obligations of 'conduct' are connected.[15] However, the concept of due diligence is not easy to be determined, since – as further observed by the Seabed Disputes Chamber – the content of 'due diligence' obligations may not readily be described in precise terms being a concept that evolves over time, for example in light of scientific and technological developments and of the risks involved (para 117).

For the Tribunal, the standard of due diligence is not left to the discretion of the State but is to be determined objectively in light of certain factors. At the same time, however, due diligence cannot but be a variable concept – as the Seabed Disputes Chamber concluded – since it varies depending on the par-

15 *Responsibilities and obligations of States sponsoring persons and entities with respect to activities in the Area* (n 12), para 111.

ticular circumstances of each situation to which the obligation of due diligence applies.[16]

As for the factors to be considered in identifying the standard of due diligence, they include scientific and technological developments, relevant international rules and standards, the degree of risk of harm, and the urgency of the situation. For the Tribunal, these factors may change over time.

More generally, the standard of due diligence is linked to the inherent riskiness of the activity concerned: the greater the risk, the higher the required standard of due diligence (para 239 ff). For the Tribunal "[...] the notion of risk in this regard should be appreciated in terms of both the probability or foreseeability of the occurrence of harm and its severity or magnitude" (para 239). To this end, a fundamental role is played by best available science, which "informs that anthropogenic GHG emissions pose a high risk in terms of foreseeability and severity of harm to the marine environment" (para 241). Accordingly, the Tribunal applies a particularly stringent standard with reference to the obligations contained in articles 194 and 192, having regard to pollution and other deleterious effects of GHG emissions to the marine environment.

Another important conclusion reached by the Tribunal concerns the implementation of the due diligence standard. In fact, "its implementation may vary according to States' capabilities and available resources. Such implementation requires a State with greater capabilities and sufficient resources to do more than a State not so well placed. Nonetheless, implementing the obligation of due diligence requires even the latter State to do whatever it can in accordance with its capabilities and available resources to prevent, reduce and control marine pollution from anthropogenic GHG emissions" (para 241).

Finally, the Tribunal highlights – again referring to the Advisory Opinion on the *Responsibilities and obligations of States sponsoring persons and entities with respect to activities in the Area* (para 131) – a further characteristic of due diligence, namely its close relationship with the precautionary approach, which forms an integral component of the general obligation of due diligence (para 242). Therefore, the Tribunal holds that "States would not meet their obligation of due diligence under article 194(1) of the Convention if they disregarded or did not adequately account for the risks involved in the activities under their jurisdiction or control. This is so, even if scientific evidence as to the probability and severity of harm to the marine environment of such activities were insufficient. Accordingly, States must apply the precautionary

16 Ibid., para 117.

approach in their exercise of due diligence to prevent, reduce and control marine pollution from anthropogenic GHG emissions" (para 242).

If we look at the recent 2025 Advisory Opinion of the ICJ, we can see a certain general interpretative "homogeneity" with the Tribunal on the issue of the content of the obligation of conduct and the standard of due diligence. In particular, for the ICJ, the conduct required by due diligence has several elements which "include States taking, to the best of their ability, appropriate and, if necessary, precautionary measures, which take account of scientific and technological information, as well as relevant rules and international standards, and which vary depending on each State's respective capabilities. Other elements of the required conduct include undertaking risk assessments and notifying and consulting other States, as appropriate" (para 136). In light of the concrete circumstances characterizing climate change, the Court maintains that the standard of due diligence to prevent the harmful effects of climate change is stringent.

Therefore, the two Advisory Opinions confirm a common interpretative ground with reference to the obligations of conduct, the standard of due diligence, the precautionary approach and the importance of each individual State's capacity and ability to implement its obligations in the context of international environmental law.

6 The Central Role of the Obligations of Cooperation and Assistance

Climate change has global effects that affect, to varying degrees, all areas of the planet and all seas and oceans. It affects all States, although some are more vulnerable than others, such as the Least Developed Countries and Small Island Developing States, which also have less economic, scientific and technological capacity to counteract the harmful effects of anthropogenic GHG. Cooperation between States is therefore crucial in combating climate change. With regard to the marine environment, the Tribunal had already stated in the *MOX Plant Case* that "the duty to cooperate is a fundamental principle in the prevention of pollution of the marine environment under Part XII of the Convention and general international law".[17]

The request for an advisory opinion by COSIS has provided the Tribunal with an opportunity to develop this assertion. In upholding such an opportun-

17 *MOX Plant* (*Ireland v United Kingdom*) (Provisional Measures) [2001] ITLOS Rep 95, para 82.

ity, the Tribunal opens by observing that "[...] the duty to cooperate is an integral part of the general obligations under articles 194 and 192 of the Convention, given that the global effects of these emissions necessarily require States' collective action (see paras 201 and 202 above). Furthermore, specific obligations to cooperate are provided for in Part XII, section 2, in particular, in articles 197, 200 and 201. The Tribunal considers that these specific obligations complement the general obligations established in articles 194 and 192 by setting out the means for complying with the latter obligations" (para 299). Indeed, cooperation under 197 is among the joint necessary measures contemplated in article 194(1) (para 301).

The Tribunal further emphasizes, first and foremost, the specific purpose of the cooperation required under article 197, namely, the formulation and development of rules, standards, and recommended practices and procedures for the protection and preservation of the marine environment, This activity may be undertaken by States with a certain degree of flexibility regarding both the form and the means of cooperation.

The Tribunal then clarifies the nature of this obligation, which, as previously noted, is one of conduct rather than result, requiring States to cooperate meaningfully and in good faith (para 309). Compliance with this obligation is therefore assessed on the basis of the efforts made by States, rather than on the outcomes achieved – although the latter "may be relevant in assessing States' compliance with the obligation to cooperate" (para 310). In this respect, the Tribunal also underscores that such efforts must be continuous. Consequently, the conclusion of a particular treaty "does not discharge a State from its obligation to cooperate, as the obligation requires an ongoing effort on the part of States in the development of new or revised regulatory instruments, in particular in light of the evolution of scientific knowledge" (para 311).

Finally, in the Tribunal's view, article 197 must be interpreted in conjunction with articles 200 and 201. Cooperation in the formulation and development of international rules, standards, and recommended practices and procedures cannot be dissociated from the availability of adequate information concerning the state of the marine environment, obtained through up-to-date scientific methods and criteria. To that end, article 200 obliges States to engage in scientific cooperation and to exchange information regarding marine pollution caused by GHG. Pursuant to article 201, States are further required – on the basis of the information and data gathered under article 200 – to cooperate in establishing appropriate scientific criteria to serve as the foundation for measures to be adopted under article 197. In sum, the Tribunal reaffirms the central role of science in addressing the detrimental effects of climate change and delineates a virtuous framework of cooperation.

This framework encompasses the duty to collaborate in the collection of scientific data through studies and research, the duty to cooperate in the development of scientific criteria, and, ultimately, the duty to collaborate in the formulation and adoption of the corresponding legal measures aimed at preserving and protecting the marine environment from the harmful effects of GHG. The conclusions of the Tribunal on the duty to cooperate were all shared by the ICJ in the 2025 Advisory Opinion (para 351).

The combat against marine pollution and other deleterious impacts on seas and oceans resulting from GHG emissions requires not only cooperation among States, given its global nature, but also the assistance to those States which are less technically, scientifically, and financially equipped to address climate change. In this regard, the Tribunal refers to a set of assistance obligations contained in Part XII of the Convention, specifically in article 202. In the Tribunal's view, this provision does not invoke the principle of common but differentiated responsibilities enshrined in the UNFCCC and the Paris Agreement. However, according to the Tribunal, "the obligation of assistance to developing States under these articles has some elements underlying this principle in that States with lesser capabilities need assistance from States that are better placed in order to meet their environmental responsibilities" (para 326). Scientific, technical, educational, and other forms of assistance provided to States which are particularly vulnerable to the adverse effects of climate change, and which are directly and severely impacted by them, serve as a means of addressing situations of inequality (para 327). Such assistance is intended to support the protection and preservation of the marine environment, as well as the prevention, reduction, and control of marine pollution (para 330).

The duty to provide assistance is, in a sense, complemented by the right to preferential treatment referred to in article 203, which developing States enjoy within international organizations in relation to the allocation of funds and technical assistance, as well as access to their specialized services aimed at preventing, reducing, controlling, and minimizing the effects of marine pollution. This right, as the Tribunal observes, "implies the obligation of States to take, through the international organizations of which they are members, the measures necessary to put into effect preferential treatment for developing States" in view of preventing, reducing and controlling marine pollution from GHG emissions or minimizing it (para 338).

In conclusion, the UNCLOS constitutes a comprehensive framework for the protection of the marine environment, both in general and specifically in relation to climate change. Part XII, among other provisions, sets out a range of sub-stantive, procedural, and even assistance-oriented obligations which, taken together, establish a regulatory system for the protection of the marine environment that is unique – if not unparalleled – in the international legal order.

7 The Contribution of Other Courts and Tribunals to Addressing Climate Change

7.1 The Inter-American Court of Human Rights Advisory Opinion of 29 May 2025

It was prompted by the assumption – as acknowledged by the IACtHR – that there is a climate emergency and that "harm to the climate system constitutes a form of environmental damage that, even though related, can and should be distinguished from other forms of environmental damage such as those resulting from pollution or harm to biodiversity" (paras 299, 300). These views go along with the notion of an independent human right to a healthy climate closely related to the evolution of human rights law and international environmental law. A preceding basis for the IACtHR findings has been the 2022 UN General Assembly proclamation of the human right to a clean, healthy, and sustainable environment.[18]

On the law of the sea, the Advisory Opinion makes several contextual references to the 2024 ITLOS Advisory Opinion (*inter alia* in paras 148, 180, 232) and reasserts that the standard of due diligence must be appropriate and proportionate to the level of risk of environmental damage, as expressed by the IACtHR itself in 2017.[19] Likewise, in this recent Opinion, the IACtHR concurs with the 2011 ITLOS Advisory Opinion in that due diligence is a variable concept that may change over time depending on the specific circumstances, available scientific and technological information, relevant international rules and standards, the risk of harm, and the urgency involved.[20]

On the basis of the human rights perspective, the IACtHR looks at the obligations ensuing from the American Convention on Human Rights, in particular its article 1(1), and indicates that States are required to refrain from any

18 UNGA Res A/76/L.75 (26 July 2022) UN Doc A/76/L.75.

19 *The Environment and Human Rights*, Advisory Opinion OC-23/17, Inter-American Court of Human Rights Series A No 23 (15 November 2017), para 142.

20 *Responsibilities and obligations of States sponsoring persons and entities with respect to activities in the Area* (n 12), para 117.

actions that may limit, hinder, or impede prompt action to address climate change or condone any setback on climate policy, in the absence of adequate justifications (paras 219–223). From this perspective, the Advisory Opinion reveals a rule of law approach that focuses on fundamental procedural rights and civic values, such as democracy and access to information and justice. The fulfilment of these rights can either enhance their importance or worsen climate change matters in the absence of them. This is one of the Advisory Opinion's main contributions to the studying of climate change from a regional perspective.

In a previous case (*Inhabitants of La Oroya v Peru*) regarding the right to clean air and water, the IACtHR had already presented an overview of international systems for the protection of human rights related to the environment which apply in the climate change field. The connecting element would be the obligation to prevent environmental pollution as part of the duty to ensure the right to health, a decent life, and personal integrity.[21]

The Advisory Opinion rules on the *jus cogens* nature of the obligation not to cause irreversible damage to the climate and environment. It relies on the assumption that, given the principle of effectiveness, the considerations of dependence and necessity, the universality of the underlying values, and the absence of conflict with current law, there are legal grounds for recognizing the peremptory prohibition of generating massive and irreversible damage to the environment. In this respect, the IACtHR states that all states should cooperate to end conduct that violates prohibitions derived from peremptory norms of general international law that protect the right to a healthy environment.

In another section, the 2025 IACtHR Advisory Opinion poses that there is an inseparable link between the obligation to respect and to guarantee human rights and the principle of equality and non-discrimination, which the climate change hinders, and that the said principle is part of the present stage of evolution of international law, and "has entered the realm of *jus cogens*" (para 590).

Some of the conclusions reached by the IACtHR have been adopted by majority of votes, accompanied by dissenting opinions. This is the case of the recognition of nature and its components as subjects of rights, following a "a normative development that permits reinforcing the protection of the long-term integrity and functionality of the ecosystems, providing effective legal tools to confront the triple planetary crisis, and facilitating the preven-

---

21 *Case of the Inhabitants of La Oroya v Peru* (Preliminary Objections, Merits, Reparations and Costs) Inter-American Court of Human Rights Series C No 511 (27 November 2023), para 262.

tion of existential damage before it becomes irreversible" (operative part 7). This concept – according to the IACtHR – is "a contemporary expression of the principle of the interdependence between human rights and the environment" (operative part 8). Another subject which also encountered a dissenting opinion is the assumption that by virtue of the principle of effectiveness there is the "peremptory prohibition of anthropogenic conducts that could irreversibly harm the interdependence and vital equilibrium of the common ecosystem that makes the life of the species possible" (point 8 of Section VII of the Opinion related to paras 279–286 on considerations).

In sum, an Advisory Opinion that shows unanimous positions alongside divided ones regarding the content and scope of the relationship between regional conventions and climate change as a threat to human rights. The obligation to act with enhanced due diligence and the role of the best available science, are notable aspects of this Opinion, reaffirm the idea that the climate emergency is a threat to the "accelerated increase of global temperature", which appeal to the application of a human rights perspective in both mitigation and adaptation actions.

In conclusion, the IACtHR Opinion contributes to identifying critical human rights that are affected by the climate emergency as well as to reaffirm the shared responsibilities of state and non-state actors in the generation of GHG emissions. In this sense, it is a policy-oriented opinion, including regarding further possible development in the legal field.

7.2 The International Court of Justice Advisory Opinion on Obligations of States in Respect of Climate Change of 23 July 2025

This third Advisory Opinion of recent times has had to deal with questions raised by the UN General Assembly:

(a) What are the obligations of States under international law to ensure the protection of the climate system and other parts of the environment from anthropogenic emissions of greenhouse gases for States and for present and future generations?

(b) What are the legal consequences under these obligations for States where they, by their acts and omissions, have caused significant harm to the climate system and other parts of the environment, with respect to:

   (i) States, including, in particular, small island developing States, which due to their geographical circumstances and level of development, are injured or specially affected by or are particularly vulnerable to the adverse effects of climate change?

(ii) Peoples and individuals of the present and future generations affected by the adverse effects of climate change?

The above request covered more issues than those submitted to ITLOS, where the focus was the relationship between climate change and the obligations arising from the law of the sea perspective.

Similarly to the ITLOS Advisory Opinion, the ICJ had to analyze the relationship between treaty regimes and customary law. Also, the issue of *lex specialis* formed part of this examination from the perspective of both primary and secondary rules. Firstly, the ICJ agreed that customary law imposes obligations on States with regard to the duties to prevent significant environmental harm and to cooperate in environmental protection. Almost all of the States appearing before the Court held similar views on the application of the duty to prevent transboundary harm from greenhouse gas emissions.

Against this backdrop, the ICJ considered the potential application of the *lex specialis* theory to climate change treaties and their ability to take precedence over general international law. Recalling that a *lex specialis* only applies when there are inconsistencies between different provisions, the ICJ found none between the provisions of the climate change treaties and other relevant rules and principles of international law. Nor did the ICJ discern an intention among the parties to the climate change treaties to displace other potentially applicable rules or principles generally (para 168–169).

The ICJ's analysis goes further when examining the duty to prevent significant harm from the perspective of customary law, taking into account both the environmental harm to be prevented and due diligence as the required standard of conduct. As the Court acknowledges, its reasoning is informed by the principles of harmonious interpretation and systemic integration, following similar paths to those of the ITLOS (para 164). Treaties and customary law should be interpreted in harmony.

On the applicable law and ensuing obligations, other additional aspects of this comprehensive Advisory Opinion may be noted.

The applicable law encompasses the Charter of the United Nations, the UNFCCC, the Kyoto Protocol, the Paris Agreement, UNCLOS, the ozone layer treaties, the Biodiversity Convention, the Desertification Convention, the customary duty to prevent significant harm to the environment and the duty to co-operate for the protection of the environment, and international human rights law, as well as certain guiding principles for the interpretation of various applicable rules and principles (sustainable development, common but differentiated responsibilities and respective capabilities, equity, intergenerational equity, and the precautionary approach or principle).

Thus, likewise ITLOS, the ICJ looks at the whole spectrum of international legal instruments and principles that may have a bearing on climate change, although with an approach that differs from the Tribunal to the extent its tasks were to look for the obligations arising from the law of the sea, and not the other way round. The Court concurs with the approach taken by ITLOS and recognizes that the standard of due diligence for preventing significant harm to the climate system is stringent (*Climate Change, Advisory Opinion, ITLOS Reports 2024*, pp. 91–92, para 241, pp. 92–93, para 243, p. 94, para 248, pp. 137–138, paras 398–400, and pp. 152–158, para 441) (para 38).

The Court clearly asserts that the duty to prevent is an obligation of conduct and not one of result what means that States have to "employ all means reasonably available to them, so as to prevent [harm] as far as possible" (para 135).[22] This entails acting with a standard of due diligence which entails, inter alia, that States take, "to the best of their ability, appropriate and, if necessary, precautionary measures, which take account of scientific and technological information, as well as relevant rules and international standards". These measures vary depending on each State's respective capabilities (para 136).

The Court also concurs with ITLOS and recalls that the duty of States to cooperate for the protection of the environment is a rule whose customary character has been established (para 140).

In a separate note on the legal effects of the 2015 Paris Agreement, the ICJ goes a step further than previous analyses by affirming that it contains several obligations of conduct and obligations of result, which are mutually supportive. According to the ICJ, these obligations are not mutually exclusive, and even some of them may exhibit characteristics of both obligations of conduct and obligations of result. The Court identifies several obligations of conduct in the Paris Agreement: to develop, update, publish and make available national inventories of anthropogenic greenhouse gas (GHG) emissions and removals by sinks, as set out in article 4(1)(a); to formulate and publish national programs, as prescribed by article 4(1)(b); and to communicate information to the Conference of the Parties (COP), as required by article 4(1)(j) (para 203).

On another issue, the ICJ responds to the question of the legal consequences arising from conduct that causes significant harm to the climate system and other parts of the environment and reaffirms that the climate change treaties do not exclude the application of the general rules on State responsibility. Additionally, according to the Court, those rules admit the possible determination of the responsibility of States in the climate change context.

22 *Application of the Convention on the Prevention and Punishment of the Crime of Genocide* (*Bosnia and Herzegovina v Serbia and Montenegro*) (n 10), para 430.

This means that there is no *lex specialis* in terms of causation and *in concreto* attribution of a wrongful act of non-compliance with the established obligations to protect the climate system (paras 436–438).

On the law of the sea, a full section of the ICJ Advisory Opinion is devoted to it in so far as the Court acknowledges that it should ascribe great value to the interpretation given by the ITLOS (para 338), including on the view that "anthropogenic GHG emissions constitute "substances or energy" introduced by humans, either "directly or indirectly" "into the marine environment", and that such introduction results or is likely to result in "deleterious effects" (para 340). That means pollution within the meaning of UNCLOS.

A separate issue related to the law of the sea looked upon by the ICJ related to sea level rise, a subject to which participating States paid great attention and to which the Court attaches the obligation of States to cooperate in achieving equitable solutions, "taking into account the rights of affected States and those of their populations" (para 365). On a substantive issue, the ICJ states that UNCLOS does not require States parties to update their charts or lists of co-ordinates that show their baselines and outer limits of their maritime zones once established in conformity with the Convention (para 362).

PART 2

Essays and Articles

SECTION 1

Proceedings of the Conference Il diritto in uno spazio estremo: la dimensione sottomarina (*Milan, 5 March 2025*)

3

The 2025 Declaration of the Milan Partnership on the Undersea Dimension: Selected Issues

Ilaria Tani

1 Introduction

On 5 March 2025, the Italian Branch of the International Law Association sponsored a national conference in Milan, entitled 'Law in an Extreme Space: The Undersea Dimension'. The event was also held under the auspices of the Italian Ministry of Foreign Affairs and International Cooperation, the Italian Ministry of Universities and Research, the Italian Ministry for Civil Protection and Maritime Policies, the Italian Navy, the National Biodiversity Future Center, the Milan Bar Association, the Guglielmo Marconi 150th National Committee, the Guglielmo Marconi Foundation,[1] and the main Italian industrial actors operating in the undersea domain listed below.

On this occasion, academics and practitioners from various legal fields, together with the Italian Navy General Staff, its Special Forces (the commandos and divers of the 'Teseo Tesei' Group), its Submarine Corps, the Hydrographic Institute of the Navy, representatives of the Italian companies Codevintec, C.a.b.i. Cattaneo, Drass, Fincantieri, Prysmian, Saipem, Sparkle, as well as specialists and leading experts on the features of this extreme environment – among them the multi-world-record freediver Umberto Pelizzari – engaged in discussions on a range of issues raised by the fast technological developments and by the current, complex global order in the field of undersea activities.

1 Guglielmo Marconi's pioneering work on wireless telegraphy not only transformed long-distance communication but also provided a conceptual and technological bridge to the refinement of global telegraphic networks, including submarine cables. Although submarine telegraph cables pre-dated Marconi's first successful wireless transmissions, his experiments demonstrated the feasibility of reliable transoceanic communication and spurred renewed investment in, and technological improvements to, cable systems designed to complement wireless links. See Nigel Crowe, *Guglielmo Marconi: Inventor of Radio* (Shire 2013); Jeffrey A Hecht, 'The First Wireless Century' (2001) 294 *Science* 2305; Simone Fari, *Victorian Telegraphy before Marconi* (Palgrave Macmillan 2015).

Ilaria Tani, Associate Professor of International Law, University of Milano-Bicocca.

© 2026 THE AUTHOR(S) | HTTPS://DOI.ORG/10.1163/9789004766891-005

The 2025 Declaration of the Milan Partnership on the Undersea Dimension (hereafter, the Milan Declaration), annexed to this Section, is the result of those discussions. Its aim is to set out a forward-looking vision for the governance of activities beneath the ocean surface. Its signatories – jurists, naval officers, industry representatives, scientific experts, and undersea professionals – call for renewed international attention to the legal, environmental, and security implications of the rapidly expanding undersea dimension. The text of the Milan Declaration has been subsequently circulated by Italy among the member States of the Working Party on the Law of the Sea (COMAR) of the Council of the European Union (EU).[2]

In general, the Milan Declaration underscores the need to update and harmonize regulatory frameworks in light of emerging technologies, to preserve the peaceful uses of the oceans, to enhance legal certainty for public and private actors, and to strengthen environmental protection and the safety of human life under the sea. It also highlights the strategic importance of geospatial information management, the essential institutional role of navies, and the imperative of capacity-building and technology transfer for developing States.

This contribution does not aim to engage with the Milan Declaration in its entirety. Rather, it focuses on a selected set of legal issues raised by the document – matters that remain insufficiently explored in the contemporary debates on the law of the sea and the governance of the undersea dimension – and assesses their implications for the future development of international regulation.

The recent emergence of incidents of international relevance – from accidental or intentional harm to submarine cables and pipelines to the loss of civilian submersible vessels – together with the increasingly concrete prospect of a substantial expansion of human and technological activity below the ocean surface, has made it necessary to confront a range of intricate legal questions that the rules codified in the 1982 United Nations (UN) Convention on the Law of the Sea (LOS Convention)[3] have, to date, only partially addressed.

---

2 The COMAR meeting where the Milan Declaration was circulated was held in Brussels on 13 October 2025. On the relevance of COMAR for coordinating the position of EU's member States regarding the international regulation of activities carried out at sea, see Salvatore Zappalà, 'Underwater Domain and Supranational Decision-Making Processes in the European Union System and the United Nations', in this volume.

3 United Nations Convention on the Law of the Sea (adopted 10 December 1982, entered into force 16 November 1994) 1833 UNTS 3.

The current regulatory framework governing the undersea space and the activities conducted therein still largely reflects conditions of several decades' past, when military operations constituted the primary form of human presence within the water column. This is evident, for example, in the regime of innocent passage in the territorial sea applicable to submarines,[4] which remains rooted in that historical context.

At the same time, the use of sub-sea vehicles for scientific exploration and for industrial operations on the seabed – such as the installation of pipelines – has fostered practices grounded in private and commercial relationships between companies and coastal States, without a correspondingly uniform and detailed formulation at the international level. The two traditional actors in the law of the sea, the coastal State and the flag State, now find themselves needing to recalibrate the exercise of their respective prerogatives over maritime spaces and infrastructure, while also engaging with private entities that increasingly shape arrangements governing the undersea dimension.

Although this evolving landscape cannot disregard the foundational principles of the law of the sea – i.e., territorial sovereignty in the internal maritime waters, territorial sea, straits, and archipelagic waters; sovereign rights on the continental shelf and the superjacent waters claimed as *sui generis* zones; exclusive flag State jurisdiction in international spaces and the freedoms of the high seas – it nonetheless reveals a noticeable shift from the context in which the LOS Convention first acquired its normative authority. In effect, the underwater domain is experiencing a transformation that does not displace the existing legal framework but calls for greater precision and elaboration within it. At the same time, it bears recalling that a defining strength of the law of the sea lies exactly in its capacity to evolve: its core principles endure, yet they have never hindered the progressive development of the discipline.

In line with the foregoing, this article seeks, first, to provide an overview of Italy's submarine spaces, which are still not fully defined and raise several issues concerning the law of maritime delimitation that remain unresolved in a consistent manner at the international level.

Secondly, the article will focus on the topic of submarine escape and rescue (SMER) within the water column, which has come to public attention following recent accidents involving civilian submersibles – most notably, the *Titan* and the *Sinbad* – although it has been thoroughly and systematically regulated for more than two decades in the military sector. As will be shown, SMER is not merely a simple variant of surface search and rescue (SAR) activities.

---

4 According to art 20 of the LOS Convention, '[i]n the territorial sea, submarines and other underwater vehicles are required to navigate on the surface and to show their flag'.

Thirdly, the article aims to highlight the importance of effective, timely, and reliable management of marine geospatial data. The issue is the subject of structured discussion within the UN and the International Hydrographic Organization, yet it is still unfortunately regarded as overly technical and 'niche' and therefore fails to attract adequate attention in regulatory fora. Nevertheless, as will be demonstrated, it constitutes an indispensable domain for the effective implementation of nearly all legal instruments governing maritime activities. Moreover, only through efficient management of marine geospatial data can meaningful 'ocean spatial planning' be achieved – now rendered necessary by the multitude of conflicting interests at the global level within the water column and on the seabed.

Finally, the article will address the institutional dimension: are new institutions required to deal with the challenges posed by emerging and expanding underwater activities? Are the institutions currently operating at the international level able (or willing) to address civilian underwater navigation and the range of novel issues it entails? It will be shown that the supranational framework remains devoid of solutions; yet in some contexts – such as Italy – initial developments can be observed. It scarcely needs recalling, however, that, in the field of navigation, no unilateral solution adopted by a single State can adequately respond to complex problems at the intersection of security, economic, and environmental concerns – particularly in a domain which, more than any other, is characterized by the fundamental principle of the freedom of the seas.

2 The Italian Submarine Boundaries

Boundaries allow for the cartographic representation of a State. In addition to the land area, which is defined by the land borders with the adjacent States, the spatial extension of a State includes the marine waters adjacent to its land territory. In the case of Italy, internal marine waters are defined by Presidential Decree No 816 of 26 April 1977, which establishes a 'mixed' system of normal and straight baselines.[5] From such baselines, the Italian territorial sea extends 12 nautical miles, as per Law No 359 of 14 August 1974.

5 While this contribution was in press, Italy updated its system of baselines through Law No. 70 of 7 May 2026, in order to take into account changes in coastal morphology and by adopting the ETRS89 geodetic reference system. For a first commentary, see Ilaria Tani, 'La dimensione sottomarina e alcune questioni aperte' in Ilaria Tani and Attila Tanzi (eds), La dimensione sottomarina. Diritto, professioni, prospettive (Giappichelli 2026) 7–8 fn 8;

Beyond the outer limit of the territorial sea, Italy has so far established an ecological protection zone (EPZ) only in the waters of the Ligurian Sea, the Tyrrhenian Sea, and the Western Sardinian Sea (Presidential Decree No 209 of 27 October 2011, adopted under Law No 61 of 8 February 2006). In this zone, Italy exercises only some of the rights recognized to coastal States within their exclusive economic zone (EEZ). The latter could be established soon, once Italy enforces the proclamation of the EEZ outlined in Law No 91 of 14 June 2021 through a Presidential Decree, following a deliberation by the Council of Ministers and upon proposal of the Minister of Foreign Affairs and International Cooperation.[6] Regardless of the existence of such a zone, Italy already exercises sovereign rights over the seabed adjacent to the outer limit of the territorial sea, known as the continental shelf, for the purpose of exploiting natural resources.

As a matter of fact, due to its peculiar location and geographical configuration, Italy possesses the most extended continental shelf and potential EEZ of the entire Mediterranean Sea. In this regard, given the semi-enclosed nature of the sea basin, it should be noted that no coastal State – including Italy – can exercise sovereign rights over a continental shelf or EEZ in its full extent (200 nautical miles). Based on these premises, in order to measure Italy's actual submarine extent, it is first necessary to assess the number of States with which Italy has either already delimited or is called upon to delimit a maritime boundary. Depending on whether the boundary concerns the territorial sea, the EEZ, or the continental shelf, articles 15, 74, and 83 of the LOS Convention come into play. These provisions, however, present gaps and ambiguities that have necessitated significant supplementation by international courts and tribunals during their application and interpretation.[7]

Ilaria Tani, 'Maritime Baselines as the Legal Foundation of Marine Geospatial Governance: The New Italian Baselines in Context', Italian Journal of Public Law (2026, forthcoming).

6 The Council of Ministers convened on 22 July 2025 for a preliminary assessment of the draft Presidential Decree (Regulation for the establishment of an exclusive economic zone including portions of the waters adjacent to the national territorial sea, in accordance with art 1(2) of Law No 91 of 14 June 2021). While this contribution was in press, Italy established a partial exclusive economic zone in the Central-Southern Tyrrhenian Sea, the Ionian Sea, and the Adriatic Sea by Legislative Decree No. 193 of 26 September 2025. The newly established EEZ does not coincide with the existing ecological protection zones, which remain in force. For a commentary, see Ilaria Tani, 'La dimensione sottomarina e alcune questioni aperte', supra, 7–8.

7 See, among others, Yoshifumi Tanaka, *Predictability and Flexibility in the Law of Maritime Delimitation* (2nd edn, Hart 2019); Massimo Lando, *Maritime Delimitation as a Judicial Process* (CUP 2019); Jonathan I Charney, Lewis M Alexander and Robert W Smith (eds), *International Maritime Boundaries* (5 vols, Nijhoff 1993–2002); Stephen Fietta and Robin Cleverly (eds), *A Practitioner's Guide to Maritime Boundary Delimitation* (OUP 2016).

Moving counterclockwise through the Mediterranean Sea, Italy is required to delimit its maritime borders with eleven States: France, Spain, Algeria, Tunisia, Malta, Libya, Greece, Albania, Montenegro, Croatia, and Slovenia. Though bordering the Adriatic Sea, Bosnia and Herzegovina does not share a maritime border with Italy, because its waters lie entirely within the internal waters of Croatia.

The only maritime boundary agreement currently in force between France and Italy is the convention on the delimitation of maritime boundaries in the Strait of Bonifacio (Paris, 28 November 1986), which entered into force on 15 May 1989. This convention solely establishes the boundary of the territorial sea between Corsica (France) and Sardinia (Italy). The *procès-verbal* on the delimitation of the fishing line in the Bay of Menton (Menton, 18 June 1892) is no longer in force, as it is not included in the list of bilateral treaties reinstated between the two States under article 44(1) of the treaty of peace between the twenty Allied and Associated Powers and Italy (Paris, 10 February 1947). The agreement for the delimitation of the territorial sea and zones of national jurisdiction (Caen, 21 March 2015), which would define the full extent of maritime boundaries between the two States – including the delimitation of the French territorial sea, continental shelf, and EEZ, on one side, and the Italian continental shelf and ecological protection zone, on the other – is not (yet) in force.[8]

Between Italy and Spain, the agreement on the delimitation of the continental shelf (Madrid, 19 February 1974) is in force, having entered into effect on 16 November 1978.

At present, there is no boundary agreement between Algeria and Italy. The issue is further complicated by Algeria's Presidential Decree No 18-96 of 20 March 2018, which established an EEZ extending up to almost 12 nautical miles off the coast of South Western Sardinia. This creates an overlap of approximately 39,604 km^2 with the Italian EPZ (and an even larger overlap with Spain's adjacent zone near the Balearic Islands).

Italy and Tunisia have an agreement in force concerning the delimitation of the continental shelf only (Tunis, 20 August 1971), which entered into force on 6 December 1978.

A provisional delimitation of the continental shelf is in force between Italy and Malta (Valletta, 31 December 1965; Rome, 29 April 1970). However, this delimitation is both provisional and partial, covering only the seabed boundary north of Malta, without addressing the boundaries to the east and west of the island.

8 France has ratified the bilateral agreement on 4 August 2015.

Between Italy and Libya there is still no boundary agreement, which should exist even despite the presence of an island State (Malta) situated between the two continental States.

Greece is one of the States with which Italy has fully defined its maritime boundaries. The agreement between Greece and Italy on the delimitation of their respective maritime zones (Athens, 9 June 2020) entered into force on 8 November 2021. The agreement establishes that the boundary line of the respective maritime zones, where the two States are entitled to exercise sovereign rights or jurisdiction, coincides with the continental shelf boundary already established by a previous agreement (Athens, 24 May 1977): this agreement, which had been in force since 12 November 1980, has now been replaced by the 2020 agreement. With this new agreement, the two States have defined in advance their future boundary, which will display its full effect once both EEZs are enacted.

Albania and Italy have concluded an agreement on the delimitation of their respective continental shelves (Tirana, 18 December 1992), which has been in force since 26 February 1999.

No boundary agreement yet exists between Italy and Montenegro, as the memorandum between Italy and Montenegro on the succession of Montenegro in the bilateral treaties concluded before the proclamation of independence (Podgorica, 19 October 2012) does not list, among the treaties that remain in force for the two States, the 1968 agreement between Italy and Yugoslavia on the delimitation of the continental shelf.

Between Croatia and Italy, the agreement between the latter and Yugoslavia (Croatia's predecessor State) on the delimitation of the continental shelf (Rome, 8 January 1968) remains in force since 21 January 1970, supplemented by a technical adjustment (exchange of notes of 22–29 July 2005). Croatia and Italy also entered into an agreement on the delimitation of their respective EEZs (Rome, 24 May 2022), which references the line determined by the 1968 agreement, as amended in 2005. The 2022 agreement thus defines the future boundary between an existing EEZ (Croatia's parliamentary decision of 5 February 2021) and an EEZ yet to be established by Italy.

Slovenia is another State with which Italy has settled all issues concerning maritime delimitation, the situation being facilitated by the fact that, for geographical reasons, there can only be a delimitation of the territorial sea between the two States. The relevant boundary is established by article 2 and annex III of the Treaty between Italy and Yugoslavia (Osimo, 10 November 1975), which has been in force since 3 April 1977.

As the partial spatial coverage of the agreements in force demonstrates, the actual extent of the Italian underwater dimension cannot yet be measured in a definitive manner. Several substantial issues remain unresolved. The first is whether the boundary to be used to delimit the water column, the sea surface, and the airspace above should coincide with the boundary currently in force for the respective seabed. On the one hand, practical reasons would lead to a positive answer, as it would be inconsistent for one State to authorize the exploitation of the natural resources of the seabed and for a different State to authorize the exploitation of the natural resources of the overlying water column. On the other hand, however, reasons of equity and principle show the need to revisit certain solutions that were negotiated long ago, when the concept of EEZ had not yet been codified. In other words, it is not a foregone conclusion that the circumstances that determined an equitable solution for the delimitation of the seabed decades ago are the same as those that, today, might lead to an equitable solution for the delimitation of the overlying waters. The issue remains unresolved between Italy and, respectively, Albania, Spain, and Tunisia.

A second substantial issue concerns the weight to be given, for delimitation purposes, to islands, which are numerous around the Italian continental territory. According to the agreement between Italy and Tunisia, which only concerns the continental shelf, the Italian islands of Pantelleria, Linosa, Lampedusa, and Lampione are given a reduced weight compared to the Tunisian continental territory. Sardinia (Italy) and Minorca (Spain), on the other hand, are given equal weight in the agreement delimiting the continental shelf between the two States. Therefore, it would seem inconsistent to adopt a solution that accords no weight to Sardinia in relation to the Algerian continental territory. A peculiar case concerns Malta, which faces a large Italian island (Sicily) to the north and small Italian islands (Linosa and Lampedusa) to the west – and, moreover, constitutes an island State.

A third substantial issue that may complicate the process of defining Italy's underwater dimension is whether to take into account internal waters for delimitation purposes, i.e., for the purpose of identifying the basepoints of the provisional equidistance line and calculating the proportionality between the coastal length of each State and the area allocated to it. On several occasions, the use of national systems of straight baselines has given rise to criticism concerning their conformity with the criteria provided for in the LOS Convention (articles 7–11). The issue becomes even more uncertain if portions of marine waters are claimed based on historical titles. The question undoubtedly arises in the future boundary between Italy and Libya, due to the wide Gulf of Sirte (or Sidra), which is claimed by Libya as a historic bay (note verbale of 19 October 1973). There is no such question, on the other hand, for the Gulf of Taranto, claimed by Italy in a much more modest marine extension, since the problem has been implicitly resolved by the delimitation agreements between Greece and Italy.

A fourth substantial issue arises when the course of the boundary agreed upon between two States does not reach the so-called triple point, i.e., the point equidistant from the nearest point on the territory of three States, as this is a determination that requires the consent of all three geographically involved States. Until such consensus is reached, some boundary segments may remain undefined. This situation occurs in the case of the agreement between Italy and Spain on the delimitation of the continental shelf, where the boundary line stops before reaching the triple points with Algeria and France, and in the case of the agreement between Greece and Italy on their respective maritime zones, where the boundary line stops before reaching the triple points with Albania and Libya. In the Central-Southern Mediterranean area, the geographical situation involves as many as four States (Italy, Libya, Malta, and Tunisia), further complicating the full determination of the maritime entitlements of each State. As is well known, the judgments by which the International Court of Justice resolved the disputes on the delimitation of the continental shelf between Libya and Tunisia (judgment of 24 February 1982) and between Libya and Malta (judgment of 3 June 1985) did not concern the entire area of the continental shelf potentially belonging to the States in dispute. Such judgments did not prejudice the areas that could be claimed by third States (Italy and Malta in the first case; Italy and Tunisia in the second). During the judicial proceedings between Libya and Malta, Italy declared its claim to certain portions of the continental shelf located South-West and South-East of Malta.

As can be seen, there is no shortage of interesting issues to be addressed in the Central Mediterranean to achieve the equitable solution that the enigmatic provisions of the LOS Convention set as the goal for the delimitation agreements concerning the continental shelf and the EEZ. In any event, even beyond this semi-enclosed sea, in light of new technological developments and the increasing human presence below the sea surface, it is important that the underwater dimension of each State be spatially defined – not only in the national interest, but also in the broader interest of all neighboring coastal States and flag States operating in the same region with underwater assets. This would contribute to ensure legal certainty in a very complex environment.

3 Safety of Life below the Sea Surface and Submarine Escape and Rescue

While it is true that future regulation will need to address with greater precision the certification, operation, and corresponding liability of remotely operated vehicles (ROVs) and autonomous underwater vehicles (AUVs), it is equally true that the safety of the increasing number of persons in the underwater environment constitutes a priority issue for the law. Legal frameworks must ensure that civilian underwater activities – whether conducted by workers, researchers, or tourists – are carried out with a level of safety comparable to that already achieved in the military sphere, whose vessels have operated in the depths of the sea for far longer.

The Milan Declaration advances a compelling case for the progressive development of international law in this regard. Paragraph 11 addresses the foundational concern of navigational safety in the sub-surface space, calling upon States to empower an international organization to formulate rules and standards governing safe undersea navigation.[9] This mandate is not limited to vessel-to-vessel deconfliction, but extends to preventing interference with naval exercises and avoiding collisions with both natural formations and artificial installations on the seabed. Notably, the Milan Declaration proposes an evolutionary interpretation of existing coastal State competences by permitting the establishment of reasonable safety zones not only on the surface, around fixed structures,[10] but also along vulnerable subsea infrastructure situated on the continental shelf. While expressly preserving the freedom of navigation, this approach acknowledges that the unique operational environment of underwater vehicles necessitates a refined balance between navigational freedoms and the imperative of risk reduction.

---

9 The International Maritime Organization (IMO) has been reluctant to address the issue of undersea navigation, as its mandate is confined to 'shipping engaged in international trade', an activity that does not take place underwater. See Convention on the International Maritime Organization (adopted 6 March 1948, entered into force 17 March 1958) 289 UNTS 3, art 1. The IMO has adopted only a set of guidelines for the safety of life underwater onboard small subsea craft: International Maritime Organization, 'Guidelines for the Design, Construction and Operation of Passenger Submersible Craft' (MSC/Circ. 981, 2001).

10 The LOS Convention already envisages the establishment of safety zones not exceeding a distance of 500 meters around artificial islands, installations, and structures in the EEZ (art 60(5)) as well as around scientific research installations anywhere at sea (art 260). It would be appropriate to envisage safety zones also around undersea infrastructures, for the safety of both navigation and the same infrastructures.

In paragraph 13, the Milan Declaration turns to the seaworthiness of civilian submarine vehicles, an area where international regulation is markedly underdeveloped. The maritime tragedies involving the civilian submarines *Titan* in 2023 and *Sindbad* in 2025 illustrate starkly the risks inherent in undersea tourism when vessels operate without regulatory frameworks comparable to those governing surface craft. These events serve as critical case studies, demonstrating the exigency of robust international standards for design, certification, and safety that can meaningfully mitigate loss of life in the underwater environment.

On 18 June 2023, the submersible *Titan*, operated by the private company OceanGate, imploded during a deep-sea tourist expedition to the wreck of the RMS *Titanic* in the North Atlantic, resulting in the deaths of all five persons on board. Investigations by the United States (US) National Transportation Safety Board identified notable deficiencies in engineering validation, pressure-testing regimes, and structural design, concluding that the craft lacked sufficient verification of its ability to withstand the extreme hydrostatic pressures encountered at depth.[11] Operating outside any international certification regime – and indeed outside the oversight of any recognized classification society – the *Titan* exemplified the vulnerabilities associated with unregulated deep-submergence tourism.

Accordingly, paragraph 14 of the Milan Declaration complements the structural concerns by urging the creation of a dedicated regime for the registration and certification of both manned and unmanned civilian submarine vehicles. By emphasizing effective jurisdiction and control over registered submarines – administratively, technically, and socially – the Milan Declaration underscores the need for a transparent system that ensures traceability, regulatory oversight, and compliance. This approach parallels classical maritime registration principles while adapting them to the distinct risks associated with vehicles operating in a three-dimensional, high-pressure environment.

The sinking of the *Sindbad* tourist submarine off Hurghada, Egypt, on 27 March 2025 illustrates comparable regulatory deficiencies in a different operational context. With approximately fifty passengers and crew aboard, the vessel began taking on water shortly after boarding, ultimately causing six fatalities and leaving numerous others injured. Although the vessel reportedly held a national license for tourist operations, preliminary reports suggest that the hull integrity, emergency-response systems, and operational protocols

11 US National Transportation Safety Board, 'Marine Accident Report: OceanGate Submersible Titan' (Final Report, NTSB, 2025) (detailing engineering deficiencies and lack of adequate testing in the *Titan* implosion).

were not aligned with any standardized benchmarks for safety or equipment adequacy. This incident similarly exposed weaknesses in national oversight mechanisms and the absence of internationally harmonized requirements for civilian submersible operations.[12]

From the standpoint of international maritime safety law, the events involving the two civilian submarines are particularly striking because of the stark asymmetry between the regulatory treatment of surface ships and underwater vehicles. The Safety of Life at Sea (SOLAS) Convention[13] establishes a comprehensive legal architecture governing the construction, equipment, and operation of surface vessels, including detailed rules on structural integrity, firefighting equipment, lifesaving appliances, and radio communications. Moreover, the International Regulations for Preventing Collisions at Sea (COLREGs)[14] provide binding standards to prevent navigational conflicts, prescribing conduct for vessels in sight of one another or operating in restricted visibility. Neither instrument, however, applies to civilian submersibles, whose operational requirements and risk profiles differ substantially from those of surface ships yet merit no less rigorous oversight.

The absence of binding international construction or safety standards for submersibles permits operators to engage in commercial activities at great depths without independent verification of hull integrity, system redundancy, emergency communications capability, or crew training. In legal terms, this constitutes a significant regulatory vacuum: while the LOS Convention allocates jurisdiction, it does not articulate submersible-specific safety obligations comparable to those applicable to merchant shipping. As the *Titan* and *Sindbad* cases demonstrate, the consequences of this lacuna can be fatal.

To address these deficiencies, States should pursue the development of a dedicated international safety regime for civilian submarine vehicles, structured analogously to SOLAS but tailored to the distinct operational environment of the undersea dimension. Such a regime should include at least: (i) minimum technical standards for construction, materials, and pressure-testing; (ii) mandatory equipment requirements, including emergency ascent, tracking, and communication systems; (iii) crew qualification and training

12 Kamal Tabikha, 'Hurghada submarine "began sinking while being boarded", say Russian authorities' *The National* (28 March 2025) https://www.thenationalnews.com/news/mena/2025/03/28/hurghada-submarine-allegedly-began-sinking-while-passengers-boarding-claim-russian-authorities/ accessed 10 December 2025.

13 International Convention for the Safety of Life at Sea (SOLAS) (adopted 1 November 1974, entered into force 25 May 1980) 1184 UNTS 3.

14 Convention on the International Regulations for Preventing Collisions at Sea (COLREGs) (adopted 20 October 1972, entered into force 15 July 1977) 1050 UNTS 16.

requirements; (iv) a compulsory vessel-registration system; and (v) periodic surveys conducted by recognized bodies with the requisite technical expertise. Given the unique challenges of undersea emergencies, States should also develop interoperable rescue protocols, with centralized reporting mechanisms and dedicated facilities capable of rapid deep-submergence response. The establishment of specific, internationally agreed minimum standards for design, construction, manning, and equipment would not only promote operator accountability but also enhance cross-border interoperability in rescue and emergency responses.

Crucially, paragraph 15 of the Milan Declaration situates human life at the core of an updated normative architecture by calling for the development of specialized centers equipped with appropriate assets and trained personnel to coordinate SMER capabilities. As civilian presence beneath the sea expands, rescue systems long designed primarily for military submariners should be recalibrated to accommodate diverse civilian profiles, operational contexts, and technological platforms. The Milan Declaration's emphasis on coordinated and interoperable rescue frameworks reflects an understanding that undersea emergencies often transcend national boundaries and require rapid, technically sophisticated responses.

Modern naval practice demonstrates that such structured and interoperable SMER mechanisms are both feasible and essential. Since the early 2000s, many of the world's naval forces have coordinated such capabilities through the International Submarine Escape and Rescue Liaison Office (ISMERLO), an organization established in the aftermath of the sinking of the Russian submarine *Kursk* in 2000.[15] Italy has chaired ISMERLO since its inception, playing a central role in developing shared procedures, technical standards, and rapid-response coordination protocols. Although ISMERLO emerged from a predominantly Euro-Atlantic initiative, its membership now extends beyond NATO States and includes a range of non-NATO navies, such as China, India, and the Russian Federation, thereby constituting a rare example of operational military cooperation in a highly specialized and technically demanding field. This broadened participation underscores that submarine rescue, by its nature, transcends geopolitical alignments: the complexities of deep-sea intervention, the limited number of assets capable of conducting such operations, and the acute risks to human life make multinational coordination indispensable. ISMERLO thus provides a practical model of how internationally harmonized SMER frameworks can function effectively: an instructive precedent for developing analogous civilian rescue

15 See https://ismerlo.org/ accessed 11 December 2025.

regimes in the undersea dimension. As will be shown, however, SMER is not merely a simple variant of surface search and rescue (SAR) activities.

4 Submarine Geospatial Information Management

The operational dynamics of military submarines illustrate the inherent complexity of locating a distressed submersible (DISSUB). By design, naval submarines are intentionally engineered to evade detection: their movements are not openly tracked, and their position is unknown both in normal mode navigation and in emergencies. Unlike surface vessels, they are not visible to merchant traffic, nor do they emit visual or acoustic distress signals. The primary challenge in any submarine emergency is therefore the most fundamental: geo-localizing the DISSUB.

By contrast, civilian submersibles engaged in scientific, touristic, or commercial activities should, in principle, be continuously and transparently monitored, with their position traceable at all times. Yet, as illustrated above and demonstrated in the *Titan* casualty, in the absence of regulatory requirements and dedicated monitoring systems this expectation remains largely aspirational.

In any case, even when a DISSUB is located, the rescue of personnel requires a controlled evacuation through the water column, which is an operation complicated by rapidly increasing atmospheric pressure at depth.[16]

Under current technology and protocols, SMER operations are feasible only to a maximum depth of approximately 600 meters and only with specialized equipment and highly trained personnel.[17] These depth-related limitations make it impossible for coastal States to guarantee full rescue coverage throughout the SAR regions that they are required to declare under the 1979 International Convention on Maritime Search and Rescue (SAR Convention).[18]

SAR regions – declared unilaterally by coastal States, coordinated through national maritime rescue coordination centers notified to the IMO, and some-

16 For a thorough description of the types of SMER operations, see Marco Bellomo, 'Sistemi di sopravvivenza, allarme e soccorso nella dimensione sottomarina' in Ilaria Tani and Attila Tanzi (eds), La dimensione sottomarina. Diritto, professioni, prospettive (Giappichelli 2026).

17 The information was gathered by the author during exchanges with Italian Navy personnel engaged in SMER activities at the Navy General Staff.

18 International Convention on Maritime Search and Rescue (adopted 27 April 1979, entered into force 22 June 1985) 1405 UNTS 97.

times overlapping[19] – are determined according to horizontal geographic planes[20] and traditionally support surface rescue by Coast Guard authorities, whose operations do not depend on water depth.

By contrast, in the SMER context, depth becomes the decisive criterion: rescue specialists can attempt intervention only within the bathymetric envelope in which human survival and mechanical operation remain viable. Consequently, unlike the surface-oriented delimitation of SAR regions, any future coordination regime for submarine escape and rescue would necessarily rely on a depth-based geospatial definition, anchored to a specific bathymetric line rather than a surface coordinate. As technological capabilities evolve, this line may shift, but the principle remains: effective SMER coordination cannot be mapped onto the two-dimensional logic of existing SAR regions and must instead reflect the vertical limits imposed by the ocean environment and human physiology.

Paragraph 12 of the Milan Declaration recognizes that the systematic and integrated management of undersea geospatial information should be regarded as a foundational requirement for the establishment of any regulatory regime governing the submarine dimension.[21] Precise, reliable, and readily accessible geospatial data are indispensable for the identification, monitoring, and regulation of activities in an environment that remains largely uncharted and is defined by inaccessibility, perpetual darkness, and extreme physical conditions.

Civilian submersibles engaged in tourism, scientific research, or commercial exploration need to rely on accurate bathymetric charts, seafloor topography, and the location of fixed installations to plan safe routes and avoid collisions or interference with other operations. Similarly, the laying and maintenance of underwater infrastructure, including pipelines, telecommunication cables, and offshore energy installations, require precise geospatial knowledge to ensure both operational efficiency and the safety of personnel and equipment. In the absence of accurate, standardized, and internationally accessible geospatial data, States and operators face heightened risks of accidents, legal disputes, and operational inefficiencies.

In this context, it is essential to reinforce and support international mechanisms and institutions engaged in the development and standardization of

19 As in the case of the SAR regions of Italy and Malta in the Central Mediterranean.

20 They often coincide with the Flight Information Regions.

21 More general considerations at the interface between geospatial and legal aspects in the marine domain are elaborated in Ilaria Tani, 'Geospatial Information Management between Hydrography and the Law of the Sea: A Milestone Opportunity for Their Further Integration' (2023) 29 *International Hydrographic Review* 90.

marine geospatial knowledge. In particular, the UN Committee of Experts on Global Geospatial Information Management (UN-GGIM), through its Working Group on Marine Geospatial Information,[22] and the International Hydrographic Organization (IHO)[23] play a pivotal role in the mapping and analysis of the undersea dimension, providing the technical foundation upon which coherent and effective regulatory frameworks can be constructed.

Furthermore, the effective management of marine (and submarine) geospatial data constitutes a strategic prerequisite for the implementation of legal instruments governing the underwater dimension, whose geographical scope is not only extremely vast, but also three-dimensional. This is demonstrated by the fact that geospatial information system (GIS) specialists are actively engaged across all institutions established under the LOS Convention, and GIS officers serve on a permanent basis within its Secretariat.[24] This, notwithstanding that the LOS Convention itself offers no detailed guidance on how geospatial information should be collected, transmitted, or managed. However, the availability and efficient use of marine geospatial data are indispensable for achieving a wide range of regulatory and operational objectives. Examples may serve to clarify the issue.

One area of growing concern is the security of strategic subsea infrastructure, where the debate is fueled not only by frequent incidents but also by suspicions of deliberate attacks. In this respect, it is quite paradoxical that, in the digital era, a much older instrument – the 1884 Convention for the Protection of Submarine Telegraph Cables[25] – provides more concrete guid-

22 UN-GGIM, *Working Group on Marine Geospatial Information* https://ggim.un.org/ accessed 11 December 2025.

23 Upon decision 15/11 of 8 August 2025, adopted at the Fifteenth session of UN-GGIM in New York, the Committee of Experts on Global Geospatial Information Management 'established the Committee of Experts on Global Geospatial Information Management and International Hydrographic Organization joint working group on marine geospatial information, bringing together the Committee of Experts working group on marine geospatial information and the International Hydrographic Organization marine spatial data infrastructure working group, noted its terms of reference and working modalities, and in that context also noted that the consolidation would optimize resources and enhance global coordination' (Committee of Experts on Global Geospatial Information, 'Report on the fifteenth session, 6–8 August 2025', in Economic and Social Council, OR 2026, Supplement No 26). The joint working group convened for its first virtual meeting on 12 November 2025.

24 Their contribution is particularly relevant in the servicing of the sessions of the Commission on the Limits of the Continental Shelf (CLCS) and its Sub-Commissions.

25 Convention for the Protection of Submarine Telegraph Cables (adopted 14 March 1884, entered into force 1884).

ance than the LOS Convention, establishing objective geospatial parameters for the procedures to be followed during deep-sea repairs.

In fact, the LOS Convention sets a 500-meter safety zone around artificial islands, installations, and structures, yet offers no comparable guidance for activities in the vicinity of mobile operations, such as a cable ship engaged in repairs. Similarly, under the COLREGs, a vessel engaged in laying or repairing a submarine cable is classified as 'restricted in her ability to manoeuvre' (rule 18), but the rule does not specify the distance other vessels must maintain. By contrast, the 1884 Convention establishes a minimum 'stand-off' of one nautical mile, which is a clearly measurable and enforceable parameter. This demonstrates the enduring importance of objective geospatial markers for operational safety and legal enforceability.

Geospatial data are equally essential in managing the overlap of diverse subsea activities. The LOS Convention recognizes the ocean as a single physical unit and stresses that 'the problems of ocean space are closely interrelated and need to be considered as a whole'.[26] Yet the LOS Convention's framework reveals limitations once multiple activities intersect – for example, emerging operations in the Area under the International Seabed Authority (ISA) and regulatory obligations envisaged in the 2023 Agreement under the United Nations Convention on the Law of the Sea on the Conservation and Sustainable Use of Marine Biological Diversity of Areas beyond National Jurisdiction (BBNJ Agreement).[27] While the LOS Convention imposes broad duties of 'due regard' and 'reasonable regard',[28] these principles offer limited operational clarity where seabed mining, environmental protection, and cable installations coexist.

In this context, the International Cable Protection Committee (ICPC) has expressed apprehension that uncoordinated implementation of the BBNJ Agreement could generate delays, higher costs, and less resilient cable routes, particularly in areas also subject to ISA mining activities.[29] The Draft Exploitation Regulations, shaped by a joint ICPC-France proposal and supported by other States, now include provisions to ensure early coordination between

26 LOS Convention, Preamble.

27 Adopted 19 June 2023, not yet in force.

28 LOS Convention, arts 79 and 147. See also Tullio Treves, '"Due Regard" Obligations under the 1982 UN Convention on the Law of the Sea: The Laying of Cables and Activities in the Area' (2019) 34 *International Journal of Marine and Coastal Law* 167.

29 International Cable Protection Committee, 'Best Practices for Governments' (2024).

mining and submarine cable operations, thereby mitigating conflicts and protecting both existing and future cable networks.[30]

As shown above in the SMER context, the operational significance of geospatial data extends beyond legal clarity to risk management. For example, historically the IHO recommended charting only to depths of 2,000 meters, reflecting a focus on surface-level safety. In 2018, the IHO revised this approach to include areas proximate to ISA contract zones, acknowledging that charting cables in these zones reduces the risk of accidental damage and facilitates coordination between different subsea activities.[31] This example illustrates how geospatial data enable cross-sectoral management, forming the foundation of what ultimately could be described as 'ocean spatial planning': a planning that requires coordinated sharing of geospatial information and supports the orderly development of all underwater operations, from civilian submersibles to large-scale infrastructure projects.

The importance of geospatial information has been formally recognized by the UN General Assembly.[32] Insights from the UN-GGIM Working Group on Marine Geospatial Information highlight the challenges arising from the rapid proliferation of civilian manned and unmanned submersibles, describing the 'unregulated use of the underwater sea space' as a potential area of concern.[33] Such developments underscore the need for structured dialogue between legal experts and geospatial specialists, a role that could be advanced through the UN Open-ended Informal Consultative Process on Oceans and the Law of the Sea (ICP). Historically, ICP sessions have provided the foundation for major legal instruments, including the BBNJ Agreement,[34] and could similarly support the systematic management of marine and submarine geospatial

30 Draft Exploitation Regulations, International Seabed Authority (joint ICPC-France proposal, 2025).

31 International Hydrographic Organization, 'IHO C-Map Guidelines and Submarine Cable Charting Policies' (2018).

32 In resolution 77/248 of 30 December 2022, the UN General Assembly requested the Secretariat a publication on marine geospatial information management, drawing upon contributions from States and international organizations (para 388). The publication is accessible on the official website of the Division for Ocean Affairs and the Law of the Sea, Office of Legal Affairs, UN Secretariat.

33 Committee of Experts on Global Geospatial Information Management, fourteenth session (New York, 7–9 August 2024), Integrated Marine Geospatial Information, Note by the Secretariat, para 20.

34 The fifth session of the ICP focused on 'New sustainable uses of the oceans, including the conservation and management of the biological diversity of the seabed in areas beyond national jurisdiction' (to be noted the expressed reference to the seabed, which was lost in the subsequent developments of the BBNJ negotiating process). UNGA Res 58/240 (23 December 2003) para 68. The fifth ICP session was held in New York on 7–11 June 2004.

data, ensuring that this complex and expanding domain develops in a safe, orderly, and legally coherent manner.

5 Institutional Innovation for the Submarine Dimension

Paragraphs 9 and 10 of the Milan Declaration highlight two mutually reinforcing dimensions that are essential to the development of a coherent governance architecture for the undersea dimension: the operational centrality of naval forces and the need for institutional innovation at both national and international levels.

First, the Milan Declaration underscores the essential role of navies as institutional and operational actors in the governance of the underwater environment. This recognition is grounded in practical and legal considerations. Militaries are among the few entities equipped with the technological capabilities, vessels, trained personnel, and operational expertise required to function reliably at extreme depths. Such capabilities are indispensable not only for routine maneuver and surveillance, but also for tasks with direct regulatory implications, such as the protection of strategic subsea infrastructure and the conduct of SMER operations. Because these activities involve complex engineering challenges and safety protocols that cannot be executed by civilian authorities alone, the involvement of naval forces becomes a structural requirement for any future governance regime aimed at ensuring feasibility, safety, and enforceability beneath the sea.

Second, the Milan Declaration calls for institutional innovation to address the rapidly expanding landscape of underwater activities. Given the proliferation of civilian, commercial, scientific, and military operations in the subsea environment, existing governance mechanisms – largely designed for two-dimensional surface navigation – soon might prove partially obsolete. The Milan Declaration therefore recommends that States consider updating such mechanisms, at both national and international levels, to coordinate decision-making and harmonize operational standards. This includes the potential adoption of new international rules and standards specifically tailored to the underwater dimension, as well as mechanisms for promoting national implementation and the exchange of best practices. Such institutional developments would reduce regulatory fragmentation, enhance predictability for operators, and reinforce collective security and environmental protection objectives.

As indicated in the introduction, Italy is currently in the process of developing a renewed regulatory framework for the governance of the undersea dimension. This legislative effort is informed by the longstanding operational expertise of Italy in the underwater domain, including its leadership role within the ISMERLO. In this sense, the Italian reform initiative represents both a national response to evolving underwater challenges and a possible contribution to the progressive development of international law governing the subsea environment.

By a resolution of 31 July 2023, the Italian Presidency of the Council of Ministers approved a strategic framework entitled 'Piano del mare' (Plan for the Sea) for the 2023–2025 triennium. With reference to the underwater dimension, the Plan for the Sea scheduled the establishment of a new entity named 'Polo nazionale della dimensione subacquea' (National Hub of the Undersea Dimension), subsequently incorporated into the Military Code (article 111(1-bis) of Legislative Decree No 66 of 15 March 2010). Through the Italian Navy, this new entity acts as a catalyst and technological accelerator in the sector, involving all relevant institutions, universities, and the industry. Additionally, the Plan for the Sea foresees the establishment of a new national agency named 'Agenzia per la sicurezza delle attività subacquee' (Agency for the Safety of Undersea Activities).

At the time of writing, a draft law containing provisions on the safety of underwater activities – already approved by the Senate of the Republic on 17 July 2025 – is under consideration by the Chamber of Deputies and may be enacted within the coming days.[35] The provisions of the forthcoming law aim at regulating activities taking place in the underwater dimension within areas subject to national sovereignty or jurisdiction and, with regard to infrastructure of national interest, on the high seas.[36] This aim will be pursued in more details through the new Agency. The draft law does not extend to regulating military activities, judicial police and public security operations, activities carried out by the National Fire Corps, fishing, national security activities, including cyber-related operations, recreational and tourist activities, or those conducted for sporting purposes. The provisions do not prejudice the competences conferred under existing legislation, which shall continue to be exercised by the relevant public administrations.[37]

35 While this contribution was in press, the draft legislation referred to in the text was enacted as Law No. 9 of 26 January 2026 on the safety of undersea activities. For a comprehensive commentary on the new legislation, see Ilaria Tani and Attila Tanzi (eds), La dimensione sottomarina. Diritto, professioni, prospettive (Giappichelli 2026).

36 Art 1(1) of the draft law, which also specifies that 'international obligations and the constraints arising from membership in the European Union remain fully applicable'.

37 Art 1(2) of the draft law.

The successful implementation of the new draft law will depend largely on the Agency's ability to establish collaborative relationships with other public authorities, notably with the Navy, which retains responsibilities of fundamental legal and institutional significance. The draft legislation governing underwater activities reflects a deliberate policy choice: to position the Agency under the hierarchical authority of political leadership, reserving regulatory powers to the latter while conferring upon the Agency only operational and managerial autonomy. In this sense, the Agency is conceived as an administrative instrument serving the government rather than as an independent or semi-independent authority. This arrangement has the clear advantage of institutional transparency. Whether it will prove appropriate in practice, given the interests involved, remains to be seen.[38]

38 Giacinto della Cananea, 'L'Agenzia per la sicurezza delle attività subacquee: progressi, problemi', in Ilaria Tani and Attila Tanzi (eds), La dimensione sottomarina. Diritto, professioni, prospettive (Giappichelli 2026). Moreover, the same author points out that it is uncertain whether the organizational structure established by the draft law could remain unchanged if, as has occurred in other sectors of public administration – such as financial market supervision or electronic communications regulation – the competences currently governed by national law were to be integrated into the EU legal framework. Should the latter establish general criteria of organizational independence and objectivity in the exercise of functions, the Agency's current configuration would require adjustment.

4

Critical Undersea Infrastructures and International Legal Framework: Gaps and Developments

Pasquale Velotti

1 Introduction: A Renewed Prominence

The issue of critical undersea infrastructure (CUI) is assuming increasing prominence in international debate, particularly in the wake of sabotage episodes and attacks – whether physical, cyber, or hybrid – that have been recorded with growing frequency over the past decade,[1] and especially since the outbreak of the Russia–Ukraine conflict. Yet these infrastructures have long been regarded as one of the pillars of the international communications system.[2] As early as 1884, a pioneering regulation of submarine cables was

1 Cf Hermes Bay, 'I cavi sottomarini e la rilevanza strategica delle infrastrutture critiche di connettività' (12 March 2025) at https://www.mimit.gov.it/images/stories/digitale/seminari/12-marzo-25/cavi_sottomarini-Franchina.pdf accessed 21 December 2025.

2 As pointed out by the UN Secretary-General, Ban Ki-moon: 'Functioning as the backbone of the international telecommunications system, submarine cables are a fundamental component of the critical global infrastructure and play a direct role in sustainable industrialization; indirectly they contribute to all other areas recognized as important for sustainable development' (Report of the Secretary-General, 'Oceans and the Law of the Sea' (2015) UN Doc A/70/74 para 55, see also para 53). More recently, see *inter alia* UNGA Resolution 79/144 (12 December 2024) UN Doc. A/RES/79/144(2024), which acknowledges that 'submarine cables and pipelines are vitally important to the global economy and the national security of all States'.

Pasquale Velotti, Minister Plenipotentiary and Deputy Head of the Legal Affairs Department, Ministry of Foreign Affairs and International Cooperation. The opinions expressed here are made in a personal capacity and do not commit the Ministry. A special thanks goes to Counsellor Caterina Gioiella, Legal Coordinator of the International Law of the Sea at the Legal Service, for her cooperation.

© 2026 THE AUTHOR(S) | HTTPS://DOI.ORG/10.1163/9789004766891-006

adopted,[3] recognizing them even then as 'critical infrastructure' requiring regulation and protection.[4]

The first submarine cable linking Great Britain and France dates back to 1850; only a few years later, a transatlantic telegraph cable spanning 2,300 miles connected Europe to North America, linking Ireland to Newfoundland and Labrador. By 1902, the world had become effectively interconnected with the laying of a 6,000-mile cable between the Philippines and California. As of early 2025, more than 600 routes were recorded, amounting to 1.4 million kilometers of active and planned submarine cables in service worldwide.

This indispensable system of critical undersea infrastructure constitutes the fulcrum of the global commerce, carrying today more than 98% of international data and voice transmissions, including over USD 10 trillion in daily financial transactions. The total length of global pipeline routes is more difficult to determine with precision: submarine pipelines are altogether shorter than cables, since only part of the overall network is laid underwater. Nevertheless, their strategic and economic importance is by no means lesser. More broadly, the entire underwater dimension is acquiring unprecedented relevance in human history. Water columns offer immense resources for our scientific and economic future, while unexplored seabeds[5] are rich in valuable minerals. It is easy to envisage a submarine world fundamentally composed of networks of sensors monitoring all activities (who transits, where, and why), and communication systems transmitting such information to the maritime surface, where mother-ships will manage signals, data, and dual-use underwater drones.[6] Given the interdependence of the global submarine communication system – an interdependence destined to grow further – it is well understood that damage to a cable in one State may trigger cascading effects

3 The protection and regulation of 'cables' has had over time (and still has), due primarily to historical and technical reasons, but also to the different interests involved, greater attention compared to that of 'pipelines'. This practice is not always justified and forward-looking (especially nowadays), which has sometimes limited regulatory efforts or forced to extend, by similarity or analogy, to the pipelines the regulations and principles adopted for the cables.

4 Convention for the Protection of Submarine Telegraph Cables (signed 14 March 1884) (1884) 173 CTS 421.

5 It is worth noting that the 80% of the continental slopes and 98% of the deep seabed are unexplored; that 40% of the food supply in the next century will come from the sea; that the underwater world is much less affected by climate change that the Earth's surface and that is extremely rich in the so-called 'rare-earths': underwater agriculture is already being discussed. The underwater world will therefore become even more essential to our lives.

6 Cf the Report to DDL 'Disposizioni in materia di sicurezza delle attività subacquee' (AC 2521, approved by the Senate AS 1462).

on internet access thousands of kilometers away. Likewise, sabotage of pipeline networks may cause supply and security consequences far beyond the State directly affected.

In light of the increasingly widespread perception of the importance of CUI, the subject is inevitably regaining centrality in both national and international debate, with a proliferation of dedicated initiatives. Consider, for instance, the numerous fora ranging from institutional events such as CyberSEC2025, featuring contributions from experts of Fincantieri and Sparkle, to broader debates involving Government, Parliament, the Navy, and the NIS2 Directive. States, moreover, are actively engaged – particularly at national and regional levels – in producing new sectoral regulations, creating specialized agencies, and adopting specific action plans.

Italy provides a notable example of a multi-level approach. Legislatively, the "Piano del Mare"[7] devotes specific attention to these issues, while a bill on underwater activities – approved by the Senate and now before the Chamber of Deputies – aims to improve controls, prevent accidental or intentional damage, accelerate responses to incidents, and fill the regulatory gap that has hitherto characterized the underwater domain. Militarily, "Operazione Fondali Sicuri" ensures patrols of maritime areas hosting critical infrastructures of national strategic interest. Scientifically, the National Hub for the Underwater Dimension (Polo Nazionale per la Dimensione Subacquea; hereinafter PNS)[8] has been launched, prioritizing the promotion and development – also through public–private partnerships – of technologies for the protection and surveillance of the submarine environment.

Of particular relevance for this discussion, above all, is the commitment – at the highest technical level – of international organizations and key partners such as the United Nations, North Atlantic Treaty Organization (NATO), the European Union (EU), international maritime institutions, and specialized subgroups on international and maritime law (Comar, Cojur, Cadhi). In these *fora*, the issue is addressed from the perspective of security, prevention, and protection in peacetime, but also of the legitimacy of interventions in wartime.

---

7 The 'Piano del Mare' (2023–2025) was adopted by decision of the Comitato Interministeriale per le Politiche del Mare (CIPOM) on 31 July 2023 and published in Gazzetta Ufficiale, Supplemento Ordinario n 248 (23 October 2023).

8 PNS was established with an amendment to the 2022 Budget Law and formalized in October 2023 with an interministerial decree. Its establishment aims to create a 'National System' that brings together national excellences in research, innovation and development in the underwater sector, with its operational headquarters in La Spezia.

Across all these settings, questions arise concerning the effectiveness and completeness of the current international legal framework, and specifically the need to update it through agreements, understandings, or other instruments (binding or non-binding) concluded between States and/or Organizations to adopt effective measures for the protection and resilience of infrastructures. Although the vast majority of damage is caused by negligence in maritime conduct, particular attention is devoted to resilience measures and to deterrence and response against hostile attacks, including those perpetrated by so-called 'shadow fleets'. This justifies reflection on the legitimacy of boarding and arresting/seizing suspect vessels, as well as on prosecuting those responsible, extending to issues concerning the use of force, armed attacks, and the definition of 'military objectives' under international law.

Far from being a purely theoretical discourse, recent events such as the sabotage of the Nord Stream pipelines urgently raise the question of the effectiveness and timeliness of existing instruments of international law, tested by shifts in both geopolitical and technological scenarios. At stake are not only theoretical and definitional issues but also the legality of possible coercive or reactive measures, including actions taken in self-defense. In cases of submarine pipeline sabotage, such issues become even more crucial when a clear nexus exists with ongoing conflicts.

The conclusion – *rectius*, the premise – of these debates is unfortunately always the same: the current international legal framework appears characterized by significant gaps and outdated, such that it may fairly be said that States lack adequate legal instruments (whether customary norms or conventions) to provide comprehensive regulation and protection of CUI.

More generally, there is a pressing need for a more updated, organic, and complete discipline of all human activities affecting the submarine dimension, encompassing the water column, seabed, and subsoil. Two fundamental requirements emerge: first, to work together to develop individual and collective capacities to withstand attacks and threats and to respond to damage; second, to commit consistently to respect for the rule of law and international law of the sea, as codified in the United Nations Convention on the Law of the Sea" (UNCLOS).[9]

More specifically, while recognizing freedom of the seas and navigation as a cornerstone principle of the law of the sea, it is acknowledged that such free-

9 To quote, *inter alia*, the UNGA Resolution of 2023, there is an urgent need to adopt 'measures to protect submarine cables and pipelines and to fully address issues relating to these cables and pipelines, in accordance with international law, as reflected in the Convention' (UNGA Resolution 78/69 (5 December 2023) UN Doc. A/RES/78/69).

dom may require limitations, including identifying appropriate measures against terrorist acts committed in maritime areas not directly under national jurisdiction.

This is precisely what States and Organizations are attempting to implement through practice, conventional acts, and soft-law instruments, which will be examined in the following sections.

2 Orphans of Law?

A survey of the prevailing international legal instruments in this field should start from the three fundamental conventions. While primarily concerned with submarine cables, their scope may be extended to pipelines as well. These are: the Convention for the Protection of Submarine Telegraph Cables of 1884 (hereinafter 1884 Cable Convention),[10] the Convention on the High Seas of 1958,[11] and the already mentioned UNCLOS.[12]

The first international agreement specifically devoted to submarine cables and designed to afford an initial form of protection was indeed the 1884 Cable Convention. The treaty applies 'outside territorial waters to all legally established submarine cables landed on the territories, colonies or possessions of one or more of the High Contracting Parties' (article I). Accordingly, the safeguards provided by the convention extend to cables laid on the seabed within the exclusive economic zone (EEZ) and on the high seas.

Pursuant to article II, it constitutes a punishable offence to break or injure a submarine cable through willful or culpable negligent conduct resulting in a total or partial interruption or obstruction of (telegraphic) communications. The prohibition set forth in article II, however, does not apply to instances of accidental damage (for example, caused by a fishing vessel) or to cases in which a cable is damaged while a ship is engaged in the rescue of human life or in the preservation of the vessel itself, provided that all necessary precautions have been taken to avoid injury to the cable.

10 1884 Cable Convention (n 4).

11 Convention on the High Seas (adopted 29 April 1958, entered into force 30 September 1962) 450 UNTS 11.

12 United Nations Convention on the Law of the Sea (adopted 10 December 1982, entered into force 16 November 1994) 1833 UNTS 3.

Particular attention must be devoted to article X,[13] which stipulates that when a warship (or another vessel specifically designated for such purposes by a party to the convention) has 'reason to believe' that a ship (other than a warship) has violated the provisions of the convention (for instance, through the breaking or injuring of submarine cables), it may board the suspected vessel (without the consent of the flag State) in order to examine its documents and verify its nationality. The inspecting officer is required to validate the ship's papers and may draft a report, which can subsequently be used as evidence before a competent tribunal. The warship, however, lacks the authority to seize the vessel or detain its crew absent the consent of the flag State.

As a general rule, violations of the convention are prosecuted before the national courts of the flag State. Nevertheless, should the flag State decline to assert jurisdiction, the courts 'in each of the Contracting States [...], so far as the subjects and citizens of those States are concerned', are vested with jurisdiction 'in accordance with the general rules of criminal jurisdiction prescribed by the laws of that particular State, or by international treaties'.[14] To facilitate criminal proceedings, the parties are obliged to enact domestic legislation implementing the criminal provisions of the convention.[15]

In the subsequent years, efforts were made to integrate this conventional discipline within the broader framework of the law of the sea. Numerous studies followed – some authored by eminent experts – which eventually converged in the initiatives of major institutions such as the *Institut de Droit International*. Attempts were undertaken to expand the scope of intervention against hostile vessels and even to envisage a delegated jurisdiction, seeking

13 Article X of the Paris Convention states: 'Offences against the present Convention may be verified by all means of proof allowed by the legislation of the country of the court. When the officers commanding the ships of war, or ships specially commissioned for the purpose by one of the High Contracting Parties, have reason to believe that an infraction of the measures provided for in the present Convention has been committed by a vessel other than a vessel of war, they may demand from the captain or master the production of the official documents proving the nationality of the said vessel. The fact of such document having been exhibited shall then be endorsed upon it immediately. Further, formal statements of the facts may be prepared by the said officers, whatever may be the nationality of the vessel incriminated. These formal statements shall be drawn up in the form and in the language used in the country to which the officer making them belongs; they may be considered, in the country where they are adduced, as evidence in accordance with the laws of that country. The accused and the witnesses shall have the right to add, or to have added thereto, in their own language, any explanations they may consider useful. These declarations shall be duly signed'.

14 Article VIII of the 1884 Cable Convention.

15 Ibid., article XII.

by analogy to subsume incidents of damage to marine infrastructure (both above and beneath the sea surface) under the category of acts of piracy, with all the attendant legal consequences.

Nevertheless, from the diplomatic conference of 1884, through the Geneva conference, and ultimately to UNCLOS, such proposals failed to gain genuine traction, owing to constraints of time, consensus, and negotiating balance. At the same time, however, significant progress was achieved in other normative domains of the law of the sea, which remain fundamental to the subject at hand. Prohibitions akin to those elaborated as early as 1884 can be found in the 1958 Convention on the High Seas. Article 27 obliges States to

> take the necessary legislative measures to provide that the breaking or injury by a ship flying its flag or by a person subject to its jurisdiction of a submarine cable beneath the high seas done willfully or through culpable negligence, in such a manner as to be liable to interrupt or obstruct telegraphic or telephonic communications, and similarly the breaking or injury of a submarine pipeline or high-voltage power cable shall be a punishable offence.

This provision does not apply where the break or injury was occasioned in the legitimate pursuit of safeguarding human life or the safety of the vessel.

The provisions of the 1958 Convention on the High Seas do not prejudice conventions or other international agreements already in force between States. With regard to UNCLOS, article 113 reiterates the language of article 27 of the 1958 Convention on the High Seas. It further prohibits intentional acts directed against or likely to cause such breakage or injury. Exempted are breakages or injuries caused by individuals acting solely with the legitimate purpose of saving their own lives or vessels, provided that all necessary precautions were taken to avoid such breakage or injury. UNCLOS prevails, among States Parties, over the 1958 Geneva Convention. Nevertheless, article 311 stipulates that UNCLOS shall not alter the rights and obligations of States Parties which arise from other agreements compatible with this Convention and which do not affect the enjoyment by other States Parties of their rights or the performance of their obligations under this Convention. Scholarly opinion is therefore quite unanimous in considering that the provisions of the 1884 Cable Convention concerning the protection of submarine cables – including the non-consensual boarding provisions of article X – are compatible with UNCLOS and remain in force among the States Parties to the 1884 Cable Convention.

Despite the limitations previously highlighted, the codification effort embodied in UNCLOS has – whether directly or indirectly and within the framework of the consensus achieved – provided a significant contribution and clarification to the regulation of critical undersea infrastructure.

First and foremost, it is necessary to systematize, even in this domain, the foundational principles of the law of the sea that permeate UNCLOS: namely, the freedom of the seas, the right of innocent passage, and the delicate balance between the jurisdiction of the flag State and that of the coastal State. To disregard these principles would undermine – today as in the past – any normative progress in the field, given that adherence to them remains indispensable, particularly in light of the recognized freedom to lay submarine cables and pipelines, subject to the rights and duties of the coastal State.

Having said this, some specific provisions of UNCLOS really helped to clarify and discipline the matter. Some of them concern, precisely, the freedom to lay cables and pipelines and the conditions that coastal States may impose within areas of national jurisdiction, such as the continental shelf and the EEZ.[16] In other articles, UNCLOS permits States to take enforcement actions in a number of scenarios potentially relevant to the protection of critical undersea infrastructure, including, among others, the hypothesis in articles 73, 111, 220 and 221.

In conclusion, under the current legal framework, the distinction proves crucial between preventive and reactive measures available to States in internal and territorial waters, on the one hand, and the interventions permitted in international waters, on the other. Indeed, in sovereign waters, the State may act pursuant to national legislation (in conformity with international law), consolidating measures to safeguard CUI: for instance, by denying innocent passage to suspicious vessels, as provided under article 21(1)(c)UNCLOS, by refusing port entry or by exercising powers of control and jurisdiction over ships suspected of actions detrimental to such infrastructure. Conversely, in international waters, the powers of the coastal State with respect to CUI are limited, confined to the exercise of jurisdiction within the EEZ, and nearly extinguished on the high seas, where the general principle of 'freedom of navigation' still tends to prevail.

It is evident that, in the face of contemporary challenges, these existing instruments are (perhaps deliberately) too modest and, in any case, insufficient in themselves to ensure adequate protection of infrastructure. It is therefore no coincidence that the preambles of the most recent international instruments acknowledge the considerable efforts currently underway to sup-

16 Cf in particular article 2(1)(c) and article 79 UNCLOS.

plement the existing framework[17] – almost as though continually invoking the words of Professor Robert Beckman, who concluded: '[s]ubmarine cables are the orphans of international law'.[18]

3 A Gap to Be Filled: Prevention and Response

There is a broad consensus that, at the level of conventional law (including UNCLOS itself), no regulatory framework has yet emerged capable of ensuring adequate protection and security for critical infrastructures, neither in terms of prevention nor in terms of response (through countermeasures designed to halt the effects of attacks, minimize damage, and swiftly restore security). Similar considerations – as will be seen below – apply equally to general international law.

The need to supplement a fragmented and incomplete legal framework such as the current one is not new. It has already arisen, *mutatis mutandis*, in the past, if we recall how the sea has for millennia constituted an immense resource for humanity as a whole, and how even traditional activities such as navigation and fishing gradually became subject to international regulation. This occurred through the progressive extension of coastal State jurisdiction over adjacent seas and the concomitant delimitation of the traditional principle of the 'freedom of the seas', the so-called 'creeping jurisdiction'.

In this way, a legal discipline of maritime spaces beyond the territorial sea gradually took shape: the contiguous zone, the continental shelf, the exclusive economic zone, and, most recently, with the Agreement on the Conservation and Sustainable Use of Marine Biodiversity of Areas Beyond National Jurisdic-

17 See, for example, Resolution A.1192(33) (6 December 2023) IMO which encourages Member States to promote actions 'to prevent illegal operations in the maritime sector by the "dark fleet" or "shadow fleet"'. Or the UNGA Res 79/144 (n 2) which recognized that 'submarine cables and pipelines are vitally important to the global economy and the national security of all States, conscious that these cables and pipelines are susceptible to intentional and accidental damage, and calls upon States to take measures to protect submarine cables and pipelines and to fully address issues relating to these cables and pipelines, in accordance with international law', as reflected in UNCLOS.

Consider also the monthly meetings on maritime security held at the United Nation Security Council, aimed at 'better enforce existing international legal protections, particularly for critical infrastructure like submarine cables and pipelines'.

18 Robert Beckman, 'Protecting Submarine Cables from Intentional Damage–The Security Gap' in Douglas Burnett and others (eds), *Submarine Cables: The Handbook of Law and Policy* (Martinus Nijhoff 2014) 41.

tion (BBNJ Agreement)[19] – albeit limited to certain sectors such as research and marine environmental protection – the high seas, understood as all marine areas lying beyond the national jurisdiction of coastal States and, for that reason, the common heritage of humankind.

As is well known, the principle of the 'freedom of the seas', which for centuries dominated human activities in the maritime domain, became, from the mid-nineteenth century onwards, increasingly untenable in absolute terms in light of the expanding maritime activities of States. Thus, the United Nations Conferences on the Law of the Sea first produced the four Geneva Conventions of 1958, and subsequently the current UNCLOS, which – by virtue of its near-universal acceptance and its reflection of customary norms – has been elevated, in the most ambitious language, to the status of a "Constitution of the Oceans".

Following technological advances and the economic transformations of global society, a spectrum of activities is now emerging in the submarine domain – activities that were objectively unforeseeable at the time of UNCLOS's codification. With regard to underwater activities, we are witnessing the same evolving process that once characterized States' maritime activities on the surface: namely, an ever-widening gap between the legal regime and its practical application, resulting in a level of security in the submarine dimension that is markedly inferior to its strategic importance. These activities are essential to the survival of our societies, and the targeted attacks and acts of sabotage in the North Sea, the Baltic Sea, and the Red Sea demonstrate the urgent need to ensure adequate protection for such critical infrastructures within the framework of international law.

It is in this context that, in 2024, the Italian Government, during Italy's Presidency of the G7, deemed it appropriate to promote a dedicated technical session on this issue. The focus was placed in particular on the legal possibilities available to a group of States (through a potential regional agreement) to anticipate and/or guide – through, for example, Memoranda of Understanding (MOUs) or 'soft law' instruments such as political declarations, joint declarations or joint communications, and the sharing of best practices – the development of a normative framework for the protection of infrastructures, both in terms of prevention and of response.

It has been asked, in particular, whether it is appropriate to intervene at the interpretative level with respect to existing conventions, either through the

19 Agreement on the Conservation and Sustainable Use of Marine Biodiversity of Areas Beyond National Jurisdiction (adopted 19 June 2023, not yet in force) <https://www.un.org/bbnj/> accessed 21 December 2025.

so-called 'evolutionary interpretation' or by means of a systemic interpretation that takes into account relevant customary norms, and what forms of response may be admissible, under international law, to wrongful acts committed by a State against critical submarine infrastructure, whether directly or in support of private actors.

More specifically, the questions are whether:

a) it may be useful, and in any case feasible, to intervene directly upon UNCLOS – through new supplementary or interpretative provisions – in order to remedy the current normative gap within the treaty itself;
b) for the purposes of prevention and reaction, the benefits conferred by high-seas infrastructure upon the owning, port, or beneficiary States may be articulated as a hypothetical 'legitimate interest' of those States, with all the attendant consequences (yet to be identified);
c) in the event of unlawful conduct by a State or by a natural or legal person causing serious harm to the owning, port, or beneficiary States of such infrastructure, those States may claim a right of response, potentially supplementing the right of national criminal prosecution under article 113 UNCLOS;
d) a regional legal instrument – such as a treaty applicable within a specific geographic area – might constitute an effective solution and bring even implications for customary law;
e) how to identify the 'victim' State, potentially entitled to forms of self-protection and reaction.

These are the questions upon which experts and practitioners of international law now engage in recurrent debate – indeed, even on a weekly basis – across various *fora* worldwide. Let us try to provide some responses below.

4 Accountability: The Phenomenon of the 'Shadow Fleet'

Another theme emerges as essential in addressing the challenges connected to the regulation of preventive and reactive measures against injury to critical undersea infrastructure: the theme of accountability.

Beyond the inherent difficulties of investigations aimed at identifying those responsible in these highly complex scenarios, accountability must contend with a matter closely tied to the freedom of navigation: the phenomenon of the so-called 'shadow fleet'. This fleet has gained prominence particularly in connection with tankers – at best obsolete and hazardous – transporting significant quantities of crude oil along maritime routes in the Baltic Sea. The issue is increasingly debated, though it is today examined primarily within the context of security and sanctions policies. Yet, it also raises a series of questions under the international law of the sea. The purpose of such fleets is generally to circumvent the oil price cap and international sanctions. However, they are increasingly associated with serious environmental risks, as well as threats to submarine cables and pipelines. Flag States of these vessels often fail to comply with their obligations to ensure the seaworthiness of their ships, or even evade inspections by port States. In some cases, these vessels lack any flag at all and pressing questions arise: how can effective information be obtained on the condition of such ships? What measures are generally permitted to inspect them? What actions may be taken to prevent their operations and the damage to infrastructure? What rules and principles govern the high seas when confronted with such phenomena?

It is known that UNCLOS does not provide specific provisions for illicit activities conducted by 'shadow fleet' in international maritime spaces and specifically in the high seas. Nevertheless, some of its provisions may prove useful, though they must always be carefully balanced against the fundamental principles of the law of the sea.[20] In the case of the shadow fleet, irrespective of the precise definition of the phenomenon, the 'genuine link' between State and vessel – emphasized in UNCLOS – either fails or is severely weakened. This has consequences for the obligations and powers imposed by international law (UNCLOS and the IMO framework) upon the flag State.

More specifically, international law permits States to take enforcement action in a number of scenarios potentially relevant to the protection of critical undersea infrastructure, including but not limited to articles 21, 73, 110, 111, 220, and 221 UNCLOS. And more specifically, UNCLOS provides for the right of visit by a warship to a 'ship without nationality' (article 110(1)(d)).[21] In the

20 More specifically, each State fixes the conditions governing the granting to ships of its nationality, for the registration of ships in its territory, for the right to fly its flag (article 91 UNCLOS). Since 'ships have the nationality of the State whose flag they are entitled to fly' and 'there must exist a genuine link between the State and the ship' (article 91(1)), the ships fall under the jurisdiction and control of its flag State. The UNCLOS also provides that each State exercises its jurisdiction – including the criminal one, in cases of collisions and incidents in the high seas – and the control in administrative, technical, and social matters over ships flying its flag (article 94(1)). The obligations of the States are aimed to ensure safety at sea (article 94(3)) and to comply with international law rules concerning the protection of human life at sea, the prevention of collisions, the prevention, reduction, and control of marine pollution. The breach of these obligations gives rise to international responsibility of the flag State.

21 Indeed, article 110 UNCLOS provides for the right of visit: '1. Except where acts of interference derive from powers conferred by treaty, a warship which encounters on the high seas a foreign ship, other than a ship entitled to complete immunity in accordance with articles 95 and 96, is not justified in boarding it unless there is reasonable ground for

event of maritime incidents, it also establishes an obligation of cooperation between the coastal State and/or the State of nationality of the victim or perpetrator and the flag State of the vessel involved.[22]

More in general, with the loss of the 'genuine link' between ship and State of nationality and the resulting vacuum of jurisdiction and control, some experts go so far as to legitimate an extension of coastal State powers (which is normally full in cases where the shadow fleet operates within its internal waters or territorial sea). Jurisdiction would thus be connected not only to the nationality of potential victims or perpetrators of unlawful acts committed by the vessel, but could also expand to justify both preventive measures (aimed at deterring, preempting, and avoiding illicit activities by the shadow fleet) and reactive measures (aimed at minimizing damage and restoring freedom and safety of navigation).

In light of the foregoing, among the possible preventive actions against the phenomenon of shadow fleet, national legislation increasingly contemplates: enhanced maritime presence for monitoring and control; strengthening of investigative powers of the coastal State or the State of nationality of the

---

suspecting that: (a) the ship is engaged in piracy; (b) the ship is engaged in the slave trade; (c) the ship is engaged in unauthorized broadcasting and the flag State of the warship has jurisdiction under art 109; (d) the ship is without nationality; or (e) though flying a foreign flag or refusing to show its flag, the ship is, in reality, of the same nationality as the warship. 2. In the cases provided for in paragraph 1, the warship may proceed to verify the ship's right to fly its flag. To this end, it may send a boat under the command of an officer to the suspected ship. If suspicion remains after the documents have been checked, it may proceed to a further examination on board the ship, which must be carried out with all possible consideration. 3. If the suspicions prove to be unfounded and provided that the ship boarded has not committed any act justifying them, it shall be compensated for any loss or damage that may have been sustained. 4. These provisions apply mutatis mutandis to military aircraft. 5. These provisions also apply to any other duly authorized ships or aircraft clearly marked and identifiable as being on government service'.

22 In this context, the following provisions of UNCLOS are also relevant: article 94(6) provides that 'A State which has clear grounds to believe that proper jurisdiction and control with respect to a ship have not been exercised may report the facts to the flag State. Upon receiving such a report, the flag State shall investigate the matter and, if appropriate, take any action necessary to remedy the situation'. In the event of incidents of navigation (involving citizens or vessels of a State other that the flag State or the marine environment), the damaged State may 'cause an inquiry' regarding such incidents, in any case ensuring cooperation with the flag State (article 94(7)). In the event of an incident of navigation on the high seas, the UNCLOS (article 97(3)) provides that arrest or detention of the ship cannot be ordered by any authorities other than the flag State. However, the possibility of seizing a vessel on the high seas or in any place outside the jurisdiction of any State, by another State, is provided by the UNCLOS for the case of piracy (article 105 UNCLOS).

injured party; intensification of communication channels with flag States; reinforcement of coastal State powers to monitor and regulate maritime transport and to intensify port inspections to identify and control shadow fleet activities; promotion of environmental inspections; and the creation of documented evidence of improper practices.

In conclusion, the international community is questioning what instruments – whether national or based on international cooperation – may effectively prevent the shadow fleet from carrying out attacks against infrastructure and engaging in unlawful conduct.[23] At the same time, it is essential that all measures adopted remain consistent with international law and do not undermine the freedom of navigation. Otherwise, there would be a clear risk that other States may invoke such measures as a pretext for their own unlawful actions. Moreover, these measures could themselves be challenged through appropriate legal and judicial means.

5 Developments and Practices on Shared Principles

To address many of the unresolved questions and pending the adoption and implementation of more specific and effective legal instruments, an attempt has been made to act on the basis of the State practice and an evolutionary interpretation of UNCLOS.

Yet, for such practice to serve as the foundation for the evolution of customary international law, the well-known temporal difficulties arise in relation to the consolidation of the elements of custom. By contrast, the regional dimension may help to shorten these timeframes and render the regulatory context more homogeneous.

a) This is particularly evident in the rules concerning the identification of routes for the laying of submarine cables and pipelines. Such activity is expressly mentioned among the actions and uses that EU Member States may consider within their maritime spatial planning. It constitutes a prerogative of the coastal State, enabling it to express both 'consent' and 'conditions' for the routing of infrastructure by third parties, pursuant to article 79(3) and (4) UNCLOS.[24] Authorization for laying and maintenance is governed by domestic regimes which, to date,

23 See also *infra*, section 5, lett. h), of this article.

24 Article 79(3), regarding the 'consent' of the coastal State, refers only to 'pipelines', but once again we can consider that (as noted above) that the provision requiring the authorization of the State exercising sovereignty or jurisdiction can be extended, by interpretation, also to 'cables', as already occurs in practice.

have not produced a uniform practice at the international level, neither with respect to the expression of 'consent' nor regarding the modalities and conditions of authorization, nor the categories of entities (States or legal persons) managing the infrastructure and receiving authorization. Harmonizing such domestic regimes, at least within regional organizations – for instance, through the adoption of 'guidelines' or 'model laws' typical of soft law – would represent a significant step towards eventual conventional regulation of the security of critical undersea infrastructure.

b) From the perspective of prevention, State action is aimed at expanding the sovereign powers or national jurisdiction of coastal States,[25] beginning with the legislative and regulatory rights UNCLOS confers upon them for the protection of cables and pipelines. Once again, we can recall the coastal State's right to limit and regulate innocent passage in the territorial sea for the protection of cables and pipelines, provided in article 21(1)(c) UNCLOS, or its right to impose conditions for laying and maintenance on the continental shelf under article 79(4). In fact, article 79 UNCLOS epitomizes the balance between, on the one hand, the residual freedoms of the high seas (including the right of all States to lay cables and pipelines), and, on the other, the exercise of coastal State jurisdiction over the continental shelf, expressed through its power to authorize routes and impose conditions for laying.[26]

c) In the field of environmental protection, national measures may also be undertaken following damage to infrastructure caused by a State or a non-State entity supported by a State, insofar as such conduct violates the obligation incumbent upon all States to protect and preserve the marine environment under article 192 UNCLOS, particularly where intentional damage to pipelines results in pollution.

d) Moreover, certain legal systems, in the exercise of sovereignty, contemplate the possibility for competent authorities (such as the Coast Guard) to establish 'protection zones' within the territorial sea, prohibiting navigation, anchoring, or other activities affecting the seabed in the vicinity of cables and pipelines. This reflects a balancing between the freedom of navigation and the regulatory powers of the coastal State.

---

25 ICPC, 'Government Best Practices for Protecting and Promoting Resilience of Submarine Telecommunications Cables' (2024) https://www.iscpc.org/publications/icpc-best-practices accessed 21 December 2025.

26 AJ Hoffmann, 'Navigation, Freedom of' in Rüdiger Wolfrum (ed), *Max Planck Encyclopedia of Public International Law* (OUP 2011) MN 21.

e) With regard to reaction measures,[27] debate persists as to whether the action of the injured State should be confined to the exercise of powers inherent in national jurisdiction, or whether it may extend to the right of self-defense, thereby legitimizing appropriate forms of response. Here, however, the difficulties of identifying the victim State in light of the specific circumstances and spatio-temporal context of the event become apparent.[28]

f) Worthwhile of specific consideration is also the subjective position of a specific category of 'States with a shared common interest'. This refers to possible jurisdictional powers of States of nationality of infrastructure owners and of landing or 'connected/affected' States, understood as recipients (coastal or otherwise) of activities conveyed through cables and pipelines. These actors share a common interest in benefiting from the infrastructure's activities and would all, albeit to varying degrees, be 'injured' by an attack or sabotage. On this basis, reflection is underway on whether and how to develop a conventional regulatory framework – once again emphasizing the 'regional dimension' of interventions – to safeguard the common interest represented by such infrastructure, thereby enabling these States to avail themselves of legal instruments of prevention and reaction. In this vein, consideration is given to possible forms of jurisdiction exercised by a group of injured actors (such as landing States and infrastructure owners), on a subsidiary or complementary basis to the jurisdiction of the State of nationality of the perpetrators, as envisaged by article 113 UNCLOS.

g) There is also debate on the possible assimilation of damage to critical undersea infrastructure to acts of piracy, with a view to applying the coercive consequences that such classification would entail. However, prevailing opinion appears to reject such assimilation, notwithstanding past attempts in this direction.

h) Despite ongoing debates and declarations, one of the most difficult issues to resolve concerns the possibility, on the high seas, of supplementing international law measures permitted under article 110 UNCLOS with coercive domestic measures. The criticalities arise specifically in relation to the high seas, since in territorial waters and the EEZ

27 International Law Commission, 'Draft Articles on Responsibility of States for Internationally Wrongful Acts' (2001) UN Doc A/56/10, article 54.

28 As clearly illustrated in Danae Azaria, 'Expert Report: Security of Submarine Cables and Pipelines under Public International Law: Use of Force and the Law of the Sea' (Presented to CAHDI, 17 March 2025) https://discovery.ucl.ac.uk/id/eprint/10207074/ accessed 21 December 2025.

the expansion of national jurisdiction to enhance the protection of critical undersea infrastructure is far less problematic. For instance, on the high seas, a stateless vessel may be intercepted by a warship *in flagrante delicto* of sabotage against critical infrastructure. What powers, including coercive ones, should be recognized to the warship to enable it to promptly terminate such unlawful conduct? The text and rationale of article 110 currently recognize only boarding and inspection, while measures such as seizure or arrest appear reserved to the flag State, thereby excluding coercive initiatives by third-State vessels. A different scenario would arise were jurisdiction to be conferred upon the State of the warship. Yet the logical path to such recognition is particularly complex and fraught with risks, lending itself to broader instrumentalizations detrimental to UNCLOS, notwithstanding the legitimate intent to suppress unlawful acts at their inception and to implement deterrent practices. This reasoning stems from the observation that, in the example above, the stateless vessel does not enjoy the prerogatives accorded to flag States under UNCLOS, and thus the freedoms and rights recognized by the Convention do not apply, leaving room for the introduction of exceptional (national) measures, provided they remain compatible with applicable international law.[29] In any case, while further inquiry into this specific hypothesis remains necessary, it is at least clear that, rather than engaging in protracted and convoluted debates on the nature of new instruments to be adopted at the international level, it may be more fruitful to focus on the introduction of new negotiated clauses capable of providing an effective, balanced, and carefully calibrated impetus to the existing legal framework.

6 The Latest Developments

The aforementioned solutions can no longer adequately meet the evolving and increasingly pressing expectations regarding the protection of critical undersea infrastructure, even though the UNCLOS remains an unavoidable *totem* within whose framework the desired normative developments must be situated. A decisive acceleration has thus taken place within the international community, in response to insistent and repeated calls emanating

29 On this theme, Andrew Murdoch, 'Ships without Nationality: Interdiction on the High Seas' in Malcolm D Evans and Sofia Galani (eds), Maritime Security and the Law of the Sea (OUP 2020) 157.

from the most authoritative international *fora*.[30] In reaction to these appeals, some initial tangible measures are beginning to emerge.

Let us examine them in detail.

1) Particularly active and at the forefront stands the Atlantic Alliance, supported by the relentless activity of analysis, elaboration, and implementation carried out within its headquarters. NATO is strengthening the protection of submarine cables and pipelines through newly established centers (such as the NATO Maritime Centre for the Security of Critical Undersea Infrastructure) and military missions, including "Baltic Sentry" in the Baltic Sea, as well as through cooperative projects with the EU aimed at enhancing situational awareness and developing resilient systems. These initiatives also encompass the study of satellite technologies to reroute data in the event of attacks (the HEIST Project) and the improvement of monitoring of submarine infrastructure.[31] On the legal perspective, they include the following commitment:

> Together, we will identify further measures in accordance with international law of the sea, including the freedom of navigation, to prevent and effectively respond to willful damaging of critical undersea infrastructure or irresponsible behaviour. Such behaviour interferes, inter alia, with the freedom to lay cables and pipelines and poses a significant risk to the marine environment. We will also take actions for accountability and stronger enforcement against those responsible for damaging undersea infrastructure, including compensation for damage.

---

30 Cf UNGA Res 79/144 (n 2), which stated: 'Also encourages the adoption by States of laws and regulations necessary to provide that the breaking or injury, or conduct calculated or likely to result in such breaking or injury, of submarine cables or pipelines beneath the high seas done willfully or through culpable negligence shall be a punishable offence, and further calls upon States to enforce such laws against ships flying their flag or a person subject to their jurisdiction, in accordance with international law, as reflected in the Convention'.

The concept has been also recently reaffirmed by the Council of Europe, which highlighted: 'a comprehensive approach to the development of a reliable and resilient network infrastructure is essential for addressing new challenges related to more frequent natural disasters, damaging incidents, cyber-attacks and geopolitical related threats. This approach should be taken into account and integrated into the possible revision of the existing legal framework without prejudice to Member States' sole responsibility for national security' (Council of the EU, 'Council Conclusions on Reliable and Resilient Connectivity' (6 June 2025) Doc 9953/25, para 3).

31 Cf. 'Joint Statement of the Baltic Sea NATO Allies Summit' (Helsinki, 14 January 2025) https://www.presidentti.fi/joint-statement-of-the-baltic-sea-nato-allies-summit/ accessed 21 December 2025.

Moreover, these initiatives foresee the adoption of concrete reaction measures, in conformity with the applicable international law:

We reserve our rights, in accordance with international law, to take action against any suspected vessels that circumvent sanctions and threaten our security, infrastructure and the environment. In close coastal state co-operation, we are increasing surveillance of the vessels, including the inspections of vessel insurance certificates. Additionally, further measures, including the introduction of tracking tools and the extension of sanctions targeting the shadow fleet, will be put into practice.

2) Equally (and even more) significant are the initiatives of non-military, multilateral, and regional international organizations – primarily European – which demonstrate that the true opportunity for integrating the existing normative framework lies above all within these fora and their territorial dimension. Reference is made here to various declarations within the G7,[32] the European Council[33] and the EU, as well as to the recommendations and "White Papers" of the European Commission, which have multiplied in recent months.
   i) Of particular relevance in the development of the legal framework is the "Recommendation 779/2024 on the security and resilience of submarine cable infrastructure".[34] The measure aims to promote coordination across the EU in terms of governance and financing.

---

32 G7 Foreign Ministers, 'Declaration on Maritime Security and Prosperity' (Charlevoix, 14 March 2025) https://www.canada.ca/en/global-affairs/news/2025/03/g7-foreign-ministers-declaration-on-maritime-security-and-prosperity.html accessed 21 December 2025, para 5: 'We share a growing concern that undersea communications cables, subsea interconnectors and other critical undersea infrastructure have been subject to critical damage through sabotage, poor seamanship or irresponsible behaviour which have resulted in potential internet or energy disruption in affected regions, delays in global data transmission, or compromised sensitive communications. We will enhance our cooperation with industry to mitigate risks, reduce bottlenecks to operational tasks while strengthening repair capacities in order to improve the overall resilience of critical undersea and maritime infrastructure. In this respect, we welcome the EU Action Plan on Cable Security adopted in February 2025 by the European Commission and the High Representative of the Union for Foreign Affairs and Security Policy'.

33 Cf., *inter alia*, Council Conclusions on Reliable and Resilient Connectivity (n 30); European Council, 'Conclusions' (26 June 2025) https://www.consilium.europa.eu/media/cjtb30ep/20250626-european-council-conclusions-en.pdf accessed 21 December 2025, para X.

34 European Commission, 'Commission Recommendation on Secure and Resilient Submarine Cable Infrastructures' C(2024) 1328 final (26 February 2024).

The initiative is intended as a first step toward a future EU-level system of joint management of submarine infrastructure. The most immediate activity requested to Member States, with the assistance of the Expert Group, is the mapping of existing networks, a prelude to identifying necessary interventions (on both existing and new cables) to render the entire European submarine infrastructure secure and resilient, both physically and in terms of cybersecurity.

ii) Of greater importance is the recent "Cable Security Action Plan", launched on 21 February 2025[35] by the European Commission and the High Representative of the Union for Foreign Affairs and Security Policy. The Plan is structured around objectives of protection and resilience of the infrastructure system, identifying four priorities: (I) prevention, (II) detection, (III) response and repair, and (IV) deterrence. Particular emphasis is placed on cable mapping, as already highlighted in the February 2024 Recommendation. Other priorities include the identification of projects of European interest, real-time monitoring actions, financing the expansion of cable-laying and repair vessel capacities, and, in the medium term and as needed, the creation of a reserve fleet of multifunctional vessels ready for deployment.

On a more directly legal plane, the Action Plan provides that the EU and its Member States, in cooperation with the International Maritime Organization (hereinafter IMO), should define a common interpretation of the relevant provisions of the law of the sea, enabling Member States, in their capacity as coastal and flag States, to more effectively protect critical infrastructure and to intervene with respect to the shadow fleet and any vessel of interest operating on the high seas. In particular, the legal framework for the interception or boarding of vessels posing risks to the EU should be carefully assessed, in full compliance with UNCLOS. The Plan further proposes that multilateral work may include reflection on how to fully exploit all possible courses of action in conformity with the law of the sea, including UNCLOS, in order to enhance the protec-

35 European Commission and High Representative of the Union for Foreign Affairs and Security Policy, 'EU Action Plan on Cable Security' JOIN(2025) 5 final (21 February 2025) https://commission.europa.eu/document/[link-completo] accessed 21 December 2025.

tion of submarine cable infrastructure and to promote norms and best practices.[36]

iii) Worthy of note is the recent normative development represented by the Memorandum of Understanding of 16 May 2025, signed by several Northern European EU Member States (the Baltic States, Sweden, Denmark, Finland, Germany, and Poland). Although non-binding in nature, the instrument addresses the protection and enhanced resilience of critical submarine infrastructures of communication and energy. Specifically, the Memorandum – explicitly political in scope and not intended to create legal or financial obligations – envisages strengthened cooperation in the following areas: the exchange of information to ensure full situational awareness; the sharing of best practices and protective measures; and coordination with EU institutions, NATO, and other regional and international organizations and formats, with a view to advancing the objectives of the protocol, such as fostering cooperation in the context of potential EU funding and other forms of cross-border projects.

3) To give concrete substance to these advances, hypotheses (at present little more than tentative suggestions) have begun to circulate, proposing the integration of the law of the sea with one or more new conventions (including for the safeguarding of critical undersea infrastructures), albeit strictly under the 'umbrella' of the Montego Bay Convention itself. Such proposals would follow the model of the three implementing protocols already adopted under UNCLOS, including the so-called BBNJ Agreement. These remain, however, little more than exploratory soundings among States. Following the arduous, lengthy, and divisive negotiations that led to the adoption of the BBNJ Agreement, many countries are approaching this prospect with caution, perceiving it neither as fruitful

36 In terms of deterrence, it is also highlighted how the Commission and the Member States: – will employ a proactive diplomacy in with regard to cables to reach out to strategic partners, including in multilateral fora, in order to cooperate on issues related to cable security; – will strengthen the EU ability to react to shadow fleet activities and to limit their impact; – will strengthen the ability to ensure that malicious actors are held accountable for their actions, in particular by optimizing the use of existing regimes of sanctions and the coordinated attribution of responsibility; – will enhance the strategic communication approach on cable security in order to combat the abuses of plausible deniability; – will initiate a reflection at international level on how to make full use of the framework of the international law of the sea in order to enhance security of submarine cables.

nor as easily attainable, given that it would in any case require the conclusion and entry into force of a genuine international treaty.

Before proceeding further, certain essential aspects need to be examined in greater depth, namely: the concrete lacunae or deficiencies in the existing law that would necessitate a new binding instrument; the appropriate normative framework for any such instrument (UNCLOS, IMO, autonomous instrument, regional instrument, etc.); the reminder that the most recent UNCLOS implementing agreement required nearly twenty years of negotiation; and the potential implications of a new binding instrument, including the risk that any provision might be weaponized against the vessels of Member States. Opponents of this idea on a 'forth protocol' also voice broader concerns that such an initiative might unduly or inconsistently restrict the principle of freedom of the seas, or that the integrity and coherence of UNCLOS – already highly complex – might not ultimately be adequately safeguarded.

Finally, it must be recalled that any new instrument could not realistically aspire to constitute a codification of the law of the sea, given the multiplicity and evident divergence of practices and needs currently at stake. Yet it remains true that only through such an effort could greater clarity be achieved and binding force conferred in a sector whose regulation is, perhaps more than elsewhere, still markedly fluid.

7 An Important Step

A first tangible development arising from the broader debate and the reflections outlined above, can be identified in the political declaration adopted by the EU and its Member States on 15 December 2025, as an outcome of the determined impetus provided by High Representative Kallas.[37]

The provisions incorporated into the declaration were inspired by the aim of introducing concrete and substantive elements, while refraining from exceeding the scope envisaged by UNCLOS, in relation to which the established language of a 'legal framework of reference for all activities conducted at sea and in the oceans' is reaffirmed. As is already evident from the title, the Union and its political leadership also sought to convey an unequivocal message of determination to counter the phenomena of shadow fleets and attacks

37 EU and its Member States, 'Declaration on Making Full Use of the International Law of the Sea Framework Relating to Threats from the Shadow Fleet and to the Protection of Critical Undersea Infrastructure' (15 December 2025) Doc ST 16829/2025 INIT https://data.consilium.europa.eu/doc/document/ST-16829-2025-INIT/en/pdf accessed 21 December 2025.

against critical underwater infrastructure. That message tried almost to test the 'resilience' of the international law of the sea – indeed, not by chance, the title itself asserts the 'full use of the international law of the sea framework' – in the imperative of countering such threats at all costs.

The aim, articulated from the very outset in the preamble,[38] was to begin introducing State practices that may ultimately serve to legitimize inspective measures and even coercive actions against unlawful conduct and attacks in those maritime areas where national jurisdiction ordinarily yields. The intention that emerges is to start delineating – albeit through a non-binding instrument such as a political declaration – a pathway toward an evolutionary practice. This would allow for testing the extent to which coercive measures under domestic law may operate, while remaining within the strict limits of compatibility imposed by respect for international law.

The declaration reaches the point of affirming that, in the face of unlawful acts committed by a stateless vessel on the high seas, '[a]ny State may take appropriate measures aboard a vessel found without nationality, in accordance with international law and its domestic law'. This provision appears to push the boundaries of the existing international legal framework and could not, evidently, be articulated in a more detailed or explicit manner. It was deliberately decided to leave the domestic measures referenced undefined and open-ended, given that each national legal system contains its own specific provisions and in light of the diversity of unlawful scenarios that may concretely arise from case to case. What is certain however is that – perhaps for the first time – the prospect arises of coercive national measures being contemplated on the high seas, albeit within the limits of their compatibility with the international law norms to which they remain subordinated.

Some experts view this provision as an excessive stretching of the letter of article 110 UNCLOS, as well as of the principles underpinning it, to the point of endangering its integrity and universality. In doing so, it arguably provides a dangerous opening to those States that deny the customary value of certain provisions of the Convention – although the most striking cases of reference

38 In the premises the Declaration affirms: 'SHARING the call of States expressed during the open debate on maritime security held at the UN Security Council on 20 May 2025 under the Presidency of Greece, to better enforce existing international legal protection, particularly for critical infrastructure like submarine cables and pipelines'. And also: 'NOTING that on 19 December 2024, the European Council adopted conclusions welcoming measures against the "shadow fleet", and that Member States called for further measures in that regard at the European Council on 26 June and on 23 October 2025. The Council of the European Union adopted on 6 June 2025 conclusions on reliable and resilient connectivity, stressing the urgent need for comprehensive support for submarine cable infrastructure, as raised in the EU Action Plan on Cable Security'.

concern the rules on maritime delimitation (specifically in the South China Sea and the Eastern Mediterranean), rather than the relatively few provisions on submarine cables and pipelines (articles 21, 56, 79, 87, 110, and 113). Others recall that the administrative and judicial instances recorded at the end of 2025 remain of very limited significance and, above all, do not appear to align with the more progressive interpretative approaches.[39] Others, by contrast, commend the ambition of such a declaration, viewing it as an evolutionary interpretation or as a measure legitimized by the exceptional nature of intervention in *flagrante delicto*.

It is further noted that the declaration introduces a number of substantive references which constitute new strengths within a more concrete and operational strategy against the phenomena under consideration. In particular, the following points merit attention:
- the recognition of the principle whereby a vessel without nationality on the high seas is not subject to the jurisdiction of any State;
- the reaffirmation of the obligations incumbent upon flag States or States of nationality to exercise jurisdiction over those responsible for damage to critical undersea infrastructure, pursuant to article 113 UNCLOS;
- the possibility for the EU and its Member States to conclude agreements with third States in order to facilitate boardings in international waters of vessels suspected of lacking nationality;
- the express reference to certain specific provisions of UNCLOS, thereby certifying that international law permits States to undertake enforcement actions in a series of scenarios potentially relevant to the protection of critical undersea infrastructure.

Finally, it is worth noting the laudable intention of the Union to

launch a broad initiative to develop tools to address threats to critical undersea infrastructure, including the protection of submarine cables and pipelines. Those tools would be developed in the respective appropriate fora, such as UN bodies or the IMO.

The declaration thus serves to seal, in both form and substance, the conclusions of the debate outlined in the preceding sections of this article, and provides further confirmation of that line of thought which emphasizes 'the compilation of international standards', 'principles and guidelines' or a 'compendium of rules', culminating in the adoption of non-legally binding instru-

39 Cf the episode of oil tanker *Pushpa* intercepted by the French navy. Allegedly, the Russian vessel was navigating off the coast of Saint-Nazaire, part of the 'ghost fleet' used by Moscow to evade sanctions and carry out hybrid operations. Cf also Helsinki District Court, Case R 706/2025/12270 (3 October 2025), concerning the offence allegedly committed by the tanker Eagle S.

ments as the most viable and effective solution to counter attacks against critical undersea infrastructure.

8 Conclusions

The challenges herein represented can be considered the principal issues that the submarine dimension poses today to all stakeholders in the sector, beginning with States and International Organizations. These challenges can be effectively addressed only through collaboration and synergistic and coordinated action among States, but also in partnership with private actors.

Strengthening the international legal framework – whether for the enhanced protection of infrastructures or for the improved safeguarding of underwater cultural heritage – is, indeed, a collective responsibility, not merely a national one.

Rather than through the negotiation of new multilateral treaty instruments, the path appears to be marked by the evolutionary interpretation of existing Conventions, the introduction of regional MOUs, and, above all, the adoption of soft law instruments, such as political declarations, best practices, resolutions, recommendations, white papers, action plans, and the elaboration of guiding principles.

These are not yet structured and organic regulatory interventions, nor are they binding. Nonetheless, they constitute the only concrete bases that, at present (and in the immediate term), may reasonably be contemplated to pave the way for future normative developments.

In short, there emerges a perspective of multi-level regulation and negotiation, which naturally finds its first indispensable locus within the United Nations framework[40] and – so far as Italy is concerned – within the coordination of the EU, as a preliminary stage for gathering and building consensus and cooperation.

This is, without question, an urgent necessity, due to the new and formidable challenges to global security: hybrid attacks, which combine military, cyber, and economic instruments to destabilize a State. Critical undersee infrastructures – if only for their role in transporting the world's data traffic – clearly assume a strategic function and constitute a major vulnerability.

---

40 UNGA Res 79/144 (n 2) which encourages 'greater dialogue and cooperation among States and the relevant regional and global organizations through workshops and seminars on the protection, and laying and maintenance of submarine cables and pipelines to promote the security of such critical infrastructure'.

The existing normative instruments, as outlined in the preceding sections, not only reaffirm the limitations already highlighted by both doctrine and practice, but also risk proving wholly inadequate when confronted with the hybrid threats that raise crucial questions of attribution, State responsibility, and the right of self-defense.

This scenario thus renders imperative an updating of international law in light of new geopolitical and technological dynamics. And such is also the admonition that emanates from the United Nations Security Council:

> The need to protect critical maritime infrastructure requires sustained and systematic attention. Bueger argued that the UN system's current approach to maritime security is fragmented and in need of recalibration, noting the absence of a global strategy or coordination mechanism. In this context, he suggested that the Council consider supporting efforts to strengthen coordination, information-sharing, and strategic thinking, including through the establishment of a standing item on the Council's agenda dedicated to maritime security or creating an office of a special rapporteur.[41]

Without, however, forgetting another warning worthy of consideration, which in a manner that is far from being underestimated, recalls that:

> The traditional freedoms of navigation and laying and maintaining submarine cables are firmly documented in international treaties and customary international law and should not be diluted. If anything, these freedoms should be publicly recognized and reinforced. Encouraging more diverse cable paths with streamlined national landing regulation provides added resilience by timely creating more 'secret sauce' of multiple paths for restoration when cables are cut. The current arguments by well-intentioned environmental and world government advocates to establish area-based management and international regulatory control of the world's cable industry in waters outside of territorial seas and beyond national jurisdiction compromises one of humankind's greatest and most remarkable technological achievements. Route diversity based on private industry market initiatives, innovation, financing, and operation best serves the world in peacetime and wartime.[42]

41 Security Council Report, 'August 2025 Monthly Forecast – Maritime Security' (30 July 2025) https://www.securitycouncilreport.org/monthly-forecast/2025-08/maritime-security-3.php accessed 21 December 2025.

42 Burnett (n 18) 1680 ff.

5

Underwater Domain and Supranational Decision-Making Processes in the European Union System and at the United Nations

Salvatore Zappalà

1 Introduction

Italy's maritime projection over the last three years (2023–2025) has undergone an interesting evolution, which appears to have placed policies pertaining to the sea more at the core of the political agenda.[1] In particular, a prominent place recently has been assigned to the underwater dimension, with potential implications for international relations. The adoption of the instruments establishing the National Underwater Hub and the strategy for the underwater 'domain' makes it appropriate to reflect on the potential scope of this projection.[2] Indeed, such a policy may produce effects which are not limited (and indeed could not be limited) to the domestic sphere; thus, it requires dialogue at the international level with a variety of partners, and, even before that, it would appear beneficial to share it and discuss it within the EU.

Thereafter, the implementation of such a policy would seem to require perfect coordination, both in terms of political support and, above all, legal

1 In this regard see Pierpaolo Ribuffo, '(Re)discovering the Italian Maritime Vocation', Ispionline (November 2024), available at https://www.ispionline.it/en/publication/rediscovering-the-italian-maritime-vocation-191195; more broadly, see the dossier Gian Enzo Duci (ed), *Navigating Challenges: Temporary Troubles or the New Normal for Mediterranean Logistics?* available at https://www.ispionline.it/en/publication/navigating-challenges-temporary-troubles-or-the-new-normal-for-mediterranean-logistics-190996

2 See Luca Peruzzi, 'Il Polo Nazionale della Dimensione Subacquea (PNS) traina l'innovazione nel settore underwater', Analisi Difesa online (November 2025), available at https://www.analisidifesa.it/2025/11/il-polo-nazionale-della-dimensione-subacquea-pns-traina-linnovazione-nel-settore-underwater/ and Veronica Quattropanetti, 'Polo della dimensione Subacquea, perché l'hub strategico per l'Underwater', Cybersicurezza Italia online (November 2025), available at https://www.cybersecitalia.it/polo-della-dimensione-subacquea-perche-lhub-strategico-per-lunderwater/55374/ accessed 28 December 2025.

Salvatore Zappalà, Professor of International Law, University of Catania (Italy)

© 2026 THE AUTHOR(S) | HTTPS://DOI.ORG/10.1163/9789004766891-007

and institutional support (so as to fully legitimize any concrete measure) with international partners. This would imply that the overall policy designed by Italian authorities for the underwater domain can be projected safely onto the broader level of the international community.[3]

In this regard, to make acceptable Italian proposals on the international stage, it is essential to start with European Union coordination. Only subsequently, following the agreement of the 27 Member States, it will be possible to bring the development prospects of the most promising measures to the level of the competent international organizations, and specifically the UN General Assembly (UNGA).[4]

International policies on the law of the sea have been structured, for almost forty years now, around the 1982 UN Convention on the Law of the Sea (UNCLOS), as well as after the adoption of the Convention within the framework of numerous negotiation processes, many of which are connected to it, and take place in the UN framework.

Typically, all these processes are somehow channeled into and 'recorded' through the annual resolution of the UNGA on Oceans and the Law of the Sea (also known as the "Omnibus" resolution) and are appropriately coordinated at political and institutional level at the UN (predominantly, although not exclusively, by the Division on Oceans and the Law of the Sea – DOALOS, within the Office of Legal Affairs).

This UNGA Omnibus resolution typically features proposals from individual states and groups of states which are negotiated at length and approved insofar as they garner very broad international support;[5] naturally, the larger

3 To a certain extent this could try to anticipate some of problems that may subsequently emerge, as it might have been the case with the policies pertaining to the military escort afforded to private vessels in the framework of the anti-piracy activities of the Italian Ministry of Defence (here reference is made to the well-known Enrica-Lexie incident on which see *The 'Enrica Lexie' Incident* (*Italy v. India*) and documentation therein, available at https://pca-cpa.org/ar/cases/117/; as well as Attila M Tanzi, 'Adjudication at the Service of Diplomacy: The Enrica Lexie Case' (2021) 12 JIDS 448.

4 In this paper I focus on the General Assembly processes; naturally, there could aspects of the Italian policies that could require the intervention of other entities such as the International Maritime Organization.

5 Although the Omnibus resolution is not formally adopted by consensus, for there are Member States which are not parties to the UNCLOS that insist every year on a recorded vote, in reality the resolution in substance requires the non-opposition of Member States. We could say that it is substantially (although not formally) adopted by consensus. On consensus and its impact on the effects produced by resolutions adopted without a vote see Rüdiger Wolfrum and Jakob Pichon 'Consensus' in Rüdiger Wolfrum (ed), *Max Planck Encyclopedia of Public International Law* (OUP 2010) available online at https://opil.ouplaw.com/display/10.1093/law:epil/9780199231690/law-9780199231690-e1387.

the group of countries supporting a given idea, the easier will it be to assert it internationally. In this way, the prospects for acceptance by the international community of proposals for measures to implement policies in the field of the law of the sea are appropriately assessed and require widespread support.

Therefore, in order to fully highlight proposals emerging at the national level, it may be useful to consider, from the very beginning, the timing, forms, and modalities of coordination between the domestic and supranational levels, taking into account the negotiation processes in the EU and within the UNGA.

To this end, I intend to provide a brief outline of the path that could be followed to spread knowledge and support for Italian proposals, first within the EU, in order to create an initial, and yet essential, basis for consensus, and subsequently, stimulate the opportunities that could arise for transferring the proposals to the negotiations at the international level, in the UNGA framework.

To this end, first the aspects relating to the negotiation processes on ocean governance and the law of the sea within the EU will be illustrated. Secondly, this will be followed by an elucidation of the approach to the negotiations for the UNGA Omnibus resolution and the related negotiation processes so as to give appropriate value the proposals developed at national and EU level and potentially operationalize them at the international minuscolo, national level.

2 European Union Coordination on Oceans and Law of the Sea Policies: The Role of COMAR

A key role in the negotiating and governance processes in this area of law must be recognized to the management of common foreign and security policy issues by the Council of the EU working party on the Law of the Sea (also known as COMAR, for which see e.g. https://www.consilium.europa.eu/en/council-eu/search-the-list-of-council-preparatory-bodies/working-party-law-sea/). This group works to initiate the study and negotiation of decisions taken by the Council and, at the same time, to implement them in international negotiating fora. This preparatory group, composed of representatives of the Member States, with the participation of the Commission and the Council Secretariat, addresses all issues relating to the Law of the Sea in its external context, particularly with regard to coordination measures and activities developed on the basis of UNCLOS and subsequent implementing agreements.

Of course, this is not an exclusive forum, as other EU committees or coordination groups often interact and create the conditions for concerted action at the European level (for example, the groups on the environment or the Commission's action on fisheries, as well as the committees on defence issues and external relations). More generally, COMAR, dealing with issues relating to the law of the sea and governance in the maritime sector, must inevitably interact with or at least take into account the work of the European Commission bodies in the field of sea and fisheries (DG Mare), as well as the Advisory Committees for Fisheries and Aquaculture, and the regional committees. Furthermore, it must take into account the work of the European Parliament's Committee on Fisheries, as well as certain European agencies such as the European Maritime Safety Agency (EMSA) and the European Fisheries Control Agency (EFCA). Overall, therefore, a diverse panorama of actors potentially interested in the issues of maritime governance, who may have overlapping expertise that will need to be considered if concrete proposals are to be put forward at the international level reflecting the key points of the Italian strategy for the underwater domain. Nonetheless, it is through COMAR that the negotiating platform for the omnibus resolution is prepared.

All these preparatory processes, of course, not only impact the internal implementation of European maritime policies, but also have a clear impact on the positions the European Union and its Member States are called upon to adopt in international negotiating fora, particularly within the UNGA. And it is precisely these aspects that our discussion here addresses.

In this sense, COMAR, which Member States alternately chair, represents the primary forum for coordinating, discussing, and ultimately summarizing the positions of the Member States and the European Union (particularly the Commission with DG Mare) in order to negotiate the relevant UN resolutions.

Just to give a concrete example of the importance of EU coordination in this area, we can recall the path that led to the adoption of the agreement under the UN Convention on the Law of the Sea on the Conservation and Sustainable Use of Marine Biological Diversity of Areas beyond National Jurisdiction (BBNJ Agreement). This agreement saw the EU as a key player, thanks also to the intense coordination within COMAR and the negotiations conducted within the UN framework.

With respect to the EU's international presence in the field of sea and ocean policies, COMAR plays a central role as the forum where the positions of all 27 Member States and the EU Commission, are negotiated and coordinated, ahead of the GA negotiations on the annual resolution on Oceans and the Law of the Sea.

During numerous meetings and through the exchange of communications, the COMAR Presidency, together with the European Commission and the Member States, outlines the general negotiating framework and highlights the proposals and ideas put forward by each Member State, which ultimately lead to a European consensus. In this sense, any Italian proposal relating to the underwater domain could be usefully 'brought' to COMAR (following, of course, prior concerted outreach to the main European partners) with the aim of strengthening its potential for international development, particularly within the UN.

The Member States' proposals, in fact, must be endorsed by COMAR before they can be advanced, on behalf of the EU and its Member States, within the framework of the GA negotiations.

Therefore, one might consider the idea that, once an Italian proposal has been articulated internally, in light of the necessary inter-ministerial agreement, it will then be possible to introduce within the EU coordination framework any project that is in Italy's interest and bring it to the forefront of negotiations at the UN. In the framework of the UNGA omnibus resolution negotiations, the EU will obviously present and negotiate all EU agreed proposals; however, on top of that, which is a necessary and yet not per se sufficient condition, it will certainly be appropriate and useful to develop parallel diplomatic efforts with other partners (e.g., the PSIDS, Pacific Small Island Developing States, or the African Group) to help achieve the broadest possible support, in order to make progress towards consensus.

3 The UN General Assembly Omnibus Resolution on Oceans and the Law of the Sea and the Negotiation Processes at the United Nations

As is well known, UNCLOS, in addition to being a codification of customary law on the subject, is also seen as a sort of 'Constitution' for the sea, from which derive not only the legal principles of international ocean and sea governance, but also a series of additional processes and institutions responsible for managing maritime activities. This is a very broad sphere of action that requires a fairly systematic and wide-ranging level of supranational coordination. In this sense, various periodic negotiation processes stem from the Convention itself: from the annual conference of the States Parties to the Convention (SPLOS),[6] which concretely implements the provisions of the Convention

6 See https://www.un.org/depts/los/meeting_states_parties/meeting_states_parties.htm.

(e.g., by electing the judges of the International Tribunal for the Law of the Sea, ITLOS, or approving the Tribunal's budget[7]), to the Commission on the Outer Limits of the continental shelf (which meets regularly at the United Nations headquarters),[8] and from the activities related to the agreement establishing the International Seabed Authority (ISA), based in Kingston, Jamaica. The latter, in turn, has its own governance bodies that meet periodically at the Authority's headquarters.[9]

Therefore, the mechanism created by UNCLOS and the implementing agreements is a complex, multilevel and multifaceted governance system that does not have a single, exclusive framework and coordination, but is broadly attributable to the provisions of the Convention or its implementing agreements. Thus, UN Member States in seeking a forum for expressing and discussing the global progress of international marine governance, and the implementation of the Convention, have incorporated into an annual General Assembly resolution (the omnibus resolution) all relevant considerations or initiatives relating to the health of the oceans and the law of the sea, the implementation of UNCLOS, the internationally relevant marine policies, and other issues pertaining to the governance of the seas.

The UNGA's annual omnibus resolution on Oceans and the Law of the Sea became the Assembly's instrument for expressing its views on a variety of issues and providing the Secretariat with guidelines for the Organization's action. Through this resolution, the UNGA also takes note of developments that have taken place during the year, assesses the state of the oceans and seas, highlights specific issues of international concern (e.g., piracy, threats to submarine cables and so on), and launches initiatives that can serve to improve the implementation of the 1982 Convention or initiate new negotiations on the basis of the Convention itself.

The resolution is divided into a preamble, consisting of about half a dozen pages and about fifty so-called 'preambular' paragraphs, and a larger 'operational' part that provides guidance on various aspects of maritime governance. This 'operational' part is generally divided into 16 sections, totaling over fifty pages and approximately 380 so-called 'operational' paragraphs. The first

7 For more information on the ITLOS and its activities, see https://www.itlos.org/en/.

8 On the purpose and functions of the Commission on the outer Limits of the Continental Shelf (CLCS), whose Secretariat is guaranteed by the Division on Oceans and the Law of the Sea (DOALOS) within the UN Secretariat, cf https://www.un.org/depts/los/clcs_new/commission_purpose.htm, as well as more broadly see https://www.un.org/depts/los/clcs_new/clcs_home.htm.

9 For a concise profile and updated activities of the International Seabed Authority, see the website https://isa.org.jm/.

section is dedicated to the implementation of the UNCLOS Convention and other implementing agreements. The second section focuses on measures to support training, especially in the technical and scientific fields (capacity-building); the third concerns the annual meeting of the States Parties to the UNCLOS Convention (SPLOS, cited above). The fourth and fifth sections are respectively dedicated to dispute resolution and the so-called Area (i.e., those zones outside of national jurisdiction), with specific reference to the activities of the ISA; the sixth, linked to the previous sections, concerns the proper functioning and administrative aspects of the activities of the ITLOS and the Authority; and the seventh concerns the Commission on the Outer Limits of the Continental Shelf. The eighth section is dedicated to maritime safety and the key role of flag States, as well as coordination with the activities of other international organizations such as the International Labour Organization (ILO) and the International Maritime Organization (IMO). The ninth section focuses on environmental issues and the protection of marine resources, while the tenth specifically addresses the protection of marine biodiversity. The eleventh section addresses the role of science and the interaction between ocean governance and scientific activities. The twelfth and thirteenth sections address the negotiation processes established within the UNGA to monitor its activities, while the fourteenth and fifteenth sections focus on coordinating the Secretariat's activities with those of numerous agencies that carry out activities with implications for oceans and the law of the sea, and with those of the Secretariat, particularly the Division responsible for Oceans and the Law of the Sea. The sixteenth section sets the agenda for the following sessions of the UNGA.

The resolution is negotiated throughout each annual session (with typically several weeks of dedicated negotiations between September and December, on the text of the resolution) and is then approved substantially by consensus, although formally with a recorded vote, which however presents only very few negative votes, typically in December each year.[10] This is clearly the ideal forum to introduce proposals relating to the present and future of ocean problems and the law of the sea, and to offer perspectives for addressing them.

Preparation of the annual GA resolution also feeds into a series of negotiation processes that take place throughout the GA session. Among the initiatives undertaken under the resolution, the "Regular Process on the Assessment of the State of the Marine Environment" (the so-called 'Regular

10 On the consensual nature of the resolution see supra note 5, and for more info on the 2024 UNGA Omnibus resolution on Oceans and the Law of the Sea (adopted in December 2024 (152 yes, 1 no and 2 abstentions) see https://docs.un.org/A/79/PV.52.

Process') stands out. Launched following the 2002 Summit on Sustainable Development, this process focuses on the periodic review (now in its third cycle) of the state of the oceans from an environmental, economic, and social perspective, from a sustainability perspective, with the aim of strengthening assessments of the state of the seas and oceans in light of scientific evidence. Furthermore, since 1999, the GA has incorporated the "Informal Consultative Process on Oceans and the Law of the Sea" (the Consultative Process or ICP), which often aims to identify and address new issues and prepare future assembly resolutions. The ICP is, in fact, an informal forum within which, thanks also to scientific and informational contributions from the academic world, industry, and international civil society, opportunities to address new (often divisive) issues can be usefully explored. These can enable the international community to make progress on what are considered the most sensitive and relevant issues for the oceans (e.g., the protection of the marine environment from specific forms of pollution, such as microplastics, which have been given space within the ICP). It also aims to focus attention on training needs and capacity building in specific sectors in order to bridge differences between states.

It is no secret that the ICP has assumed a significant role as a laboratory for developing new ideas and as a driving force for the initiation of negotiations for conventions on new topics, such as those on the protection of biodiversity in the high seas. In 2004, the ICP began studying the related issues, and then in 2011, a further session on the topic was held, leading to the initiation of negotiations and the conclusion of the Convention on the Sustainable Use and Protection of Biological Diversity in Marine Areas Beyond National Jurisdiction (BBNJ).[11]

Furthermore, the ICP also played an important role in channeling interaction between the membership and the Secretariat, emphasizing the need for coordination within the UN's own relevant action (pursuant to UNGA Res A/54/33 of 24 November 1999). Indeed, significant action on a given topic often requires collaboration between different agencies of the Organization, which – each within their own mandate – must work together to achieve common objectives. The omnibus resolution also aims to indicate the parameters of this collaboration.

---

11 For a brief illustration of the origins and outcome of the negotiation process that lead to the conclusion of the 2023 Agreement under the United Nations Convention on the Law of the Sea on the Conservation and Sustainable Use of Marine Biological Diversity of Areas beyond National Jurisdiction (BBNJ Agreement) see https://www.un.org/bbnjagreement/en/bbnj-agreement/history.

Recently, the 24th Session of the ICP focused on the ocean as a sustainable source of food, based on paragraph 361 of the annual GA resolution of the seventy-eighth session (UNGA Res A/78/69 of 5 December 2023). Thus, each year, one or more topics are collectively decided upon to be addressed within the framework of the annual session of the informal consultative process; sometimes, within the framework of negotiations, it is decided that the topics proposed by individual States or, even better, by groups of States be scheduled over a two- or three-year period in order to reach agreement on the issues to be addressed. In confirmation of this, it is useful to highlight that the same resolution that selected the theme of nutrition for 2024 also indicated the theme for 2025, i.e., on the occasion of the 25th Session of the ICP, as "Capacity-building and the transfer of marine technology: new developments, approaches and challenges", and the theme for 2026 as "Marine ecosystem restoration", with a view to achieving overall agreement among delegations on the various topics of interest.

Turning to the topic discussed at the beginning of this paper – i.e. principles and governance for the underwater domain – one could envisage, at least in theory, that the Italian Government could take the initiative, first at the European level, through coordination in COMAR, and subsequently as the EU and its Member States to propose to other countries and all negotiating groups in the GA (one of the most relevant of which is the G77) that the ICP's attention in one of the forthcoming sessions be devoted to the issues of underwater regulation and the possibilities for cooperation in this area, perhaps emphasizing the need to dedicate an ICP session as soon as possible to the issues deemed most relevant.

4 Concluding Remarks: The Importance of the Supranational Dimension for Underwater Policies

There is no doubt that the issue of underwater governance is destined to assume (and to a large extent has already started to assume) ever greater importance. The prospect of advancing proposals at the international level to disseminate ideas or proposed guidelines for underwater policies, which could coincide with those adopted domestically, offers two advantages from a national perspective.

First, this could ensure international recognition of the level of anticipation achieved in one country or groups of countries, highlighting the national perspective with respect to the interests protected. For operators at all levels, an international regulatory framework inspired by concepts derived from or similar to those developed at the national level can be a significant advantage.

Second, supranational recognition of the development guidelines for submarine governance policies could anticipate and resolve *ex ante* any risk of subsequent disputes regarding actions undertaken in the wake of these guidelines.

Italy's underwater strategy is structured on several fronts: key areas include the protection of critical underwater infrastructure (such as communication cables and pipelines), the consolidation of the National Underwater Hub for research and technological development, the strengthening of national capabilities in the sector, including in collaboration with industry and the research system, and the promotion of effective Italian and European governance for the management and protection of national interests in the underwater domain. These elements can be further enhanced by an international framework that takes into account the main development lines of this strategy.

The Milan Partnership's Declaration on the underwater dimension[12] indicates some of the proposals that could be developed, possibly also with a view to being submitted to the context of supranational negotiations.

Considering that the process for an immediate endorsement at the international level, within the context of the UN negotiations on the omnibus resolution, of specific national or regional proposals directly could proves too complex, one could envisage, with the EU and its Member States, to propose a topic for one of the upcoming meetings of the Informal Consultative Process (ICP) on Oceans and the Law of the Sea revolving around the issues pertaining to the governance of the underwater domain. In the past, the specific topic of underwater noise has already been addressed in the framework of ICP. However, a broader perspective on the underwater domain, which would allow for a comprehensive analysis of underwater issues and provides a range of principles that can be used to build multilevel governance, could represent a significant contribution and would further confirm Italy's continued significant presence in the field of the law of the sea and oceans.

12 See the Declaration annexed to the present section of this volume.

6

Declaration of the Milan Partnership on the Undersea Dimension

We, the undersigned jurists, members of the Italian Navy, representatives of the industry, undersea specialists and high-level trainers, and related communication and public education professionals, gathered in Milan on 5 March 2025 for the conference *'Law in an Extreme Space: The Undersea Dimension'*, united by our shared commitment to responsible stewardship of the world's ocean and the sustainable governance of the undersea dimension.

Recognizing the growing importance and intensity of activities occurring beneath the ocean surface, including, but not limited to, manned and unmanned submarine navigation, subsea energy and communication infrastructure operations and deployment, deep-sea prospection and mining, bioprospecting, naval operations, scientific exploration, and technological experimentation;

Affirming that the undersea dimension constitutes a critical frontier for human progress and scientific advancement, but also presents significant ethical, environmental, and legal challenges, and poses new concerns for the safety of human life, as undersea incidents involving civilians have demonstrated;

Acknowledging that the existing legal framework, particularly the United Nations Convention on the Law of the Sea (UNCLOS), is the cornerstone of international ocean governance and largely embodies customary international law principles that continue to guide State conduct;

Concerned, however, that the pace and complexity of emerging undersea activities could overcome the capacity of current legal instruments to provide clear, effective, and equitable governance;

Observing that fragmentation of regulatory efforts and unresolved jurisdictional questions risk undermining legal certainty, environmental protection, and the peaceful use of the ocean space;

Considering that effective and coherent systems for geospatial information management at the international and national level prove critical in a space that is still largely unknown and characterized by remoteness, darkness, and extreme physical conditions;

Recognizing that, among the administrations and institutions involved in the maritime domain at the national level, the navies possess the necessary

© 2026 THE AUTHOR(S) | HTTPS://DOI.ORG/10.1163/9789004766891-008

experience, technical capabilities, assets, and operational presence in the oceans and seas depths;

Aware that technological progress and experimentation beneath the sea should be facilitated by institutional and regulatory frameworks that are based on flexibility, adaptation, and a sound knowledge of the scientific and environmental aspects and technical requirements characterizing the undersea dimension;

Recognizing that support for developing States through capacity-building and transfer of marine technology is an essential element for ensuring inclusive and effective cooperation among States in undersea activities;

We declare the following:

1. *Urgent need for international regulation.* There is an urgent need for States and relevant international organizations to update international regulatory frameworks that address evolving undersea activities such as the laying and operability of undersea cables with sensors and the use of manned and unmanned civilian undersea vehicles, organize and regulate the training of personnel according to categories and related professional certificates, as well as take up the new uses of the undersea dimension, with special regard for those activities that are not explicitly foreseen or comprehensively governed by existing instruments.
2. *Call for international coherence.* The above-mentioned regulatory frameworks should be coherent at the international level, in order to prevent legal fragmentation and conflict and to ensure fair access, environmental integrity, and peaceful cooperation among States and stakeholders.
3. *Respect for UNCLOS and customary law.* All regulatory developments should uphold and be consistent with the general principles and obligations of UNCLOS, insofar as they reflect customary law, including the regimes of territorial sovereignty, sovereign rights and jurisdiction, the freedoms of the high seas, the peaceful uses of the oceans, the common heritage of mankind for the Area and its resources, and the protection and preservation of the marine environment.
4. *Promotion of peaceful uses.* The undersea dimension should remain a space dedicated to peaceful purposes. Regulatory initiatives should address and mitigate risks of militarization, strategic competition, and conflict escalation under the sea.
5. *Enhancing legal certainty for private actors in the undersea dimension.* Building on the commitment to peaceful uses, the increasing interest and involvement of private actors in the undersea dimension highlights the need to implement international legal instruments and harmonize domestic laws to reduce legal uncertainties from both substantive and

procedural law viewpoints. An enhanced legal framework is essential to support stable commercial relationships and minimize litigation risks at all levels (including investor-State disputes) in the undersea dimension.

6. *Protection and preservation of the marine environment.* All necessary measures should be taken by States to ensure that effective protection and preservation of the marine environment is secured from harmful effects that may arise from submarine activities.
7. *Precaution and sustainability.* In regulating undersea activities, States should apply the precautionary principle and prioritize long-term sustainability, intergenerational equity, and the integrity of fragile marine ecosystems.
8. *Inclusive and interdisciplinary approach.* Regulation should be developed through inclusive and transparent processes, involving legal experts, diplomats, the navies, scientists, industry representatives, and the civil society. Such collaboration is essential to ensure that new rules are legally sound, practically implementable, socially acceptable, and environmentally sustainable.
9. *Essential role of navies.* Naval forces are indispensable as institutional and operational actors in the governance of the undersea dimension. On the one hand, they are uniquely qualified to contribute to the development and implementation of a comprehensive regulatory framework in critical areas such as infrastructure protection and submarine escape and rescue; on the other hand, they operate and maintain the necessary assets required to maneuver safely and effectively at extreme depths. Their involvement will be essential to ensuring the feasibility, security, and enforcement of future governance mechanisms, as well as the protection of human life under the sea and the integrity of submarine critical infrastructures of national and international interest.
10. *Institutional innovation.* Consideration should be given to establishing mechanisms at the international and national level to coordinate the governance of undersea activities, including through the adoption of international rules and standards, and to promote national compliance and share best practices.
11. *Safety of the undersea navigation.* States should mandate an international organization to adopt such rules and standards that are necessary to ensure the safe navigation beneath the sea, including the prevention of collisions between submarine vehicles, interferences in undersea naval exercises and operations, as well as accidents of submarine vehicles against natural and artificial features of the depths. Without prejudice to the freedom of navigation, coastal States should be permit-

ted to establish reasonable safety zones not only around artificial islands, installations, and structures for the purpose of ensuring the safety of surface navigation and of such structures, but also around infrastructure laid on the continental shelf, with the aim of safeguarding submarine navigation and the integrity of said infrastructure.

12. *Undersea geospatial information management.* The efficient and coherent management of undersea geospatial data should be recognized as a strategic precondition for the development of any regulatory framework for the undersea dimension. Accurate and accessible geospatial information is essential for identifying, monitoring, and regulating activities in a space that remains largely unexplored and is characterized by remoteness, darkness, and extreme physical conditions. We underscore the need to strengthen and support international initiatives and institutions such as the United Nations Committee of Experts on Global Geospatial Information Management, in particular its Working Group on Marine Geospatial Information, and the International Hydrographic Organization, whose work is indispensable for mapping, understanding, and managing the complex and still largely unknown undersea environment.
13. *Seaworthiness of civilian submarine vehicles.* Specific rules and minimum standards should be developed at the international level in respect of the design, construction, manning, and equipment of civilian submarine vehicles, in order to ensure their seaworthiness.
14. *Registration of submarine vehicles.* Specific regulations should be developed at the international level for the registration of both manned and unmanned submarine vehicles operated by civilians and their certifications. Effective jurisdiction and control should be exercised by States in administrative, technical, and social matters over those submarine vehicles that they have registered.
15. *Safety of human life in the undersea dimension.* Specifically adapted regulations should be developed at the international level and implemented at the national level through centers with appropriate assets and trained personnel to protect the human life beneath the sea, with special regard for the coordination of submarine escape and rescue efforts and systems adapted to the submarine presence of civilians.
16. *Knowledge as a public good.* Data and knowledge derived from undersea exploration, experimentation, and research should be treated, to the greatest extent possible, as a global public good, supporting science and technological development.

17. *Capacity building and the transfer of undersea technology.* States and the private sector should foster, on an equitable basis, favorable economic and legal conditions for capacity-building and transfer of undersea technology, with a special emphasis on the needs of developing States.
18. *Undersea cultural heritage and traditional activities.* Due regard should be paid to traces of human presence in the undersea dimension that constitute cultural heritage, as well as to activities that traditionally take place on and under the sea surface, such as commercial navigation, fishing, hydrographic surveys, and marine scientific research.

We, the members of *The Milan Partnership on the Undersea Dimension*, building on our diverse professional competences and experiences, commit to continuing our work in supporting States and international and national institutions in the development of a comprehensive, coherent, and forward-looking legal regime for the undersea dimension.

We call upon all States to act with urgency, responsibility, and vision to ensure that this last frontier of Earth is governed in a manner that respects the rule of law, safeguards human life, promote the peaceful uses of the ocean space, protects the undersea environment, foster scientific research and technological progress, and benefits all of humanity.

Adopted in Milan on 5 March 2025 by the members of *The Milan Partnership on the Undersea Dimension*:

Mr. Giuseppe Berutti Bergotto
Squadron Admiral, Chief of the Italian Navy

Mr. Fabio Caffio
Admiral (retired) and Lecturer in International Law of the Sea at the University of Bari Aldo Moro, Italy

Ms. Diana Cerini
Full Professor of Comparative Private Law at University of 'Milano-Bicocca', Milan, Italy

Mr. Enrico Credendino
Squadron Admiral, Former Chief of the Italian Navy
Mr. Michele Curatola
Lawyer and Counsel at Clifford Chance, Milan office, Italy

Mr. Paolo D'Auria
Senior Vice President of Business Development at Fincantieri, Milan office, Italy

Mr. Alessandro De Felice
Director of Risk and Insurance Group and Chairman of Prysmian Riassicurazioni, Milan (Head office), Italy

Mr. Giacinto Della Cananea
Full Professor of Administrative Law at 'Bocconi' University, Milan, Italy

Mr. Andrea Faccioli
Director of Sales and Procurement at Codevintec, Milan, Italy

Mr. Stefano Frumento
Rear Admiral, Commander of the 'Teseo Tesei' Divers and Raiders Group (COMSUBIN) of the Italian Navy

Mr. Vito Lacerenza
Rear Admiral (Upper Half), Deputy Head of Cabinet of the Minister of Defence and former Head of the Submarines and Underwater Dimension Department, Italian Navy General Staff

Ms. Flavia Melillo
Lawyer and Lecturer in Technology Innovation Law at the University of Salerno

Mr. Angelo Merialdi
Lawyer and Partner at Siccardi Bregante & Co., Genoa and Milan offices, Italy

Mr. Daniele Moretti
News Gathering Director at SKY TG24, Head Office, Milan, Italy

Mr. Umberto Pelizzari
Multiple World-record Holder in Freediving, Founder and President of Apnea Academy – School for Training and Research in Freediving

Mr. Jean Paul Pierini
Captain, Deputy Head of the General Legal Affairs Office, General Staff of the Italian Navy

Mr. Tullio Scovazzi
Member of the *Institut de Droit International* and Full Professor (retired) of International Law at University of 'Milano-Bicocca', Milan, Italy

Ms. Ilaria Tani
Associate Professor of International Law at University of 'Milano-Bicocca', Milan, Italy, and former Associate Legal Officer at the Division for Ocean Affairs and the Law of the Sea, Office of Legal Affairs of the United Nations

Mr. Attila Tanzi
Full Professor of International Law at the University of Bologna, Italy, and President of the Italian Branch of the International Law Association

Ms. Greta Tellarini
Full Professor of Maritime and Aviation Law at the University of Bologna, Italy

Mr. Giuseppe Valentino
Director of Backbone & Infrastructure Solutions at Sparkle, Rome, Italy

Mr. Salvatore Zappalà
Full Professor of International Law at the University of Catania, Italy, and former Legal Adviser to the Permanent Mission of Italy to the United Nations

SECTION 2

Proceedings of the Conference Mavrommatis at 100! (*Padua, 10 May 2024*)

7

The Legacy of the *Mavrommatis* Case at Its 100th Anniversary

Andrea Gattini

About one hundred years ago, the Permanent Court of International Justice (PCIJ) was seized in a dispute between Greece and the United Kingdom, the *Mavrommatis Palestine Concessions*, its second case ever. The subject matter of the dispute could not be more common-daily: the withdrawal by the local government of a concession formerly given to a foreign investor and its assignment in favour of a different investor.

The case stands still today as a milestone in the history of international law in many regards, both on procedural issues, over which the Court took a decision on 30 August 1924,[1] as well as substantial issues, over which the Court took a decision on 26 March 1925.[2] In particular, in the Judgment

1 *The Mavrommatis Palestine Concessions* (*Greece v United Kingdom*) (Objection to the Jurisdiction of the Court) PCIJ Rep Series A No 2.

2 *The Mavrommatis Jerusalem Concessions* (*Greece v United Kingdom*), PCIJ Rep Series A No 5. As for the substantial issues raised by the *Mavrommatis* case see Edwin Borchard, 'The Mavrommatis Concessions Cases' (1925) 19 AJIL 728. In particular with regard to the extension of States' "public control" upon concessions, their modification or withdrawal, see Michael Waibel, 'Mavrommatis Palestine Concessions (Greece v Great Britain) (1924–1927)' in Erik Bjorge and Cameron A Miles (eds), *Landmark Cases in Public International Law* (Hart 2017) 33. For a historically informed critical appraisal of the substantial issues raised by the *Mavrommatis* case see Michelle Burgis, 'Transforming (Private) Rights through (Public) International Law: Readings on a "Strange and Painful Odyssey" in the PCIJ *Mavrommatis* Case' (2011) 24 LJIL 873. As it is well known, in the 1925 Judgment the Court had affirmed the UK obligation to readapt Mavrommatis' concessions to the new economic conditions prevailing after the demise of the Ottoman rule in Palestine. The ensuing readaptation did not change the situation of Mr Mavrommatis' exclusion from the concessions with no compensation. Seized again by Greece, on 10 October 1927, the PCIJ came to the anticlimactic conclusion that the British government did not have breached any obligation, see *Readaptation of the Mavrommatis Jerusalem Concessions* (*Greece v United Kingdom*), PCIJ Rep Series A No 11. This judgment is noteworthy also for having been the first in which the PCIJ made clear its stance on the relevance of precedent, in the following terms: 'The Court sees no reason to depart from a construction which clearly flows from the previous judgments the reasoning of which it still regards as sound' (at 18).

Andrea Gattini, Full Professor of International Law, University of Padua

© 2026 THE AUTHOR(S) | HTTPS://DOI.ORG/10.1163/9789004766891-009

of August 1924 the PCIJ seized the opportunity to make important clarifications on the following (most procedural) issues: (1) that a preliminary objection must not necessarily touch upon the jurisdiction of the Court but also upon the admissibility of the claim;[3] (2) what the concept of dispute means;[4] (3) that in the exercise of diplomatic protection the State claim concerns its own right and not that one of its national;[5] (4) that in the case of a multilingual treaty, the text which has the lesser bearing must be favoured;[6] (5) and finally that in procedural matters the Court would not be as severe as a domestic court would be in matters of form.[7]

Of course, in this last century, each of these five issues has developed in many different ways. Both the PCIJ and the International Court of Justice (ICJ), as well as other international courts and tribunals, have had the possibility to elaborate on almost each aspect, and international legal literature has been pondering on them ever since.

With regard to the first issue, it is well known that the ICJ traditionally keeps to the difference between issues of jurisdiction and issues of admissibility, but it does not always makes clear the ensuing consequences. It is only in the *Genocide* (*Croatia and Serbia*) case of 2008 that the Court extensively dealt with the matter.[8] In a nutshell, it may be said that the former touches upon questions concerning the adjudicative power, while the latter touches upon questions concerning the claim.[9] From this fundamental difference many cor-

3 *The Mavrommatis Palestine Concessions* (n 1) 10: 'It appears in fact [...] that the preliminary question to be decided is not merely whether the nature and subject of the dispute laid before the Court are such that the Court derives from them jurisdiction to entertain it, but also whether the conditions upon which the exercise of this jurisdiction is dependent are all fulfilled in the present case.'

4 Ibid., 11: 'A dispute is a disagreement on a point of law or fact, a conflict of legal views or of interests between two persons.'

5 Ibid., 12: 'By taking up the case of one of its subjects and by resorting to diplomatic action or international judicial proceedings on his behalf, a State is in reality asserting its own rights – its right to ensure, in the person of its subjects, respect for the rules of international law.'

6 Ibid., 19: 'The Court is of opinion that, where two versions possessing equal authority exist one of which appears to have a wider bearing than the other, it is bound to adopt the more limited interpretation which can be made to harmonise with both versions and which, as far as it goes, is doubtless in accordance with the common intention of the Parties.'

7 Ibid., 34: 'The Court, whose jurisdiction is international, is not bound to attach to matters of form the same degree of importance which they might possess in municipal law.'

8 *Application of the Convention on the Prevention and Punishment of the Crime of Genocide* (*Croatia v Serbia*) (Preliminary Objections) [2008] ICJ Rep 412, para 85.

9 Shabtai Rosenne, 'International Courts and Tribunals, Jurisdiction and Admissibility of Inter-State Applications' in Rüdiger Wolfrum, Anne Peters (eds), *Max Planck Encyclopedia of Public International Law* (OUP 2006), para 2.

ollaries ensue, and most notably among them, on the one side the duty of the ascertainment of the first *ex officio*, and, on the other side, the discretion in the ascertainment of the second upon objection. Nevertheless, the distinction between the two categories is not always so clear-cut. Just to remain in the realm of diplomatic protection, the previous exhaustion of local remedies is sometimes understood as a condition for the existence of jurisdiction and not as a condition for the admissibility of a claim.[10] Furthermore, grounds of admissibility (*vel* inadmissibility) may advance to grounds of jurisdiction, when they are specifically considered so in the title of jurisdiction, mostly in the compromissory clause.[11]

With regard to the second issue, the definition of dispute has undergone some important refinement in the jurisprudence of the two World Courts.[12] The interest of international legal literature has been rekindled by the controversial *Marshall Islands* Judgments of 2016,[13] by which the ICJ stated that in the notion of dispute is also implicit the fact of the awareness of the parties of the actual existence of the dispute itself. Many commentators have harshly criticized this decision as a betrayal of *Mavrommatis*, but others have seen it as the logical final point of a jurisprudential development initiated by the Court some decades ago. Also in the present contributions the two opposing positions face one against the other.[14]

With regard to the third issue, this is possibly the one which in the course of the century apparently underwent the most significant evolution. Many commentators by now criticize the idea, that 'by taking up the case of one of its subjects' the State 'is in reality asserting its own rights'.[15] Eighty years of international protection of human rights have not passed in vain. But it remains to be seen whether the PCIJ's celebrated *dictum* has really been overtaken by

---

10 For this, in my opinion erroneous, interpretation see Yuval Shany, *Questions of Jurisdiction and Admissibility before International Courts* (CUP 2016), 100.

11 Georges Abi-Saab, *Les exceptions préliminaires dans la procédure de la Cour internationale. Étude des notions fondamentales de procédure et des moyens de leur mise en oeuvre* (Pedone 1967), 174 ff.

12 See Marco Dimetto, *La nozione di controversia nel processo dinanzi alla Corte internazionale di giustizia* (Editoriale Scientifica 2022), 19 ff.

13 *Obligations concerning Negotiations relating to Cessation of the Nuclear Arms Race and to Nuclear Disarmament* (*Marshall Islands v United Kingdom*) (Preliminary Objections) [2016] ICJ Rep 833, para 41. Similarly also the cases involving Pakistan and India.

14 See in this issue Zachary Douglas, 'The Distinction between Disputes and Claims and the Question of Time: From *Mavrommatis* to the *Marshall Islands*', in this Yearbook, 126 ff; Marco Dimetto, 'A Century after *Mavrommatis*: Why Disputes before the ICJ Cannot Be Taken for Granted', in this Yearbook, 147 ff.

15 *The Mavrommatis Palestine Concessions* (n 1) 12.

history. The International Law Commission (ILC) Articles on diplomatic protection of 2006 do not really depart from this stance,[16] which is why it met with some strong criticism from some academic quarters.[17] But despite this criticism, it does not seem that State practice had so much changed in the last decades as to encourage the ILC to take a more courageous position in favour of a more decisive progressive development. Also the Court's recent jurisprudence does not seem to go in a different direction. The identification of "individual" rights alongside States' rights in the *LaGrand* case,[18] the stressing of a human rights dimension in the *Diallo* case,[19] the Court's still tentative clarifications on mixed claims in both *LaGrand* case as well in the more recent *Certain Iranian Assets* case,[20] the growing relevance of the distinction between an action in diplomatic protection and an action for the protection of public interests – whose implications can be traced in the Court's recent Judgment on preliminary objections in the *Application of the CERD* dispute between Azerbaijan and Armenia[21] – are all elements which enlarge and

16 See ILC, 'Report of the International Law Commission on the Work of its 58th Session' (1 May–9 June and 3 July–11 August 2006) UN Doc A/61/10, 16 ff.

17 See Alain Pellet, 'La seconde mort d'Euripide Mavrommatis? Notes sur le projet de la C.D.I. sur la protection diplomatique' in *Droit du pouvoir, pouvoir du droit. Mélanges offerts à Jean Salmon* (Bruylant 2007) 1359, for whom the ILC Draft of 2004 (only partially revised in 2006) was 'extrêmement décevant, partiel et terne, qui se bornait à entériner la vision la plus classique, et dépassée, de cette institution juridique' and 'qui s'accrochait, contre toute raison, à la «*fiction Mavrommatis*»'. Substantially in the same direction Giorgio Gaja, 'The Position of Individuals in International Law: An ILC Perspective' (2010) 21 EJIL 11, 13. See also Deborah Russo, 'The Injured Individual's Right to Compensation in the Law of Diplomatic Protection' (2016) 99 RivDirInt 725, 743.

18 *LaGrand* (*Germany v United States of America*) (Judgment) [2001] ICJ Rep 466, para 77.

19 *Ahmadou Sadio Diallo* (*Republic of Guinea v Democratic Republic of the Congo*) (Preliminary Objections) [2007] ICJ Rep 582, para 39: '[Diplomatic protection] originally limited to alleged violations of the minimum standard of treatment of aliens, has subsequently widened its scope to include, *inter alia*, internationally guaranteed human rights'.

20 *LaGrand* (*Germany v United States of America*) (n 18) para 89. *Certain Iranian Assets* (*Islamic Republic of Iran v United States of America*) (Judgment) [2023] ICJ Rep 51, paras 62 ff. See Matteo Sarzo, 'Pretese miste e ricorsi interni inefficaci nella sentenza della Corte internazionale di giustizia relativa ad *alcuni beni iraniani*' (2023) 106 RivDirInt 1031.

21 *Application of the International Convention on the Elimination of All Forms of Racial Discrimination* (*Azerbaijan v Armenia*) (Preliminary Objections) [2024] ICJ Rep 1116. For an investigation of the reasons why the Court (rightly in my opinion) assessed Azerbaijan's action as an action for the protection of its own rights and those of its citizens and not as an action in protection of *erga omnes* obligations see Andrea Gattini, 'Il nuovo *revirement* della Corte internazionale di giustizia sull'accertamento della sua giurisdizione *ratione temporis* nell'affare sulle discriminazioni razziali fra l'Azerbaijan e l'Armenia' (2025) 108 RivDirInt 147. For the issue of international litigation in the public interest

enrich the perspective, but do not fundamentally question the solidity of the *Mavrommatis dictum* under customary international law.

With regard to the fourth issue, it is curious that the Court's general statement of the preference to be given to a restrictive interpretation of a multilingual treaty had been contradicted by the same Court in the case at hand, since the concept of "public control" which the Court finally upheld was that one contained in the French text, which was broader than the English one. It seems, therefore, that this is just the first example – of which many would follow in the course of history – of the Court's strategy to display at the outset a relatively traditional conservative stance in general terms, but only to contradict it in the light of the circumstances of the case. It does not come at a surprise, therefore, that the ILC, when codifying what would become article 33 of the Vienna Convention on the Law of the Treaties (VCLT), distanced itself from the *Mavrommatis* precedent, or, better, it drew from it support for a harmonizing approach.[22]

Finally, with regard to the fifth issue, while the *ratio* of the Court's affirmation on the lack of (an excessive) formalism remains undoubtedly valid today,[23] it is interesting to note that in the *Genocide* (*Croatia*) Judgment on preliminary objections of 2008, the Court cited the *Mavrommatis dictum* in an instrumental way. The fact that Croatia had brought the case against Serbia at a time when the Court had no jurisdiction *ratione personae* was not merely a 'deficiency [which] might be overcome in the course of proceedings', as the Court belittling said.[24] Far from being able to bring fresh proceedings against Serbia at any time, Croatia could not have brought any application whatso-

---

see *ex multis* Maria I Papa, 'Litigating Collective Obligations before the International Court of Justice: Progress, Challenges and Prospects' (2024) 23 LPICT 36.

22 ILC, 'Report of the International Law Commission on the Work of its 18th Session' (4 May-19 July 1966) UN Doc A/CN.4/191, 224–226.

23 The question to what extent the procedure of international courts and tribunals is modelled after those of domestic courts and, further, to what extent the latter may still influence the former by way of analogy is a classic topos of any study on the international judicial function, see among others Shabtai Rosenne, *The Law and Procedure of the International Court of Justice, Vol II - Jurisdiction* (Brill 2016), 528–529; Hugh Thirlway, 'The Law and Procedure of the International Court of Justice 1960–1989, Part Nine' (1998) 69 BYIL 1, 21, who rightly cautions against a mechanical borrowing of municipal law concepts into the procedure of international courts; Gleider Hernandez, *The International Court of Justice and the Judicial Function* (OUP 2014), 43 ff.

24 *Application of the Convention on the Prevention and Punishment of the Crime of Genocide* (*Croatia v Serbia*) (n 8).

ever, because Serbia, just after its accession to the UN, had appended a reservation on article IX of the Genocide Convention.[25]

***

The present Symposium draws from a conference I have organized at the Law School of the University of Padua and gathers well-known international lawyers and practitioners as well as younger scholars. They have been asked to offer their views on the legacy of *Mavrommatis* a century later. While the individual contributions widely (and inevitably so) differ as to the appreciation of this legacy, it is amazing how central *Mavrommatis* still is in the legal discourse on so many different issues.

The first contribution by Zachary Douglas[26] opens with a thought-provoking fresh look at *Mavrommatis*, and while criticizing the PCIJ's main tenets on the point, it highlights an ever since under-investigated (and often confused) issue, namely the distinction between dispute and claim. Marco Dimetto's contribution[27] dwells on the concept of dispute and its coming into existence, and concludes on the impact that the *Marshall Island* Judgments may have on the blossoming litigation involving public interests. Carlotta Ceretelli's contribution[28] addresses the classical dichotomy between jurisdiction and admissibility, focusing on three issues, whose characterization is still uncertain, namely the nationality of the claim, the mootness, and the indispensable third party. The same challenging topic of the distinction between jurisdiction and admissibility is also the object of Martina Magnarelli's contribution[29] under the angle of investment arbitration. Coming to the issue of diplomatic protection, the contribution by Rodrigo Polanco Lazo[30]

25 The fact of the inopportune mention to the *Mavrommatis* precedent was even conceded by some judges of the majority, see the Separate Opinion of Judge Al-Khasawneh, [2008] ICJ Rep 470; Declaration of Judge Bennouna, ibid 544; and especially Separate Opinion Judge Abraham, ibid 540, para 51, for whom the *Mavrommatis* principle would only be applicable, if at the time of the judgment the Applicant had the capacity to institute fresh proceedings in all respect identical to the existing one.

26 Douglas (n 14).

27 Dimetto (n 14).

28 Carlotta Ceretelli, 'Torn Between Jurisdiction and Admissibility: A Map to Navigate International Adjudication', in this Yearbook, 164 ff.

29 Martina Magnarelli, 'Out of Focus? Investment Treaty Arbitration and Privity of Contract', in this Yearbook, 186 ff.

30 Rodrigo Polanco Lazo, 'Diplomatic Protection and Access to Justice: Is There a Role for Diplomatic Protection When Individuals Have Direct Access to International Arbitration?', in this Yearbook, 197 ff.

investigates the (enduring if residual) significance of the institution of diplomatic protection in the context of foreign direct investment, with a particular focus on the ISDS mechanism of the ICSID. Furthermore, in the same context, the contribution by Roberto Ruoppo[31] draws a general picture of the development in international law of the right of private property, coming to the conclusion that this right acquires different features, according to the context in which the protection is sought, i.e. under regional human rights conventions or under bilateral investment treaties. Finally, the contribution by Michael Waibel[32] elaborates on the issue of multilingual treaties, questioning the apparent (or real) inconsistencies between the *Mavrommatis* Judgment and the solution finally adopted by the VCLT.

So our journey through a century of international law comes full circle back to 1924/1925, showing once more, if need be, how time shapes international law with a slow but steady pace.[33] A wise and healthy reminder in our often hectic and chaotic daily life.

31 Roberto Ruoppo, 'Right of Property before International Courts and Tribunals', in this Yearbook, 220 ff.

32 Michael Waibel, '"Public Control" and *Mavrommatis*' Contribution to Treaty Interpretation', in this Yearbook, 234 ff.

33 For a collection of studies on the impact of the temporal factor in proceedings before international courts and tribunals, see Andrea Gattini (ed), *Time and International Adjudication* (Brill 2025).

8

The Distinction between Disputes and Claims and the Question of Time: From *Mavrommatis* to the *Marshall Islands*

Zachary Douglas KC

1 Introduction

The concept of a dispute has two functions in litigation before international courts and tribunals. First, it is the term that is often used to designate the scope of a compromissory clause in a treaty giving the court jurisdiction; in other words, a "dispute" is the abstract "thing" that is to be submitted to the court for adjudication. More often than not, the scope of that abstract thing is expressly narrowed to disputes between the parties to the treaty (*ratione personae*) in relation to the interpretation or application of the treaty (*ratione materiae*). Less often there is a further express restriction placed upon the timing of the dispute: it must have arisen after the treaty came into force (*ratione temporis*). Where there is no such express restriction, it may arise by necessary implication: a dispute relating to the interpretation or application of the treaty cannot logically arise until that treaty is in force.

Obviously a compromissory clause can designate something else as the "thing" that can be submitted to a court or tribunal. The most common alternative is a "claim". More about that distinction in a moment.

The second function of the concept of a "dispute" is to ensure that the contentious jurisdiction of the court or tribunal is properly engaged. That may be relevant where the court in question enjoys competence over both contentious cases and requests for advisory opinions (like the ICJ or ITLOS), but it is also important in distinguishing between cases that are suitable for adjudication in contentious proceedings, and those that are not.[1] This func-

1 In the words of Judge Fitzmaurice: the dispute must be 'capable of engaging the judicial function of the Court'. *Case concerning the Northern Cameroons* (*Cameroon v United Kingdom*) (Preliminary Objections) [1963] ICJ Rep 15, Separate Opinion of Judge Fitzmaurice, 98.

Zachary Douglas KC, Full Professor of International Law, LUISS Guido Carli University (Rome). A version of this article has already been published in Andrea Gattini (ed), Time and International Adjudication (Brill Nijhoff 2025), 59 ff.

© 2026 THE AUTHOR(S) | HTTPS://DOI.ORG/10.1163/9789004766891-010

tion of the concept of a "dispute" is to determine whether a requisite threshold of opposability has been satisfied. It is in respect of this second function that the classic definition of a "dispute" in the *Mavrommatis* case has continuing relevance: '[a] dispute is a disagreement on a point of view of law or fact, a conflict of legal views or of interests between two persons'.[2]

When the term "dispute" is used in a compromissory clause, it serves both these functions. But as the analysis of the *Mavrommatis* and *Marshall Islands* cases will show, it is important to keep these functions distinct.

The concept of a "claim" is very different to that of a "dispute".[3] A "claim" is a request for a specific judicial remedy as the legal consequence of a breach of an obligation. In international proceedings against States, a "claim" is made to invoke the international responsibility of the State. The concept of a "dispute" is necessarily broader: international proceedings are not confined to claims for breaches of international obligations. International proceedings may have as their object the determination of questions of conventional or general international law in the abstract to provide prospective guidance for the conduct of interested States, or the adjudication of issues relating to status and delimitation (for instance territorial or maritime disputes).

The different functions of the concept of a "dispute", and the distinction between a "dispute" and a "claim", will now be illustrated by two cases that in a sense are the temporal bookends for the International Court's jurisprudence on these issues: the *Mavrommatis* case decided by the PCIJ in 1924,[4] and the *Marshall Islands* case disposed of by the ICJ in 2016.[5]

2 The *Mavrommatis* Case

In *Mavrommatis*, the asserted title for the Court's jurisdiction was article 26 of the Mandate for Palestine conferred on the United Kingdom, which read:

> The Mandatory agrees that, if any dispute whatever should arise between the Mandatory and another Member of the League of Nations relating to the inter-

---

2 *The Mavrommatis Palestine Concessions* (*Greece v United Kingdom*) (Objection to the Jurisdiction of the Court) PCIJ Rep Series A No 2, 11.

3 A point made in Sienho Yee, 'Article 40' in Andreas Zimmermann et al (eds), *The Statute of the International Court of Justice: A Commentary* (2nd ed, OUP 2012), paras 61–62.

4 *The Mavrommatis Palestine Concessions* (n 2).

5 *Obligations concerning Negotiations relating to Cessation of the Nuclear Arms Race and to Nuclear Disarmament* (*Marshall Islands v United Kingdom*) (Preliminary Objections) [2016] ICJ Rep 833.

> pretation or the application of the provisions of the Mandate, such dispute, if it cannot be settled by negotiation, shall be submitted to the Permanent Court of International Justice provided for by Article 14 of the Covenant of the League of Nations.[6]

The concept of a "dispute" was relevant to the Court's jurisdiction because article 26 employed that term and it was the sole basis for the Court's jurisdiction. If article 26 had instead referred to "claims", then an analysis of the "dispute" would have been superfluous. This is the case even though article 40 of the PCIJ Statute, which is identical in substance to article 40 of the ICJ Statute, required the applicant State to indicate the 'subject of the dispute'. That provision does not vest the Court with jurisdiction; it is a procedural provision dealing with the institution of proceedings. It follows that article 26 of the Mandate was controlling in terms of the scope of the jurisdiction of the Court. If article 26 had used the term "claims" rather than "dispute", then for the purposes of article 40(1) of the PCIJ Statute, it would have been sufficient and accurate to describe the subject matter of the dispute as the adjudication of the claims set out in the application.

The term "dispute" seems to have been chosen carefully for the purposes of article 26 of the Mandate because it was clearly envisaged that the PCIJ might be called upon to provide guidance as to the scope of the Mandatory's obligations under the Mandate by third States that had an interest in the administration of Palestine. In other words, the proceedings before the PCIJ might be expected to go beyond a "claim" for the invocation of the Mandatory's international responsibility for the breach of the Mandate.

On the very first page of the Court's judgment, the Court used the terms "application", "suit", "case" and "claim".[7] It is only some pages into the judgment that the term "dispute" is mentioned for the first time. At no point does the Court seek to explain the difference between these terms.

In accordance with article 26 of the Mandate, for the Court to have jurisdiction, the dispute must:

- be between the United Kingdom in its capacity as a Mandatory and Greece as a Member of the League of Nations (*ratione personae*);
- relate to the interpretation or the application of the provisions of the Mandate (*ratione materiae*);
- implicitly have arisen after the Mandate came into force on 24 July 1922 (*ratione temporis*);

---

6 *The Mavrommatis Palestine Concessions* (n 2) 11.

7 Ibid., 7.

- not have been settled by negotiation between Greece and the United Kingdom (thus requiring that some attempt at negotiation had in fact occurred).

The focus in the analysis that follows will be on the *ratione materiae* and *ratione temporis* aspects of the Court's jurisdiction and their interconnectedness.

2.1 Subject Matter Jurisdiction

The Court first described the dispute in the terms that it was submitted by Greece in its application:

> [T]he alleged refusal on the part of the Government of Palestine, and consequently also on the part of His Britannic Majesty's Government, since the year 1921 to recognise to their full extent the rights acquired by M. Mavrommatis, a Greek subject, under contracts and agreements concluded by him with the Ottoman authorities in regard to concessions for certain public works to be constructed in Palestine.[8]

Although the Court did not seek to draw a distinction between the dispute and the claims, it nonetheless proceeded to outline the claims advanced by Greece by way of diplomatic protection against the United Kingdom, which related to two groups of concessions for public services granted to Mr Mavrommatis by the Ottoman authorities (the construction and operation of an electric tramway system and the supply of electricity and water) in both Jerusalem and Jaffa. These were referred to in the Court's judgment as the "Jerusalem concessions" and the "Jaffa concessions".

In respect of the Jerusalem concessions, Greece alleged that the United Kingdom was bound to adapt them to the new economic conditions in accordance with its obligations as Mandatory for Palestine and, having failed to do so, was obliged to pay compensation for losses sustained by Mr Mavrommatis.

In respect of the Jaffa concessions, Greece alleged that, whilst the United Kingdom was not legally obliged to maintain them as they were concluded after the critical date of 29 October 1914 (when the Ottoman Empire entered WWI), it was bound to compensate for losses sustained by Mr Mavrommatis by its refusal to recognize the concessions.

8 Ibid.

For the Court to have jurisdiction, the dispute had to relate to the provisions of the Mandate. For this purpose, it was sufficient for the subject matter of the dispute to be related to the subject matter regulated by the provisions of the Mandate.

The only provision of the Mandate cited by Greece as giving rise to a dispute was article 11, the first paragraph of which reads:

> The Administration of Palestine shall take all necessary measures to safeguard the interests of the community in connection with the development of the country, and, subject to any international obligations accepted by the Mandatory, shall have full power to provide for public ownership or control of any of the natural resources of the country or of the public works, services and utilities established or to be established therein. It shall introduce a land system appropriate to the needs of the country, having regard among other things to the desirability of promoting the close settlement and intensive cultivation of the land.[9]

It would have sufficed for the Court to have ascertained whether there was a link between article 11 and a dispute regarding concessions for public works and the power of the Administration of Palestine of 'public control … of the public works, services and utilities' in Palestine. The Court placed reliance on the fact that the very act that was alleged by Greece to have undermined the concessions held by its national, Mr Mavrommatis, was the issuance of rival concessions to another individual by the Administration of Palestine (referred to as the "Rutenberg concessions"), which the Court accepted was an exercise of 'public control' over 'public works, services and utilities' for the purposes of article 11 of the Mandate.[10] This conclusion will be revisited in the context of the temporal aspects of the Court's jurisdiction.

The Court's analysis of its *ratione materiae* jurisdiction pursuant to article 26 of the Mandate could and should have ended there. Regrettably, however, the Court went on, under the guise of an investigation of its jurisdiction, to decide matters that were properly characterized as relating to the admissibility or the merits of the claims, and also conflated questions of jurisdiction with questions relating to the content of the applicable law.

The Court essentially asked itself whether Greece's claims were properly founded on international obligations in respect of which the Court could take cognizance given the scope of its jurisdiction prescribed by article 26.

---

9 Ibid., 17.

10 Ibid., 21.

The first thing to note is that article 26 refers to "disputes" and not "claims". There was no need for the Court to delve into the various elements of the claims submitted to it for the purposes of ascertaining its jurisdiction.

Second, it is important to distinguish between the Court's jurisdiction and the applicable law. The scope of the Court's jurisdiction was disputes 'relating to the interpretation or the application of the provisions of the Mandate' as per article 26. The Mandate did not prescribe which law or rules of law should be applied by the Court in resolving such disputes. It follows that the general provision on the sources of applicable law in article 38 of the PCIJ's Statute would have applied.

This means that so long it was necessary for the Court to interpret or apply article 11 of the Mandate to resolve the dispute that had been submitted to the Court, it was open to Greece to advance claims that were founded upon the breach of other international obligations, whether or not they were prescribed by or even referred to in the Mandate itself.[11] This follows from the cardinal distinctions between disputes and claims, on the one hand, and between jurisdiction and applicable law, on the other.

The Court ignored these distinctions and essentially delved into the merits of the claims. It noted that the premise for Greece's claims was that the Administration of Palestine had granted the Rutenberg concessions in the exercise of its power under article 11 of the Mandate and that such concessions overlapped with the concessions that had been previously granted to Mr Mavrommatis. This, in turn, raised the question of whether the grant of the later Rutenberg concessions was consistent with 'any international obligations accepted by the Mandatory' in accordance with the terms of article 11.[12] The Court then sought to identify the international obligations that could serve as a foundation for Greece's claims both in respect of the Jerusalem concessions and the Jaffa concessions.

In doing so, the Court was operating under the assumption that it only had jurisdiction over claims based upon obligations encompassed by that phrase in article 11: namely 'any international obligations accepted by the Mandatory'. This assumption was fallacious for two reasons that have already been elaborated. First, because the compromissory clause in article 26 referred to a "dispute" and not to "claims". Second, so long as the adjudication of the dispute requires the "interpretation or application" of article 11, then it mattered not

11 Judge Finlay committed an obvious error in his dissent when he stated that an action 'could not be brought compulsorily before the Permanent Court under Article 26, because there would be no violation of the provisions of the Mandate' (Ibid., 50). Art 26 does not speak in terms of jurisdiction over claims for a violation of the Mandate.

12 Ibid., 23.

that the obligations said to have been breached by the United Kingdom were not contained or referred to in the Mandate.

The question that should have been addressed was simply whether the claims presented by Greece encompassed a dispute about the interpretation or application of article 11 of the Mandate. Instead, the Court deemed it necessary to decide whether Greece's claims had a proper legal foundation on the pretext of a ruling on its own jurisdiction: 'the Court is constrained at once to ascertain whether the international obligations mentioned in Article 11 affect the merits of the case and whether any breach of them would involve a breach of the provisions of this article'.[13]

The Court found that the reference to 'any international obligations accepted by the Mandatory' in article 11 was capable of extending to Protocol XII of the Treaty of Lausanne,[14] which had been ratified after the Mandate had come into force. Protocol XII envisaged that beneficiaries under concessions entered into before 29 October 1914 (the day when the Ottoman Empire entered WWI on the side of Germany) were entitled to have their concessions readapted to the new economic conditions if the concessions had already been partly performed.

The Court concluded that Protocol XII provided a legal basis for Greece's claim in respect of the Jerusalem concessions, but not for the Jaffa concessions as they were concluded after the critical date of 29 October 1914. It followed, according to the Court, that it had no jurisdiction over the claim relating to the Jaffa concessions.

The danger of the Court's overreach in respect of the inquiries relating to its jurisdiction is that it foreclosed the possibility that the claim relating to the Jaffa concessions might have succeeded on another basis on the merits. Greece had pleaded that, whilst the United Kingdom was not obliged to maintain the Jaffa concessions (as they were not covered by the *lex specialis* in the form of Protocol XII), it was nonetheless under an obligation in general international law as the Mandatory to compensate Mr Mavrommatis if the Administration of Palestine declined to uphold them.[15] Such a claim might still relate to the exercise of power in relation to public works for the purposes of article 11 of the Mandate and hence still have a link to a dispute relating to the inter-

13 Ibid., 23.
14 Ibid., 26.
15 Ibid., 8.

pretation and application of the provisions of the Mandate, subject to what will be said in due course about the temporal aspects of the dispute.[16]

The Court's error was to insist that the interpretation or application of a provision of the Mandate must be conclusive in either upholding or dismissing Greece's claims for the dispute to be within the terms of the compromissory clause in article 26:

> [The Court] cannot content itself with the provisional conclusion that the dispute falls or not within the terms of the Mandate. The Court, before giving judgment on the merits of the case, will satisfy itself that the suit before it, in the form in which it has been submitted and on the basis of the facts hitherto established, falls to be decided by application of the clauses of the Mandate. For the Mandatory has only accepted the Court's jurisdiction for such disputes.[17]

This, as has been demonstrated, is tantamount to deciding the merits of the dispute in order to determine whether the Court has jurisdiction over it.

2.2 Temporal Jurisdiction

Again, for an assessment of the Court's temporal jurisdiction, the relevant instrument was the Mandate and, pursuant to article 26 thereof, the dispute must relate to the interpretation and application of the provisions of the Mandate, which came into force on 29 September 1923.[18]

It is surprising that there is almost no analysis in the Court's judgment of when the events giving rise to the dispute occurred. It would seem to follow from the Court's conclusions on its subject matter jurisdiction that the granting of the Rutenberg concessions would have had to have been an exercise of "public control" in accordance with article 11 of the Mandate, but that would only have been possible if article 11 were in fact in force at the relevant time.[19] The most detailed particulars of when the Rutenberg concessions were granted are set out in Judge Bustamante's dissent: apparently this occurred in

16 The Court's dismissal of this possibility is Delphic at best: 'The Administration of Palestine would be bound to recognise the Jaffa concessions, not in consequence of an obligation undertaken by the Mandatory, but in virtue of a general principle of international law to the application of which the obligations entered into by the Mandatory created no exception' (Ibid., 28).

17 Ibid., 16.

18 Ibid., 80.

19 The Court simply asserted that 'the Rutenberg concessions fell within the scope of Article 11 of the Mandate' (Ibid., 26).

1921.[20] This is consistent with the Court's own description of the dispute submitted to it:

> [T]he alleged refusal on the part of the Government of Palestine, and consequently also on the part of His Britannic Majesty's Government, *since the year 1921* to recognise to their full extent the rights acquired by M. Mavrommatis ...[21]

The Mandate, however, only came into force on 29 September 1923.

The Court's limited attempt to deal with this point is unsatisfactory. The Court enunciated a general principle that: 'in case of doubt, jurisdiction based on an international agreement embraces all disputes referred to it after its establishment'.[22] This cannot be an accurate statement of the relevant principle: a dispute may arise prior to the establishment of an international agreement, and this may preclude it from being referred to a court with jurisdiction in respect of disputes relating to that agreement. It depends on the object and purpose of the international agreement in question. Take the example of an investment treaty with the typical formulation that the tribunal shall have jurisdiction over disputes relating to an investment.[23] This type of provision must be read as extending to disputes arising after the investment treaty came into force. An investment treaty is a forward-looking instrument. It may well serve to protect investments that already exist when the treaty comes into force, but it is not designed to create a forum for the settlement of historic disputes: that does not serve its purpose of encouraging foreign investments. A dispute relating to reparations for the confiscation of foreign property during WWII could not, for instance, be submitted to investment treaty arbitration, even if the treaty expressly extended protection to investments made prior to the entry into force of the treaty. Disputes arising after the entry into force of the treaty relating to investments made prior to its entry into force would be

20 Ibid., 81.

21 Ibid., 7 (emphasis added).

22 Ibid., 35.

23 Where the consent to arbitration is limited to disputes relating to alleged breaches of the treaty obligations, then the intertemporal principle dictates that such disputes can only arise after the treaty has entered into force: Zachary Douglas, *The International Law of Investment Claims* (CUP 2009) para 449, paras 616 ff. The issue is more nuanced where the consent to arbitration extends to 'any disputes relating to an investment', which is capable of encompassing disputes concerning breaches of obligations other than those set out in the treaty. As investment treaties are forward-looking instruments, it is preferable to imply a condition that the consent to arbitration only covers disputes arising after the treaty comes into force. I may have previously fallen into error on this point: Ibid., para 662, para 632.

covered, but not disputes relating to the same investments that arose prior to its entry into force.[24] The Iran-US Claims Tribunal created by the Algiers Accords, in contrast, is an entirely different animal: it was established precisely to deal with disputes already in existence arising out of events following the Iranian Revolution.[25]

All the key provisions of the Mandate were formulated as forward-looking obligations and there is no indication that the jurisdiction of the PCIJ in article 26 was intended to extend to disputes relating to events that had occurred prior to the Mandate coming into force. Indeed, the very terms of article 26 indicate that, as a matter of logic, the events must have occurred when the Mandate was in force, for otherwise the dispute could not be about the "interpretation or application" of the provisions of the Mandate.

The Court in fact confuses the two functions of the concept of a "dispute" as articulated in the Introduction. This is abundantly clear from the following passage:

> The fact of a dispute having arisen at a given moment between two States is a sufficient basis for determining whether as regards tests of time, jurisdiction exists, whereas any definition of the events leading up to a dispute is in many cases inextricably bound up with the actual merits of the dispute.[26]

'The fact of a dispute having arisen at a given moment between two States' is sufficient to satisfy the second function of the concept of a dispute: it means that the Court's contentious jurisdiction is properly engaged; it means there is something for the Court to adjudge.

But the other function of the concept of a dispute was also engaged here: it had to be a dispute relating to the interpretation or application of the provisions of the Mandate. The fact that the two States were "in dispute" did not mean that it was a "dispute" relating to the Mandate, which was essential for the Court's jurisdiction to be established. The Court then, out of an abundance of caution, confronted the real issue:

---

24 These issues were considered in some detail in: *BM Mühendislik ve İnşaat A.Ş. v United Arab Emirates*, ICSID Case No ARB/17/20, Award (23 December 2022).

25 The Tribunal's jurisdiction is limited by a proviso in the Claims Settlement Declaration: 'if such claims and counterclaims are outstanding on the date of this agreement, whether or not filed with any court'. See George H. Aldrich, *The Jurisprudence of the Iran-United States Claims Tribunal* (Clarendon 1996), 94.

26 *The Mavrommatis Palestine Concessions* (n 2) 35.

> Nevertheless, even supposing that it were admitted as essential that the act alleged by the Applicant to be contrary to the provisions of the Mandate should have taken place at a period when the Mandate was in force, the Court believes that this condition is fulfilled in the present case. If the grant of the Rutenberg Concessions, in so far as they may be regarded as incompatible, at least in part, with those of Mavrommatis, constitutes the alleged breach of the terms of the Mandate, this breach, no matter on what date it was first committed, still subsists, and the provisions of the Mandate are therefore applicable to it.[27]

Leaving aside the Court's infidelity in its use of terminology (this passage is more directed to claims rather than a dispute), it is obviously wrong to assert that a breach is a breach no matter when it was first committed: the grant for the Rutenberg concessions could only have breached the Mandate if the Mandate were in force at the time of the alleged breach. Before the Mandate had come into force, the United Kingdom may well have had international responsibilities as the result of its military occupation of Palestine. But not as the Mandatory for Palestine.[28]

Finally, the Court's insistence that there were diplomatic exchanges between the Greece and the United Kingdom relating to the dispute in April 1924[29] was relevant for satisfying the requirement in article 26 of the Mandate that the dispute must be the subject of negotiations before it is submitted to the Court, which occurred on 13 May 1924.[30] But this does not resolve the important question of whether the dispute did in fact have the character of a dispute relating to the interpretation or application of the Mandate by reference to its temporal aspects, which was central to the Court's jurisdiction.

2.3 Conclusion

It is difficult to resist the conclusion that Greece was trying to force its diplomatic protection claims into a jurisdictional space of inadequate proportions. Both Mr Mavrommatis's concessions and the rival Rutenberg concessions said to undermine them were awarded before the Mandate came into force. Protocol XII of the Treaty of Lausanne clearly applied to the Jerusalem concessions of Mr Mavrommatis, but it contained its own dispute resolution procedure and did not vest the Court with jurisdiction. It also did not apply to the Jaffa

---

27 Ibid.

28 A point made in the Dissenting Opinion of de Bustamante, ibid., 81.

29 Ibid., 35.

30 Ibid., 33.

concessions. The Court's attempt to construct a link between Protocol XII and article 11 of the Mandate was tenuous: whilst the award of concessions for public services might be characterized as an exercise of "public power" for which the Mandatory was responsible pursuant to article 11 of the Mandate, it is difficult to see how that could be the case in relation to concessions that were granted prior to the Mandate entering into force. Whilst Protocol XII extended to acts occurring prior to its conclusion, the Mandate did not.

3 The *Marshall Islands* Case

Unlike the *Mavrommatis* case, the jurisdictional title for the *Marshall Islands* case was the optional clause in article 36(2) of the ICJ Statute as both the Marshall Islands and the United Kingdom had made declarations accepting the Court's jurisdiction on that basis. That meant that the Court had jurisdiction over any "legal dispute" between the two States. The Marshall Islands filed an application to the Court that alleged that the United Kingdom had violated its international obligations under the Treaty on the Non-Proliferation of Nuclear Weapons as well as under customary international law by failing to negotiate in good faith to achieve nuclear disarmament.[31] The Court concluded that it had no jurisdiction because there was no dispute on these matters in existence between the Marshall Islands and the United Kingdom when the application was filed. According to the Court, it could not be established that the United Kingdom was "aware" of a dispute with the Marshall Islands before the latter filed its application before the Court.[32]

When the title of jurisdiction is a treaty dealing with a particular subject matter, the Court must inquire as to whether the dispute submitted to it falls within the four corners of the compromissory clause. That is the first function of the concept of a dispute as described in the Introduction. The *Mavrommatis* case demonstrates that such an inquiry may be complex: the questions of whether the dispute submitted actually requires the interpretation or application of the treaty (the most common formulation for compromissory clauses) and whether the events giving rise to the dispute occurred when the treaty was already in force (a necessary condition for the nexus between the dispute and the treaty) were far from straightforward.

31 *Obligations concerning Negotiations relating to Cessation of the Nuclear Arms Race and to Nuclear Disarmament* (n 5) para 11.

32 Ibid., para 41: 'a dispute exists when it is demonstrated, on the basis of the evidence, that the respondent was aware, or could not have been unaware, that its views were 'positively opposed' by the applicant'.

In contrast, where the ICJ's jurisdiction is based on the general terms of the optional clause, the sole question is whether the applicant party has a legal dispute with the respondent party. In this situation, only the second function of the concept of a dispute is in play. It might be said that the sole question is whether the parties are "in dispute", and there is obviously no need to ensure that the dispute conforms to the particular *ratione materiae* and *ratione temporis* requirements of a treaty providing the title of jurisdiction. It suffices, in the words of the Court in *Mavrommatis*, that there is 'a disagreement on a point of view of law or fact, a conflict of legal views or of interests between two persons'.

The crux of the Court's dismissal in the *Marshall Islands* case was its discernment of a 'rule that the dispute must in principle exist prior to the filling of the application'.[33] That laid the foundation for its conclusion that there could only be a dispute prior to the filling if the United Kingdom was aware of it.

What is the source of this supposed rule? The Court appears to derive it from article 38(1) of the ICJ Statute: 'when it is stated in Article 38, paragraph 1, of the Court's Statute that the Court's function is "to decide in accordance with international law such disputes as are submitted to it", this relates to disputes existing at the time of their submission'.[34] But there is no evidence that article 38, which of course sets out the sources of law that can be applied to disputes submitted to the Court, was intended also to impose a temporal requirement for when the dispute must arise.

---

33 Ibid., para 43. The Court, at para 42, referred to its previous judgments in *Alleged Violations of Sovereign Rights and Maritime Spaces in the Caribbean Sea (Nicaragua v Colombia)* (Preliminary Objections) [2016] ICJ Rep 3, para 52; and *Application of the International Convention on the Elimination of All Forms of Racial Discrimination (Georgia v Russian Federation)* (Preliminary Objections) [2011] ICJ Rep 70, para 30. The first judgment had not been handed down at the time of the oral proceedings in *Marshall Islands*. The timing of the dispute was relevant because Colombia had denounced the Pact of Bogotá (by which the State parties had accepted the ICJ's optional clause jurisdiction) immediately after Nicaragua filed its application. For this reason, either jurisdiction was satisfied at the time of seisin, or it was not at all. The second was clearly inapposite as it focused on a negotiation requirement in a compromissory clause that had to be satisfied as a precondition for the Court to exercise jurisdiction. As Judge Tomka stated, '[i]f a compromissory clause requires prior negotiations before filing the Application as one of the 'preconditions' for seising the Court, logically the dispute should have arisen prior to instituting the proceedings before the Court'. See *Obligations concerning Negotiations relating to Cessation of the Nuclear Arms Race and to Nuclear Disarmament* (n 5), Separate Opinion of Judge Tomka, para 19.

34 *Obligations concerning Negotiations relating to Cessation of the Nuclear Arms Race and to Nuclear Disarmament* (n 5) para 42.

As already stated, the second function of the concept of a "dispute", and the purpose of the *Mavrommatis* formula, is to ensure that the matter referred to the Court is suitable for adjudication in contentious proceedings. There is no reason why that inquiry cannot be satisfied by reference to the conduct of the parties subsequent to the seisin of the Court.[35] If the respondent contests the jurisdiction of the Court or the admissibility or the merits of the claims, then clearly the parties are *in dispute*. In previous cases, the Court had resorted to the pleadings of the parties post-dating the application to confirm that a dispute existed.[36] This flexibility was implicit in the Court's own formulation of the supposed rule in the *Marshall Islands* case: 'the dispute must in principle exist prior to the filling of the application'. But the truth is that there is no such rule that can be derived from the ICJ's Statute and there is no reason of principle for the Court to invent one.

35 Indeed, how else can one explain the decision of the Court in the *Nuclear Tests* cases that the intervening undertaking by France to stop atmospheric tests had effectively put an end to the disputes with New Zealand and Australia? *Nuclear Tests* (*Australia v France*) (Judgment) [1974] ICJ Rep 253, paras 52, 56 and 62; *Nuclear Tests* (*New Zealand v France*) (Judgment) [1974] ICJ Rep 457, paras 55, 59 and 65.

36 *Certain Property* (*Liechtenstein v Germany*) (Preliminary Objections) [2005] ICJ Rep 6; *Land and Maritime Boundary between Cameroon and Nigeria* (*Cameroon v Nigeria*) (Preliminary Objections) [1998] ICJ Rep 275; *Application of the Convention on the Prevention and Punishment of the Crime of Genocide* (Preliminary Objections) [1996] ICJ Rep 595, para 29. The *dictum* in *The Mavrommatis Palestine Concessions* (n 2) 34, is often cited in this context: 'Even if the grounds on which the institution of proceedings was based were defective for the reason stated, this would not be an adequate reason for the dismissal of the applicant's suit. The Court, whose jurisdiction is international, is not bound to attach to matters of form the same degree of importance which they might possess in municipal law. Even, therefore, if the application were premature because the Treaty of Lausanne had not yet been ratified, this circumstance would now be covered by the subsequent deposit of the necessary ratifications.' Likewise, the PCIJ in the *Case concerning Certain German Interests in Polish Upper Silesia* (*Germany v Poland*) (Preliminary Objections) PCIJ Rep Series A No 6, 14, stated that '[e]ven if, under Article 23 [of the Geneva Convention], the existence of a definite dispute were necessary, this condition could at any time be fulfilled by means of unilateral action on the part of the applicant Party. And the Court cannot allow itself to be hampered by a mere defect of form, the removal of which depends solely on the Party concerned'. And finally, the Court in *Application of the Convention on the Prevention and Punishment of the Crime of Genocide* (*Croatia v Serbia*) (Preliminary Objections) [2008] ICJ Rep 412, para 85, stated: 'What matters is that, at the latest by the date when the Court decides on its jurisdiction, the applicant must be entitled, if it so wishes, to bring fresh proceedings in which the initially unmet condition would be fulfilled. In such a situation, it is not in the interests of the sound administration of justice to compel the applicant to begin the proceedings anew – or to initiate fresh proceedings – and it is preferable, except in special circumstances, to conclude that the condition has, from that point on, been fulfilled'.

Indeed, the Court offered only one justification for it: 'If the Court had jurisdiction with regard to disputes resulting from exchanges in the proceedings before it, a respondent would be deprived of the opportunity to react before the institution of proceedings to the claim made against its own conduct.'[37] There are at least three problems with this statement. First, the Court mistakenly refers to the different concept of a "claim" in this justification. A "dispute" need not involve a "claim" against the conduct of the respondent. Second, States are at liberty to include notification or negotiation requirements in their declarations accepting the optional clause or in their treaties conferring jurisdiction to the Court. It is quite another matter to impose a distinct "awareness" requirement as a general condition for seising the Court where the States' consent to its jurisdiction is not premised upon it. Indeed, the Court in the same breath emphasized that neither prior negotiations nor pre-notification is required where the Court is seised on the basis of optional clause declarations unless such requirements are expressly stipulated in one of the declarations.[38] The Court had also proclaimed that a State is 'not bound to inform [the other State] of its intention to bring proceedings before the Court'.[39] Third, and most importantly, for the purposes of the sound administration of justice, does the prejudice caused to the respondent State in having 'to react [after] the institution of proceedings to the claim made against its own conduct' really outweigh the prejudice to the applicant in being deprived of a judicial forum for the adjudication of the dispute?

The Court seems to have been preoccupied by the prospect of a respondent State being taken by surprise by the institution of legal proceedings. Indeed, one of the Judges forming the majority reflected that 'even though prior notice and diplomatic exchanges are not required as a condition for the existence of a dispute, "surprise" litigation should nevertheless by discouraged'.[40]

As already noted, States have complete discretion in the fixing of preconditions to the institution of contentious proceedings before the ICJ. If none are stipulated, why should the Court create one and elevate it to a jurisdictional hurdle?[41] Furthermore, what prejudice does a respondent State really encoun-

---

37 *Obligations concerning Negotiations relating to Cessation of the Nuclear Arms Race and to Nuclear Disarmament* (n 5) para 43.

38 Ibid., para 38.

39 *Land and Maritime Boundary between Cameroon and Nigeria* (n 36) para 39.

40 *Obligations concerning Negotiations relating to Cessation of the Nuclear Arms Race and to Nuclear Disarmament* (n 5), Declaration of Judge Xue, para 6.

41 One must be careful, therefore, not to attach significance to statements that appear to endorse an "awareness" requirement in other contexts. For example, the Annex VII Tribunal in the *Matter of the Chagos Marine Protected Area Arbitration* (*Republic of*

ter if it is taken by surprise? Is it deprived of the possibility of exerting diplomatic, economic or military pressure on the claimant State to dissuade it from filing its application before the Court? Is it prevented from rescinding its consent to the optional clause or otherwise making a reservation to the title of jurisdiction in the relevant treaty?[42] Of course, if the respondent State fully endorses the claimant State's legal position, such that there is no dispute in accordance with the *Mavrommatis* formula, then it is open to the respondent State to make that declaration at the earliest opportunity after the application seising the Court is filed, and the proceedings would then come to an abrupt halt. Would the risk of this inconvenience caused by a brief procedural exchange be so overwhelming that it justifies closing the doors of the Court before it might take place?[43]

The result in the *Marshall Islands* case was nothing short of farcical. In its pleading on preliminary objections, the United Kingdom expressly stated that it 'considers the allegations [concerning its breach of obligations under the Treaty on the Non-Proliferation of Nuclear Weapons] to be manifestly unfounded on the merits'.[44] There could be no clearer evidence that the

---

Mauritius v United Kingdom) (2015) 31 RIAA 359, para 382 said: 'In the Tribunal's view, Article 283 requires that a dispute have arisen with sufficient clarity that the Parties were aware of the issues in respect of which they disagreed'. 'Article 283 forms part of the Convention and was intended to ensure that a State would not be taken entirely by surprise by the initiation of compulsory proceedings'. But art 283 of UNCLOS contains an express notification requirement before the relevant court or tribunal can be seised of a dispute. This point is overlooked by Asier Garrido-Muñoz, 'Dispute' in Rüdiger Wolfrum, Anne Peters (eds), *Max Planck Encyclopedia of Public International Law* (OUP 2018), para 15.

42 Which is in fact what the United Kingdom did while the *Marshall Islands* case was pending before the Court on 31 December 2014: it changed its optional clause to include a reservation to the effect that it does not accept the jurisdiction of the Court in relation to 'any dispute which is substantially the same as a dispute previously submitted to the Court by the same or another Party'. This may have prevented the Marshall Islands from resubmitting the dispute after the Court rendered its Judgment on Jurisdiction. See Lorenzo Palestini, 'Forget About Mavrommatis and Judicial Economy: The Alleged Absence of a Dispute in the Cases Concerning the Obligations to Negotiate the Cessation of the Nuclear Arms Race and Nuclear Disarmament' (2017) 8 *JIDS* 557, 573-4.

43 Judge Robinson was correct in stating that 'A respondent's opportunity to react is more properly addressed as a question of procedural due process rather than as an element of the dispute criterion. If a party is embarrassed by hearing for the first time, through the commencement of Court proceedings, a claim against it, it is surely open to the Court to address that matter by recourse to the rules of procedure'. *Obligations concerning Negotiations relating to Cessation of the Nuclear Arms Race and to Nuclear Disarmament* (n 5), Dissenting Opinion of Judge Robinson, para 51.

44 Ibid., Separate Opinion of Judge Tomka, para 6.

two States were in dispute.[45] But apparently that dispute did not exist at the precise moment when the Marshall Islands filed its application, because the United Kingdom was not aware of it. And even if that were true, it was certainly aware of it the day after the Marshall Islands filed its application, so it would have been open to the Marshall Islands to file another application on the third day and there would have been no impediment to the Court exercising its jurisdiction in respect of that second application even if the strictures of its new rule had been followed.

On the facts of the case, the Marshall Islands had conceded that there were no bilateral exchanges with the United Kingdom prior to the institution of proceedings regarding the dispute but nevertheless asserted that it had communicated its disagreement with the United Kingdom's position on nuclear disarmament in two multilateral conferences. Again, this should have been irrelevant to the Court's jurisdiction: the sole question was whether the parties were "in dispute" so that the Court could render a judgment in contentious proceedings. In the event, the Court found that the declaration of the Marshall Islands at the first conference was purely 'hortatory...and cannot be understood that the United Kingdom...was in breach of any of its legal obligations'.[46] At the second conference, the Marshall Islands specifically stated that 'States possessing nuclear arsenals are failing to fulfil their legal obligations' under the Treaty on the Non-Proliferation of Nuclear Weapons and customary international law. To this the Court said that the United Kingdom was not specifically named in this statement, nor was it present at the conference.[47] This is hardly persuasive: the United Kingdom has never made a secret of its possession of a nuclear arsenal and must have been on notice of the official statements made at the conference. In fact, it appears that the United Kingdom took a deliberate decision not to attend for the very reason that it disagreed with the position likely to be taken at the conference by some State parties.[48] The Court also said that the conference was concerned with the humanitarian impact of nuclear weapons and not the issue of nuclear dis-

---

45 Indeed, four of the eight judges comprising the majority in favour of dismissing the case recognized that a dispute existed after the seisin of the Court: Ibid., Declaration of Judge Gaja, 1038; Declaration of Judge Xue, para 4; Separate Opinion of Judge Owada, para 21; Separate Opinion of Judge Bhandari, para 14.

46 *Obligations concerning Negotiations relating to Cessation of the Nuclear Arms Race and to Nuclear Disarmament* (n 5) para 49.

47 Ibid., para 50.

48 See the correspondence referred to Ibid., Separate Opinion of Judge Sebutinde, paras 26-27.

armament.[49] That is hairsplitting. Finally, the Court said that the statement 'did not specify the conduct of the United Kingdom that gave rise to the alleged breach'.[50] That looks like a requirement to give particulars of the specific claim before instituting proceedings before the Court and thus goes even further than an "awareness" requirement for the existence of a dispute.

4 Conclusions on the Difference between a "Dispute" and a "Claim"

The insights from the analysis of the two cases are best summarized by highlighting the differences between "disputes" and "claims".

4.1 Subject Matter

A "claim" is a request for a specific judicial remedy as the legal consequence of a breach of an obligation. In international proceedings against States, a "claim" is made to invoke the international responsibility of the State. It is no accident that the term "claim" is used in article 43 of the ILC's Articles on State Responsibility in the Chapter on the Invocation of the Responsibility of a State:

Article 43. *Notice of claim by an injured State*

> 1. An injured State which invokes the responsibility of another State shall give notice of its claim to that State.
> 2. The injured State may specify in particular:
> (a) the conduct that the responsible State should take in order to cease the wrongful act, if it is continuing;
> (b) what form reparation should take in accordance with the provisions of part two.[51]

In the *Marshall Islands* case, the United Kingdom relied upon this provision to demonstrate that there was a general requirement for notification of claims in customary international law, which in turn became a condition for the exist-

49 See n 47.
50 Ibid.
51 ILC, 'Report of the International Law Commission on the Work of its 53rd Session' (23 April-1 June and 2 July-10 August 2001) UN Doc A/56/10, 29, reproduced in James Crawford, *The International Law Commission's Articles on State Responsibility* (CUP 2002), 261.

ence of a dispute.[52] This argument was properly rejected by the Court as it is stated in the ILC's commentary that the Articles 'are not concerned with questions of the jurisdiction of international courts and tribunals'.[53] More generally, and like much of the ILC's codification, the utility of article 43 is far from clear. The ILC also notes in its commentary to article 43 that 'State responsibility arises by operation of law on the commission of an internationally wrongful act', so the purpose of article 43 is not to lay down substantive rules of responsibility, but instead to reflect what is "necessary" "in practice" for an injured State to do.[54] Apparently if an injured State wants a remedy from the responsible State, then it needs to ask; such is the significance of article 43. But there is nothing in article 43 or the commentary to it that suggests that a State cannot give notice of its claim by filing an application to commence legal proceedings against the responsible State.

The concept of a "dispute" is necessarily broader that a "claim": international proceedings are not confined to claims for the invocation of international responsibility. As already stated, international proceedings may have as their object the determination of questions of conventional or general international law in the abstract to provide prospective guidance for the conduct of interested States, or the adjudication of issues relating to status and delimitation (for instance territorial or maritime disputes). The concept of a "dispute" is apt to cover the subject matter of any *contentious* proceeding before an international court or tribunal.

The prevailing practice is for the concept of a "dispute" to be employed in compromissory clauses of treaties vesting jurisdiction upon an international court or tribunal. That concept is broad enough to encompass requests for the interpretation of the treaty in the abstract (i.e. to provide guidance for the future conduct of the State parties to the bilateral or multilateral treaty) as well as claims invoking the international responsibility of one or more State parties.

4.2 Timing

When a compromissory clause in a treaty confers jurisdiction over "disputes" relating to that treaty to an international court or tribunal, then the question of whether the dispute actually submitted falls within the *ratione materiae*

---

52 *Obligations concerning Negotiations relating to Cessation of the Nuclear Arms Race and to Nuclear Disarmament* (n 5) para 27.

53 Ibid., para 45. See also paragraph 1 of the commentary to art 44 in Crawford (n 51) 264.

54 Paragraph 2 of the commentary to art 43 in Crawford (n 51) 261.

scope of the compromissory clause may raise subsidiary issues as to when the events giving rise to the dispute occurred and the temporal scope of the treaty. Unless the text or the object and purpose of the treaty reveals that it was destined to be applied to disputes arising before the treaty came into force, the usual inference would be that the events giving rise to the dispute must occur after that point in time so that the dispute can properly be said to have the requisite nexus with the interpretation or application of the treaty.

When, however, the court or tribunal's jurisdiction is not circumscribed by subject matter or temporal limitations in a compromissory clause, as may be the case when jurisdiction is based upon declarations to the optional clause in article 36 of the ICJ's Statute, then the sole question is whether the States are "in dispute" such that it is appropriate for the Court to exercise its judicial function in contentious proceedings. States are at liberty to condition their acceptance of the Court's optional clause jurisdiction upon a requirement that the dispute first be notified to the respondent State or that negotiations are pursued before any application is filed. But in the absence of such conditions, it is not for the Court to impose its own. The Court's introduction of an "awareness" requirement in the *Marshall Islands* case was arguably *ultra vires* the ICJ's Statute and certainly had no basis in principle.

The foundation of a claim, in contrast, arises at a point in time defined by the law and that is the date of the breach of the obligation. The obligation must be in force at the time of the alleged breach. In certain limited circumstances prescribed by the law, the breach may be of a continuing nature.

4.3 Formulation

A claim is formulated for the particular purpose of seeking a remedy for a breach of an obligation. The claimant party must identify the obligation, the acts or omissions attributable to the respondent State that are alleged to have breached it, and the remedy that is sought to repair that breach.

Unlike for a "claim", there are no constituent elements of a "dispute" that can be generalized given the broader scope of that concept. Article 40 of the ICJ's Statute might require a description of the "dispute" that is being submitted to the Court but it cannot be more prescriptive than that. When jurisdiction is vested on the basis of a compromissory clause in a treaty, then the formulation of the dispute must demonstrate the requisite nexus between the 'disagreement on a point of view of law or fact, a conflict of legal views or of interests between two persons' and the subject matter of the treaty (taking into account the temporal aspects already highlighted). For jurisdictional purposes, it is sufficient that there is a plausible connection between the subject matter of the dispute that can be objectively ascertained from the conduct of the parties and the subject matter of the treaty in question. In contrast, the court or tribunal cannot, at a preliminary stage, seek to satisfy itself definitively that the ultimate resolution of the dispute will be predicated upon the interpretation or application of the treaty (if that is the scope of compromissory clause). That was the erroneous approach in *Mavrommatis*.

Where the claimant State advances a claim invoking the international responsibility of the respondent State for a breach of the treaty containing the compromissory clause, then the requisite nexus between the "dispute" and the subject matter of the treaty is satisfied for jurisdictional purposes so long as the plausibility threshold is overcome. Where the claimant State seeks an interpretation of the treaty without invoking the responsibility of any State party to the treaty then the assessment should also be straightforward subject to the plausibility threshold because the treaty will be the central focus of the application.

Where the claim rests upon the breach of an obligation extraneous to the treaty but nonetheless is said to implicate a dispute about the interpretation or application of the treaty (the situation in *Mavrommatis*) then the inquiry is more complex. Even an assessment in accordance with the plausibility threshold may give rise to legitimate doubts. The proper course to take in that situation is for the court or tribunal to join the relevant jurisdictional objection to the merits.

9

A Century after *Mavrommatis*: Why Disputes before the ICJ Cannot Be Taken for Granted

Marco Dimetto

1 Introduction

A century ago the Permanent Court of International Justice (PCIJ) gave in the *Mavrommatis* case its since then celebrated definition of dispute ('a disagreement on a point of law or fact, a conflict of legal views or of interests between two persons').[1] In recent times, however, that definition has been questioned from different perspectives.

This happened especially in the wake of the *Marshall Islands* judgments, rendered in 2016 by the International Court of Justice (ICJ or Court), where – for the very first time – the Court upheld the objection to jurisdiction raised by the Respondents (the United Kingdom, India and Pakistan), based on the circumstance that a dispute did not exist between the parties.[2] In the words of the Court, the dispute did not exist because at the time of the saisine it could not be said that the Respondents were aware, or could not have been unaware, of the allegations by the Marshall Islands on the unlawfulness of their conduct.[3] At the same time, the Court maintained that '[i]n principle, the date for determining the existence of a dispute is the date on which the application is submitted to the Court', and that 'neither the application nor the parties' sub-

1 *The Mavrommatis Palestine Concessions* (*Greece v Britain*) (Objection to the Jurisdiction of the Court), PCIJ Rep Series A No. 2 6, 11.

2 *Obligations concerning Negotiations relating to Cessation of the Nuclear Arms Race and to Nuclear Disarmament* (*Marshall Islands v India*) (Jurisdiction and Admissibility) [2016] ICJ Rep 255; *Obligations concerning Negotiations relating to Cessation of the Nuclear Arms Race and to Nuclear Disarmament* (*Marshall Islands v Pakistan*) (Jurisdiction and Admissibility) [2016] ICJ Rep 552; *Obligations concerning Negotiations relating to Cessation of the Nuclear Arms Race and to Nuclear Disarmament* (*Marshall Islands v United Kingdom*) (Preliminary Objections) [2016] ICJ Rep 833.

3 *Marshall Islands v India* (n 2), 275, para 48; *Marshall Islands v Pakistan* (n 2), 571, para 48; *Marshall Islands v United Kingdom* (n 2), 854, para 52.

Marco Dimetto, Assistant Professor of International Law, University of Padua

© 2026 THE AUTHOR(S) | HTTPS://DOI.ORG/10.1163/9789004766891-011

sequent conduct [...] during the judicial proceedings can enable the Court to find that the condition of the existence of a dispute has been fulfilled [...]'.[4]

Several authoritative judges and scholars claimed that the *Marshall Islands* decisions constituted the apex of a 'rise of formalism',[5] progressively applied by the Court since its 2011 Judgment in the *Application of the CERD* case between Georgia and the Russian Federation,[6] which will be analyzed below. According to them, the adoption by the ICJ of a strictly formalistic attitude in identifying the constitutive elements of the dispute betrayed the precedent set in *Mavrommatis*, which would have imposed a more flexible attitude,[7] and amounted to nothing less than an attempt to 'debunk *Mavrommatis* from its pedestal'.[8] Moreover, such voices expressed the fear that the newly adopted formalistic posture of the Court would discourage future public interest litigation before the ICJ.[9]

This contribution claims that these criticisms are misplaced. In the present Author's view, there has been no betrayal of the *Mavrommatis dictum*, and this for the simple reason that that precedent constituted nothing more than a first (and embryonal) step in the articulated and uneven process of delineation of the concept of dispute, which the PCIJ and the ICJ developed through their jurisprudence along the decades.

Curiously, as it will be seen, while the *Mavrommatis* precedent has never been explicitly contradicted in the case law, the two World Courts held very different views on the issue of the existence of a dispute between the parties at the time of their saisine (para. 2). Secondly, the 'awareness test' does not contradict the *Mavrommatis* precedent, but rather constitutes the logical consequence of the Court's case law applying that precedent (para. 3). Thirdly, light will be shed on the rationale of the dispute requirement, as articulated by the Court in the *Marshall Islands* Judgments (para. 4). Fourthly, the cases that followed the *Marshall Islands* cases show that the fears on potential nega-

4 *Marshall Islands v India* (n 2), 271–272, para 39–40; *Marshall Islands v Pakistan* (n 2), 568, paras 39–40; *Marshall Islands v United Kingdom* (n 2), 851, paras 42–43.

5 *Marshall Islands v United Kingdom* (n 2) Dissenting Opinion of Judge Crawford, 1101, para 19.

6 *Application of the International Convention on the Elimination of All Forms of Racial Discrimination (Georgia v Russian Federation)* (Preliminary Objections) [2011] ICJ Rep 70.

7 *Ex multis*, see Lorenzo Palestini, 'Forget About *Mavrommatis* and Judicial Economy: The Alleged Absence of a Dispute in the Cases Concerning the Obligations to Negotiate the Cessation of the Nuclear Arms Race and Nuclear Disarmament' (2017) 8 JIDS 557, 558.

8 *Marshall Islands v United Kingdom* (n 2), Dissenting Opinion of Judge Robinson 1063, 1068, para 14.

9 Vincent-Joël Proulx, 'The World Court's Jurisdictional Formalism and its Lost Market Share: The *Marshall Islands* Decisions and the Quest for a Suitable Dispute Settlement Forum for Multilateral Disputes' (2017) 30 LJIL 925, 939.

tive drawbacks on public interest litigation have been so far unfounded (para. 5). Brief conclusions will follow (para. 6).

2 What Is the Relationship between the Dispute and the Seisin?

The concept of dispute has been differently understood and applied by the PCIJ and the ICJ,[10] and this has fundamental implications on the relevance of the existence of a dispute between the parties at the time of the seisin.

The Permanent Court elaborated on the concept of dispute just one year after *Mavrommatis*, in its Judgment in the case concerning *Certain German Interests in Polish Upper Silesia.*[11] While the title of jurisdiction, namely article 23(1) of the 1922 German-Polish Convention regarding Upper Silesia, allowed the submission to the Court of simple 'difference of opinions' with regard to some of the articles stipulated in the Convention, the Court highlighted that '[e]ven if, under article 23, the existence of a definite dispute were necessary [...] this condition could at any time be fulfilled by means of unilateral action on the part of the applicant Party'.[12] In the subsequent case law, even if with some inconsistencies,[13] the PCIJ did not depart from that reconstruction,[14] which was applied also in proceedings established under article 60 PCIJ Statute for the settlement of 'interpretative' disputes.[15] The solution according to which a dispute could arise as a consequence of unilateral action of the claimant before the Court was criticized by eminent scholars of the time, essentially because that ignored the necessarily bilateral character of a dispute.[16]

10 Antonio Cassese, 'The Concept of «Legal Dispute» in the Jurisprudence of the International Court', in *Il processo internazionale: studi in onore di Gaetano Morelli* (Giuffrè 1975) 173, 182 ff; Hadi Azari, 'La condition de l'existence du différend revisitée ? L'analyse du « critère de connaissance » retenu par la C.I.J. dans les affaires des Îles Marshall' (2018) 51 RBDI 152, 156 ff.

11 *Case concerning Certain German Interests in Polish Upper Silesia* (*Germany v Poland*) (Merits) [1925] PCIJ Rep Series A No. 6.

12 Ibid., 14.

13 Antonio Cassese (n 10), 188.

14 *The Pajzs, Csàky, Esterhàzy Case* (*Hungary v Yugoslavia*) (Merits) PCIJ Rep Series A/B No. 68 29, 61.

15 *Interpretation of Judgments Nos. 7 and 8 concerning the Factory at Chorzów* (*Germany v Poland*) PCIJ Rep Series A No. 13 2, 11.

16 Nikolai Kaasik, 'La clause de négociations diplomatiques dans le droit international positif et dans la jurisprudence de la Cour permanente de justice internationale' (1933) 14 *Revue de droit international et de législation comparée* 62, 83: '[...] dans son interprétation [la Cour] a méconnu [...] le caractère nécessairement bilatéral du différend. [...]

It was only in one of its last judgments, that one rendered in 1939 in the *Electricity Company of Sofia and Bulgaria* case, that the Permanent Court modified its attitude vis-à-vis the concept of dispute.[17] Indeed, while Belgium in its Application had requested the Court to declare that the promulgation by the Bulgarian authorities of the law 'instituting a special tax on the distribution of electric power purchased from undertakings not subject to tax' breached international obligations incumbent upon Bulgaria,[18] the latter pleaded that such a claim was inadmissible, since that law 'did not form the subject of a dispute between the two Governments prior to the filing of the Belgian Application'.[19] Surprisingly, the PCIJ held that '[u]nder either the Treaty of 1931 or the declarations of adherence to the Optional Clause, it rested with the Belgium Government to prove that, before the filing of the Application, a dispute has arisen between the Governments respecting the Bulgarian law [...]'.[20] On that basis, the Court concluded that Belgium had not established 'the existence of such a dispute and accordingly declare[d] that the Belgian Application cannot be entertained in so far as concerns that part of the claim relating to this law'.[21] While the reasons behind this *revirement* are not entirely clear,[22] one has to note that, in its last period, the attitude of the Permanent Court was characterized by growing cautiousness, also in light of the presence in the bench of judges with a diplomatic background, who were more careful than their predecessors about the diplomatic and political dimensions of the cases brought before them.[23]

The ICJ did not depart from the approach finally adopted by the PCIJ in the *Electricity Company* case,[24] as demonstrated by the *Interpretation of Peace Treaties* Advisory Opinion, rendered in 1950, where the Court was requested to clarify whether an exchange of notes between Bulgaria, Hungary and Romania with the Allied Powers constituted a dispute to be settled by resorting

---

Une telle conclusion est en contradiction évidente avec les faits de la vie internationale [...]. Un différend est une opposition de deux volontés actives'.

17 *The Electricity Company of Sofia and Bulgaria* (*Belgium v Bulgaria*) (Preliminary Objection) PCIJ Rep Series A/B No. 77 63.

18 Ibid., 68.

19 Ibid., 83.

20 Ibid.

21 Ibid.

22 Marco Dimetto, *La nozione di controversia nel processo dinanzi alla Corte internazionale di giustizia* (Editoriale Scientifica 2022), 31 ff.

23 Generally, see Ole Spiermann, *International Legal Argument in the Permanent Court of International Justice. The Rise of the International Judiciary* (CUP 2009), 384 ff.

24 Antonio Cassese (n 10), 190 ff; Hadi Azari (n 10), 156 ff.

to the dispute settlement mechanisms established by those peace treaties.[25] The Court not only clarified that '[…] whether there exists an international dispute is a matter for objective determination', but also specified that '[t]he mere denial of the existence of a dispute does not prove its non-existence'.[26] Finally, the ICJ found that a dispute did actually exist because the parties held 'clearly opposite views' on the question of the performance or non-performance of certain treaty obligations.

The definition given by the ICJ in 1950 was completed a decade later, in the 1962 Judgment in the *South West Africa* cases, where the Court pointed out that '[a] mere assertion is not sufficient to prove the existence of a dispute any more than a mere denial of the existence of the dispute proves its non-existence'.[27] In that instance, the Court also took the opportunity to rectify the *Mavrommatis* definition: showing that 'the interests of the two parties […] are in conflict' is not sufficient to demonstrate the existence of a dispute. To do so, it is necessary to show that 'the claim of one party is positively opposed by the other'.[28]

The elaboration of the Court, which led an eminent scholar to subtly say that a dispute in proceedings before the ICJ is just '*un accord sur un désaccord*',[29] does make sense only if it is seen in relation to the above-mentioned change of approach. If the ICJ had wished to get back to the old approach adopted by the PCIJ in the *Certain German Interests* case, it would have avoided to state – in such a pithy way – that '[a] mere assertion [such as that one couched as a submission in an Application] is not sufficient to prove the

25 *Interpretation of Peace Treaties* (Advisory Opinion) [1950] ICJ Rep 65.

26 Ibid., 74.

27 *South West Africa Cases* (*Ethiopia v South Africa; Liberia v South Africa*) (Preliminary Objections) [1962] ICJ Rep 328.

28 Ibid., 328. In parallel, such an approach was adopted also in proceedings established under art 60 ICJ Statute: in the *Request for Interpretation in the Asylum Case* Judgment of 1950 the Court confirmed that 'one cannot treat as a dispute, in the sense of that provision, the mere fact that one Party finds the judgment obscure when the other considers it to be perfectly clear' (*Request for Interpretation of the Judgment of November 20th, 1950, in the asylum case* (*Colombia v Peru*) [1950] ICJ Rep 395, 403).

29 Georges Abi-Saab, *Les exceptions préliminaires dans la procédure de la Cour internationale* (Pedone 1967), 125. As subsequently claimed by the same Author, such an 'an agreement to disagree', which substantiate the positive opposition between the parties, is the 'point of crystallization of the dispute', and it occurs when '[…] the parties, however they communicate, put forward contradictory contentions and claims they reciprocally reject over the same subject matter' (Georges Abi-Saab, 'Negotiation and Adjudication: Complementarity and Dissonance', in Laurence Boisson de Chazournes *et al.* (eds), *Diplomatic and Judicial Means of Dispute Settlement* (Brill 2013) 327, 329).

existence of a dispute'. In a nutshell, a dispute cannot be deemed as stemming exclusively from the unilateral saisine of the Court.

In recent times, some authors claimed that for years, and actually until quite recently, 'the ICJ appeared to base the existence of a dispute on the parties' exchanges subsequent to the institution of the proceedings',[30] and – to support this conclusion – they invoke some cases, like *East Timor*, *Genocide* (*Bosnia*), and *Certain Property*.[31] While there is no sufficient space here to extensively elaborate on these precedents, it is maintained that their invocation is ill-conceived. To start with the 1995 *East Timor* Judgment, the disputed question concerned not the "real" existence of the dispute, but the "real" parties to it.[32] With regard to the *Genocide* (*Bosnia*) case, while it is true that '[n]owhere in the 1996 judgment did the Court take into account Yugoslavia's conduct preceding the application',[33] one hardly sees why it should have done so: in such proceedings, indeed, the contentious issue mainly concerned whether the dispute had an international character and whether it fell within the scope of article IX of the Genocide Convention.[34] Finally, in the 2005 *Certain Property* Judgment, the German objection on the non-existence of the dispute was manifestly specious, since – as aptly highlighted by the Court – not just Germany and Liechtenstein had held bilateral consultations before the saisine, but also the former had clearly expressed its position in a letter sent by its Minister for Foreign Affairs in 2000.[35]

Admittedly, more ambiguous could be seen the stance taken by the ICJ in the 1998 *Land and Maritime Boundary* Judgment,[36] in so far as the Court

---

30 Asier Garrido-Munoz, 'Dispute', in Hélène Ruiz Fabri (ed), *Max Planck Encyclopedia of International Procedural Law* (OUP 2018), paras. 17–18; see also Juliette McIntyre, 'Put on Notice: The Role of the Dispute Requirement in Assessing Jurisdiction and Admissibility before the International Court' (2018) 19 *Melbourne Journal of International Law* 546, 558 ff.

31 Asier Garrido-Munoz (n 30), para 17.

32 *East Timor* (*Portugal v Australia*) [1995] ICJ Rep 90, 100, para 22: '[...] it is not relevant here whether the "real dispute" is between Portugal and Indonesia rather than Portugal and Australia. Portugal has, rightly or wrongly, formulated complaints of fact and law against Australia which the latter has denied. By virtue of this denial, there is a legal dispute'.

33 Beatrice I Bonafé, 'Establishing the Existence of a Dispute before the International Court of Justice: Drawbacks and Implications' (2017) *QIL – Zoom-out 45* 3, 14.

34 *Application of the Convention on the Prevention and Punishment of the Crime of Genocide* (*Bosnia and Herzegovina v Yugoslavia*) (Preliminary Objections) [1996] ICJ Rep 595, 604 ff.

35 *Certain Property* (*Liechtenstein v Germany*) (Preliminary Objections) [2005] ICJ Rep 6, 19, para 25.

36 Beatrice I Bonafé (n 33), 14–15.

seemed to rely on the procedural conduct of the parties in order to establish the existence of a dispute between them.[37] However, such an appearance is misleading, and the Court's approach becomes absolutely clear, if one takes into account the peculiarity of the case: there, the ICJ had to face, for the very first time, a situation in which the Respondent had strategically avoided to address head-on the claims made by the Applicant prior to the institution of the proceedings. Indeed, in this regard the Court clarified that '[...] the positive opposition of the claim of one party by the other need not necessarily be stated *expressis verbis*', and that '[i]n the determination of the existence of a dispute [...] the position or the attitude of a party can be established by inference, whatever the professed view of the party'.[38]

In subsequent cases, the Court further elaborated on the scenario in which the respondent did not openly reject the applicant's claims. In its 2011 Judgment in the *Application of CERD* case between Georgia and Russia, the ICJ added that 'the existence of a dispute may be inferred from the failure of a State to respond to a claim in circumstances where a response is called for'.[39] This is indeed a turning point in the case law of the ICJ: to infer the existence of a dispute, in a scenario in which one of the parties (the respondent) has not expressly voiced its position prior to the institution of the proceedings, it is necessary to focus on the *quality* of the claim previously made by the other (the claimant),[40] and it is that aspect that we will now consider.

3 When Does a Claim Lead to a Dispute?

In light of what has just been said, to establish the existence of a dispute it is first and foremost necessary to look at *how* the claim made by the prospective applicant was formulated, and especially at its clarity in indicating its legal basis. In this regard, the analysis of the case law shows that the Court has taken an increasingly severe approach.

In a first set of cases, the Court apparently adopted a quite relaxed approach in assessing the specificity of the legal basis of the contentions raised by the

---

37 *Land and Maritime Boundary between Cameroon and Nigeria* (*Cameroon v Nigeria*) (Preliminary Objections) [1998] ICJ Rep 275, 315 ff, paras 91 ff.

38 Ibid., 315, para 89.

39 *Application of the International Convention on the Elimination of All Forms of Racial Discrimination* (*Georgia v Russian Federation*) (n 6), 84, para 30.

40 Danae Azaria, 'Inferring a 'Dispute' from State Silence' (2024) 37 LJIL, 6, where it is noted that 'by making claims of particular *quality*, the claiming state generates a *legal* process, which can lead to a dispute'.

applicant. In the *Military and Paramilitary Activities* case between Nicaragua and the US, the latter had lamented that the former '[had] never even raised in negotiations with the United States the application or interpretation of the [1956] Treaty to any of the factual or legal allegations in its Application'.[41] Adopting a rather flexible approach, in its 1984 Judgment the Court concluded that '[t]he United States was well aware that Nicaragua alleged that its conduct was a breach of international obligations before the present case was instituted; and it is now aware that specific articles of the 1956 Treaty are alleged to have been violated'.[42] Of relevance in this regard is also the 2001 Judgment in the *LaGrand* case, where Judge Oda in his dissenting opinion criticized the ICJ for having ignored the fact that '[a]t no point in the sequence of events [...] did Germany ever raise the question of the LaGrand brothers with the United States', and highlighted that '[e]ven if Germany thought that the United States had violated the Vienna Convention on Consular Relations, it raised no such claims with the United States and the United States was, of course, not privy to any unexpressed thoughts which Germany might have had about possible violations of the Convention by the United States'.[43]

The Court's approach was further developed in the already mentioned 2011 Judgment in the *Application of CERD* case between Georgia and Russia. There, the Court confirmed that 'it is not necessary that a State must expressly refer to a specific treaty in its exchanges with the other State to enable it later to invoke that instrument before the Court', but it immediately specified that 'the exchanges must refer to the subject-matter of the treaty with sufficient clarity to enable the State against which a claim is made to identify that there is, or may be, a dispute with regard to that subject-matter'.[44] The relevance of such exchanges, which usually take place in the form of documents or statements, has to be measured against 'the author [of such statements or documents], their intended or actual addressee, and their content'.[45]

Based on these premises, the Court concluded that a dispute came to existence just before the eruption of the hostilities between the parties, and just a few days before the institution of the proceedings: only in that time lapse Georgia had expressly accused the Russian forces of performing ethnic

41 *Military and Paramilitary Activities in and against Nicaragua* (*Nicaragua v United States of America*) (Jurisdiction and Admissibility) [1984] ICJ Rep 392, 427, para 81.

42 Ibid., 128, para 84.

43 *LaGrand* (*Germany v United States of America*) Dissenting Opinion of Judge Oda [2001] ICJ Rep 525, 527–528, para 6.

44 *Application of the International Convention on the Elimination of All Forms of Racial Discrimination* (*Georgia v Russian Federation*) (n 6), 85, para 30.

45 Ibid., 100, para 63.

cleansing.[46] This passage was criticized by some minority judges, who – in their dissenting opinion – disagreed on how the ICJ had proceeded to ascertain the existence of a dispute, claiming that '[t]here [was] no need to ascertain the exact date on which the dispute arose, [...] scrutinizing each statement or document cited by Georgia and dismissing each (until the date which the Court ultimately chooses to use) on grounds such as, for instance, that the document contains an allegation of ethnic discrimination without expressly attributing it to Russia or that it asserts grievances against Russia but does not expressly link them to ethnic discrimination'.[47] This criticism to the Court is unjustified: how could the ICJ assess the existence of a dispute, if not by 'scrutinizing' (at least) the claims made by the prospective claimant before the institution of the proceedings? Rather than the methodological approach adopted by the Court, what seems criticizable is the scant relevance attributed by the ICJ to some of the previous statements made by Georgia before the saisine. Indeed, as pointed out by Judge Simma, Georgian authorities had condemned the conduct of Russian forces not just for committing serious human rights violations against Georgian citizens in Abkhazia,[48] but also – more specifically – for supporting ethnic cleansing practices, which are forbidden under the CERD.[49]

An even more severe attitude was adopted by the Court in its 2012 Judgment in the *Obligation to Prosecute or Extradite* case, between Belgium and Senegal. While the Applicant had requested the Court to decide on the alleged violation of both the Convention against Torture and customary international law, the ICJ found that a dispute on the latter did not exist, and this because the parties had never mentioned customary international law in their exchanges before the institution of the proceedings.[50] Similarly, in the *Alleged Violations* case between Nicaragua and Colombia, in 2016 the Court excluded the existence of a dispute concerning the threat of the use of force by Colombia, on the basis of the fact that 'nothing in the evidence suggests that Nicaragua had indicated that Colombia had violated its obliga-

46 Ibid., 120, para 113.

47 *Application of the International Convention on the Elimination of All Forms of Racial Discrimination (Georgia v Russian Federation)* (n 6), Joint Dissenting Opinion of President Owada, Judges Simma, Abraham and Donoghue and Judge ad hoc Gaja, 143, para 4.

48 *Application of the International Convention on the Elimination of All Forms of Racial Discrimination (Georgia v Russian Federation)* (n 6) Separate Opinion of Judge Simma, 211, para 41.

49 Ibid., 212–213, para 42.

50 *Questions relating to the Obligation to Prosecute or Extradite (Belgium v Senegal)* [2012] ICJ Rep 422, 444–445, paras 54–55.

tions under article 2(4) of the Charter of the United Nations or under customary international law regarding the threat or use of force'.[51]

It is against this background that in 2016 the Court dismissed the *Marshall Islands* cases, by finding that a dispute did not exist because the Respondents were unaware, and could not be aware, of the claims made by the Marshall Islands. As it has been already said above, the 'awareness' criterion was harshly criticized from the theoretical point of view. Indeed, while Judges Crawford highlighted that in no previous case the Court had considered 'awareness' as a 'necessary legal component' for a dispute to exist, and that in its previous case law the ICJ had adopted a flexible approach vis-à-vis the dispute requirement, incompatible with that one adopted in the Marshall Islands case,[52] Judges Yusuf and Robinson highlighted the difficulties related to the investigation of the state of mind of a State.[53]

These criticisms overestimate the significance of the resort to the 'awareness' test by the Court. As aptly noted by Judge Owada, indeed, while it is true that in no previous case the ICJ had expressly articulated 'awareness' as a requisite for the existence of a dispute, it remains that 'it is the awareness of the respondent which demonstrates the transformation of a mere disagreement into a true legal dispute between the parties'.[54] Moreover, according to Judge Owada, such a standard formed 'an essential common denominator underlying the reasoning of the Court in its analysis of the existence of a dispute throughout its case history'.[55]

Logically, it is difficult not to agree with Judge Owada: indeed, as pointed out by Thirlway, '[a] dispute between two parties, one of whom has no idea that there exists any such dispute, is a self-contradictory idea'.[56] But, as here demonstrated, the *Marshall Islands* judgments are also in harmony with, and constitutes the natural evolution of, the previous case law of the Court: it is not

---

51 *Alleged Violations of Sovereign Rights and Maritime Spaces in the Caribbean Sea (Nicaragua v Colombia)* (Preliminary Objections) [2016] ICJ Rep 3, 33, para 76.

52 *Marshall Islands v United Kingdom* (n 2) Dissenting Opinion of Judge Crawford, 1095, para 6, and 1097, para 11.

53 *Marshall Islands v United Kingdom* (n 2) Dissenting Opinion of Vice-President Yusuf, 866, para 23; Dissenting Opinion of Judge Robinson, 1072, para 24. See also Juliette McIntyre (n 30), 566.

54 *Marshall Islands v United Kingdom* (n 2) Separate Opinion of Judge Owada, 881, para 13.

55 Ibid.

56 Hugh Thirlway, 'Establishing the Existence of a Dispute: A Response to Professor Bonafé's Criticisms of the ICJ' (2017) *QIL – Zoom-out 45* 53, 58. See also Aniruddha Rajput, 'Necessity of 'Objective Awareness' for the 'Existence of Dispute" (2018) 58 IJIL 85, 96: '[f]or a party to positively oppose the claim of another, the elementary requirement is that that party should be aware that there is a claim made by another'.

possible for a claim of one party to be 'positively opposed' by another party, if the latter is unaware, or cannot be aware, of it.[57] Thus, the adoption of the 'awareness' criterion by the Court complements that one introduced by the Court in the 2011 Judgment in the *Application of CERD*, where the ICJ recognized that a dispute may be shown to exist when a State fails to respond to a claim 'in circumstances where a response is called for'. Indeed, if the two criteria are inextricably connected, the latter presupposes the former: in no case a response is called for by a State when that State is not even aware, and could not have been aware, of the claim made by another State.[58]

Of course, the assessment on the aptness of a claim to trigger the process leading to a dispute is highly case-specific, and depends on a series of factors, both intrinsic (such as the language of the claim and its normative content) and extrinsic (the context in which the claim is articulated). For space constraints, it is not possible here to delve extensively into such factors, which have already been dissected in recent analyses,[59] and – at any rate – one must always be aware of the element of discretion which the Court inevitably enjoys, in assessing whether the silence of a State vis-à-vis the claim made by another State effectively completed the process leading to a dispute *vel non*.[60]

4 What Is the Rationale behind the 'Dispute Requirement'?

In the *Marshall Islands* cases, the ICJ finally explained the rationale behind the dispute requirement, by pointing out that '[i]f the Court had jurisdiction with regard to disputes resulting from exchanges in the proceedings before it, a respondent would be deprived of the opportunity to react before the institution of the proceedings to the claim made against its own conduct'.[61] This is another element that sparked broad criticisms, especially in light of its alleged clash with the principle of judicial economy, that the Court applies in dischar-

57 Hadi Azari (n 10), 158.

58 Danae Azaria (n 40), 16: '[…] the requirement of awareness ensures that *if* the response is silence, then silence can be interpreted as opposing the claim'.

59 Ibid., 11 ff.

60 Andrea Gattini, 'Judicial Discretion', in Hélène Ruiz Fabri (ed), *Max Planck Encyclopedia of International Procedural Law* (OUP 2021), para 29.

61 *Marshall Islands v United Kingdom* (n 2), 851, para 43.

ging its duties, and therefore with the principle of sound administration of justice.[62]

This position hinges on two precedents of the World Court. The first is again the PCIJ's 1924 Judgment in the *Mavrommatis* case, where the Court famously held that '[t]he Court, whose jurisdiction is international, is not bound to attach to matters of form the same degree of importance which they might possess in municipal law'.[63] The second is the statement framed in the 2008 Judgment in the *Genocide* (*Croatia*) case, where the ICJ – in a case in which not all the conditions to the Court's jurisdiction had been satisfied at the moment of the saisine – clarified that '[w]hat matters is that, at the latest by the date when the Court decides on its jurisdiction, the applicant must be entitled, if it so whishes, to bring fresh proceedings in which the initially unmet condition would be fulfilled'.[64]

However, these precedents cannot be lightly applied to the dispute requirement. Indeed, the existence of a dispute is not merely a 'matter of form', but possibly the most fundamental among the substantial elements triggering the jurisdiction of the Court:[65] its absence deprives the Court's jurisdiction of its *raison d'être*,[66] and this is true even in the event that the parties agree – absent a dispute – to resort to the Court.[67] Thus, judicial economy would be breached

62 *Marshall Islands v United Kingdom* (n 2) Dissenting Opinion of Vice-President Yusuf, 866 ff, paras 24 ff; Dissenting Opinion of Judge Robinson, 1082 ff, paras 52 ff; Dissenting Opinion of Judge Crawford, 1096 ff, paras 8 ff. See also Lorenzo Palestini (n 7), 568 ff; Hadi Azari (n 10), 163–165; Beatrice I Bonafé (n 33), 20 ff; Paolo Palchetti, 'Dispute', in Hélène Ruiz Fabri (ed), *Max Planck Encyclopedia of International Procedural Law* (OUP 2018), para 38; Zachary Douglas, 'The Distinction between Disputes and Claims and the Question of Time: from *Mavrommatis* to the *Marshall Islands*', in Andrea Gattini (ed), *Time and International Adjudication* (Brill Nijhoff, 2025) 59, 74.

63 *Mavrommatis Palestine Concessions* (n 1), 34.

64 *Application of the Convention on the Prevention and Punishment of the Crime of Genocide* (*Croatia v Serbia*) (Preliminary Objections) [2008] ICJ Rep 412, 441, para 85.

65 As finally recognized by Judge Abraham, '[…] the existence of a dispute between the parties to a case is not only a condition for the exercise of the Court's jurisdiction, but, more fundamentally, a condition for the very existence of that jurisdiction' (*Marshall Islands v United Kingdom* (n 2) Declaration of President Abraham, 858, para 3). See also Giorgio Gaja, 'Jurisdiction *ratione temporis* of the International Court of Justice', in Andrea Gattini (ed), *Time and International Adjudication* (Brill Nijhoff, 2025) 51, 53–55.

66 As aptly noted by Hugh Thirlway (n 56), 63: '[…] an endeavour to seise the Court of what is, at the moment, a non-existent dispute is surely more than a defect in seisin, but an ineffective act, a nullity'. See also *Marshall Islands v United Kingdom* (n 2) Separate Opinion of Judge Owada, para 5, where it is held that the absence of a dispute constitutes an 'essential flaw that serves to invalidate the very cause of action'.

67 Giorgio Gaja, 'The Court's Role in Ascertaining Its Jurisdiction over a Dispute on Its Own Motion' (2021) 104 *Rivista di diritto internazionale* 101, 106: '[…] an agreement of the

only if the existence of the dispute depended exclusively on the will unilaterally expressed by the applicant throughout the saisine. But, as it has been shown above, this is not the case: the Court's role is not that one of validating claims unilaterally made by a State against another, but rather that one of settling actual disputes between those States. This is a key point: article 38 ICJ Statute states that the Court must decide 'such disputes as are submitted to it', which is significantly different from saying that it can decide on 'such claims as are submitted to it'. A claim is a component of a dispute, but in no case the former can simply be equated to the latter: a claim is the expression of a unilateral will, a dispute – on the contrary – is inevitably the outcome of a dialogical process.

Therefore, the 'opportunity to react' element should not be primarily understood as a means to safeguard the reputation of the respondent state,[68] or even worse as a tool to allow the respondent to subtract itself from the ICJ,[69] but – more fundamentally – as a guarantee for the appropriateness and timeliness of the Court's involvement: the fact that a State has been deprived of the possibility to address, or even to interact with the claims made by another State before the institution of the proceedings means that the former has had no possibility to contribute to shaping the contentious matter, its nature and its contents, before such a contentious matter is brought to the Court.

While it is true that under certain circumstances the saisine of the Court may contribute to the extra-judicial settlement of the dispute, as long as such a dispute has effectively arisen between the parties,[70] it is a totally different thing to claim that nothing prevents a dispute from 'crystallizing' after the saisine, and that the respondent is free to contribute to shaping the conten-

---

parties to submit to the Court a case that does not involve a dispute between them would be an attempt to circumvent the approach taken by the Statute in that respect'. Similarly, in the context of European Union Law, see Court of Justice of the European Communities, Judgment of 11 March 1980, *Foglia*, Case 104/79, [1980] ECR 745, ECLI:EU:C.1980:73, 760, para 11: '[t]he duty of the Court of Justice [...] is to supply all courts in the Community with the information on the interpretation of Community law which is necessary to enable them to settle genuine disputes which are brought before them. A situation in which the Court was obliged by the expedient of arrangements like those described above to give rulings would jeopardize the whole system of legal remedies available to private individuals to enable them to protect themselves against tax provisions which are contrary to the Treaty'.

68 Antonio Cassese, *Il controllo internazionale* (Giuffrè 1971), 98–99.

69 Zachary Douglas (n 62), 76.

70 Marco Dimetto, 'The Time of the Seisin as a Pivotal Factor for the Settlement of Inter-State Disputes', in Andrea Gattini (ed), *Time and International Adjudication* (Brill Nijhoff 2025), 80 ff.

tious matter *within* the proceedings.[71] This position, indeed, ignores what the dispute requirement actually stands for, namely the fact that each of the prospective parties to a case should be given the chance to prevent the birth of the dispute, so sparing the precious resource of judicial settlement, in a true understanding of 'judicial economy'. The requirement of prior existence of a dispute responds to the overall interest of the international legal order to permit each of the parties to adopt a conduct apt not just to satisfy, but also to modify the content of the claim made by the other party, and this not exclusively from a legal point of view, but also from a political one. This should not be read as a means to legitimize improper, if not abusive pressures by stronger states on weaker states, aimed at dissuading the latter from resorting to the ICJ,[72] and not even as a declared preference for diplomatic over judicial means of dispute settlement.[73] Rather, it should be understood as an instrument to guarantee the utmost meaningfulness of the interactions between states, before the involvement of the ICJ, whose resources are unfortunately not limitless.[74]

These exigencies can hardly be satisfied *within* the proceedings. Indeed, once the saisine of the Court has taken place, the respondent finds itself in a position which is much different than before, since its margin of maneuver is greatly reduced: the birth of the dispute, in the terms chosen by the applicant in its requête, cannot be prevented anymore, and the respondent will be lead to adopt – both within and outside the proceedings – an uncompromising conduct primarily (if not exclusively) aimed at safeguarding as amply as possible its judicial interests. Admittedly, such a respondent can always resort to the instruments provided for by the Statute and the Rules to enlarge the subject-matter of the contentious matter as unilaterally outlined by the applicant,[75] but the political cost required to her for figuring out a way to fulfill the claims unilaterally advanced by the applicant may be too heavy to bear.[76]

71 Lorenzo Palestini (n 7), 568 ff; Juliette McIntyre (n 30), 558–562; Hadi Azari (n 10), 163–165.

72 Beatrice I Bonafé (n 33), 23; see also Zachary Douglas (n 62), 73–74: '[…] what prejudice does a respondent State really encounter if it is taken by surprise? Is it deprived of the possibility of exerting diplomatic, economic or military pressure on the claimant State to dissuade it from filing its application before the Court?'.

73 Beatrice I Bonafé (n 33), 29–30; Paolo Palchetti (n 62), para 38.

74 As aptly noted by Aniruddha Rajput (n 56), 104.

75 Beatrice I Bonafé (n 33), 20 ff.

76 This is indeed demonstrated by the limited number of cases in which the respondent's conduct has been apt to render 'without object' the claims made by the applicant. Until recently, the only cases in which the ICJ resorted to the concept of 'mootness' were those one concerning the *Nuclear Tests* between Australia and New Zealand, on the one hand,

In a nutshell, it seems that the ICJ reconstructs the 'dispute' requirement as an instrument to ensure that the prospective parties have at least 'talked' to each other, or – alternatively – that one of them attempted to 'talk' with the other, with regard to circumscribed issues. This has nothing to do with the fulfilment of the 'negotiation' requirement, which is sometimes provided for by the jurisdictional title,[77] or to the 'notification' requirement,[78] and simply responds to the need of contributing to a benign and orderly unwinding of inter-State relations.

5 Some Developments after the *Marshall Islands* Cases

As it has been said above, in the aftermath of the *Marshall Islands* decisions, it was claimed that one of their possible negative effects could have been that one of preventing future proceedings before the ICJ aimed at protecting community interests.[79] The number of such proceedings actually pending before the Court, however, demonstrates that is not the case.

Recently, it has been questioned whether in community interests proceedings the ICJ should resort to different standards for determining the existence of a dispute, in light of the collective relevance of the interests at stake.[80] More specifically, it has been suggested that the 'dialogical approach',[81] which is typically applied by the Court in cases involving bilateral disputes, should be substituted by a 'systemic approach', which instead gives priority to statements made by States in public fora and multilateral settings.[82]

and France, on the other: in those instances, the dispute existed at the time of the institution of the proceedings, but the conduct adopted by the Respondent outside the proceedings deprived such a dispute of its object (*Nuclear Tests* (*Australia v France*) [1974] ICJ Rep 253, 271, para 55; *Nuclear Tests* (*New Zealand v France*) [1974] ICJ Rep 457, 476, para 58). In very recent times, however, in the *Silala* case, between Chile and Bolivia, it was the conduct adopted by the latter within the proceedings that rendered several of Chile's claims 'without object' (*Dispute over the Status and Use of the Waters of the Silala* (*Chile v Bolivia*) (Merits) [2022] ICJ Rep 614, 639, para 59, 640, para 65, 643, para 76, 645, para 86). At the same time, also some of the Bolivian counterclaims were declared to be without object (ibid., 659, para 147, 662, para 155).

77 *Ex multis*, Georges Abi-Saab, *Les exceptions préliminaires* (n 29), 174–175.

78 *Contra*, see Juliette McIntyre (n 30), 570 ff.

79 Vincent-Joël Proulx (n 9), 939.

80 Letizia Lo Giacco, 'When a Dispute Exists: The Emerging Evidentiary Practice of the ICJ in Common Interests Proceedings' (2024) 23 LPICT 353, 367 ff.

81 According to which the Court, to assess the existence of a dispute, 'will primarily rely on bilateral communications between the parties to make its determination' (ibid., 381).

82 Ibid., 380–383.

While it is too early to assess whether the ICJ will opt for such a differentiated approach, it seems that rather than considering the bilateral or multilateral character of the context in which a claim is made by a State, the focus must be again on whether the concrete circumstances under which a claim has been articulated before the institution of the proceedings enabled the addressee of that claim to become aware of the contentions included in that claim *vel non*.[83]

For instance, in its 2022 judgment on preliminary objections in the *Gambia v Myanmar* case, the Court appreciated both the statements made by States' representatives in public fora (in 2018–2019)[84] but at the same time it underlined the bilateral exchanges that had occurred between the parties (2019).[85] In the Court's analysis, it was the combination of the two that brought about the existence of the dispute, since – in the words of the Judgment – 'the Note Verbale sent by Gambia [...] brought clearly into focus the positive opposition of views between the Parties, by expressing specifically and in legal terms The Gambia's position concerning Myanmar's alleged violations of its obligations under the Genocide Convention'.[86]

The 2022 judgment on preliminary objections in the *Gambia v Myanmar* case is relevant also for another reason. Indeed, in that instance, Myanmar had attempted to introduce a revised version of the awareness criterion, namely the 'mutual awareness', according to which – in the words of Myanmar – 'the applicant must have made a legal claim which the respondent was aware of or could not have been unaware of, and the respondent must have positively opposed the legal claim in a manner which the applicant was aware of or could not have been unaware of'.[87] The Court, however, rejected such a criterion, by highlighting that its acceptance would have implied that for a dispute to exist it is necessary that the respondent has expressly opposed the claims of the applicant, with the consequence that 'a respondent could prevent a finding that a dispute exists by remaining silent in the face of an applicant's legal claims'.[88] This conclusion by the ICJ is fully in line with its previous case law. As it has been argued above, in cases where the respondent has kept silence vis-à-vis the claims made by the claimant before the institution of the

83 Danae Azaria (n 40), 16–21.

84 *Application of the Convention on the Prevention and Punishment of the Crime of Genocide* (*The Gambia v Myanmar*) (Preliminary Objections) [2022] ICJ Rep 477, 505–506, paras 72–73.

85 Ibid., 506–507, paras 74–75.

86 Ibid., 506–507, para 74.

87 Ibid., 497, para 52.

88 Ibid., 505, para 71.

proceedings, what the Court has to do is not to investigate the reasons behind such a silence, but instead to assess whether the claims, as articulated by the claimant before the saisin, were fit enough to make the prospective respondent 'aware' of the contentions included therein.

6 Some Concluding Remarks

What does it remain then of the definition of dispute framed by the PCIJ *Mavrommatis* Judgment one hundred years ago? It can be everything, and nothing at the same time. Everything, if we take into account the fact that a dispute naturally refers to 'a disagreement on a point of law or fact' or to 'a conflict of legal views or of interests between two persons'. But it is also nothing, if we consider that as such neither 'a disagreement on a point of law or fact' nor 'a conflict of legal views or of interests between two persons' can bring about the birth of a dispute. What matters, indeed, is that a clash of wills between two or more States, with regard to rather circumscribed (legal or factual) matters, be established before the saisine.

Besides the logical, legal, or technical understanding of the concept of dispute by the ICJ, on which this article has focused, it seems that what the Court ultimately (and simply) requires to the States aimed at prospectively resorting to its contentious jurisdiction is to 'talk' with each other before the saisine. And it is only in cases where such talking is unfruitful that the doors of the Great Hall of Justice in The Hague will be open to them.

10

Torn between Jurisdiction and Admissibility: A Map to Navigate International Adjudication

Carlotta Ceretelli

1 The Place of Departure: The *Mavrommatis* Case

In international adjudication, the dichotomy between jurisdiction and admissibility is a well-known, yet still insidious, terrain. Generally extraneous to the majority of civil law legal orders but familiar to common law systems,[1] it has long since engaged the debate of international law scholars, at least since 30 August 1924, when the Permanent Court of International Justice (hereinafter PCIJ or the Permanent Court) gave the first Judgment in the *Mavrommatis* case.

On that occasion, as known, Greece claimed that the United Kingdom had wrongfully denied Mr Mavrommatis, a Greek citizen, the rights he had acquired under contracts and agreements concluded with the Ottoman authorities in relation to the concessions for certain public works in Palestine.[2] On 16 June 1924, the Respondent raised a preliminary objection to contest the PCIJ's jurisdiction over the British Mandate for Palestine. Three arguments were brought to the Permanent Court's attention to prove that the compromissory clause codified in article 26 of the Mandate was inapplicable to the case at hand: the non-existence of a dispute between the two States, the irrelevance of the dispute to the interpretation and application of the Mandate, and finally the possibility to settle the dispute by negotiations.[3] Furthermore, according to the United Kingdom, Protocol XII annexed to the Peace Treaty of Lausanne had overruled the Mandate as a *lex specialis*, therefore depriving the PCIJ of any judicial competence under the aforementioned art-

1 August Reinish, 'Jurisdiction and Admissibility in International Investment Law' in Andrea Gattini et al (eds), *General Principles of Law and International Investment Arbitration* (Brill 2018) 130, 150–151.

2 *Mavrommatis Palestine Concessions* (*Greece v UK*) (Objection to the Jurisdiction of the Court) PCIJ Rep Series A No 02, 7.

3 Ibid., 11 ff.

Carlotta Ceretelli, Assistant Professor of International Law, University of Padua

© 2026 THE AUTHOR(S) | HTTPS://DOI.ORG/10.1163/9789004766891-012

icle 26.[4] At the same time, however, Protocol XII was allegedly inadequate to ground the jurisdiction of the Permanent Court due to temporal restrains, as it entered into force a few months after the Greek Application was lodged.[5]

By the 1924 Judgment, the Permanent Court rejected all the British arguments as regards the concession in Jerusalem, whereas it upheld them in relation to the concession in Jaffa, thus concluding to be incompetent merely on this second part of the claim.[6] Without delving into the details of the Permanent Court's legal reasoning – which have been exhaustively covered by other authors in this issue – it bears recalling how the Permanent Court pronounced on preliminary objections in general, given that no indications were provided for in the Statute and Rules of Procedure at the time.

At first, the PCIJ clarified not to be interested in ascertaining 'what are, in the various codes of procedure and in the various legal terminologies, the specific characteristics of such an objection',[7] ruling out any investigation on 'whether "competence" and "jurisdiction", *incompétence* and *fin de non-recevoir* should invariably and in every connection be regarded as synonymous expressions'.[8] Few lines below, however, the Judgment acknowledged that 'the preliminary question to be decided is not merely whether the nature and subject of the dispute laid before the Court are such that the Court derives from them jurisdiction to entertain it, but also whether the conditions upon which the exercise of this jurisdiction is dependent are all fulfilled in the present case'.[9] An early distinction was therefore sketched between a case where the jurisdiction is inexistent and one where it is existent but cannot be exercised due to further impediments. By so doing, the *Mavrommatis* Judgment paved the way for the classical dichotomy between jurisdiction and admissibility, which acquired clearer contours in the PCIJ's subsequent jurisprudence and is now enshrined – although not defined – in articles 79, 79 *bis* and 79 *ter* of the Rules of procedure of the International Court of Justice (ICJ or the Court).

The purpose of this contribution is to assess the significance of this distinction in contemporary international adjudication, with a particular emphasis on the jurisprudence of the ICJ. The theoretical debate on the matter is briefly recalled in paragraph 2. Then, paragraph 3 concentrates on the preliminary objections with an ambiguous character, namely those whose qualification as

4 Ibid., 30.
5 Ibid., 33.
6 Ibid., 36.
7 Ibid., 10.
8 Ibid.
9 Ibid.

matter of jurisdiction or admissibility is still uncertain or debated. In these cases, the border line between the two categories becomes hazy and the need for a distinction at all might be questioned. Finally, paragraph 4 translates the reflection at a procedural level in order to emphasise the practical differences between jurisdiction and admissibility and, thus, prove that the dichotomy between them is real and effective. Conclusions follow at paragraph 5.

2 Coordinates for a Theoretical Distinction

In the wake of the *Mavrommatis* case, the dichotomy between the jurisdiction of the Court and the admissibility of the claim has been confirmed by the ICJ's jurisprudence, becoming a cornerstone of international procedure. As early as in the *Northern Cameroons* Judgment of 1963, the ICJ recognised that the terms "interest" and "admissibility" 'in differing contexts may have varying connotations', but concluded that it was not 'necessary in the present case to explore the meaning of these terms'.[10] That inherent limitations exist to the exercise of the jurisdiction was openly admitted. However, these were treated by the ICJ as a matter of judicial propriety rather than being associated with the admissibility of the claim.[11]

It was only four decades later, in the *Oil Platforms* Judgment of 2003, that the Court took care of neatly distinguishing the two concepts. Indeed, it observed that 'objections to admissibility normally take the form of an assertion that, even if the Court has jurisdiction and the facts stated by the applicant State are assumed to be correct, nonetheless there are reasons why the Court should not proceed to an examination on the merits'.[12] In 2008, then, a step ahead was taken in the case concerning the *Genocide Convention* introduced by Croatia, where the theoretical distinction was integrated by some examples of objections pertaining to the admissibility of the claim, like 'failure to comply with the rules as to nationality of the claims; failure to exhaust local remedies; the agreement of the parties to use another method of pacific settlement; or mootness of the claim'.[13]

10 *Case concerning the Northern Cameroons* (*Cameroon v United Kingdom*) (Preliminary Objections) [1963] ICJ Rep 15, 28.

11 Ibid., 29.

12 *Oil Platforms* (*Islamic Republic of Iran v United States of America*) (Merits) [2003] ICJ Rep 161, para 29.

13 *Application of the Convention on the Prevention and Punishment of the Crime of Genocide* (*Croatia v Serbia*) (Preliminary Objections) [2008] ICJ Rep 412, para 120.

In light of these rulings, the core of the dichotomy lies on the alternative between the existence of the adjudicative authority to decide a case and the appropriateness to exercise such an authority given the particular circumstances of the case.[14] The former qualifies as jurisdiction, or competence,[15] of the Court, and depends on either the prescriptions of the Statute or the consent of the States involved in the proceedings.[16] Whereas the statutory powers are conferred once and for all, the parties' consent must be ascertained on a case by case basis under the title(s) of jurisdiction alleged to the introductory act.[17] Contrarily, inadmissibility identifies a quality of the claim that makes the Court's decision inappropriate, even though it falls within the judicial authority.[18] Typically, the key factors in this respect are unrelated to the judicial organ and instead hinge upon the conduct of the applicant, as is the case with the exhaustion of local remedies and the abuse of process, or are the result of concrete external circumstances, as the nationality of the injured persons in cases of diplomatic protection. Regardless the existence of some common features, the admissibility, more than the jurisdiction, calls for a broader margin of discretion in the judicial examination.[19] In a nutshell, and borrowing the words of Rosenne, the jurisdiction determines whether the ICJ can entertain a case, whereas the admissibility establishes whether it should do so.[20]

---

14 Robert Kolb, *The International Court of Justice* (Hart 2013), 202.

15 Malcolm N Shaw (ed), *Rosenne's Law and Practice of the International Court: 1920–2015* (5th ed, OUP 2016), vol 2, chapter 9, para 148; Hugh Thirlway, *The Law and Procedure of the International Court of Justice: Fifty Years of Jurisprudence* (OUP 2013), 693. Embracing a different perspective, other authors distinguished the concept of competence and that of jurisdiction, suggesting they have two independent meanings. See Gerald Fitzmaurice, 'The Law and Procedure of the International Court of Justice, 1951–4: Questions of Jurisdiction, Competence and Procedure' (1958) 34 BYIL 1, 8–9; Elihu Lauterpacht, 'Principle of Procedure in International Litigation' (2011) 345 *Recueil des Cours de l'Académie de Droit International* 387, 503; Carlo Santulli, *Droit du contentieux international* (2nd ed, LGDJ 2015), 151 and 207.

16 Basing on the source of the judicial authority, Yuval Shany traces the distinction between the foundational jurisdiction, which stems from statutory prescriptions, and the specific jurisdiction, which is rooted on the parties' consent. See Yuval Shany, *Questions of Jurisdiction and Admissibility before International Courts* (CUP 2016), 26–27 and 34.

17 For an overview on the multiple titles of jurisdiction available in proceedings before the ICJ see Joan José Quintana, *Litigation at the International Court of Justice* (Brill 2015), 80 ff.

18 Xue Hanqin, *Jurisdiction of the International Court of Justice* (Brill 2017), 36.

19 Andrea Gattini, 'Judicial Discretion' in Hélène Ruiz Fabri (ed), *Max Planck Encyclopedia of International Procedural Law* (online ed OUP 2021), para 32.

20 Shabtai Rosenne, 'International Courts and Tribunals, Jurisdiction and Admissibility of Inter-State Applications' in Rüdiger Wolfrum, Anne Peters (eds), *Max Planck Encyclope-*

Such a distinction extends to the majority of international dispute settlement bodies, whether they deal with inter-states disputes or mixed proceedings, with slight adjustments. According to article 97 of its Rules, the International Tribunal for the Law of the Sea (ITLOS) is subject to preliminary objections on both jurisdiction and admissibility.[21] This holds true in cases introduced under article 287 of the United Nations Convention on the Law of the Sea (UNCLOS), as well as when the ITLOS exercises compulsory jurisdiction in provisional measures and prompt release proceedings.[22] Likewise, the three regional conventions on human rights and annexed protocols establish the judicial competence of the related dispute settlement bodies while, in parallel, providing a detailed set of criteria that are required for individual complaints to be admissible.[23] In general, the two aspects are treated separately also in judicial reasoning.

On the other side, in the realm of the World Trade Organisation (WTO), the difference between jurisdictional and admissibility issues, although existent,[24] has been rarely discussed in open words by both the panels and the Appellate Body.[25] Such an ambiguity appears more pronounced in the specialised field of investment protection, with jurisdiction and admissibility recurrently treated by tribunals simultaneously with the merits, as made possible by article 41(2) of the ICSID Convention, with the consequence of

---

dia of Public International Law (online ed OUP 2006), para 2. Abi-Saab described the relation between jurisdiction and admissibility in similar terms: 'la compétence désigne le champ d'application de l'activité de la Cour, c'est-à-dire, de la jurisdiction, alors que la recevibilité décrit les modalités d'exercice de cette juridiction'. See Georges Abi-Saab, *Les exceptions préliminaires dans la procédure de la Cour internationale. Étude des notions fondamentales de procédure et des moyens de leur mise en oeuvre* (Pedone 1967), 173.

21 Kriangsak Kittichaisaree, *The International Tribunal for the Law of the Sea* (OUP 2021), 43.

22 Natalie Klein, Kate Parlett, *Judging the Law of the Sea* (OUP 2022), 80 ff.

23 See art 35 European Convention on Human Rights (ECHR); art 46 American Convention on Human Rights (ACHR); and art 56 African Charter on Human and Peoples' Rights (ACHPR), reproduced at art 6 of the Protocol to the Charter which establishes the African Court on Human and Peoples Rights.

24 The jurisdiction of the panels corresponds with the 'terms of reference' under art 7 of the Dispute Settlement Understanding (DSU), as made clear in WTO, *India: Patent Protection for Pharmaceutical and Agricultural Chemical Products – Report of the Appellate Body* (19 December 1997) WT/DS50/AB/R, para 92. On the other side, the admissibility of the claim, despite not being mentioned by the legal framework, could be defined as the absence of 'a legal impediment to the exercise of a panel's jurisdiction' basing on the Appellate Body's ruling in WTO, *Mexico: Taxes Measures on Soft Drinks and Other Beverages – Report of the Appellate Body* (6 March 2006) WT/DS308/AB/R, para 54.

25 Graham Cook, *A Digest of WTO Jurisprudence on Public International Law Concepts and Principles* (CUP 2015), 2.

blurring the distinction between the two.[26] As a result, some authors concluded that the classical dichotomy is irrelevant in investment arbitration,[27] a criticism lately extended to commercial arbitration as well.[28]

3 The Borderlands

Even though the dichotomy between jurisdiction and admissibility is theoretically clear-cut, qualifying a given issue as a matter of jurisdiction or admissibility might occasionally be difficult in practice. The *Genocide Convention* Judgment of 2008, as mentioned above, gave some concrete examples in this respect, but it did not exhaust the entire inventory of preliminary objections or the indications provided for therein are necessarily final.

A number of preliminary objections have now established a firm position in international jurisprudence. By way of example, the ICJ currently holds that the existence of the dispute relates to its jurisdiction,[29] whereas the very same aspect was seen as an issue of admissibility in the past.[30] Likewise, throughout

26 Stephan Schill et al (eds), *Schreuer's Commentary on the ICSID Convention* (3rd ed, CUP 2022), vol I, 792 f.

27 See Filippo Fontanelli, Attila Tanzi, 'Jurisdiction and Admissibility in Investment Arbitration. A View from the Bridge at the Practice' (2017) 16 TLPICT 3, 11 ff. *Contra* Gerold Zeiler, 'Jurisdiction, Competence, and Admissibility of Claims in ICSID Arbitration Proceedings' in Christina Binder et al (eds), *International Investment Law for the 21st Century. Essays in Honour of Christoph Schreuer* (OUP 2009) 76, 82; August Reinish (n 1).

28 Raphael Ren, 'The Dichotomy between Jurisdiction and Admissibility in International Arbitration' (2024) 73 ICLQ 417, 441 ff.

29 *Application of the Convention on the Elimination of All Forms of Racial Discrimination* (*Georgia v Russian Federation*) (Preliminary Objections) [2011] ICJ Rep 70, para 29; *Questions relating to the Obligation to Prosecute or to Extradite* (*Belgium v Senegal*) (Merits) [2012] ICJ Rep 422, para 45; *Obligations concerning Negotiations relating to Cessation of the Nuclear Arms Race and to Nuclear Disarmament* (*Marshall Islands v India*) (Preliminary Objections) [2016] ICJ Rep 255, para 33. Similarly, also the *Marshall Islands* cases involving Pakistan and United Kingdom.

30 *Case concerning the Northern Cameroons* (n 10) 33–34; *Nuclear Tests* (*Australia v France*) (Jurisdiction and Admissibility) [1974] ICJ Rep 253, para 24; *Nuclear Tests* (*New Zealand v France*) (Jurisdiction and Admissibility) [1974] ICJ Rep 457, para 24. There are still some voices in legal literature that suggest to classify the dispute as an admissibility issue. See Carlo Santulli, 'Observations sur la recevabilité dans l'affaire du Mandat d'arrêt' (2002) 48 AFDI 257, 268; Ori Pomson, 'The Obligations Concerning Negotiations Cases and the "Dispute": Requirement in the International Court of Justice' (2017) 16 TLPICT 373, 387; Juliette McIntyre, 'Put on Notice: the Role of the Dispute Requirement in Assessing Jurisdiction and Admissibility before the International Court' (2018) 19 *Melbourne Journal of International Law* 546, 582. For the majority opinion, see Marco Dimetto, *La*

time the exhaustion of local remedies swung from being considered a substantive condition of international responsibility to being recognised as an objection to the admissibility of the claim, unless the title of jurisdiction indicates otherwise.[31]

Besides these instances, some issues have still a difficult answer, depending on the nature of the judicial agreement in which they are raised, such as nationality (Section 3.1). Others present an ambiguous character, situating along the border between the jurisdiction of the Court and the admissibility of the claim. The mootness (Section 3.2) and the indispensable third party (Section 3.3) are clear examples in this respect. The paragraphs below will explore in further detail these borderlands or, to use a more common metaphor, these twilight zones.[32]

3.1 Nationality

The nationality of the claim bears particular importance in diplomatic protection proceedings, where it operates as an indispensable condition for the admissibility of the application, together with the exhaustion of local remedies.[33] As made clear in the *Mavrommatis* Judgment of 1924, States are recognised an autonomous right to claim violations of international law perpetuated by other States to the detriment of individuals if the latter, whether physical or legal persons, have the nationality of the applicant State at the time the injury was inflicted and for the entire duration of the judicial process.[34] Besides being part of customary international law, such a prescription has been codified by the International Law Commission (ILC) in article 3(1) of

---

nozione di controversia nel processo dinanzi alla Corte internazionale di giustizia (Editoriale Scientifica 2022), 83 ff.

31 Giorgio Gaja, *L'esaurimento dei ricorsi interni nel diritto internazionale* (Giuffrè 1967). More recently, see also Chittharanjan Amerasinghe, *Local Remedies in International Law* (2nd ed, CUP 2004), 387 ff. For an appraisal on the exhaustion of local remedies *vel non* in cases of mixed claims in the recent ICJ's case-law, see Matteo Sarzo, 'Pretese miste e ricorsi interni inefficaci nella sentenza della Corte internazionale di Giustizia relativa ad alcuni beni iraniani' (2023) CVI RivDirInt 1031.

32 Jan Paulsson, 'Jurisdiction and Admissibility' in Gerald Aksen et al (eds), *Global Reflections on International Law, Commerce and Dispute Resolution: Liber Amicorum in Honour of Robert Briner* (ICC 2005) 601, 603.

33 Chittharanjan Amerasinghe, *Diplomatic Protection* (OUP 2008), 91.

34 *Mavrommatis Palestine Concessions* (n 2) 12.

the Draft Articles on Diplomatic Protection of 2006, which stipulates that 'the State entitled to exercise diplomatic protection is the State of nationality'.[35]

A number of indications for assessing the nationality have been highlighted by the ICJ throughout its case-law. Despite being a matter of States' domestic jurisdiction, the *Nottebohm* Judgment of 1955 maintained that, under international law, a 'genuine connection' between the person and the State is a necessary condition for the legitimacy of the domestic law conferring nationality, especially through naturalisation.[36] In the case at hand, Liechtenstein's Application was dismissed being absent a genuine connection with Mr Nottebohm, the victim of the violation allegedly perpetuated by Guatemala.[37] Lately, it bears noting, the need for a genuine connection has been questioned, although unpersuasively, by the AG Collins in the Case C-181/23 between EU Commission and Malta on citizenship by investment, which has been recently decided.[38]

The scenario changes when legal persons are at stake. More precisely, the *Barcelona Traction* Judgment of 1970 made clear that 'the traditional rule attributes the right of diplomatic protection of a corporate entity to the State under the laws of which it is incorporated and in whose territory it has its

35 International Law Commission, 'Draft Articles on Diplomatic Protection with Commentaries' (2006) UNYBILC, vol II, Part Two, 29.

36 *Nottebohm Case* (*Liechtenstein v Guatemala*) (Second Phase) [1955] ICJ Rep 4, 23.

37 Ibid., 26.

38 The case relates to the 2020 Maltese Citizenship Act, the Maltese law that offers citizenship by naturalisation in exchange of investments. For a general comment on the final decision on the case by the European Court of Justice, see Gianluca Vettoretto, 'L'attribuzione della cittadinanza per investimento alla luce della sentenza *Commissione c. Malta*' (2025) CVIII RivDirInt 1115. For an overview on the case and its contextualisation in EU law, see Stephen Coutts, 'On Mutual Recognition and the Possibilities of a 'Single European Polity': The Opinion of AG Collins in Case C-181/23 *Commission v Malta*' (2024) 9 *European Papers* 818. In his Opinion of 4 October 2024, AG Collins made an explicit reference to the *Nottebohm* Judgment for scaling down its relevance and concluded that, 'there is no significant divergence between EU law and international law on the question as to whether a genuine link must exist between an individual and the State of which he or she is a national, since neither impose such a requirement'. See *Case 181/23 European Commission v Republic of Malta, Opinion of Advocate General Collins delivered on 4 October 2024*, para 57. A certain perplexity as for the accuracy of this reflection seems inevitable, at least with regard to international law in consideration of the fact that the genuine connection is currently seen as a general principle of law. On the matter, see James Crawford, *Brownlie's Principles of International Law* (9th ed, OUP 2019), 499. Having regard to EU framework, a proposal of effective integration of the genuine connection principle within the EU law have been elaborated by Luke Dimitrios Spieker, Ferdinand Weber, 'Bonds Without Belonging? The Genuine Link in International, Union, and Nationality Law' (2025) 44 *Yearbook of European Law* 1.

registered office', whereas 'in the particular field of the diplomatic protection of corporate entities, no absolute test of the "genuine connection" has found general acceptance'.[39] Such an approach has been faithfully translated in investment arbitration, where it is a general rule that the nationality of legal entities depends on the place of their incorporation irrespective of the lack on any substantial connection,[40] saved the possibility for investment treaties to set stricter requirements. The *Tokios Tokelès* case of 2004 is emblematic in this respect, as the company was recognised Lithuanian nationality basing on the place of incorporation, even though 99% of its shareholders were Ukrainian.[41] Moreover, the opportunity to 'pierce the corporate veil', as requested by the respondent State, was circumscribed to cases where the asymmetry between the place of incorporation of the company and the nationality of the shareholders is due to abusive purposes.[42] Afterwards, this trend has remained unchanged.[43]

Qualifying the nationality as a matter of admissibility when a claim of diplomatic protection is at stake seems reasonable in consideration of the fact that the existence of a bond between the injured person and the acting State proves that the latter has a real interest in the case and, therefore, is to be recognised *locus standi* before the Court.[44] On the other hand, it is noteworthy that the same criterion embraces a different meaning in other dispute settlement systems depending on the prescriptions of the legal framework, particularly when individuals are recognised the right of access to justice.

A first example is that of the ITLOS. When flag States introduce proceedings on behalf of national vessels and individuals on board, as per instance in the *Saiga* (2) case of 1999 or the *Virginia* case of 2014, the nationality is typically handled by the ITLOS as matter of admissibility of the claim.[45] At first, the existence of a genuine connection between the vessel and the acting State was investigated in detail, whereas the recent trend is to make a formal assess-

39 *Barcelona Traction, Light and Power Company, Limited* (*Belgium v Spain*) (Second Phase: Preliminary Objections) [1970] ICJ Rep 3, para 70.

40 Zachary Douglas, *The International Law of Investment Claims* (CUP 2009), 314 ff.

41 *Tokios Tokelès v Ukraine*, ICSID Case No ARB/02/18, Decision on Jurisdiction (29 April 2004), para 42.

42 Ibid., paras 54–56.

43 Stephan Schill (n 26) 453 f.

44 Giorgio Gaja, 'Standing: International Court of Justice' in Hélène Ruiz Fabri (ed), *Max Planck Encyclopedia of International Procedural Law* (online ed OUP 2018), para 29.

45 *M/V SAIGA* (*No 2*) (*Saint Vincent and the Grenadines v Guinea*) (Merits, Judgment of 1 July 1999) ITLOS Reports 1999, 10, paras 55 ff; *M/V "Virginia G"* (*Panama/Guinea Bissau*) (Merits, Judgment of 14 April 2014) ITLOS Reports 2014, 4, paras 102 ff.

ment having regard exclusively to the registration procedure.[46] However, the outcome shifts in cases of prompt release, where individual ship-owners or charterers can address the ITLOS 'on behalf of the flag State of the vessel', as said in article 292 of the UNCLOS. In this circumstance, as made clear in the *Grand Prince* case of 2001 that was introduced by Mr Alberto Penales Alvarez upon authorisation of the Ministry for the International Merchant Marine Registry of Belize, any doubt as for the nationality of the vessel 'has a bearing on the question of jurisdiction of the tribunal'.[47] Stated differently, the nationality of the vessel on behalf of which the application is introduced operates as a condition for the right of private parties to defend their own interests before the ITLOS through prompt release proceedings.[48]

The same rationale applies to investment arbitration. Article 25(1) of the Washington Convention, in fact, establishes in clear terms that the jurisdiction of ICSID Tribunals 'shall extend to any legal dispute [...] between a Contracting State [...] and a national of another Contracting State'. Therefore, it comes as no surprise that the nationality of investors is always referred to in judicial practice as a matter of jurisdiction *ratione personae*.[49]

3.2 Mootness

The term "mootness" defines 'a case or claim that has become pointless or without object'.[50] This scenario typically occurs when the matter of contention brought to the Court's attention extinguishes before the judicial ruling, with the result that the dispute between the parties loses its content and, possibly, disappears.[51] Different factors can determine the mootness of the dispute, coming from either the outside or the inside of judicial proceedings.

Starting from internal procedural factors, it must be said from the outset that they do not affect either jurisdiction or admissibility, but, in these circumstances, the ICJ limits itself to refuse to enter into the merits due to the fact the dispute has lost its object. A first example is that of interdependent claims, i.e.

46 Natalie Klein, Kate Parlett (n 22) 68 ff.

47 *"Grand Prince" case* (*Belize v France*) (Prompt Release, Judgment of 20 April 2001) ITLOS Reports 2001, 17, para 76.

48 Seline Trevisanut, 'Twenty Years of Prompt Release of Vessels: Admissibility, Jurisdiction and Recent Trends', (2017) 48 OceanDev&IntlL 300, 303.

49 August Reinish (n 1) 137–138.

50 *Case concerning the Northern Cameroons* (n 10), Separate Opinion of the Judge Sir Gerald Fitzmaurice, 97, ft 1.

51 Marco Dimetto, *La nozione di controversia* (n 30) 220 ff.

alternative or subordinated claims,[52] as Thirlway highlighted while commenting upon the case concerning *Arbitral Award of 1989*.[53] In particular, according to the Author, the decision to dismiss a claim because a preliminary alternative one has been upheld, or turned down in case the two claims are subordinated, is equivalent to declare its mootness.[54] The answer upon the first question, in fact, automatically deprives the second question of any significance, thus making pointless for the judicial organ to examine it, as happened in the recent case concerning the *Obligation to Negotiate Access to the Pacific Ocean* of 2018.[55]

A second example is that of mootness of the dispute determined by parties' procedural behaviour. In the 2022 Judgment on *Dispute over the Status and Use of the Silala*, the Court observed that 'if [it] finds that the parties have come to agree in substance regarding a claim or a counter-claim it will take note of that agreement in its judgment and conclude that such a claim or counterclaim has become without object'.[56] Hence, alongside extrajudicial negotiations – a scenario that usually leads States to require the discontinuance of the case – the possibility exists that an agreement between the parties takes shape during the proceedings from the written or the oral statements made in front of the Court. Should this be the case, the ICJ concludes that the claim has turned moot. However, despite being consistent with the general trend, the decision to dismiss the claim on preliminary grounds and not to record the content of the agreement has been subject to criticism within the Bench.[57]

Having regard to external factors, generally corresponding to the conduct of the parties outside the proceedings, the *Genocide Convention* Judgment of 2008 expressly included mootness among the admissibility objections.[58] How-

52 For the purposes of this contribution, two claims are alternative when the exam on the second one is requested only in case of a previous negative assessment on the first one. On the other side, two claims are subordinated when the second one is to be examined only in the event of a previous positive answer on the first one.

53 *Arbitral Award of 31 July 1989* (*Guinea Bissau v Senegal*) [1991] ICJ Rep 53.

54 Hugh Thirlway, 'Reflections on the Articulation of International Judicial Decisions and the Problem of "Mootness"' in Ronald Macdonald (ed), *Essays in Honour of Wang Tieya* (Brill 1994) 789, 793.

55 *Obligation to Negotiate Access to the Pacific Ocean* (*Bolivia v Chile*) (Merits) [2018] ICJ Rep 507, para 175.

56 *Dispute over the Status and Use of the Waters of the Silala* (*Chile v Bolivia*) (Merits) [2022] ICJ Rep 614, para 46.

57 Ibid., Separate Opinion of Judge *ad hoc* Simma, para 18; Declaration of Judge Charlesworth, para 22.

58 See n 13.

ever, a few doubts in this respect are currently unescapable. Given the tight link between the mootness and the dispute, the legal qualification of the former is expected to naturally follow that of the latter. Therefore, if in 2008 defining the mootness as a matter of admissibility made sense in the light of the uncertainties surrounding the legal status of the dispute, the answer today should go in the opposite direction as it is now well established that the dispute pertains to the jurisdiction of the Court.[59]

Delving into the ICJ's case-law, the first decision of mootness due to extra-judicial factors was issued in the *Northern Cameroons* case. On that occasion, a formal disagreement was found to exist between the Republic of Cameroon and the United Kingdom with regard to the legality of the British administration under the 1946 Trusteeship Agreement for the Cameroons.[60] Nonetheless, the Court deemed 'any adjudication devoid of purpose'[61] for the Trust had been terminated before the commencement of the case by a plebiscite whose validity was undisputed and, furthermore, no request for reparation had been filed by the Republic of Cameroon for the previous British wrongdoings.[62] In other terms, the dispute never had any content, thus automatically making ineffective any judicial ruling upon it.[63] Conversely, in the *Arrest Warrant* case of 2000, the ministry shift of Mr Yerodia Ndombasi was deemed inadequate to deprive the dispute between the Congo and Belgium of its object as the claim on the legality of the Belgian arrest warrant was accompanied by a request for compensation of the moral injury suffered by Mr Yerodia Ndombasi and a request for cancellation of the warrant.[64]

Furthermore, the mootness of the dispute can supervene from the extra-judicial factors while proceedings are pending. This occurred in the *Nuclear Tests* cases that Australia and New Zealand introduced in 1973 for contesting French practice to hold atmospheric tests on nuclear weapons in the South Pacific Ocean. On this occasion, in fact, the Court concluded that 'there is nothing on which to give judgment'[65] after having verified that France spon-

59 As early as 2009, Amerasinghe defined the mootness as a 'reason for a tribunal's not assuming jurisdiction in a particular case'. See Chittharanjan Amerasinghe, *Jurisdiction of Specific International Tribunals* (Brill 2009), 49 f.

60 *Case concerning the Northern Cameroons* (n 10) 27.

61 Ibid., 38.

62 Ibid., 31 ff.

63 Ibid., 34.

64 *Arrest Warrant of 11 April 2000 (Democratic Republic of the Congo v Belgium)* (Jurisdiction and Admissibility) [2002] ICJ Rep 3, para 32.

65 *Nuclear Tests (Australia v France)* (n 30) para 59; *Nuclear Tests (New Zealand v France)* (n 30) para 62.

taneously committed by multiple public statements to Applicants' main request, which was to suspend the atmospheric nuclear tests. Setting aside the political implications that in all likelihood influenced the Court's final decisions,[66] the logic behind the reasoning is clear and corresponds with the exigence to save both the parties and the ICJ from a useless and costly procedure given that a conflict of interests between the parties *de facto* disappeared when the respondent upheld the Applicants' request.

As for other international courts and tribunals, a clear qualification of mootness as an objection to jurisdiction or admissibility is missing, even though the argument that the dispute lost its purpose has been discussed several times and in different circumstances. In the *Southern Bluefin Tuna* case of 2000 – the first one submitted to an Arbitral Tribunal under Annex VII of the UNCLOS – Japan argued that the Applicants' claims were inadmissible as the dispute had disappeared when, pending the composition of the Tribunal, Japan had agreed to adjust its fishing program to the catch limits proposed by Australia and New Zealand.[67] The Tribunal examined the objection of mootness at the outset of the case, but it found that Japan had only partially accepted Australia's and New Zealand's proposal, and therefore rejected the preliminary objection, before assessing whether or not it had jurisdiction to hear the case.[68]

In other cases, the mootness was declared by the judicial organ not because the parties had otherwise agreed, but because of the specificities of single proceedings. In the *Tomimaru* case of 2007, the ITLOS acknowledged that a procedure of prompt release was deprived of its object since the domestic court of the seizing State had issued a judgment of confiscation of the vessel, which became definitive right after the closure of the hearings before the ITLOS but before a final Judgment was issued.[69] In this circumstance, in fact, an order by the ITLOS to release the vessel would have interfered with the domestic decision and, thus, breached paragraph 3 of article 292 of the UNCLOS, which prescribes that prompt release proceedings are to be dealt with 'without prejudice to the merits of any case before the appropriate domestic forum against the vessel'.[70]

---

66 José Juste Ruiz, 'Mootness in International Adjudication: The Nuclear Tests Cases' (1977) 20 GYIL 358, 373.

67 *Southern Bluefin Tuna* (*New Zealand-Japan, Australia-Japan*), Decision of 4 August 2000, *XXIII Reports of International Arbitral Awards* 1, 28, para 40, lett c).

68 Ibid., 37, para 45.

69 *"Tomimaru"* (*Japan v Russian Federation*) (Prompt Release, Judgment of 6 August 2006), ITLOS Reports 2005–2007, 74, paras 76 ff.

70 Ibid., para 80.

Finally, in human rights adjudication, decisions of mootness are rather uncommon. Having regard to the European Court of Human Rights (ECtHR), the possibility exists for the plaintiff to lose its status of victim under article 34 of the European Convention on Human Rights (ECHR) in the event that the respondent State terminated the violation, acknowledged and redressed it.[71] This essentially corresponds to the disappearance of the dispute. Hence, it might sound more adequate, as someone suggested, to consider it a matter of jurisdiction rather than including it under the general heading of admissibility, which is the practice of the ECtHR.[72]

3.3 Indispensable Third Party

The "indispensable third party" doctrine, known also as *Monetary Gold* doctrine from the name of the case where the ICJ first applied it in 1954,[73] prescribes the Court to refrain from exercising its contentious jurisdiction whenever the legal interest of a third State, non-party to the proceedings, is the very 'subject matter of the decision',[74] meaning that such an interest is either at the core of the dispute brought to the Court's attention or a logic prerequisite for its settlement.[75]

The doctrine applies exclusively when the decision upon the third State's legal interest constitutes a paramount condition for the settlement of the dispute between the parties.[76] That was the case in the *Monetary Gold* proceedings, where the ICJ found it impossible to determine whether the Italian claim to the monetary gold of the National Bank of Albania prevailed on the British

---

71 William Schabas, *The European Convention on Human Rights: A Commentary* (OUP 2015), 744–745.

72 Chittharanjan Amerasinghe, *Jurisdiction of Specific International Tribunals* (n 59) 364.

73 Actually, the Monetary Gold doctrine appeared in international ligation even before the World War II. See Martin Paparinskis, 'Revisiting the Indispensable Third Party Principle' (2020) CIII RivDirInt 49, 55 ff.

74 *Case of the Monetary Gold Removed from Rome in 1943* (*Italy v France, UK and USA*) (Preliminary Question) [1954] ICJ Rep 19, 32.

75 Carlo Santulli, *Droit du contentieux international* (n 15) 272.

76 Conversely, the indispensable third-party doctrine is irrelevant in cases where the legal interest of the absent State is merely related to the parties' submissions or might possibly be impacted by the final decision. An example in this respect is that of a bilateral request for land and maritime delimitation in regions where third States are involved, as emphasised by Ori Pomson, 'Does the Monetary Gold Principle Apply to International Courts and Tribunals Generally' (2019) 19 JIDS 88, 96 ff. Likewise, the doctrine does not apply to cases of concurrent responsibility of multiple States for identical wrongdoings, as was the case of *Phosphate Lands in Nauru*. See *Certain Phosphate Lands in Nauru* (*Nauru v Australia*) (Preliminary Objections) [1992] ICJ Rep 240, para 55.

one without first addressing the lawfulness of the 1945 Albanian domestic law, on which the Italian claim was grounded.[77] Since Albania did not intervene in the proceedings nor consented to the Court's jurisdiction, the ICJ dismissed the entire case.[78] The second – and so far last – occasion in which the ICJ resorted to the indispensable third party argument was in the *East Timor* case of 1995. Here, the Court refused to exercise its jurisdiction, as any consideration on the dispute between Portugal and Australia would have required Indonesia's participation in the proceedings.[79] Australia was indeed accused of having breached Portugal's rights as the administering Power of East Timor and, at the same time, the right of the People of East Timor to self-determination, by entering into an agreement on the delimitation of the continental shelf with Indonesia, which at the time unlawfully occupied the territories of East Timor.

The same restrictive approach was followed outside the ICJ judicial system.[80] A first example from the WTO is the *Turkey-Textiles* case of 1999, where the Respondent argued that the EC should have been recognised as an indispensable third party since the Turkish disputed measures of quantitative restrictions had been adopted in compliance with the custom union agreed with the EC.[81] The WTO panel rejected such a defence by recalling the ICJ's precedent on the *Monetary Gold* and observing that, in the case at hand, a decision on the disputed matter could be plainly reached without taking into account EC legal interest.[82] Turkey was then found responsible of the breach of articles XI and XIII of the GATT insofar as the purposes of the custom union could have been equally achieved through alternative measures compatible with the WTO system.[83]

More recently, in the 2016 Judgment on the preliminary objections raised by Italy in the *Norstar* case, the ITLOS denied Spain the status of indispensable third party, once observed that 'it is the legal interests of Italy, not those of Spain, that form the subject matter of the decision to be rendered by the

77 *Case of the Monetary Gold Removed from Rome in 1943* (n 74) 32.

78 Ibid.

79 *East Timor (Portugal v Australia)* [1995] ICJ Rep 90, para 28.

80 A notable exception is that of the regional Courts on human rights, which show a certain reluctance in applying the doctrine. See Beatrice Bonafè, 'Indispensable Party' in Hélène Ruiz Fabri (ed), *Max Planck Encyclopedia of International Procedural Law* (online ed OUP 2018), paras 26 ff.

81 WTO, *Turkey: Restrictions on Imports of Textile and Clothing Products – Report of the panel* (31 May 1999), WT/DS34/R, para 9.4.

82 Ibid., paras 9.8–9.10.

83 Ibid., para 9.208.

Tribunal on the merits of Panama's Application'.[84] Spanish involvement in the facts of the case was indeed limited to assistance in the criminal investigations on the M/V *Norstar* carried out by Italian authorities, in accordance with the 1959 European Convention on Mutual Assistance in Criminal Matters, called also Strasbourg Convention.[85]

Until very recently, the ICJ never took a clear stance on the legal character of the indispensable third party doctrine. This opened two alternative interpretations, depending on the legal value(s) that the doctrine at hand is deemed to preserve. On the one hand, the ICJ has often emphasised the existence of a close link between the indispensable third party doctrine and the consensual principle, which descends from States' sovereignty and mandates that 'the Court can only exercise jurisdiction over a State with its consent'.[86] Indeed, bringing to the attention of the Court a claim that necessarily implies a prior assessment on the legal interests of a third absent State, which has not agreed to the Court's jurisdiction, seems to interfere with the jurisdiction *ratione personae*,[87] even though several authors either dissent[88] or advance alternative interpretations.[89] Such a conclusion is strengthened by the fact that until recently the Court had taken into consideration *proprio motu* the argument based on the *Monetary Gold* doctrine, usually with priority over other preliminary issues.[90] On the other hand, the procedural principle of equality of the parties stands out as another crucial interest that the

84 *M/V "Norstar" (Panama v Italy)* (Preliminary Objections, Judgment of 4 November 2016), ITLOS Reports 2016, 44, para 173. On the case, see also Filippo Fontanelli, 'Reflections on the Indispensable Third Party Principle in the Wake of the Judgment on Preliminary Objections in the Norstar Case' (2017) C RivDirInt 112.

85 Ibid para 167.

86 *Case of the Monetary Gold Removed from Rome in 1943* (n 74) 32.

87 Hersch Lauterpacht, *The Development of International Law by the International Court* (CUP 1958), 343; Alexander Orakhelashvili, 'The Competence of the International Court of Justice and the Doctrine of the Indispensable Third Party: from Monetary Gold to East Timor and Beyond' (2011) 2 JIDS 373, 379; Hugh Thirlway, *The Law and Procedure of the International Court of Justice* (n 15) 812–813; Joan José Quintana (n 17) 911; Malcolm N Shaw (n 15) para 152.

88 See Zachary Mollengarden, Noam Zamir, 'The Monetary Gold Principle: Back to Basics' (2021) 115 AJIL 41, 57; Tom Sparks, 'Reassessing State Consent to Jurisdiction. The Indispensable Third Party Principle before the ICJ' (2022) 91 *Nordic Journal of International Law* 216.

89 See Pierre D'Argent, 'The Monetary Gold Principle: A Matter of Submission' (2021) 115 AJIL 149, 151; Tobias Thienel, 'Third States and the Jurisdiction of the International Court of Justice: The Monetary Gold Principle' (2014) 57 GYIL 321, 338.

90 Beatrice Bonafè (n 80) para 42.

Monetary Gold doctrine aims to safeguard.[91] To the extent that the third State does not have the stance of a party to the proceedings, in fact, it is obviously unable to submit legal arguments, to produce evidence and to introduce incidental proceedings: in a nutshell, to exercise the right to defend itself. Embracing this latter perspective, the indispensable third party doctrine has thus been read as an objection to the admissibility of the claim.[92]

A decisive turning point on the matter has been marked by the 2023 Judgment on preliminary objections to *Arbitral Award of 1899* case, where procedural issues played a crucial role in prompting the ICJ to eventually address in plain terms the legal character of the indispensable third party, as will be seen in the following paragraph.

4 Procedure as a Compass?

Rather than being a 'purely academic exercise',[93] the dichotomy between jurisdiction and admissibility brings significant implications at the procedural level either in general[94] or in specialised fields of international law.[95] The main one relates to the power of the judicial organ to make *proprio*

91 Malcolm N Shaw (ed) (n 15) para 152.

92 Elihu Lauterpacht (n 15) 504; Yuval Shany, 'Jurisdiction and Admissibility' in Cesare Romano et al (eds), *The Oxford Handbook of International Adjudication* (OUP 2013) 779, 798.

93 José Magnaye, Jurisdiction and Admissibility' in Joanna Gomula, Stephan Wittich (eds), *Research Handbook on International Procedural Law* (Edward Elgar 2024) 350, 351.

94 According to Yuval Shany, the dichotomy between jurisdiction and admissibility naturally reflects on the order of treatment of preliminary objections and, to a certain extent, also on the burden of proof. More precisely, the Author argues that it is a common judicial practice and, at the same time, a logical requirement to address issues of jurisdiction at the very outset of proceedings, moving to admissibility questions only in case of a positive assessment upon the former. As for the burden of proof, claimants are considered to bear the responsibility of proving the existence of the jurisdiction of the judicial organ filed with the claim, whereas demonstrating that the claim is admissible should lie with the respondents. See Yuval Shany, *Questions of Jurisdiction and Admissibility* (n 16) 142 ff. Both the aspects must be balanced with the judicial discretion that international courts and tribunals have in dealing with procedural matters. See Andrea Gattini (n 19).

95 Further implications may be detected in specialised fields of international law, such as investment arbitration. Art 52 of the Washington Convention provides an exhaustive list of the grounds for annulment that apply to arbitral awards, including the excess of power at paragraph 1, letter b), of the norm. So far, a mistaken decision on the matter of jurisdiction has been considered to come within the scope of the excess of power, whereas issues of admissibility of the claim have been recognised some relevance for

motu assessments. According to the competence-competence principle, which applies uniformly to international courts and tribunals,[96] the judicial organ bears the responsibility to establish its own competence before considering the merits of the case, whether the parties contested it or not.[97] In the 1972 Judgment on the *Appeal Relating to the Jurisdiction of the ICAO Council*, the ICJ stated it clearly: 'The Court must (...) always be satisfied that it has jurisdiction, and must if necessary go into that matter *proprio motu*'.[98] On the other hand, the admissibility of the claim is deemed to be subordinated to the parties' will, which is why it typically undergoes a judicial examination only upon request.[99]

As anticipated, in the case concerning *Arbitral Award of 1899*, this procedural factor turned out to be decisive in orienting the ICJ's decision on the indispensable third party doctrine. Stated differently, procedure proved to be a valid compass for qualifying preliminary objections. In particular, after having ordered the separation of questions of jurisdiction from the merits under article 79(2) of the Rules,[100] on 18 December 2020 the ICJ concluded

---

annulment purposes only when connected with a serious departure from a rule of procedure (letter d) or with a failure to state the reasons (letter e). See Jan Paulsson (n 32) 604–605; August Reinish (n 1) 134. That should not surprise considering that the jurisdictional requirements are expressly codified at art 25 of the Washington Convention, thereby an investigation upon them by the Annulment Committee results more rapid and objective than an assessment upon admissibility. *Ex multis* see *Empresas Lucchetti, S.A. and Lucchetti Peru, S.A. v The Republic of Peru*, ICSID Case No ARB/03/4, Decision on Annulment (5 September 2007), para 99. Nonetheless, there have been cases when jurisdiction and admissibility have been reserved the same treatment as for the annulment procedure. See *Urbaser S.A. and Consorcio de Aguas Bilbao Bizkaia, Bilbao Biskaia Ur Partzuergoa v The Argentine Republic*, ICSID Case No ARB/07/26, Decision on Jurisdiction (19 December 2012), para 117. Such an episode has been invoked by some authors to prove the irrelevance of the dichotomy jurisdiction-admissibility in investment arbitration. See Filippo Fontanelli, Attila Tanzi (n 27).

96 Laurence Boisson De Chazournes, 'The Principle of Compétence de la Compétence in International Adjudication and Its Role in an Era of Multiplication of Courts and Tribunals' in Mahnoush Arsanyani et al (eds), *Looking to the Future. Essays on International Law in Honour of W. Michael Reisman* (Brill Nijhoff 2011) 1027.

97 Joan José Quintana (n 17) 741. *Contra* Hugh Thirlway, *The Law and Procedure of the International Court of Justice* (n 15) 761.

98 *Appeal Relating to the Jurisdiction of the ICAO Council (India v Pakistan)* [1972] ICJ Rep 46, para 13.

99 Carlo Santulli, *Droit du contentieux international* (n 15) 220. Previously, see also Ibrahim Shihata, *The Power of the International Court to Determine Its Own Jurisdiction: Compétence de la Compétence* (Springer 1965), 110.

100 *Arbitral Award of 3 October 1899 (Guyana v Venezuela)*, Order of 19 June 2018, [2018] ICJ Rep 402, 403.

to be competent upon the claim submitted by Guyana.[101] Two years later, Venezuela, which had failed to appear before the ICJ at first, unexpectedly appointed its Agent and raised preliminary objections – basically consisting in the invocation of the *Monetary Gold* doctrine – few days before the expiration of the three-month deadline under article 79 *bis* of the Rules.

The ICJ, then, faced an unprecedented scenario as it was requested to rule upon preliminary issues two times in the same proceedings. To settle the matter, the Judgment of 6 April 2023 embraced a formal approach based on the rigorous distinction between the existence of jurisdiction and the exercise of jurisdiction. Insofar as the 2020 Judgment dealt with the existence of jurisdiction, so runs the ICJ's reasoning, its *res judicata* effect was limited exclusively to that aspect,[102] leaving it open for the parties to raise preliminary objections on the exercise of jurisdiction. Such a decision is rooted in the competence-competence principle. During the first procedural stage between 2018 and 2020, in fact, the parties did not discuss admissibility issues either formally or informally, nor the ICJ was able to address them *proprio motu*. Therefore, aside from the black letter, the 2020 Judgment could never have been interpreted as making an implicit ruling regarding the admissibility of the claim.

Setting aside the doubts on the opportunity of the Court's decision, given the possibility for Venezuela to raise its objection as a plea in bar,[103] it bears noting that such an approach compelled the ICJ to eventually take a stance on the legal character of the *Monetary Gold* doctrine, a decision which had always been carefully escaped theretofore. More precisely, the Court maintained that the absence of an indispensable third party has been typically treated as an objection that 'concerned the exercise of jurisdiction rather than the existence of jurisdiction'[104] and, thus, 'does not constitute an objection to jurisdiction'.[105] Even though the term "admissibility" is avoided by the Court, the final conclusion to be drawn from this decision is that the indispensable

101 *Arbitral Award of 3 October 1899* (*Guyana v Venezuela*) (Jurisdiction) [2020] ICJ Rep 455, para 138.

102 *Arbitral Award of 3 October 1899* (*Guyana v Venezuela*) (Preliminary Objection) [2023] ICJ Rep 262, para 70.

103 For a comment, see also Marco Dimetto, 'La discutibile "distorsione" della fase delle eccezioni preliminari nel procedimento dinanzi alla Corte internazionale di giustizia, relativo alla controversia fra Guyana e Venezuela riguardante la *Sentenza arbitrale del 3 ottobre 1899*' (2022) CV RivDirInt 1111, 1117.

104 *Arbitral Award of 3 October 1899* (n 102) para 63.

105 Ibid., para 64.

third party relies to the admissibility of the claim,[106] as Judge Iwasawa emphasised in his Declaration.[107]

Despite the *Monetary Gold* objection being admissible, the ICJ eventually rejected it. According to the Respondent, the indispensable third State in this case was the United Kingdom, since it had administered Guyana at the time of the arbitration and, so runs Venezuelan defence, was accountable for the corruption of the Tribunal's President.[108] Without even questioning whether the British legal interest was essential for the settlement of the main dispute, the 2023 Judgment on preliminary objections concluded that, by ratifying the 1966 Geneva Agreement – which was upheld by the ICJ as its title of jurisdiction – the United Kingdom actually had accepted that the dispute be brought to the Court.[109]

That said, it is reasonable to expect that the indispensable third party doctrine will bear decisive relevance in two cases currently pending before the Court and these could represent a possibility for the ICJ to confirm or review its own stance on the legal character of the objection. The first one is the case concerning the *Relocation of Embassy to Jerusalem*, introduced by Palestine on 2018 in order to claim the violation of the Vienna Convention on Consular Relations by the United States as a result of the relocation of the US embassy in Israel to the Holy City of Jerusalem.[110] Leaving aside the delicate issue of

106 Loris Marotti, 'Quali interessi protetti dal principio dell'oro monetario nell'affare relativo alla *sentenza arbitrale del ottobre 1899* (*Guyana c. Venezuela*)?' (2023) CVI RivDirInt 752, 755. For a critical appraisal, see Niccolò Ridi, 'Res Judicata and Time' in Andrea Gattini (ed), *Time and International Adjudication* (Brill Nijhoff 2025) 434, 449. In the case at hand, the ICJ's decision to qualify the indispensable third party doctrine as a matter of admissibility of the claim could be explained in the light of the "phantom" of the 2007 *Genocide Convention* Judgment on "implicit decisions". In that case, the ICJ rejected the objection to jurisdiction *ratione personae* raised by Serbia-Montenegro as a plea in bar during the merits phase with the argument that the matter had been already decided, even if only implicitly, in its previous decision of 1996 on preliminary objections. See *Application of the Convention on the Prevention and Punishment of the Crime of Genocide* (*Bosnia and Herzegovina v Serbia and Montenegro*) (Merits) [2007] ICJ Rep 43, para 132. As is well known, such an argument met with some criticism, see among others Stephan Wittich, 'Permissible Derogation from Mandatory Rules? The Problem of Party Status in the Genocide Case' (2007) 18 EJIL 591, 604 ff.

107 *Arbitral Award of 3 October 1899* (n 102) Declaration of Judge Iwasawa, para 4. *Contra* Partly Separate and Partly Dissenting Opinion of Judge *ad hoc* Couvreur, para 11.

108 *Arbitral Award of 3 October 1899* (n 102) para 77.

109 Ibid., para 107.

110 *Relocation of the United States Embassy to Jerusalem* (*Palestine v United States of America*), Application instituting proceedings, available at <www.icj-cij.org> accessed 9 April 2025.

Palestine's statehood[111] – which however should be the first preliminary objection to address – it is likely that the ICJ will apply the *Monetary Gold* doctrine as the dispute between Palestine and the United States is actually rooted in a broader one, which concerns the legality of Israel's long-standing military, legislative and administrative measures intended to incorporate the Holy City into the Israeli territory.[112] It seems quite impossible that the Court will consider the issues at stake in this case without taking into account Israeli's conduct.

The same can be said for the case concerning *Alleged Breaches of Certain International Obligations in respect of the Occupied Palestinian Territory*, where Nicaragua accuses Germany of having breached its obligations under the Genocide Convention and international humanitarian law by providing Israel with aids and military equipment for the commission of a genocide in the Gaza Strip and by suspending the financing to the UN Relief and Works Agency for Palestine in the Near East.[113] In light of the asymmetrical interdependence between the obligation to prevent genocide and the actual commission of genocide by a third State,[114] the absence of Israel from the proceedings is expected to prevent the ICJ from deciding upon the genocide claims,[115] unless the parallel proceedings on *Genocide in the Gaza Strip* will

111 On the matter, see Kawser Ahmed, 'Will the ICJ Objectively Assess the Statehood of Palestine? A Brief Reflection' (2023) 22 TLPICT 119.

112 For a broad analysis on the legal status of the Holy City of Jerusalem under international law, see Antonio Cassese, 'Legal Considerations on the International Status of Jerusalem' (1986) 3 PalYIL 13.

113 *Alleged Breaches of Certain International Obligations in respect of the Occupied Palestinian Territory* (*Nicaragua v Germany*) (Provisional Measures) [2024] ICJ Rep 560, para 2.

114 *Application of the Convention on the Prevention and Punishment of the Crime of Genocide* (*Bosnia and Herzegovina v Serbia and Montenegro*) (n 106) paras 430–432. A different outcome is instead expected for the claims concerning the obligation to ensure the respect of international humanitarian law in consideration of the fact that such an obligation is independent from the actual violations perpetuated by third States. See Marco Longobardo, 'Alleged Violations of the Duty to Ensure Respect for IHL and the Monetary Gold Principle' *EJIL Talks!* (11 March 2024) <https://www.ejiltalk.org/alleged-violations-of-the-duty-to-ensure-respect-for-ihl-and-the-monetary-gold-principle/> accessed 9 April 2025.

115 Alexander Wentker and Robert Stendel, 'Conspicuously Absent. The Indispensable Third Party Principle at the ICJ in Nicaragua v Germany' *Verfassungsblog* (13 March 2024) <https://verfassungsblog.de/conspicuously-absent/> accessed 9 April 2025.

first establish Israel's responsibility.[116] In that case, the ICJ might decide to exercise its jurisdiction assuming the genocide in Gaza as a 'given' fact.[117]

5 Conclusions

In the centenary of the 1924 *Mavrommatis* Judgment on preliminary objections, the dichotomy between jurisdiction and admissibility – sketched therein by the PCIJ – has become a cornerstone of international adjudication and reflects the difference between the existence of the adjudicative power and the appropriateness of its exercise.

Remarkably, there are still a number of fields where the border between jurisdiction and admissibility blurs, making the legal qualification ambiguous. As this contribution aimed at demonstrating, the uncertainty might descend from the features of the judicial organ's legal framework, as is the case with nationality, which qualifies as matter of admissibility in diplomatic protection proceedings while being a condition for the jurisdiction *ratione personae* in cases of prompt release before the ITLOS as well as in investment arbitration. In other circumstances, the ambiguity seems rather to be the result of the progressive development of the judicial practice, as proved by mootness, which is still included by the ICJ among the objections to admissibility notwithstanding its inherent connection with the notion of dispute, now deemed to be a condition of jurisdiction. Finally, the involvement of diverging interests could be the reason explaining the great difficulty which is sometimes encountered in labelling certain objections, as the indispensable third party one.

However, far from being a reason for questioning the dichotomy between jurisdiction and admissibility, the borderlands can be neatly mapped. International procedure proved to be a precious compass in this respect. In the *Arbitral Award of 1899* Judgment on preliminary objections, indeed, procedural exigencies compelled the ICJ to deal with the legal character of the *Monetary Gold* and ultimately to make a legal qualification of it as a matter of admissibility of the claim. It remains to be seen whether and how, in the future, the compass will guide judicial expeditions through other borderlands.

---

116 *Application of the Convention on the Prevention and Punishment of the Crime of Genocide in the Gaza Strip* (*South Africa v Israel*), Application instituting proceedings, available at <www.icj-cij.org> accessed 9 April 2025.

117 In the *East Timor* Judgement, the ICJ opened to the possibility of taking into account external factors as 'givens' to replace the need for an exam on the dispute involving the third party. See *East Timor* (n 79) para 32.

11

Out of Focus? Investment Treaty Arbitration and Privity of Contract

Martina Magnarelli

1 Introduction: When the Picture Is Not Neat

In 1947, Robert Capa (born Andrei Friedmann) published *Slightly Out of Focus*. The pages of this book record the courage, talent and wit of an icon of the last century. Its title evokes the extreme circumstances under which the photojournalist took his most impressive shots.[1]

A blurred or out-of-focus picture gives a sense of movement. This dynamism is due to the bending of lights on the lens and the optical effects of several layers overlapping and interfering with each other. Dynamism and interaction of various dimensional levels characterise also investment treaty tribunals' decisions on jurisdiction. As a blurred effect is not necessarily a flaw in a photo, but what makes it special, similarly unique is a tailored made system of ad hoc tribunals set up under different treaties that needs to tackle complex matters at different levels. Case-law might not be as consistent as that of national or international courts, but this is due to the system's complexity at different levels. What are these levels? The interaction between admissibility and jurisdiction is one;[2] other three arise from the system's inherent lack of privity.[3]

Investment treaty arbitration is arbitration without privity, because in the most classical way the disputing parties express their consent to arbitration in different manners: the state in the bilateral or multilateral investment treaty,

1 Robert Capa, *Slightly Out of Focus* (Henry Holt 1947).

2 Laurent Gouiffes and Melissa Ordonez, 'Jurisdiction and Admissibility: Are We any Closer to a Line in the Sand?' (2015) 31 *Arbitration International* 107; Christer Söderlund and Elena S Burova, 'Is There Such a Thing as Admissibility in Investment Arbitration?' (2018) 33 ICSID Review 525.

3 For a detailed analysis of privity of contract in investment treaty arbitration, see Martina Magnarelli, *Privity of Contract in International Investment Arbitration: Original Sin or Useful Tool?* (Wolters Kluwer 2020).

Martina Magnarelli, international lawyer, LL.M, Ph.D (Lausanne), executive MBA candidate (Trinity College, Dublin).

© 2026 THE AUTHOR(S) | HTTPS://DOI.ORG/10.1163/9789004766891-013

the investor when it starts arbitration proceedings.[4] This only captures one of the possible implications of the concept of privity of contract in investment treaty arbitration. When the investor or one of its subsidiaries concludes an investment contract with the central government of the host state, or more often with a state entity, or subdivision, or a public enterprise,[5] one sees the 'ripple effect' of lack of privity.

Therefore, slightly out of focus is how one may perceive case-law of investment treaty tribunals when they decide on their jurisdiction. Because these tribunals are not part of a permanent structure like domestic or international courts, their focal point is consent. Because of how this consent is expressed, the system lacks privity. Because lack of privity is key at different levels, its effects are manifold. As photography is drawing (*graphos*) with light (*photos*), this contribution aims at drawing a picture of arbitral tribunals' decisions on jurisdiction and shedding light on what sets the system apart. Section II will focus on the *twilight zone*[6] between admissibility and jurisdiction in investment treaty arbitration. Section III will provide a few frames, i.e. concrete examples, of how privity (or the lack thereof) creates a kaleidoscope of situations in investment treaty case-law. Section IV will 'capture' the main conclusions.

2 Blurred Divide between Admissibility and Jurisdiction

Investment treaty tribunals are no permanent bodies and are not part of a judicial system. They are not like the International Court of Justice, or its predecessor, the Permanent Court of International Justice. Nor are they comparable to domestic courts.[7] While the notions of admissibility and jurisdiction play a specific role for these courts, there is no indication for investment treaty

---

4 Jan Paulsson, 'Arbitration Without Privity' (1995) 10 ICSID Review 232; Martina Magnarelli (n 3) 46.

5 Martina Magnarelli (n 3) 61–92 and 131–190; Martina Magnarelli and Andreas Ziegler, 'Irreconcilable perspectives like in an Escher's drawing? Extension of an arbitration agreement to a non-signatory state and attribution of state entities' conduct: privity of contract in Swiss and investment arbitral tribunals' case law' (2020) 36 *Arbitration International* 509, 514–518.

6 Jan Paulsson, 'Jurisdiction and Admissibility' in Gerald Asken and Robert G Birner (eds), *Global Reflections on International Law, Commerce and Dispute Resolution, Liber Amicorum in Honour of Robert Briner* (ICC Publishing 2005), 601–617.

7 Saar A Pauker and Benny Winston, 'The Concept of (In)admissibility in Investment Treaty Arbitration: Limited Yet Indispensable' (2021) 36 ICSID Review 189; Christer Söderlund and Elena S Burova (n 2) 558.

tribunals as to what is a matter of admissibility and what of jurisdiction.[8] As general guidance, jurisdiction has to do with the power of a tribunal to decide a dispute, while admissibility with the claim being mature for decision.[9] A tribunal may have the authority to hear a case, because it falls *ratione materiae, ratione personae* and *ratione temporis* in its jurisdiction, but can still declare the claim inadmissible because, e.g. the cooling-off period has not elapsed, the dispute is *res judicata* or prior local remedies have not been exhausted.[10] Case-law is also not consistent, with some tribunals considering a certain issue to require a decision on jurisdiction, and others a decision on admissibility. There are even cases of decisions avoiding any qualification, given that the boundaries are so thin and uncertain.

Some commentators attempted a classification. Some have tried to find a model in national law or in the practice of international courts. But these models are too different and even the consequences of a decision on admissibility as opposed to a decision on jurisdiction are as different as day and night.[11] Differently from national court judgments, arbitral awards are subject to limited review, e.g. by an ad hoc committee under the International Centre for Settlement of Investment Disputes (ICSID) Convention or by national courts under the New York Convention on the Recognition and Enforcement of Foreign Arbitral Awards - but always for well-defined grounds.[12] These include a wrong decision on jurisdiction; but a decision on admissibility warrants no review.[13] In the absence of a clear rule in treaties and guidance from other systems, case-law alone would probably not be able to put the dividing line back to focus. Some authors even suggest that the distinction does not belong to the realm of investment treaty arbitration. In any case, even if one treats all matters having to do with a tribunal's power to decide and the

8 Christer Söderlund and Elena S Burova (n 2) 527; Laurent Gouiffes and Melissa Ordonez (n 2) 112, 114.

9 Christer Söderlund and Elena S Burova (n 2) 527; Laurent Gouiffes and Melissa Ordonez (n 2) 111.

10 Fabio G Santacroce, 'Navigating the troubled waters between jurisdiction and admissibility: an analysis of which law should govern characterization of preliminary issues in international arbitration' (2017) 33 *Arbitration International* 539, 541 and 546; Christer Söderlund and Elena S Burova (n 2) 531 ff.

11 Jan Paulsson (n 6) 603; Christer Söderlund and Elena S Burova (n 2) 527 ff; Laurent Gouiffes and Melissa Ordonez (n 2) 112 ff.

12 Jan Paulsson (n 6) 603–605; Laurent Gouiffes and Melissa Ordonez (n 2) 119.

13 Christer Söderlund and Elena S Burova (n 2) 526; Laurent Gouiffes and Melissa Ordonez (n 2) 119–120.

appropriateness of a dispute as one of jurisdiction,[14] the picture does not become clearer.

3 The Ripple Effect of Privity of Contract

Privity of contract is a common law concept dating back to the eighteenth century, based on which only an entity that is a party to a contract can sue and be sued under that contract.[15] Civil law systems know the expression *stipulatio alteri nemo potest* to express the same notion. Both in civil and common law, this fundamental rule has exceptions.[16]

In investment treaty arbitration, the exception is the rule. There is no privity in investor-state-dispute-settlement (ISDS), because the investor is not a party to the treaty that gives it the right to bring a case against the host state. This consented to arbitrate with the investors who have the nationality of the other contracting state(s) in the dispute resolution clause in the treaty. The investor expresses its consent with the filing of its request for arbitration.[17]

Investment disputes may arise not only out of acts of alleged expropriation or failure to protect the investment, but also out of investment contracts. In disputes that arise out of investment contracts – which is often the case – who are the parties to that contract is a fundamental question. At least four scenarios are imaginable: (1) the claimant, i.e. the investor, is a party to the investment contract, and so is the responding state, because the central government is the claimant's contractual counterparty; (2) the claimant's subsidiary concluded the contract with the central government; (3) the claimant itself concluded the investment contract, but with a state entity or subdivision or a public enterprise; (4) neither the claimant nor the responding state are parties to the investment contract, because the claimant's subsidiary concluded it with a state entity, subdivision or state enterprise.[18]

A study of case-law reveals that when there is no identity between the parties in dispute and the contractual parties on the investor's side, tribunals need to examine a series of factors to establish if subsidiaries are sufficiently close to the claimant, to overcome the lack of privity.[19] When privity lacks on

---

14 Saar A Pauker and Benny Winston (n 7) 190.

15 Martina Magnarelli (n 3) 43.

16 Ibid., 44–45.

17 Jan Paulsson (n 4) 232–257; Martina Magnarelli (n 3) 46.

18 Martina Magnarelli (n 3) 17–20, 72ff; Martina Magnarelli and Andreas Ziegler (n 5) 515–518.

19 Martina Magnarelli (n 3) 28–33, 65, 187–190.

the state's side, instead, it is often a matter of application of the International Law Commission's Draft Articles on Responsibility of States for Internationally Wrongful Acts (Draft Articles).[20]

Even before venturing into this distinction, tribunals need to manoeuvre carefully along another uncertain dividing line: the one between contract-based and treaty-based disputes. This is the subject of Section 3.1, lack of privity on the investor's side is treated under Section 3.2 and on the host State's side under Section 3.3.

3.1 Intersect between Contract and Treaty Claims

It is essential for tribunals to determine whether the conduct that the investor alleges is in breach of the investment treaty triggers the international responsibility of the host state or remains a purely contractual matter.[21] Case-law identified criteria to distinguish between these two situations that, although polarly different in ontological terms, are not easy to separate in practice. Did the government or a state entity (allegedly) breach the contract in the exercise of sovereign prerogatives, or did it act as any other contracting party? Did its action or omission constitute, for example, an unlawful expropriation sanctioned under the treaty?

In 2002, the Annulment Committee in *Vivendi v Argentina* stressed that an investment contract and an investment treaty are regulated by different laws – domestic law and international law, respectively – and give rise to different types of responsibility. Under article 3 Draft Articles, a state act is internationally wrong if it violates international rules, regardless of whether it is lawful under domestic law. Hence, the Annulment Committee held that:

> Whether there has been a breach of the BIT and whether there has been a breach of a contract are different questions. Each of these claims will be determined by reference to its own proper or applicable law – in the case of the BIT, by international law; in the case of the Concession Contract, by the proper law of the contract.[22]

20 Ibid., 66 ff; Martina Magnarelli and Andreas Ziegler (n 5) 515–519.

21 Martina Magnarelli (n 3) 64.

22 *Compañía de Aguas del Aconquija S.A. and Vivendi Universal S.A. v The Argentine Republic* (formerly Compañía de Aguas del Aconquija S.A. and Compagnie Générale des Eaux v The Argentine Republic), ICSID Case No ARB/97/3, Decision on Annulment (3 July 2002) para 96.

Therefore, unless specific treaty guarantees are violated, a mere non-performance of contractual obligations by the state will remain a domestic matter subject to the jurisdiction of national courts.[23]

The tribunals in *Impregilo v Pakistan* and *Siemens v Argentina* went a step further and looked at the state's alleged action. Because only a state interfering with a contract in the exercise of 'the specific functions of a sovereign authority' goes 'beyond its role as a mere party to the contract'[24] and 'involve[s] State interference with the operation of the contract',[25] the exercise of 'puissance publique' becomes key.[26] This is because:

> In order that the alleged breach of contract may constitute a violation of the BIT, it must be the result of behavior going beyond that which an ordinary contracting party could adopt. Only the state in the exercise of its sovereign authority ("puissance publique"), and not as a contracting party, may breach the obligations assumed under the BIT.[27]

In other words, treaty and contract claims may overlap in practice, but remain distinct.[28]

3.2 Privity of Contract on the Investor's Side

Two other layers that overlap and blur into each other, are indirect investments and investments too remote from the investor for the tribunal to uphold jurisdiction. Because it may happen that the investor invested in a local company that in turn concluded a contract with the host state, is that enough to conclude that the investor has no claim under the treaty? Or if there are multiple corporations between the investor and the company that con-

23 Martina Magnarelli (n 3) 64.

24 *Impregilo S.p.A. v The Islamic Republic of Pakistan*, ICSID Case No ARB/03/3, Decision on Jurisdiction (22 April 2005) para 278; Martina Magnarelli (n 3) 64.

25 *Siemens A.G. v The Argentine Republic*, ICSID Case No ARB/02/8, Award (6 February 2007) paras 247, 160.

26 *Impregilo S.p.A. v The Islamic Republic of Pakistan* (n 24) para 278; Martina Magnarelli (n 3) 64.

27 *Impregilo S.p.A. v The Islamic Republic of Pakistan* (n 24) para 260; Martina Magnarelli (n 3) 64; Martina Magnarelli and Andreas Ziegler (n 5) 517.

28 *Impregilo S.p.A. v The Islamic Republic of Pakistan* (n 24) para 258; Martina Magnarelli (n 3) 138.

cluded the investment contract, where is the right point to stop and decide that the investor does not have an investment under the treaty?[29]

The decisions in *Azurix v Argentina, Siemens v Argentina* and *Impregilo v Pakistan* shed some light. The *Azurix* tribunal affirmed jurisdiction, even if it was the investor's subsidiary ABA that concluded the contract with the province of Buenos Aires. The tribunal relied on the treaty definition of investment, which included both a 'company' and 'shares of stock' as well as 'any right conferred by law or contract'.[30] It concluded that provided there is direct or indirect ownership or control, 'rights under a contract held by a local company constitute an investment protected by the BIT'.[31] However, the tribunal dismissed the umbrella clause claim because the parties to the contract did not coincide with the disputing parties. Although it left open the question as to whether the conduct of the province could be attributed to the state, the fact remained that ABA and not Azurix concluded the contract on the investor's side.[32]

The *Siemens* tribunal similarly looked at treaty language to assess whether it had jurisdiction, given that Siemens wholly owned SNI (Siemens Nixdorf Informationssysteme AG), which in turn held shares in the local corporation SITS (Siemens IT Services S.A.). This was established to participate in the bidding process organised by the host state. Due to the absence of any distinction between direct and indirect investment in the Argentina–Germany BIT, for the tribunal Siemens had *locus standi*.[33]

In *Impregilo v Pakistan*, instead, the tribunal found that Impregilo could not advance claims on behalf of the other participants in the joint venture GBC that concluded the concession contracts with the state entity WAPDA. The tribunal stressed that of the three joint venture partners (a) none was an investor under the treaty, and (b) only one out of three met the nationality requirement. For the tribunal, the fact that Impregilo had the power to advance claims on behalf of its joint venture partners as a matter of domestic

29 *Enron Corporation and Poderosa Assets, L.P. v The Argentine Republic* (also known as Enron Creditors Recovery Corp. and Ponderosa Assets, L.P. v The Argentine Republic), ICSID Case No ARB/01/3, Decision on Jurisdiction (14 January 2004) paras 21, 45–56, 55–56; Martina Magnarelli (n 3) 54–58; Martina Magnarelli and Andreas Ziegler (n 5) 515–518.

30 *Azurix Corp. v The Argentine Republic*, ICSID Case No ARB/01/12, Decision on Jurisdiction (8 December 2003) paras 62–65; Martina Magnarelli (n 3) 50.

31 *Azurix Corp. v The Argentine Republic* (n 30) para 63; Martina Magnarelli (n 3) 50.

32 *Azurix Corp. v The Argentine Republic*, ICSID Case No ARB/01/12, Award (14 July 2006) para 384; Martina Magnarelli (n 3) 154.

33 *Siemens A.G. v The Argentine Republic*, ICSID Case No ARB/02/8, Decision on Jurisdiction (3 August 2004) paras 142–144; Martina Magnarelli (n 3) 77.

contractual law, had no impact on the scope of Pakistan's consent to arbitration under the treaty.[34]

These few examples demonstrate that tribunals undertake a case-by-case assessment and rely on an array of criteria to establish whether they have jurisdiction when there is no identity between the contractual party on the investor side and the investor raising the claim under the treaty. Case-law examines treaty language and evaluates the specific factual circumstances. Treaty language can vary extensively from one treaty to another, so can the conditions that give rise to the dispute. Therefore, case-law may not provide a neat picture at first sight, but by looking more carefully one can distinguish the various layers that compose this bokeh effect image.[35]

3.3 Rules of Attribution on the State's Side

Tribunals often need to assess whether the conduct of state entities is attributable to the state, because without privity and without attribution the investor cannot hold the state accountable under the treaty.[36] Case-law finds guidance in the Draft Articles, which codify customary international rules of attribution. Given that the Draft Articles define criteria for attribution of conduct that rest on the collocation of a subject within the state structure and the functions it exercises, tribunals developed structural and functional tests.[37] Although these tests look simple at first glimpse, their application relies on heavy fact-finding. Tribunals consider a series of circumstances and assess whether overall they weigh in favour of establishing attribution or not – and the boundaries are again blurred.

When the investor challenges the conduct of a state organ, the bar is relatively low because under article 4 Draft Articles their conduct is attributable to the state irrespective of whether they belong to the legislative, the executive or the judiciary. Yet, the divide may still be uncertain. Under article 4(2) Draft Articles state organs 'include' entities that have state organ status under national law. But, as confirmed by the *travaux préparatoires*, states cannot avoid international responsibility. Therefore, an interpreter needs to

34 *Impregilo S.p.A. v The Islamic Republic of Pakistan* (n 24) paras. 69, 119–121, 131–139; Martina Magnarelli (n 3) 52–53.

35 Martina Magnarelli (n 3) 61–92, 131–190.

36 Ibid., 69–70; Martina Magnarelli and Andreas Ziegler (n 5) 517–518.

37 Martina Magnarelli (n 3) 66 ff; Martina Magnarelli and Andreas Ziegler (n 5) 518.

delve deeper to avoid that a state that cloaks governmental functions on entities other than state organs escapes international liability.[38]

Under article 5 Daft Articles, the act of an entity or person that is not a state organ, but exercises 'elements of governmental authority', is an act of the state if the entity or person acts in that capacity in the specific circumstance. Under article 8 Draft Articles, the conduct of a person or group of persons acting under the instructions of or under the direction or control of the state, shall also be considered an act of the state.[39] On this basis, in *Maffezzini v Spain* the tribunal applied a structural and functional test. It examined the state's involvement in the establishment, administration and control of the public corporation Sociedad para el Desarollo Industrial de Galicia (SODIGA), along with its functions. These could involve the exercise of public powers or relate to matters of general public concern. The tribunal concluded that SODIGA met both tests.[40]

Similar investigations are at times so fact-based that tribunals devolve the decision to the merits stage. In *Salini v Jordan*, for example, the tribunal found that

> [u]nder the Jordanian law, the legal personality of the JVA [Jordanian Valley Authority] is distinct from that of the Jordanian State; accordingly, it cannot be

38 ILC, 'Draft Articles on Responsibility of States for Internationally Wrongful Acts, with commentaries', *Yearbook of the International Law Commission*, vol II(2) (2001) 31, 42, art 4: '1. The conduct of any State organ shall be considered an act of that State under international law, whether the organ exercises legislative, executive, judicial or any other functions, whatever position it holds in the organization of the State, and whatever its character as an organ of the central Government or of a territorial unit of the State. 2. An organ includes any person or entity which has that status in accordance with the internal law of the State'; Martina Magnarelli (n 3) 66–67.

39 ILC (n 38) 42, art 5: 'The conduct of a person or entity which is not an organ of the State under article but which is empowered by the law of that State to exercise elements of the governmental authority shall be considered an act of the State under international law, provided the person or entity is acting in that capacity in the particular instance'; *ibid* 47, art 8: 'The conduct of a person or group of persons shall be considered an act of a State under international law if the person or group of persons is in fact acting on the instructions of, or under the direction or control of, that State in carrying out the conduct'; Martina Magnarelli (n 3) 67–68.

40 *Emilio Agustín Maffezini v The Kingdom of Spain*, ICSID Case No ARB/97/7, Decision of the Tribunal on Objections to Jurisdiction (25 January 2000) paras 75–89; Martina Magnarelli (n 3) 68.

> ruled out that Jordan might not be held responsible for JVA's breaches of contract.[41]

In the end, for the *Salini* tribunal the circumstance that the JVA was responsible for the development, exploitation and safeguard of water resources was a key factor. It was more important than the structural aspect of being JVA an integral part of the state and having its decision-making bodies subject to government control.[42] In *Bayindir v Pakistan*, it was instead crucial, not that the National Highway Authority with which the investor concluded a construction contract had by statute the power to exercise elements of governmental authority, but that it did not make use of them in the concrete case.[43]

Therefore, the development of clear rules helps tribunals find guidance, but every singly decision caters to the facts of the individual case. Like for the lack of privity on the investor's side, clear rules provide the first hint. But the conclusion of the tribunal as to whether it has or not jurisdictions rests on the specific circumstances of the case. These, overall considered, may lend support to either declining or affirming jurisdiction, but again there is no clear-cut distinction.

4 Conclusion: Flawed or Unique Picture?

Light can be bright, can be intense, can be dim. It can bring clarity or create atmosphere. It can create iconic images. Whether neat or with blurred effect, a picture captures a unique combination of circumstances and turns it into something else: a valuable piece of art. Similarly, ISDS is a species of its own, which provides a solution to disputes arising from the combination of specific treaty provisions and determined factual circumstances. It serves the purpose of solving a wide array of disputes between actors that would otherwise have

41 *Salini Costruttori S.p.A. and Italstrade S.p.A. v The Hashemite Kingdom of Jordan*, ICSID Case No ARB/02/13, Decision on Jurisdiction (4 November 2004) para 157; Martina Magnarelli (n 3) 68.

42 *Salini Costruttori S.p.A. and Italstrade S.p.A. v The Hashemite Kingdom of Jordan* (n 41) paras 172–173; Martina Magnarelli (n 3) 68.

43 *Bayindir Insaat Turizm Ticaret Ve Sanayi A.S. v Islamic Republic of Pakistan*, ICSID Case No ARB/03/29, Decision on Jurisdiction (14 November 2005) paras 180–3; *Bayindir Insaat Turizm Ticaret Ve Sanayi A.S. v Islamic Republic of Pakistan*, ICSID Case No ARB/03/29, Award (27 August 2009) paras 111–130; Martina Magnarelli (n 3) 71.

no direct action at international level and states that would get embroiled in political implications.[44]

The system is crafted as such that tribunals bear the responsibility to make clarity where different layers intersect and overlap. They draw lines where the law, be it customary international rules or treaty provisions, provide only guidance in a nebulous area. What may be perceived as a flaw is what makes it unique. No matter from what angle one looks at it, or how many different elements or levels fade into each other, the focal point remains consent – to a tailor-made means of dispute resolution.

There is no clear diving line between admissibility and jurisdictional issues. There are no clear boundaries between an indirect investment and no investment under the treaty, when there is no privity on the investor's side. Same with a conduct that is attributable to the state and one that is not, when privity lacks on the state's side. In the first case, the distinction is out of focus because ad hoc tribunals are not part of a system like local courts and are not permanent like international courts.[45] Hence, they cannot build a consistent line of jurisprudence. In the case of lack of privity, it is a matter of application of the law to facts that can be extremely diverse.[46] This creates a hazy and colourful background, which does not interfere but rather gives prominence to the main subject of this picture: consent.

44 See Ernst-Ulrich Petersmann, 'Dispute Settlement in International Economic Law: Lessons for Strengthening International Dispute Settlement in Non-economic Areas' (1999) 2 JIEL 189, 190–199, 224–235; Martina Magnarelli (n 3) 187.

45 Jan Paulsson (n 6) 603; Christer Söderlund and Elena S. Burova (n 2) 558; Saar A Pauker and Benny Winston (n 7) 190.

46 Martina Magnarelli (n 3) 186–190.

12

Diplomatic Protection and Access to Justice: Is There a Role for Diplomatic Protection When Individuals Have Direct Access to International Arbitration?

Rodrigo Polanco

1 Introduction: The Restriction of Diplomatic Protection in ISDS

The explosive boom in investor-state dispute settlement (ISDS) over the past few decades – with at least 1463 reported disputes[1] to date – may lead one to ask what the role of diplomatic protection is in a time of direct access for individuals to international justice.

It has even been suggested that diplomatic protection has become superfluous in investor-state disputes. In the *Diallo* case, the International Court of Justice (ICJ) declared an application inadmissible for violating the rights of two companies registered under the laws of Zaire (now Democratic Republic of Congo), where Mr Diallo was the manager and shareholder. The ICJ held that 'in contemporary international law, the protection of the rights of companies and the rights of their shareholders, and the settlement of the associated disputes, are essentially governed by bilateral or multilateral agreements for the protection of foreign investments and not by diplomatic protection'. Moreover, the Court declared that 'the role of diplomatic protection somewhat faded, as in practice recourse is only made to it in rare cases where treaty regimes do not exist or have proved inoperative'. Thus, protection 'by substitution' appears to be the very last resort for the defence of foreign investments,

1 UNCTAD, 'Investment Dispute Settlement Navigator', *Investment Policy Hub*, 31 December 2025, https://investmentpolicy.unctad.org/investment-dispute-settlement accessed 22 June 2026.

Rodrigo Polanco, Senior Lecturer and Researcher, World Trade Institute – University of Bern; Legal Advisor, Swiss Institute of Comparative Law

© 2026 THE AUTHOR(S) | HTTPS://DOI.ORG/10.1163/9789004766891-014

and it would be admissible only if such companies could not rely on the benefit of an international treaty and no other remedy is available to them.[2]

In practice, ISDS now overshadows the recourse to diplomatic protection, which is perceived as a residual mechanism for the settlement of investment disputes, 'to be resorted to in the absence of other arrangements recognizing the direct right of action by individuals'.[3] Yet, even if the potential for using diplomatic protection to settle investment disputes has been drastically reduced, it has not been eliminated entirely.[4]

This residual character does not stem from the international investment agreements (IIAs), as very few treaties contain explicit exclusions of diplomatic protection. However, in some cases, the exclusion is explicit, notably in the International Centre for Settlement of Investment Disputes (ICSID) Convention article 27(1): 'No Contracting State shall give diplomatic protection, or bring an international claim, in respect of a dispute which one of its nationals and another Contracting State shall have consented to submit or shall have submitted to arbitration under this Convention […]'. In the words of the tribunal in *Banro v Democratic Republic of Congo*: '[…] once ICSID arbitration is available for settling a dispute related to a foreign private investment, diplomatic protection is excluded: the investor no longer has the right to seek diplomatic protection, and the investor's home State no longer has the right to grant the investor diplomatic protection'.[5]

It is important to note that the ICSID Convention prohibits diplomatic protection only after the investor has submitted or agreed to submit the dispute to arbitration. Thus, the suspension of diplomatic protection only applies from the moment of mutual consent of the parties to the dispute.[6] Only two exceptions to this rule are envisaged. First, under article 27(1), the home state could resort to diplomatic protection if the other contracting state has 'failed to abide by and comply with the award rendered in such dispute'. Second, under article 27(2), diplomatic protection 'shall not include

2 *Ahmadou Sadio Diallo* (*Republic of Guinea v. Democratic Republic of the Congo*) (Preliminary Objections) [2007] ICJ Rep 582, 614–615 [88].

3 *CMS Gas Transmission Company v The Republic of Argentina* (2003) 42 ILM 788, 795 [45].

4 Christoph Schreuer, 'Investment Protection and International Relations', in August Reinisch and Ursula Kriebaum (eds), *The Law of International Relations: Liber Amicorum Hanspeter Neuhold* (Eleven International 2007), 345, 354.

5 *Banro American Resources, Inc. and Societe Aurifere Du Kivu et Du Maniema S.A.R.L. v Democratic Republic of Congo*, ICSID Case No. ARB/98/7, Award of the Tribunal, 1 September 2000, in (2002) 17 *ICSID Review* 382, [15].

6 Martins Paparinskis, 'Investment Arbitration and the Law of Countermeasures' (2008) 79 BYIL 264, 265, 306.

informal diplomatic exchanges for the sole purpose of facilitating a settlement of the dispute'.

A general limitation is also largely absent in other ISDS arbitral rules, although they contain some specific restrictions. Under article 5 of the United Nations Commission on International Trade Law (UNCITRAL) Rules on Transparency in Treaty-based Investor-State Arbitration, the arbitral tribunal needs to avoid non-disputing state parties submissions (NDSPS) appearing to support investor's claim in a manner tantamount to diplomatic protection.[7] A similar provision is included in article 4 of the 2023 Stockholm Chamber of Commerce (SCC) Arbitration Rules.[8]

According to the Electronic Database of Investment Treaties (EDIT), among over 4000 IIAs, we find only 141 other agreements that restrict the use of diplomatic protection, 101 bilateral investment treaties (BITs), of which 74 are in force, and 36 other treaties with investment provisions (TIPs), of which 30 are in force.[9] Four Model BITs include the same restriction. Such provisions largely follow the ICSID Model. Switzerland, Japan, Colombia, India, and Singapore are the countries that have included this type of clause more often in their IIAs.

As diplomatic protection and ISDS claims are, in essence, different from each other, no general rule of international law excludes the parallel use of diplomatic protection in the presence of an ISDS claim.

If the home state agrees to intervene in an investment dispute, its claim would not have the same characteristics as the claim brought by the investor for two reasons. First, ISDS claims are brought directly by an investor without the consent of its home state, whereas diplomatic claims are brought by and at the discretion of the home state, which has functional control over the claim.[10] Second, when damages are awarded in ISDS, they are calculated based on the damage suffered by the investors and paid directly to them, unlike in diplomatic protection claims, where any compensation is calculated taking into account other considerations – such as the nature of the international obliga-

---

7 UNCITRAL, 'Report of the United Nations Commission on International Trade Law on the Work of its 46th Session', 8–26 July 2013, UN Doc. A/68/17, 81 ff.

8 SCC Arbitration Institute, 'SCC Arbitration Rules (2023)' (*SCC Rules*, 2023) https://sccarbitrationinstitute.se/en/resource-library/rules-and-policies/scc-rules accessed 22 June 2026.

9 Wolfgang Alschner, Manfred Elsig and Rodrigo Polanco, 'Introducing the Electronic Database of Investment Treaties (EDIT): The Genesis of a New Database and Its Use', (2021) 20 *World Trade Review* 73.

10 Zachary Douglas, 'The Hybrid Foundations of Investment Treaty Arbitration', (2003) 74 BYIL 151, 169.

tion breached and paid to the investor's home state, which has no general obligation to pay the sums received to its nationals.[11]

This does not mean that the two claims would be closely related. As the ICJ held in *Certain Iranian Assets*, in some situations, the claims of both the home state and its nationals may be so interdependent as to obviate the need to exhaust domestic remedies, unless the state's claim is based 'predominantly' on an injury to one of its nationals.[12]

Thus, in principle, diplomatic protection and ISDS are not mutually exclusive categories unless an explicit exclusion exists in a treaty.[13] Even if we accept that diplomatic protection has become residual, this does not mean that home states are entirely excluded from resolving investment disputes in the presence of ISDS.

In the following sections, we will examine possible avenues for using diplomatic protection during ISDS or to facilitate the enforcement of an ISDS award.

2 Use of Diplomatic Protection during Investor-State Arbitration?

2.1 Consular Assistance/Diplomatic Action

Home States regularly engage in consular and diplomatic activities to assist their nationals in economic activities in foreign states. These actions may include assistance with investment-related matters such as the purchase of real estate, the granting of concessions, and legal defence arrangements.

There are important differences between consular assistance and diplomatic protection. The former has traditionally been distinguished from diplomatic protection because it is preventive in nature, does not necessarily depend on a violation of international law, and is not adversarial when directed against a state.[14] Because of its remedial nature, diplomatic protection

11 Kate Parlett, 'Diplomatic Protection and Investment Arbitration', in Rainer Hofmann and Christian J Tams (eds), *International Investment Law and General International Law: From Clinical Isolation to Systemic Integration?* (Nomos 2011), 215–216.

12 *Certain Iranian Assets* (*Islamic Republic of Iran v. United States of America*) (Judgment) [2023] ICJ Rep 51, 63–66.

13 *Loewen Group, Inc. and Raymond L. Loewen v United States of America*, ICSID Case No. ARB(AF)/98/3, Reply of the United States of America to the Counter-Memorial of the Loewen Group, Inc. on Matters of Jurisdiction and Competence, 26 April 2002, 38.

14 Chittharanjan F Amerasinghe, *Diplomatic Protection* (OUP 2008) 45–46.

has often been considered to include judicial proceedings and extrajudicial interventions on behalf of nationals, generally regarded as consular assistance. However, diplomatic action is not limited to international judicial or arbitral proceedings.[15]

But these differences are not always readily apparent. According to article 3 (1)(b) of the Vienna Convention on Diplomatic Relations (VCDR),[16] one of the functions of a diplomatic mission is to protect in the receiving state the interests of the sending state and its nationals within the limits permitted by international law. This is also included as part of the consular function in article 5(a) and (e) of the Vienna Convention on Consular Relations (VCCR),[17] together with the help and assistance to nationals, a concept that comprises both individuals and legal entities ('bodies corporate'). In practice, the boundaries are further blurred, as a diplomatic mission may provide both consular assistance and diplomatic protection. The problem is not defining consular assistance, but determining which actions are part of diplomatic protection and not consular assistance.[18] There is no consensus on which actions one state takes towards another constitute diplomatic protection and which do not.[19]

Article 1 of the International Law Commission (ILC) Draft Articles on Diplomatic Protection defines it as 'the invocation by a State, through diplomatic action or other means of peaceful settlement, of the responsibility of another State for an injury caused by an internationally wrongful act of that State to a natural or legal person that is a national of the former State with a view to the implementation of such responsibility'.[20]

The commentary to ILC draft article 1 explains that 'diplomatic action' covers 'all the lawful procedures employed by a state to inform another state of its views and concerns, including protest, request for an inquiry or for nego-

---

15 Annemarieke Vermeer-Künzli, *The Protection of Individuals by Means of Diplomatic Protection Diplomatic Protection as a Human Rights Instrument* (DPhil thesis, Leiden University 2007) 67–69.

16 Vienna Convention on Diplomatic Relations (adopted 18 April 1961, entered into force 24 April 1964) 500 UNTS 95.

17 Vienna Convention on Consular Relations (adopted 24 April 1963, entered into force 19 March 1967) 596 UNTS 261.

18 Vermeer-Künzli (n 15) 68, 80.

19 Craig Forcese, 'Shelter from the Storm: Rethinking Diplomatic Protection of Dual Nationals in Modern International Law' (2005) 37 *George Washington International Law Review*, 469, 473.

20 ILC, 'Report of the International Law Commission on the Work of its 58th Session' (1 May–9 June and 3 July–11 August 2006), UN Doc. A/61/10, 16 ff.

tiations aimed at the settlement of disputes'.[21] Therefore, diplomatic action encompasses more than just adjudication and includes demarches and all other kinds of diplomatic protests beyond the stage of consular assistance.[22]

Consular assistance could then evolve into diplomatic protection, depending on the escalation of measures adopted by the home state. But again, the dividing line is not always clear. There are several examples of actions taken by home states that could qualify as diplomatic protection 'for the sole purpose of facilitating a settlement of the dispute', especially if such diplomatic action takes place in parallel to investor-state arbitration.

In the cases brought in 2003–2004 against India by the controversial *Dabhol Power Corporation* – owned by three major American companies (Enron, General Electric and Bechtel) – after the project collapsed following several disputes concerning the construction of natural gas–fired electricity plants,[23] the United States actively participated in facilitating the settlement of the dispute, with the use of diplomatic pressure. Parallel to the arbitrations initiated under contracts and BITs concluded by India with other third countries (Mauritius, UK, Austria, France, Switzerland, and the Netherlands), high-level talks in favour of the company took place, and even an inter-agency 'Dabhol Working Group' was instituted. The combined effects of arbitration and diplomatic presume came to fruition, and all the cases were settled in July 2005 on confidential terms.[24]

In *Fraport v Philippines*, a case brought by a German company that held rights under a concession for building and operating an airport terminal, the German Government decided in 2011 to withhold US$61 million in development aid to fight HIV/AIDS and tuberculosis in the Philippines until the dispute was solved.[25] At the time of the German intervention, an award by an

21 Ibid., 27.

22 Vermeer-Künzli (n 15) 77–78.

23 Gus van Harten, 'TWAIL and the Dabhol Arbitration' (2011) *Comparative Research in Law & Political Economy* 19/2011https://digitalcommons.osgoode.yorku.ca/cgi/viewcontent.cgi?referer=&httpsredir=1&article=1057&context=clpe accessed 22 June 2026.

24 Geoffrey Gertz, 'The International Investment Regime Is Stronger Than You Think: Understanding the interplay of diplomatic, insurance and legal approaches for protecting FDI' (2015) *Global Economic Governance Programme*, University of Oxford, Working Paper 2015/96, 15–18, https://www.econstor.eu/bitstream/10419/196356/1/GEG-WP-096.pdf accessed 22 June 2026.

25 *Fraport AG Frankfurt Airport Services Worldwide v The Republic of the Philippines*, ICSID Case No. ARB/03/25, Award, 16 August 2007.

ICSID arbitral tribunal declining jurisdiction had been annulled.[26] A new case was re-submitted in April 2011, and another award in December 2014 also found that it lacked jurisdiction over Fraport's claims.[27]

On 17 April 2012, Argentina announced the expropriation of 51% of the shares of Repsol-YPF S.A, controlled by the Spanish energy company Repsol, for failing to develop energy in Argentina and instead using its profits to invest abroad. Repsol countered that the decline in the development of energy exploration projects and oil production derived from government controls on domestic oil and gas prices and export restrictions.[28] Spain described expropriation as an aggression against its interests and threatened to retaliate directly against Argentina, involving the European Union (EU).[29] It restricted shipments of biodiesel from Argentina for eight months.[30] In December 2012, Spain and the EU urged the members of the OECD to find that Argentina was not complying with the national treatment provisions of the OECD Declaration on International Investment and Multinational Enterprises.[31] In April 2014, an agreement was reached between the disputing parties, whereby Repsol received USD 5 billion in bonds for its lost shareholding and agreed that any dispute arising out of or in connection with the settlement agreement would be resolved exclusively by arbitration under UNCITRAL rules.[32]

Another type of diplomatic pressure is persuading the host state to agree to arbitration. In *Compañía del Desarrollo Santa Elena v Costa Rica*, the investor's home state (the US) pressured Costa Rica to agree to arbitration by invoking the 'Helms Amendment', which prohibits foreign aid to any country that has expropriated the property of US citizens or companies at least 50% owned by

---

26 *Fraport AG Frankfurt Airport Services Worldwide v The Republic of the Philippines*, ICSID Case No. ARB/03/25, Decision on the Application for Annulment of Fraport AG Frankfurt Airport Services Worldwide, 23 December 2010.

27 *Fraport AG Frankfurt Airport Services Worldwide v Republic of the Philippines*, ICSID Case No. ARB/11/12, Award, 22 June 2026.

28 Susan A Aaronson, 'A Fresh Approach to International Investment Rules' (2014) Progressive Policy Institute, https://www.progressivepolicy.org/publication/a-fresh-approach-to-international-investment-rules/ accessed 22 June 2026.

29 Fiona Ortiz, 'Spain Has Few Ways to Pressure Argentina over YPF', *Reuters*, Madrid, 23 April 2012, https://www.reuters.com/article/idUSL6E8FIEZA/ accessed 22 June 2026.

30 Aaronson (n 28) 3–4.

31 Luke E. Peterson, 'As Repsol Files Arbitration against Argentina, Row Erupts over Alleged 'Diplomatic Protection' by Spain and the EU', *Investment Arbitration Reporter*, 5 December 2012, https://www.iareporter.com/articles/as-repsol-files-arbitration-against-argentina-row-erupts-over-alleged-diplomatic-protection-by-spain-and-the-eu/ accessed 22 June 2026.

32 Repsol-Argentina Settlement Agreement, April 2014, *Investment Arbitration Reporter*, 30 April 2014, http://www.iareporter.com/downloads/20140430 accessed 22 June 2026.

US citizens, unless that state has taken remedial action.[33] The US demanded that an Inter-American Development Bank loan of US$175,000,000 to Costa Rica be delayed until the country agreed to ICSID jurisdiction,[34] which Costa Rica eventually did. Astonishingly, this fact is recognised in the final award.[35]

2.2 Non-disputing State Party Submissions

Investor-state arbitration is a dispute settlement procedure that resolves claims brought by an investor against a host state for alleged breaches of an international agreement concluded between the host state and the investor's home state. In principle, third parties, including the investor's home state, are not involved in the arbitration. However, certain IIAs and arbitration rules include provisions expressly permitting the non-disputing state party to the treaty to make oral or written submissions to the arbitral tribunal (NDSPS).[36]

Today, there are more than 150 IIAs with express rules on the participation of NDSP, most of them being investment chapters of free trade agreements (FTAs), although there is an increase in BITs that include them.[37] Initially, the main arbitral rules applicable to investor-state arbitrations did not allow NDSPS. However, they are now considered in the amended 2013 UNCITRAL Arbitration Rules[38] and the 2022 ICSID Arbitration Rules.[39]

The 1992 North American Free Trade Agreement (NAFTA) was the first treaty to formally include this tool, recognising the systemic interest of each contracting party in interpreting the agreement.[40] Subsequently, Canada, Mexico, and the US have regularly included this mechanism in trade agree-

33 Office of the Law Revision Counsel House (U.S.), *United States Code, 2000, V. 12: Title 22, Foreign Relations and Intercourse* (2002), 722.

34 Jorge E Viñuales and Dolores Bentolila, 'The Use of Alternative (Non-Judicial) Means to Enforce Investment Awards against States', in Laurence Boisson de Chazournes, Marcelo G Kohen and Jorge E Viñuales (eds), *Diplomatic and Judicial Means of Dispute Settlement* (Brill 2012) 247, 270.

35 *Compañía del Desarrollo de Santa Elena S.A. v Republic of Costa Rica*, in (2000) 39 ILM 1317, 1322 [24–26].

36 Daniel Ang Wei En and others, 'An Empirical Study on the Effectiveness of Non-Disputing State Party Submissions' (2020) Centre for International Law, National University of Singapore, https://tradelab.org/wp-content/uploads/2024/01/An-Empirical-Study-on-the-Effectiveness-of-Non-Disputing-State-Party-Submissions.pdf accessed 22 June 2026.

37 Alschner, Elsig and Polanco (n 9).

38 UNCITRAL (n 7) arts 4 and 5.

39 ICSID Convention Arbitration Rules (2022), Rule 68.

40 NAFTA, arts 1127–29.

ments.[41] The prevalence of this mechanism in FTAs has been explained by the fact that disputes are more likely to arise in regional treaties where a state expects to be a 'recurring actor' in investment disputes and has a greater interest in influencing the interpretation of the agreement for future cases, even if it does not participate as a respondent state.[42] The first BIT to include NDSPS was signed 13 years after NAFTA: the US-Uruguay BIT (2005).

For Kaufmann-Kohler, there is a risk of a covert return of diplomatic protection if these interventions are not aimed at providing an interpretation of the treaty, but to 'allow the investor's home state to run in aid of its national in an ongoing arbitration by pleading the facts in dispute'. Tribunals should reject submissions that exceed those limits, either because there is an express prohibition on the use of diplomatic protection or, in the absence, because such kind of intervention would go against the general framework of ISDS.[43] For Alschner, fears of a return to diplomatic protection through NDSPS are overstated, because aside from some technical differences – e.g. no exhaustion of local remedies is needed – these interventions occur as a part of 'structured, legal proceedings rather than discretionary and potentially politicized diplomatic consultations'.[44]

In the discussion of the 2014 UNCITRAL Rules on Transparency in ISDS, there were concerns about using these submissions supporting investors' claims in a manner tantamount to diplomatic protection.[45] Ultimately, it will be up to the tribunal to determine if NDSPS correspond to diplomatic protection, and if they are not allowed under the applicable law and dispute settlement rules.

Generally, when a state uses NDSPS, it declares that it 'takes no position on how the interpretive positions it offers apply to the facts of this case', and that 'no inference should be drawn from the absence of comment on any issue'. In reality, some of these interventions go beyond a mere legal interpretation and touch indirectly specific facts of the case, through the rejection of the claim-

41 For example, Colombia-Mexico FTA (1994), Annex 17-16; Canada-Chile FTA (1996), arts G-29, G-30; CAFTA-DR (2004), arts 10.20.2, 10.21.1.

42 Wolfgang Alschner, 'The Return of the Home State and the Rise of 'Embedded' Investor-State Arbitration', in Shaheeza Lalani and Rodrigo Polanco (eds), *The Role of the State in Investor-State Arbitration* (Brill 2014) 310–311.

43 Gabrielle Kaufmann-Kohler, 'Non-Disputing State Submissions in Investment Arbitration', in Boisson de Chazournes, Kohen and Viñuales (n 34), 307, 323–325.

44 Alschner (n 42) 314.

45 Martins Paparinskis and Jessica Howley, 'Article 5. Submission by a Non-Disputing Party to the Treaty', in Dimitrij Euler, Markus Gehring and Maxi Scherer (eds), *Transparency in International Investment Arbitration: A Guide to the UNCITRAL Rules on Transparency in Treaty-Based Investor-State Arbitration* (CUP 2015) 196, 216–220.

ant's position and generally supporting the position of the host state. On occasion, states appear to have forgotten that they were non-disputing parties, addressing legal arguments and factual questions in specific cases.[46]

However, just in a few cases home states have supported the claimant's position, albeit partially and only on specific issues. For example, in *Metalclad v Mexico,* the investor's home state (US) held that the actions of local governments were subject to NAFTA rules. The US supported Mexico by rejecting the claimant's interpretation that the term 'tantamount to expropriation' created a new category not previously recognised in customary international law. The arbitral tribunal followed the US view on both issues.[47]

In *Feldman v Mexico,* the US supported its investor's view, stating that NAFTA did not preclude a claim brought by an individual who was a US citizen and a permanent resident of Mexico.[48] The tribunal dismissed the defendant's defence regarding the claimant's lack of standing due to its permanent residence in Mexico.[49] In *Pac Rim Cayman v El Salvador*, the arbitral tribunal expressly cited the home state's (US) submission and Costa Rica's in deciding on the denial of benefits, ruling that it did not have jurisdiction to hear the claim.[50] Similarly, in *TECO v Guatemala*, the tribunal weighed the submissions of the Dominican Republic, El Salvador, and Honduras on 'legitimate expectations'.[51] This position is essentially the same as the home state (US) advocated in its NDP submission.[52]

In *Renco v Peru*, initiated under the Peru-US Trade Promotion Agreement (TPA), the US narrowly read the expedited claims review mechanism of article 10.20.4 in favour of the claimant, stating that the provision requires tribunals to consider as part of preliminary objections whether a claim can succeed as a matter of law. In a second submission, the US adopted an interpretation more

46 Martin Hunter and Alexei Barbuk, 'Procedural Aspects of Non-Disputing Party Interventions in Chapter 11 Arbitrations' (2003) 3 *Asper Review of International Business and Trade Law* 151, 165.

47 *Metalclad Corporation v The United Mexican States*, in (2001) 40 ILM 36, 47 [73], 50–51 [102–112].

48 Gabrielle Kaufmann-Kohler (n 43) 314–315.

49 *Marvin Roy Feldman Karpa v United Mexican States*, in (2000) 40 ILM 615, 621 [37], 624 [59].

50 *Pac Rim Cayman LLC v Republic of El Salvador*, ICSID Case No. ARB/09/12, Decision on Respondent's Jurisdictional Objections, 1 June 2012 [4.55–4.57].

51 *TECO Guatemala Holdings, LLC v Republic of Guatemala*, ICSID Case No. ARB/10/23, Award, 19 December 2013 [621].

52 *TECO Guatemala Holdings, LLC v Republic of Guatemala*, ICSID Case No. ARB/10/23, Submission of the United States of America, 23 November 2012 [5–7].

favourable to the host state, holding that failure to bring a claim citing the appropriate standard and to comply with the conditions and limitations of treaty consent results in the tribunal's consequent lack of jurisdiction. In a third submission, the US explicitly agreed with Peru that the discretion to allow a claimant to remedy an ineffective waiver rests with the respondent and not with the tribunal. The arbitral tribunal ruled that the claimant had failed to establish the requirements for Peru's consent to arbitration under the treaty, and its claims were dismissed for lack of jurisdiction.[53]

In *Bridgestone v Panama*, a case brought under the Panama-US TPA, the claimants alleged that a Panamanian Supreme Court decision related to a trademark proceeding violated the agreement's provisions on national treatment, international minimum standard, and expropriation. The US filed two NDSP submissions, and both were explicitly cited by the tribunal, following the US interpretation that TPA benefits should not be denied to companies with a real and continuous link to the country in which they are established, supporting the claimant's position. However, the award did not follow the US interpretation that the definition of 'investment' excluded claims for payment arising from commercial contracts for the sale of goods or services that are not immediately enforceable, which supported the host state's position.[54]

Regarding NDSPS, we are facing a mechanism that can trigger diplomatic protection inside ISDS. The home state could theoretically advance an interpretation of the IIA to secure the host State's responsibility for an injury caused to its nationals by violation of the investment treaty. But in reality, that is largely not happening. Home States tend to side with host states concerning the interpretation of the treaty, and in the few cases they have sided with their investors, they have usually done it only partially.

The analysis of the case law in NDSP submissions shows that in most cases, the interventions of the investor's home State cannot be considered an exercise of diplomatic protection, as they are favourable to the host state. In some cases, like *GAMI*[55] and *Mondev*,[56] the home State has even presented submissions explicitly arguing that the tribunal has no jurisdiction to hear the claims

53 *The Renco Group, Inc. v Republic of Peru [I]*, ICSID Case No. UNCT/13/1, Partial Award on Jurisdiction, 15 July 2016.

54 *Bridgestone Licensing Services, Inc. and Bridgestone Americas, Inc. v Republic of Panama*, ICSID Case No. ARB/16/34, Decision on Expedited Objections, 13 December 2017, [151–152], [177], [282–285], [302].

55 *Gami Investments Inc. v Mexico*, UNCITRAL, Submission of the United States of America, 30 June 2003.

56 *Mondev International Ltd. v United States of America*, ICSID Case No. ARB(AF)/99/2, Canada's 1128 Submission, 7 July 2001.

of its own national or supported the position that the claims should be dismissed on the merits.[57] In other cases, the home state has done so with another non-disputing state party. In *Espiritu Santo* v *Mexico*,[58] the home state (Canada) and the US filed NDSPS, arguing that NAFTA contains an implicit legality requirement, siding with the position of the respondent state.[59] As Weiler mentions, '[t]he days when a government would lend its support for a claim made by its investor against another country appear to have passed into history'.[60]

In practice, home States seem not to be seeking to advance their investors' claims directly through NDSPS and, in most cases, they are taking the opportunity to express general views on interpretation, even if doing so might indirectly affect their investors' claims.[61] More than diplomatic protection, this seems to be a way of regaining control as masters of the treaty.

3 Enforcement of ISDS Awards

Historically, the compliance of host states with ISDS arbitration awards was generally considered good, allegedly as a way of preserving a state's reputation.[62] In 2007, Parra noted that ICSID provisions on enforcement of awards had been tested only in four cases, where execution was rejected in domestic courts due to sovereign immunity.[63] A 2008 study highlighted that voluntary compliance with ICSID awards was the norm and that around 95% of arbitra-

57 Kate Parlett (n 11) 215.

58 *Espíritu Santo Holdings, LP and Lıbre Holding, LLC v United Mexican States*, ICSID Case No. ARB/20/13.

59 Lisa Bohmer, 'Mexico Round-Up: A Controversial Judicial Reform, Several Procedural Rulings, and Cases Nearing an End', *Investment Arbitration Reporter*, 16 September 2024, https://www.iareporter.com/articles/mexico-round-up-a-controversial-judicial-reform-several-procedural-rulings-and-cases-nearing-an-end/ accessed 22 June 2026.

60 Todd Weiler, 'NAFTA Investment Law in 2001: As the Legal Order Starts to Settle, the Bureaucrats Strike Back' (2002) 36 IntLaw 345, 348.

61 Anthea Roberts, 'Power and Persuasion in Investment Treaty Interpretation: The Dual Role of States' (2010) 104 AJIL 179, 219.

62 Schreuer (n 4) 348.

63 Antonio R. Parra, 'The Enforcement of ICSID Arbitral Awards', in Raymond D. Bishop (ed), *Enforcement of Arbitral Awards Against Sovereigns* (JurisNet 2009). The cases were *S.A.R.L. Benvenuti & Bonfant v People's Republic of the Congo*, ICSID Case No. ARB/77/2; *Liberian Eastern Timber Corporation v Republic of Liberia*, ICSID Case No. ARB/83/2; *Société Ouest Africaine des Bétons Industriels v Republic of Senegal*, ICSID Case No. ARB/82/1; and *AIG Capital Partners, Inc. and CJSC Tema Real Estate Company Ltd. v Republic of Kazakhstan*, ICSID Case No. ARB/01/6.

tion awards were satisfied without enforcement by then.[64] An even more optimistic appraisal in March 2011 reported that more than 80% of ICSID awards were complied with voluntarily.[65]

However, a non-exhaustive investigation in early 2010 revealed that at least six countries, for different reasons, were declining to pay final awards rendered under an IIA.[66] In 2012, the OECD highlighted that some problems had arisen regarding the state's enforcement of ICSID and non-ICSID awards, with several refusals to comply with awards coming from Argentina, Kazakhstan, Russia, Thailand, Zimbabwe, and the Kyrgyz Republic.[67] A similar finding was underscored in 2013, adding Zimbabwe to the list of 'non-compliant' countries.[68] A less optimistic view about the 'automatic' enforcement of ICSID awards is commented on in a recent review of European, Middle-Eastern, and African arbitration.[69]

Even if these episodes of non-compliance are still not the rule in ISDS arbitration, there have been some refusals to comply with awards and reliance on state immunity in recent years. According to the 2025 International Law Compliance Index, Spain and Venezuela rank number 1 globally as the most non-compliant States concerning ISDS awards, followed by Russia, Mexico, and Poland.[70]

However, foreign investors are not entirely on their own in case of non-payment by the host state, and they might seek the help of their home state

---

64 Christopher F. Dugan and others, *Investor-State Arbitration* (OUP 2008) 675–676.

65 Alison Ross, 'Nicosia: Investment Arbitration – a View from Cyprus' (2011) 6 *Global Arbitration Review* https://globalarbitrationreview.com/article/nicosia-investment-arbitration-view-cyprus accessed 30 November 2024.

66 Luke E. Peterson, 'How Many States Are Not Paying Awards under Investment Treaties?', *Investment Arbitration Reporter*, 7 May 2010, https://www.iareporter.com/articles/how-many-states-are-not-paying-awards-under-investment-treaties/ accessed 30 November 2024.

67 David Gaukrodger and Kathryn Gordon, 'Investor-State Dispute Settlement: A Scoping Paper of the Investment Policy Community', (2012) 30 *OECD Working Papers on International Investment* 2012/3, https://www.oecd-ilibrary.org/finance-and-investment/investor-state-dispute-settlement_5k46b1r85j6f-en accessed 30 November 2024.

68 Petr Polášek and Sylvia T Tonova, 'Enforcement Against State', in Jorge A Huerta-Goldman, Antoine Romanetti and Franz X Stirnimann (eds), *WTO Litigation, Investment Arbitration, and Commercial Arbitration* (Kluwer 2013), 373–374.

69 James W. Barratt and Margarita N. Michael, 'The 'Automatic' Enforcement of ICSID Awards: The Elephant in the Room?', *The European, Middle Eastern and African Arbitration Review* 2014, https://globalarbitrationreview.com/review/the-middle-eastern-and-african-arbitration-review accessed 30 November 2024.

70 International Law Compliance Institute, 'Report on Compliance with Investment Treaty Arbitration Awards 2025 (3rd Edition)', November 2024, https://internationallawcomplianceinstitute.org/product/compliance-report/ accessed 22 June 2026.

to enforce the award. Diplomatic protection can then be a supplement to the judicial enforcement of ISDS awards, especially in the view of the state immunity from execution,[71] something that is preserved even at the ICSID Convention. Article 55 states that nothing in that convention 'shall be construed as derogating from the law in force in any Contracting State relating to immunity of that State or any foreign State from execution'.[72]

Sometimes, claimants are pretty vocal in requiring this support. On 24 April 2019, an arbitral tribunal awarded over 100 million EUR in damages to Mr Francesco Becchetti and his companies on account of Albania's expropriation of the investor's broadcasting and media venture (Agonset), in the *Hydro et al. v Albania* ICSID case.[73] While Albania has unsuccessfully tried to obtain an annulment or a revision of the award, Mr Becchetti launched an online campaign[74] to pressure the Italian Government to exercise diplomatic protection in support of his claims, and to recover the amounts due by Albania under the ICSID award, while also denouncing alleged 'persecutory acts' against him.[75]

The non-compliance by a state with an ISDS award rendered under an IIA may be considered by the home state – another contracting party to the treaty – as the commission by the host state of an internationally wrongful act that causes injury. In that context, the home state could take temporary and non-forcible countermeasures to procure its cessation and reparation for the injury.[76] Countermeasures can be used by the home state as a 'sword' to ensure the implementation of investment protection obligations.[77]

In adopting countermeasures, the wrongfulness of an act by the home state not conforming to an international obligation towards the host state is precluded. But these measures are essentially temporary or reversible – limited for so long as the necessary conditions for taking them are satisfied –

71 Schreuer (n 4) 348.

72 ICSID Convention, art 55.

73 *Hydro S.r.l. and others v Republic of Albania*, ICSID Case No. ARB/15/28, Award, 24 April 2019.

74 Francesco Becchetti, 'Parlo Io', https://parloio.it accessed 30 November 2024.

75 Erick Brouwer, 'In Attempt to Collect ICSID Award, Italian Businessman Reportedly Seeks Seizure of Funds Earmarked for Controversial Migration Agreement Between Albania and Italy', *Investment Arbitration Reporter*, 21 November 2023, https://www.iareporter.com/articles/in-attempt-to-collect-icsid-award-italian-businessman-reportedly-seeks-seizure-of-funds-earmarked-for-controversial-migration-agreement-between-albania-and-italy/ accessed 22 June 2026.

76 ILC, 'Report of the International Law Commission on the Work of its 53rd Session' (23 April–1 June and 2 July–10 August 2001) UN Doc. A/56/10, 29, art 22 and Part Three.

77 Martins Paparinskis (n 6) 270.

and must fulfil certain conditions for their legitimacy, like proportionality, which shall not affect certain fundamental international obligations.[78] Furthermore, applying countermeasures in this context does not mean that the underlying obligations of the investment treaty are suspended or terminated.

However, besides the general regime for invoking responsibility by an injured state against another under international law,[79] several FTAs with investment chapters expressly provide for state-to-state arbitration if a contracting party fails to abide by or comply with a final award. They also allow some countermeasures if the responding party in those proceedings fails to comply with the arbitral award or panel ruling issued in the inter-state dispute settlement, within a reasonable period of time. In those cases, the complaining party is typically entitled to temporary remedies, like suspending obligations undertaken under the treaty or receiving compensation.[80]

There is not much information about home states using countermeasures to ensure the implementation of IIA obligations.[81] However, we have some examples of measures to secure compliance by the host state with investment treaty awards, consisting of the withdrawal or suspension of trade benefits or the non-support in loan requests to international financial institutions.[82]

3.1 Withdrawal or Suspension of Trade Benefits

We find a first example of home state measures to foster compliance with an award in the *Azurix* case. A couple of years after winning an investment dispute against Argentina,[83] Azurix Corp. filed a petition with the United States Trade Representative (USTR) to review the eligibility of Argentina as a beneficiary of the US Generalized System of Preferences (GSP), a program to promote economic growth in the developing world that provides preferential duty-free treatment for products from designated beneficiary countries and territories, including developing and least-developed countries.[84]

78 ILC (n 76) 75–76, art 22, paras 4 and 6.

79 Ibid., Part Three.

80 See, for example, NAFTA, art 2019, and CETA, art 29.14.

81 Martins Paparinskis, 'The Limits of Depoliticisation in Contemporary Investor-State Arbitration', (2010) 3 *Select Proceedings of the European Society of International Law 271, 276*.

82 Charles B Rosenberg, 'The Intersection of International Trade and International Arbitration: The Use of Trade Benefits to Secure Compliance with Arbitral Awards', (2012) 44 *Georgetown Journal of International Law* 503.

83 *Azurix Corp. v Argentine Republic*, ICSID Case No. ARB/01/12, Award, 14 July 2006.

84 United States Trade Representative, 'Office of the United States Trade Representative. Generalized System of Preferences (GSP): Notice Regarding the Announcement of Peti-

The basis for Azurix's request was the delay of the Argentinian Government to pay the outstanding award. To be eligible for the GSP, countries must meet specific mandatory and discretionary criteria that are regularly reassessed, and any person may present a petition to the GSP Subcommittee to request modifications to the list of eligible countries, to be suspended or withdrawn.[85] The designation or removal of the list is made by the President, who could even confer such designation by waiving some mandatory criteria if it is in the national economic interest of the US and reporting such determination to Congress with the reasons.[86]

Azurix argued that Argentina had failed to comply with its obligations under the 1991 Argentina–US BIT, and, as a result, it no longer met the requirements to benefit from the GSP. The company even pointed out that it had negotiated an agreement on the conditions for payment of the award, with significant advantages for Argentina, including a reduction of the payable amount and the interest, and assisting Argentina with credit rating agencies and international banks.[87]

After failing to obtain its annulment, the Argentinian Government insisted that it was open to honouring the award[88] and explained the delay in payment because the claimant had not brought their rulings to a local court for collection.[89] Argentina held that it was in full compliance with the ICSID Convention, by claiming that, under article 54, to be enforced ICSID arbitral awards must be first brought before domestic courts, and if there is any disagreement,

---

tions Accepted for the 2009 Annual GSP Country Practices Review, Acceptance of Pre-Hearing Comments and Requests To Testify for the 2009 Annual GSP Country Practices Review Hearing, and the Initiation of the 2010 Annual GSP Country Practices Review', http://www.gpo.gov/fdsys/pkg/FR-2010-08-11/pdf/2010-19745.pdf accessed 22 June 2026.

85 Office of the United States Trade Representative, 'U.S. Generalized System of Preferences (GSP) Guidebook' (December 2020) 20–21, https://ustr.gov/sites/default/files/gsp/GSPGuidebook_0.pdf accessed 22 June 2026.

86 United States Code, 2006, V. 12, Title 19, Customs Duties, Sections 1701-End to Title 20, Education, Sections 1–1482, p. 636.

87 Viñuales and Bentolila (n 34) 271–272.

88 *Azurix Corp. v The Argentine Republic*, ICSID Case No. ARB/01/12, Decision on the Application for Annulment of the Argentine Republic, 1 September 2009*Azurix Corp.* v. *The Argentine Republic* (ICSID Case No. ARB/01/12), Decision on the Application for Annulment of the Argentine Republic, 1 Sep. 2009" /s "Azurix Corp. v. The Argentine Republic (ICSID Case No. ARB/01/12), Decision on the Application for Annulment of the Argentine Republic, 1 Sep. 2009" /c 1.

89 'Ofensiva Argentina Para Frenar a EE.UU', *La Nación*, 21 September 2011, https://www.lanacion.com.ar/politica/ofensiva-argentina-para-frenar-a-eeuu-nid1407976/ accessed 22 June 2026.

the case may be submitted to the ICJ.[90] On that point, Azurix was wary of the Argentine judiciary and the fees those courts charge to process such awards, especially if there is a risk that they will be overturned, or paid in bonds rather than cash.[91]

Another example of the use of the suspension of trade benefits to push the enforcement of an ISDS award, is the *CMS/Blue Ridge* case. On 26 July 2001, CMS Gas Transmission Company (CMS) filed arbitration against Argentina, concerning the suspension of a tariff adjustment formula for gas transportation. That action damaged TGN, an Argentinean gas transportation company in which CMS had an investment. The dispute was arbitrated under ICSID Arbitral Rules, and on 12 May 2005, an ICSID tribunal issued a final award in CMS's favour of $133.2 million, after finding that Argentina had breached its obligations to CMS, as a protected investor, under the 1991 Argentina–US BIT.[92]

On 8 September 2005, Argentina filed an application with the Secretary-General of ICSID seeking annulment of the award. On 25 September 2007, the ICSID Annulment Committee 'confirmed Argentina's obligation to pay CMS $133.2 million plus interest in compensation, holding that payment by Argentina of the sum awarded is obligatory'.[93]

On 5 June 2008, Blue Ridge Investments – a Bank of America subsidiary – notified Argentina that it was the successor in interest to CMS, as a purchaser and assignee of the CMS's award. As in *Azurix*'s case, Blue Ridge also displayed aggressive diplomatic pressure before the USTR to exclude Argentina from the list of beneficiaries of the GSP.[94]

Under USTR's recommendation, on 26 March 2012, President Barack Obama suspended the duty-free treatment Argentina enjoyed under the GSP. That country is no longer part of the list of US-designated beneficiar-

90 Viñuales and Bentolila (n 34) 272.

91 'Foreign-Investment Disputes: Come and Get Me', *The Economist*, 18 February 2012, http://www.economist.com/node/21547836 accessed 22 June 2026.

92 *CMS Gas Transmission Company v The Republic of Argentina* (n 3)*CMS Gas Transmission Company* v. *The Republic of Argentina*. Decision of the Tribunal on Objections to Jurisdiction, 1 Jul. 2003" /s "CMS Gas Transmission Company v. The Republic of Argentina. Decision of the Tribunal on Objections to Jurisdiction, 1 Jul. 2003" /c 1.

93 *CMS Gas Transmission Company v The Republic of Argentina*, in (2007) 46 ILM 1136.

94 AQ Editors, 'U.S. Suspends Trade Preferences for Argentina', *Americas Quarterly*, 27 March 2012, https://www.americasquarterly.org/blog/u-s-suspends-trade-preferences-for-argentina/ accessed 22 June 2026.

ies.[95] The explicit basis of this decision was that Argentina 'has not acted in good faith in enforcing arbitral awards in favour of United States citizens or a corporation, partnership, or association that is 50 per cent or more beneficially owned by United States citizens'.[96] This was the first time that a GSP country's eligibility had been suspended on this basis.[97]

With US$477 million in exports of duty-free products to the US, Argentina was the ninth-largest GSP beneficiary in 2011.[98] It has been reported that delisting Argentina could have had significant economic repercussions for its export industry, which amounted to an estimated USD 500 million in benefits in 2010.[99]

Although *Azurix* and *Blue Ridge* were precisely two of the cases settled by Argentina in 2013, Argentina has not been listed again, as the legal authorisation of the GSP program expired on 31 July 2013. Thus, previously eligible products for GSP duty-free benefits are now subject to regular duties.[100]

However, only some of the attempts of investors to convince their host state to adopt these measures have been successful. In 2012, in the context of a dispute between Chevron and Ecuador,[101] that company tried to persuade the USTR to exclude Ecuador from the trade preferences granted under the Andean Trade Preference Act (ATPA), due to its failure to comply with an ISDS award of USD 77.70 million plus interests in favour of Chevron, and asked the US to prevent the enforcement of a USD 19 billion judgment against Chevron in Ecuadorian Courts for pollution in the Ecuadorian Amazon[102] ('Lago Agrio' case).

---

95 United States Trade Representative (USTR), 'GSP in Use – Country Specific Information', https://ustr.gov/issue-areas/trade-development/preference-programs/generalized-system-preferences-gsp/gsp-use-%E2%80%93-coun accessed 22 June 2026.

96 Barack Obama, 'Presidential Proclamation – To Modify Duty-Free Treatment Under the Generalized System of Preferences and for Other Purposes', *The White House*, 26 March 2012, https://ustr.gov/all-documents/presidential-proclamation-modify-duty-free-treatment-under-generalized-system-preferen accessed 22 June 2026.

97 Theodore R. Posner and Marguerite C. Walter, 'The Abiding Role of State-State Engagement in the Resolution of Investor-State Disputes', in Jean E. Kalicki and Anna Joubin-Bret (eds), *Reshaping the Investor-State Dispute Settlement System* (Brill 2015), 385.

98 Rosenberg (n 82) 524.

99 Viñuales and Bentolila (n 34) 271.

100 United States Trade Representative, 'Generalized System of Preferences (GSP)', https://ustr.gov/issue-areas/trade-development/preference-programs/generalized-system-preference-gsp accessed 22 June 2026.

101 *Chevron Corporation and Texaco Petroleum Company v Republic of Ecuador (I)*, PCA Case No. 2007–02/AA277, Final Award, 31 August 2011, paras. 141–142.

102 Polášek and Tonova (n 68) 379.

Major American business groups – including the US Chamber of Commerce, the National Association of Manufacturers, the National Foreign Trade Council, the US Council for International Business, and the Emergency Committee for American Trade – pressured President Barack Obama's administration to suspend the ATPA benefits to Ecuador, citing the Andean country's mistreatment of Chevron as proof of a deteriorating investment climate.[103]

Finally, the US did not exclude Ecuador from the ATPA, which remained the sole beneficiary country under that program – Bolivia, Peru, and Colombia ceased to be beneficiary countries in 2010 and 2012 – until it expired on 31 July 2013.[104] On the other hand, in March 2014, a New York Federal Court upheld Chevron's claim that the *Lago Agrio* judgment rendered by an Ecuadorian court was procured by corruption, in violation of the US Racketeer Influenced and Corrupt Organizations (RICO) Act.[105] The payment of the ISDS award by Ecuador is still pending.

3.2 Voting against Loans

The lobbying efforts of *Azurix* and *Blue Ridge* led the US Government to an additional sanction against Argentina for the unpaid arbitral awards by voting in the Inter-American Development Bank (IADB) and the World Bank to withdraw or suspend loans to Argentina.[106] Azurix's lawyers also petitioned the US government to withhold support for Argentina's request to restructure between 8 and 9 billion dollars in defaulted debt owed to the Paris Club of wealthy creditor nations.[107]

In the Azurix and CMS cases, the lobby efforts of Azurix and Blue Ridge led the US Government to an additional sanction to Argentina for the unpaid

103 'U.S. Business Groups Urge Ecuador Trade Benefits Be Cut', *Reuters*, Washington, 26 September 2012, https://www.reuters.com/article/usa-ecuador-trade/u-s-business-groups-urge-ecuador-trade-benefits-be-cut-idUSL1E8KPGK920120925/ accessed 22 June 2026.

104 Peg O'Laughlin, 'ATPA's Impact on U.S. Economy, Drug Crop Eradication Still Negligible, Says USITC', *ITC Report. News Release 14–098*, 30 September 2014, http://www.usitc.gov/press_room/news_release/2014/er0930mm2.htm accessed 22 June 2026.

105 Jarrod Hepburn, 'As Merits Hearings Approach in Chevron v. Ecuador BIT Arbitration, Latest Legal Arguments Come into Focus', *Investment Arbitration Reporter*, 29 December 2014, https://www.iareporter.com/articles/as-merits-hearings-approach-in-chevron-v-ecuador-bit-arbitration-latest-legal-arguments-come-into-focus/ accessed 22 June 2026.

106 *The Economist* (n 91).

107 MercoPress, 'US Will Vote against Loans to Argentina in World Bank and IDB' *MercoPress* (29 September 2011) <http://en.mercopress.com/2011/09/29/us-will-vote-against-loans-to-argentina-in-world-bank-and-idb> accessed 22 June 2026.

arbitral awards by voting in the IADB and the World Bank to withdraw or suspend loans to Argentina.[108]

On 14 September 2011, the US, with its 30% stock in the IADB, voted against granting Argentina a 230-million-dollar loan. Although the loan was finally approved (even if Germany and Spain also voted against such a loan),[109] the vote was aimed at sending a clear message that the US is concerned with Argentina's attitude and that US diplomacy will consider international fulfilments when discussing new cooperation or assistance programs.[110]

Although Argentina came out saying that the US strategy had a neutral impact on 2012 funding,[111] and that the World Bank announced during the same year that it would deepen its support to social programs in Argentina,112 that situation could potentially change in the future. On 12 February 2013, the UK backed up the US decision.[113] Later, Canada, France, Spain, Denmark, Finland, Austria, and Germany, also cast votes against Multilateral Development Banks loans to Argentina.[114]

The examples previously referred to are one of the few available where a home state has adopted a clear measure due to the non-compliance of an ISDS award by a host state. Besides them, home states could also engage in other forms of diplomatic protection, including negotiations, withholding payments due to the host state, offsetting the claim arising from the award against claims that the host state has against the home state, and freezing assets that belong to the host state.[115] However, it is difficult to assess the magnitude and effect-

---

108 Viñuales and Bentolila (n 34) 275.

109 'Argentina Surprised by Germany, Which Voted against Granting a Loan at the IDB', *MercoPress*, 31 August 2012, https://en.mercopress.com/2012/08/31/argentina-surprised-by-germany-which-voted-against-granting-a-loan-at-the-idb accessed 22 June 2026.

110 MercoPress (n 107).

111 'Argentina Unhurt in 2012 by U.S. Loan Hurdles-Source', *Reuters*, Buenos Aires, 29 September 2011, http://www.reuters.com/article/2011/09/29/argentina-debt-us-idUSS1E78R20U20110929 accessed 22 June 2026.

112 'Argentina: World Bank to Deepen Its Support to Social Programs', *The World Bank*, 19 March 2012, https://www.worldbank.org/en/news/feature/2012/03/19/argentina-world-bank-deepen-support-social-programs accessed 22 June 2026.

113 House of Commons (U.K.), 'House of Commons Hansard Written Answers', www.parliament.uk, 12 February 2013, http://www.publications.parliament.uk/pa/cm201213/cmhansrd/cm130212/text/130212w0004.htm#13021285002895 accessed 22 June 2026.

114 American Task Force Argentina (AFTA), 'ATFA Lauds UK Government's Decision to Oppose Future Lending to Argentina', *American Task Force Argentina*, 21 September 2011, https://www.prnewswire.com/news-releases/atfa-lauds-us-government-decision-to-oppose-new-loans-by-international-organizations-to-argentina-130307003.html accessed 22 June 2026.

115 Christoph Schreuer, *The ICSID Convention: A Commentary* (1st edn, CUP 2001) 1109.

iveness of these measures with few known cases and scarce public information about others.

4 Conclusion

The use of investor-state arbitration usually implies an exclusion or a restriction of the use of diplomatic protection. But that does not mean there is not a role for diplomatic protection when individuals have direct access to international justice.

In this article, we trace three possible avenues for using diplomatic protection when ISDS is in place. The first one is consular assistance or diplomatic action used to 'facilitate' the settlement of an investment dispute. To qualify the intervention of the home state as consular assistance or diplomatic protection seems to be an issue of degree. There might be a spectrum that goes from weaker forms of assistance (meetings, letters, calls) closer to consular assistance to stronger diplomatic pressure, closer to diplomatic protection. The magnitude may vary, depending on the strength of the political relations and the level of economic dependence between the home and the host state.[116]

Home States have likely had several other interventions of this type, and some have suggested that most disputes are settled diplomatically.[117] However, public awareness of diplomatic means is limited; therefore, the data scarcity makes it difficult to assess. That would explain why the empirical analysis of this diplomatic or consular assistance has received little academic attention, as political pressure in informal dispute settlement procedures is rarely observed, unless it is particularly intense and reported in media outlets. This kind of intervention would also require that the home state's interest is in line with the claims of its investors abroad, which is not always the case.

A second avenue for diplomatic protection could be the interventions by non-disputing State parties in investment arbitrations, which raise several questions. It has been argued that the concurrence of arguments in NDSPS may demonstrate an agreement between the contracting parties on the interpretation of a treaty under article 31(3)(a) of the Vienna Convention on the

116 Gertz (n 24) 5.

117 Lauge N. Skovgaard Poulsen, Bounded Rationality and Economic Diplomacy: The Politics of Investment Treaties in Developing Countries (CUP 2015).

Law of Treaties (VCLT). Some even consider these interventions as a type of subsequent state practice for the purposes of article 31(3)(b) VCLT.[118] For several authors, when interventions by all parties to the treaty support the interpretations of the respondent state, it is good evidence that there is agreement on the interpretation of the agreement and should, therefore, be given considerable weight.[119] At the very least, one would expect the agreement of the contracting parties on a point of interpretation to be very persuasive to a tribunal.[120]

But what happens if the NDSPS made by home States are in line with the claimant's position? Would it qualify as diplomatic protection? Except for a few cases referred to above, it appears that home States do not generally attempt to support their investors' claims through NDSPS. In most cases, they use the opportunity to express general views on the interpretation of IIAs, even though this may affect their investors' claims.[121] Rather than diplomatic protection, this appears to be a way to regain control as 'owners' of the treaty. In practice, the home State is very likely to make submissions closer to the host State's position than its domestic investor.

The third way diplomatic protection could have a role in ISDS is as a tool to assist in enforcing the arbitral award. Although the examples provided in this paper are focused on specific measures – like the withdrawal or suspension of trade benefits and voting against loans in an international financial institution – there are probably more cases we are unaware of due to the reserved nature of diplomatic intervention.

Yet, in international law, a state has a *right* but not a *duty* to protect its nationals in an investment dispute,[122] so it might be the case that the investor's home state decides not to intervene in a conflict between its national investor and another State and therefore does not espouse all or some claims in this regard. Several reasons can lead a home state to take this position. Still, they can all be summarised as having other competing interests (i.e. political, economic, military) that collide with the investor's interest in 'politicising' the dispute and triggering diplomatic protection.

---

118 Paparinskis and Howley (n 45) 222.

119 Roberts (n 61) 219.

120 Meg Kinnear, Andrea Bjorklund and John F.G. Hannaford, *Investment Disputes Under Nafta. An Annotated Guide to Nafta Chapter 11* (Kluwer 2006) 1128–5.

121 Roberts (n 61) 219.

122 Amerasinghe (n 14) 87.

In the end, even if the possibilities to use diplomatic protection are broad – and are not traditionally limited by IIAs – there is rarely public information about home states using these tools to protect their national investors, and about the main reasons why home states do not intervene – or are perceived not to do so.

13

Right of Property before International Courts and Tribunals

Roberto Ruoppo

1 Introduction

The right of property has been traditionally considered as an issue of domestic law, without any comprehensive definition or description by international legal rules, thus leaving the notion of property a task to be determined by means of interpretation. The reason for this approach can be understood in light of the international legal order purpose, as it has been traditionally considered, namely a system of rules aimed to regulate inter-State relationships, rather than focusing on individuals' rights and their needs of protection toward third parties. It is therefore clear the reason why, in spite of the spread legal acknowledgment of the right of property (article 17 of the Universal declaration of Human Rights adopted by the UN General Assembly on 1948; article 1, Protocol 1 of the European Convention on Human Rights; article 21 of the American Convention on Human Rights), neither a clear definition nor a description of its content can be found: no international rules concerning the owner's faculties, the limits for its exercise, or the ways of acquiring ownership can be recorded.

Despite these preliminary considerations, we may wonder whether it can be ascertained a unique notion of property in international legal order by analyzing courts' decisions and the evolution of international rules. We may also wonder if a set of minimum requirements can be determined in order to qualify the ownership of an economic right as a 'property right'. Indeed, while some differences of owning an asset can be recorded in each field of international law, depending on the specific interests involved – such as the duty to protect aliens' goods, human rights conventions, investment treaties – some common features can always be ascertained.

Mavrommatis represented a crucial moment in the Permanent Court of International Justice case law under several points of view, whose relevance goes beyond the exercise of diplomatic protection or the notion of inter-

Roberto Ruoppo, Associate Professor of International Law, Marche Polytechnic University

© 2026 THE AUTHOR(S) | HTTPS://DOI.ORG/10.1163/9789004766891-015

national jurisdiction.[1] Actually, it was the first time the Permanent Court of International Justice acknowledged the holding of a concession as a property right, thus ascertaining the existence of an autonomous notion of property in international law, an approach that has been subsequently followed by other international courts, both in human rights and international investment fields. Starting from this decision we will have the opportunity to investigate how the right of property is currently applied by international courts, analyzing in particular the relationship between the concept of property in the context of the aliens' goods protection and in human rights treaties on one side and the meaning of asset in investment treaties on the other side, a topic quite unexplored in international literature.

2 *Mavrommatis* as the Starting Point of the Acknowledgment of the Autonomous Notion of Property before International Courts

As already mentioned before, *Mavrommatis* represented a crucial moment in international case law for the right of property protection,[2] because of the recognition of an autonomous notion of this right, going beyond the concepts and regulations of national legal systems. Indeed, while in continental legal frameworks property is strictly linked to the physical availability of a specific asset, being therefore defined as '*right in rem*', in common law legal systems a broader approach has taken place, due to the recognition as property rights of both real and personal property, the latter representing economic interests that in civil law jurisdictions would be considered as contractual rights.[3]

The decisions concerning the Mavrommatis concessions originated from a claim brought before the Permanent Court of International Justice by the Greek government in order to protect the economic interests of a Greek citizen, allegedly violated by the British authorities because of the lack of recog-

1 With regard to the issue of jurisdiction an in-depth analysis is carried out by Andrea Gattini, 'Jurisdiction *ratione temporis* in International Investment Arbitration' (2017) 16 TLPICT 139. For a survey of every aspect touched upon by the Permanent Court of International Justice, see Michael Waibel, 'Mavrommatis Palestine Concessions (Greece v. Great Britain) (1924–1927)' in Eiric Bjorge and Cameron Miles (eds), *Landmark Cases in Public International Law* (Bloomsbury 2017) 33.

2 *Mavrommatis Jerusalem Concessions* (*Greece v UK*) (Merits) PCIJ Rep Series A No 5. For an overview on this dispute see Edwin M Borchard, 'The Mavrommatis Concessions Cases' (1925) 19 AJIL 728 ff.

3 For a comparative study concerning the notions of property see Ugo Mattei, *Basic Principles of Property Law. A Comparative Legal and Economic Introduction* (Praeger 2000).

nition of concessions that had been previously conceded by the Ottoman Empire, the former sovereign of Palestine.[4] The concession had the scope to undertake various public works into Palestinian territory, in the cities of Jerusalem, Jaffa, and Jordan, whose administration was attributed to the Great Britain after World War I and the Ottoman defeat.[5] Exercising its authority over Palestinian territory, the British Government granted the same concessions to Rutenberg, a Russian-Jewish engineer and businessman, without granting any compensation to Mavrommatis, who, after that his efforts to reach a compromise ultimately proved fruitless, in 1924 approached the Greek government to apply on his behalf to the Permanent Court of International Justice. As far as here concerns, the Greek government accepted to exercise diplomatic protection on the ground that, by granting those concessions to Rutenberg, British authorities had infringed Mavrommatis' rights.[6]

On August 30, 1924, even if only partially,[7] the Permanent Court affirmed its jurisdiction over the dispute and in its subsequent decision on the merit it recognized that an interference with the rights of Mavrommatis actually took place.[8] The Court recognized that the holding of concessions represented a patrimonial right, namely a property right, claiming protection in case of infringement. Even though the claim for compensation was dismissed, because of the lack of any proof concerning the economic loss for

4 Mavrommatis was a Greek entrepreneur resident in the Ottoman Empire and his concessions had been highly hampered due to the initiatives adopted by the British authorities, as described by Michelle Burgis, 'Transforming (Private) Rights through (Public) International Law: Readings on a "Strange and Painful Odyssey" in the PCIJ Mavrommatis Case' (2011) 24 LJIL 873.

5 See article 95 of the Treaty of Sèvres (10 August 1920). On July 24, 1922, a Mandate for the Administration of the Former Turkish territory of Palestine was conferred upon his Britannic Majesty by the League of Nations.

6 One of the most important issues analyzed by the Permanent Court of International Justice was represented by the exercise of diplomatic protection, as reported by Alain Pellet, 'The Second Death of Euripide Mavrommatis? Notes on the International Law Commission's Draft Articles on Diplomatic Protection' (2008) 7 TLPICT 33.

7 *Mavrommatis Palestine Concessions (Greece v UK)* (Objection to the Jurisdiction of the Court) PCIJ Rep Series A No 2. In this decision on preliminary questions concerning jurisdiction, only the concession concerning Jerusalem was considered to be reserved for a judgement on the merits. On this point, and in relation to the dissenting opinions, see Robert Uerpmann-Wittzack, 'Mavrommatis Concessions Cases' in Rüdiger Wolfrum, Anne Peters (eds), Max Planck Encyclopedia of Public International Law (online edn, OUP 2021), para 9.

8 *Mavrommatis Jerusalem Concessions* (n 2) 43: 'even if the execution of M. Mavrommatis' concessions has not been rendered impossible, the Agreement of September 21st 1921, with M. Rutenberg and the fact that the latter had hitherto had the right to require the expropriation of those concessions, have nevertheless inflicted loss upon M. Mavrommatis'.

the Greek citizen,[9] this decision is worthy of appreciation because it represents the sign of the existence of a wide and autonomous notion of property in International law. The Permanent Court of International Justice, establishing that the Government of His Britannic Majesty had wrongfully refused to recognize the rights acquired by Mavrommatis under the contracts and agreements concluded by him with the Ottoman authorities,[10] ascertained that also the ownership of an immaterial economic asset, such as a concession, can be qualified as a property right benefiting from the means of protection provided for by international law, as diplomatic protection.

The same approach has been subsequently confirmed by the Permanent Court of International Justice in the *Oscar Chinn* dispute, where the protection granted to the right of property was applied in relation to the exercise of commercial activities,[11] and later by the International Court of Justice in *Barcelona Traction*[12] and *Diallo*[13] cases concerning shareholders' rights.

The autonomous notion of property has been subsequently reaffirmed in relation to the holding of concessions in arbitral awards adopted by *ad hoc* tribunals, where it has been confirmed that concessions represent a particular kind of property rights. In this context a very important role has been played by the *LIAMCO* award,[14] where it was expressly established that 'It is well known that property in its general meaning is of two kinds: corporeal and incorporeal. The first, covers all physical things. On the other hand, incorporeal property comprises all interests and rights which may be evaluated in financial and economic terms. Concessions may be included under the class of incorporeal property'.[15] In the same vein in the *AMOCO* award it has been stated that 'the

9 Edwin M Borchard (n 2) 736. A critical opinion in this regard has been expressed by Michelle Burgis (n 4) 886 ff. The Court only recognized the duty for Great Britain to readapt Mavrommatis' concession to the new economic conditions, on this point see Arthur K Kuhn, 'The Mavrommatis Case on Readaptation of the Jerusalem Concessions' (1928) 22 AJIL 383.

10 In this decision the Permanent Court of International Justice has acknowledged the existence of a rule in international law that concessions granted by the predecessor State bind the successor State, as reported by Robert Uerpmann-Wittzack (n 7) 14; on this point see Christian J Tams, 'State Succession to Investment Treaties: Mapping the Issues' (2016) 31 ICSID Review 314.

11 *Oscar Chinn Case* (*UK v Belgium*) PCIJ Rep Series A/B No 63.

12 *Barcelona Traction, Light and Power Company, Limited, Judgment* (*Belgium v Spain*) (Second Phase, Preliminary Objections) [1970] ICJ Rep 3.

13 *Ahmadou Sadio Diallo* (*Republic of Guinea v Democratic Republic of the Congo*) (Merits) [2010] ICJ Rep 639.

14 *Lybian American Oil Company* (*LIAMCO*) *v The Libyan Arab Republic*, ad hoc arbitration, Award (12 April 1977).

15 Ibid., paras 207–209.

Tribunal notes that nothing suggests that the word "property" should be construed as applying only to rights in tangible assets', adding that '[e]xpropriation may extend to any right which can be the object of a commercial transaction, *i.e.*, freely sold and bought, and thus has a monetary value'.[16]

It is quite clear how from *Mavrommatis* on property has been used by international tribunals as an autonomous notion, independent from national traditions, in order to give protection to every right that, though incapable of immediate material composition, have a pecuniary or monetary value. In the next paragraphs we will ascertain how this interpretation has been followed by human rights and investment tribunals as well, even though in the latter a narrower definition of property is recognized.

3 The Right of Property and the Meaning of 'Possessions' in the European Convention on Human Rights

The right of property gained its broadest interpretation in the context of human rights conventions, because of the purposes pursued by these treaties, mainly aimed to protect individuals' rights from arbitrary actions adopted, even though not exclusively, by State authorities. Since international conventions on human rights are primarily focused on the individuals' needs of protection, there are not different needs to be kept into consideration when applying their dispositions, therefore a great number of interests have been qualified as property rights in order to apply the safeguards provided by them. In this paragraph a particular focus will be given to the European Convention on Human Rights, because it represents the human rights convention most referred to by international investment tribunals[17] in order to clarify bilateral investment treaties' (BITs) provisions.[18] Thus, property as protected by article 1, Protocol 1 of ECHR has a paradigmatic value in the analysis concerning the right of property meaning in the international legal order.

Analyzing the ECtHR case law, it can be considered that the acknowledgment of an autonomous notion of property has been followed, mainly aimed

16 *Amoco International Finance Corporation v Iran* (1987) Iran-USCTR paras 107–108.

17 See Vivian Kube and Ernst-Ulrich Petersmann, 'Human Rights Law in International Investment Arbitration' in Andrea Gattini, Attila Tanzi and Filippo Fontanelli (eds), *General Principles of Law and International Investment Arbitration* (Brill 2018) 221.

18 Reference can be made in this regard to Roberto Ruoppo, 'Common Features of the Right to Property and International Investments: Evidence from the use of ECtHR Case-law in Investment Tribunals' Decisions' (2022) 2 *Italian Review of International and Comparative Law* 347.

to overcome the differences among national definitions and to give a uniform protection to economic interests of European citizens vis-à-vis State authorities.[19] The main purpose of this interpretation is to avoid that a Council of Europe member State could be able to elude the convention duties, by attributing a different formal definition to a particular economic right.

From a normative standpoint this choice has been effectively enforced through the employment of the term 'goods' in lieu of property in article 1, Protocol 1 of ECHR, overcoming the debate that spread during the preliminary works of the Convention.[20] The comprehensive interpretation of the concept of property by the European Court of human rights can be easily understood by focusing on the European Court case law, where, coherently with the above described broad approach, it has been given protection not only to corporeal goods but also to the so-called 'rights *in personam*', such as leasing payments,[21] disability allowances,[22] and claims of return of taxes unduly charged.[23] It is quite evident the main goal pursued by the Strasbourg Court to acknowledge an autonomous and elastic notion of property, useful to safeguard every right with an economic value.[24]

In many decisions, such as *Iatridis v Greece*, *N.K.M. v Hungary*, and *Valle Pierimpiè v Italy*, the European Court has expressly established that '[t]he concept of possessions in the first paragraph of article 1 of Protocol No. 1 has an autonomous meaning which is not limited to the ownership of material goods and is independent from the formal classification in domestic law. In the same way as material goods, certain other rights and interests constituting assets can also be regarded as "property rights", and thus as "possessions" for the purposes of this provision'.[25]

---

19 An in-depth analysis on this point is carried out by Richard Lang, 'Unlocking the First Protocol: Protection of Property and the European Court of Human Rights' (2008) 29 HRLJ 205.

20 The compromise among Council of Europe member States behind the term 'goods' is well explained by Tom Allen, 'Liberalism, Social Democracy and the Value of Property under the European Convention on Human Rights' (2010) 59 ICLQ 1055.

21 *Krahulec v Slovakia* App no 19294/07 (ECtHR, 5 July 2016).

22 *Lengyel v Hungary* App no 8271/15 (ECtHR, 18 July 2017).

23 *Antonov v Bulgaria* App no 58364/10 (ECtHR, 28 August 2020).

24 See in this regard Peter T Orebech, 'From Diplomatic to Human Rights Protection: The Possessions under the 1950 European Human Rights Convention, First Additional Protocol Article 1' (2009) 43 JWT 59.

25 *Valle Pierimpiè Società Agricola S.p.A. v Italy* App no 46154/11 (ECtHR, 23 September 2014) para 37; *Iatridis v Greece* App no 31107/96 (ECtHR, 25 March 1999) para 54; *N.K.M. v Hungary* App no 66529/11 (ECtHR, 14 May 2013) para 33.

Thus, a clear continuity can be recorded between the interpretation of property adopted by the Permanent Court of International Justice in *Mavrommatis* and the ECHR legal framework, since both are able to give protection to the ownership of concessions or licenses to use property in a particular way.[26]

Coherently with this approach, different State activities have been considered to be unlawful interferences with the enjoyment of the right to property, and therefore subjected to the requirements provided for by article 1, Protocol 1 of ECHR. Indeed, this legal provision establishes a set of obligations – namely the legal ground of the measure, the pursuit of a public interest and the principle of proportionality compliance[27] – in case of any kind of infringement for property rights: not only in case of expropriation, that is the most common privative action regarding physical goods, but also in relation to State measures aimed to limit economic interests without a physical nature or when the deprivation is only partial.[28] The latter measures are covered by the first sentence of the first paragraph of article 1, Protocol 1 of ECHR, that has acquired over time an increasing role, moving from a residual legal rule to the most important provision concerning protection of property. It can be called upon when the economic interest at issue has not been completely deprived, being applicable in the event of every violation of immaterial property.

This confirms the attitude of the protection established by the ECHR to be invoked for every economic interest, qualifying as property rights also those interests that would be classified in a different way in national legal systems. In this context a very interesting decision has been rendered by the European Court in the case of *Kurban v Turkey*,[29] a dispute concerning the annulment of a procurement contract, where it has been established that '[h]aving regard to the complexity of the legal and factual issues involved in the present case, the Court considers that the alleged violation of the right of property resulting from the annulment of the applicant's procurement contract cannot be classi-

---

26 *Tre Traktörer Aktiebolag v Sweden* App no 10873/84 (ECtHR, 7 July 1989); *Alatulkkila and others v Finland* App no 33538/96 (ECtHR, 28 July 2005); *O'Sullivan McCarthy Mussel Development Ltd v Ireland* App no 44460/16 (ECtHR, 7 June 2018).

27 See recently *National Movement Ekoglasnost v Bulgaria* App no 31678/17 (ECtHR, 15 December 2020) para 72: 'regardless under which rule of Article 1 of Protocol No. 1 the complaint is examined, the principles governing the question of justification are substantially the same, involving as they do the need for the interference to be lawful and in the public interest, and to strike a fair balance between the demands of the general interest and the applicant's right'.

28 In this regard see Sabrina Praduroux, 'Property and Expropriation: Two Concepts Revisited in the Light of the Case Law of the European Court of Human Rights and the European Court of Justice' (2019) 8 *European Property Law Journal* 172.

29 *Kurban v Turkey* App no 75414/10 (ECtHR, 24 November 2020).

fied in a precise category. The case should therefore more appropriately be examined in the light of the general rule laid down in the first sentence of the first paragraph of Article 1 of Protocol No. 1'.

It is quite evident how the concept of 'possessions' in the first part of article 1 of Protocol 1 is an autonomous one, covering every asset in respect of which the applicant can argue that the same has an economic or patrimonial value, and in so far as these goods are existing possessions or when the owner has at least a legitimate expectation of obtaining effective enjoyment of a property right.[30] In the next section, we will see that this broad interpretation has influenced the classification of an asset as an investment as well, even though the latter has got a narrower meaning due to the particular interests involved in the field of international investments protection.

4 Investment as a Particular Kind of Property: The Need of a Dynamic Activity and Its Basis in Investment Treaties' Dispositions

The notion of property has acquired some interesting features in the field of international investments protection, since a particular purpose is pursued by bilateral investment treaties, namely the economic development of the States parties.[31] Unlike human rights conventions, whose primary focus is represented by individuals' protection from public authorities' initiatives, bilateral investment treaties are aimed to encourage economic relationships between the signatory States, even though some privileges are attributed to the investors, such as the right to start an arbitration proceeding and the right to obtain the execution of the award finally adopted.[32] In this context the opportunity to balance the parties' interests arises, thus a more limited number of rights are naturally protected in the field of international investments. As it will be shown below, it seems that investment represents a special kind of property,

30 *Centro Europa 7 s.r.l. and Di Stefano v Italy* App no 38433/09 (ECtHR, 7 June 2012); *Radomilja and others v Croatia* App no 37685/10 (ECtHR, 20 March 2018).

31 The analysis of the notion of investment has always represented a problematic issue. In this regard see, *ex multis*, Katia Yannaca-Small, 'Definition of "Investment": an Open-Ended Search for a Balanced Approach' in Katia Yannaca-Small (ed), *Arbitration Under International Investment Agreements: A Guide to the Key Issues* (OUP 2010) 243.

32 A survey concerning the relationships between human rights and investments treaties, especially with regard to the standards of treatment, is carried out by Ursula Kriebaum, 'Indirect Expropriation: A Comparative Approach' in Andrea Gattini, Attila Tanzi and Filippo Fontanelli (eds) (n 17) 429.

because of its attitude to be applied in those cases where property rights are qualified by other requirements deriving from the intrinsic meaning of the term 'investment', firstly developed by the arbitral tribunals case-law.[33]

Determining the notion of investment is relevant not only theoretically, but it is crucial from a pragmatic point of view as well. Indeed, understanding its meaning is pivotal under both procedural and substantial perspectives, due to its role in order to ascertain the jurisdiction of the arbitral tribunal[34] on one side and to understand the precise range of economic interests that can be concretely protected on the other. Anyway, in this context as well an autonomous approach concerning the right of property has been embraced by arbitral tribunals, having qualified as investments a wide set of economic interests, going beyond their national definition. In *Methanex*,[35] for example, the tribunal has stated – as subsequently confirmed by other awards[36] – that 'the restrictive notion of property as material thing is obsolete and has ceded its place to a contemporary conception which includes managerial control over component of a process that is wealth producing'.

Despite the widespread agreement among arbitral tribunals regarding the acknowledgment of a wide set of property rights as investment, their ownership by the alleged investor is still not sufficient. Indeed, in order to ascertain the existence of an investment, other requirements are needed, whose relevance finds its legal ground on investment treaties' object and purpose, pursuant to article 31 of Vienna Convention on the Law of Treaties. The doctrine generally considers that investment infers the employment of economic resources, a certain duration, a participation in the risks of the transaction and a significant contribution to the host State's development.[37] The need to satisfy some other requirements, in order to ascertain the existence of an

33 The debate concerning the notion of investment in the context of the ICSID Convention is described by Julian D Mortenson, 'The Meaning of 'Investment': ICSID's Travaux and the domain of International Investment Law' (2010) 51 HarvIntlLJ 257.

34 In relation to the role of investment as a matter of jurisdiction or of admissibility see August Reinisch, 'Jurisdiction and Admissibility in International Investment Law' in Andrea Gattini, Attila Tanzi and Filippo Fontanelli (eds) (n 17) 137.

35 *Methanex Corporation v United States of America*, UNCITRAL, Award (3 August 2005) para 17.

36 *Khan Resources Inc. v Mongolia*, UNCITRAL, Award (2 March 2015) para 308: 'Thus, the Tribunal is satisfied that the rights under the Mining and Exploration Licenses and stemming from the Agreements constitute intangible property [...] Accordingly, the tribunal finds that these rights are a protected investment under Foreign Investment Law'.

37 See Christoph H Schreuer, Loretta Malintoppi, August Reinisch and Anthony Sinclair (eds), *The ICSID Convention: A Commentary* (2nd edn, CUP 2009) 128 ff.

investment, can be clearly inferred by the changing of the bilateral investment treaties' terms over time. Traditionally a simple 'asset-based' approach had been adopted, considering to be enough the ownership of an economic interest, in order to protect as many investments as possible.[38] Very clearly, for instance, pursuant to article 46 of China-Pakistan FTA of 2006: 'The term "investment" means every kind of asset invested by investors of one Party in accordance with the laws and regulations of the other Party in the territory of the latter, and particularly, though not exclusively, includes…'.

In the recent years a change has taken place, and if the reference to the concept of asset is still widespread in every investment treaty, it is required that the latter is accompanied by a set of certain requirements. In this context a noteworthy example is represented by the 2012 US Model BIT, whose Section A, article 1 provides as follows: 'Investment means every asset that an investor owns or controls, directly or indirectly, that has the characteristics of an investment, including such characteristics as the commitment of capital or other resources, the expectation of gain or profit, or the assumption of risk'.[39]

A great role in the development of the stricter notion of 'investment' has been played by arbitral tribunals, in particular those acting under ICSID rules, enhancing the intrinsic meaning of investment arising from article 25 of the Washington Convention of 1965, aimed to establish the so-called 'outer-limits' in order to ascertain the existence of an investment.[40] The most famous award in this context has been represented by the one rendered in the dispute between Salini and Morocco,[41] when the investment objective requirements have been determined in the following terms: (i) economic contribution; (ii) a certain duration of the performance of the contract; (iii) a participation in the risks of the transaction; (iv) contribution to the economic development of the host State. These requirements have been repeatedly confirmed by other tribunals, even though sometimes only some of them have been invoked, while

38 An example is represented by the 1959 Germany-Pakistan BIT. See, in this regard, Jeswald Salacuse, *The Law of Investment Treaties* (OUP 2010) 162: 'By extending the treaty's application to "any kind of assets" the definitions are designed to protect as wide range of investment forms as possible'.

39 The same wording can be found in Latvia-Turkey BIT of 2018, Australia-Uruguay BIT (adopted 5 April 2019, entered into force 27 January 2022); Japan-Morocco BIT (adopted 8 January 2020, entered into force 23 April 2022) and in the 2017 Italian Model BIT.

40 These words were used for the first time during the preliminary drafting of the Washington Convention, as quoted in ICSID, *History of the ICSID Convention: Documents concerning the Origin and the Formulation of the Convention on the Settlement of Investment Disputes between States and Nationals of Other States* (1968) 566.

41 *Salini Costruttori S.p.A. and Italstrade S.p.A. v Morocco*, ICSID Case No ARB/00/4, Award (23 July 2001) para 52.

in other circumstances they have been considered to be only indicative and not prescriptive.[42] For these reasons many arbitral awards require a 'two-fold test' in order to ascertain the existence of an investment whose protection can be invoked before them.[43]

This test has been subsequently carried out also by non ICSID tribunals, showing that the notion of investment can be described in general terms through the requirements of the involvement of an economic contribution, the expectation to gain a profit and the contribution to the economic development of the host State. In *Romak v Uzbekistan*, for example, it was expressly stated that 'the term investment under the BIT has an inherent meaning (irrespective of whether the investor resorts to ICSID or UNCITRAL arbitral proceedings)', adding that 'if an asset does not correspond to the inherent definition of "investment", the fact that it falls within one of the categories listed in Article 1 does not transform it into an investment'.[44]

The objective notion of investment has been followed by both ICSID and non ICSID tribunals, in relation to the following economic rights: the right to obtain the execution of an arbitral award or of a settlement agreement;[45] with regard to the ownership of an immovable good;[46] or the rights deriving from the ownership of shares. In this regard, in the recent case of *Komaksavia v Moldova*[47] the arbitral tribunal, rejecting the claimant's argument that the

---

42 In this regard, see *Standard Chartered Bank (Hong Kong) Limited v Tanzania*, ICSID Case No ARB/15/41, Award (11 October 2019); *Masdar Solar & Wind Cooperatief U.A. v Spain*, ICSID Case No ARB/14/1, Award (16 May 2018).

43 See *Československa Obchodní Banka v Slovak Republic*, ICSID Case No. ARB/97/4, Decision on Objections to Jurisdiction (24 May 1999) para 68: 'A two-fold test must therefore be applied in determining whether this Tribunal has the competence to consider the merits of the claim: whether the dispute arises out of an investment within the meaning of the Convention and, if so, whether the dispute relates to an investment as defined in the Parties' consent to ICSID arbitration, in their reference to the BIT and the pertinent definitions contained in Article 1 of the BIT'; *Mytilineos Holdings SA v 1. The State Union of Serbia & Montenegro, 2. Republic of Serbia*, UNCITRAL, Partial Award on Jurisdiction (8 September 2006) para 112: 'It is the established practice of ICSID tribunals to assess whether a specific transaction qualifies as an 'investment' under the ISCID Convention, independently of the definition of investment in a BIT or other applicable investment instrument, in order to fulfill the *ratione materiae* prerequisite of Article 25 of the Convention'.

44 *Romak S.A. v Uzbekistan*, PCA Case No. AA280, Award (26 November 2009) para 207.

45 *CMC Muratori Cementisti di Ravenna and Others v Mozambique*, ICSID Case No ARB/17/23, Award (24 October 2019).

46 *Jin Hae Seo v South Korea*, HKIAC Case No 18117, Award (27 September 2019).

47 *Komaksavia Airport Invest Ltd v Republic of Moldova*, SCC Case No 2020/074, Award (3 August 2022).

objective notion would be suitable only in relation to ICSID proceedings, has established the need to meet the 'elements inherent in the notion of the term "investment", which in the Tribunal's view includes considerations relating to contribution, duration and risk'. Indeed, even though the claimant was formally the shareholder of a company whose concession to manage the international airport of Chisinau had been revoked by the host State, no payment was made for the shares' purchase, hence no investment could be recorded by the arbitral tribunal because of the absence of any commitment of resources or assumption of risk.[48] Effectively it has been stated that 'a distinction must be made between the objects of an investment, such as shares or title to property, and the action of investing, which requires some contribution of money or assets'.[49]

In light of the most recent arbitral case law and BITs wording it can be argued that the investment represents a special kind of property, since it requires not only the ownership of an economic interest, but also its concrete employment in a dynamic activity useful to generate a certain degree of wealth and to realize a contribution for the host States, in line with the bits' object and purposes and to balance foreign investor and host State needs.[50]

This approach should be appreciated because of its coherence with the interpretative criterion of the bilateral investment treaties' scope and purpose, pursuant to article 31 of the Vienna Convention.[51] Most prominently, in every BIT's preamble it is affirmed that investment treaties are aimed to achieve international cooperation and the economic development of every signatory Party, the host State included. These purposes find their foundation in the UN Charter, in particular articles 1 and 55, sometimes explicitly referred to by BITs' preambles.[52] Thus, the need to satisfy the interests of both the

48 Ibid., para 148: 'the existence of an illustrative list of assets in a bit is not necessarily the end of the interpretative analysis, the illustrative list does not trump the objective, ordinary meaning of investment'.

49 Ibid., para 176.

50 See in this sense *Gramercy Funds Management LLC and Gramercy Peru Holdings LLC v Republic of Peru*, ICSID Case No. UNCT/18/2, Dissenting Opinion of Professor Brigitte Stern (6 December 2022) para 91: 'In the absence of a contribution [...], there can be no investment. An investment is linked with a process of creation of value, which distinguishes it clearly from a sale, which is a process of exchange of values'.

51 *Masdar Solar & Wind Cooperatief U.A. v Spain*, ICSID Case No. ARB/14/1, Award (16 May 2018) para 197: 'the starting point is the ordinary meaning of the term 'investment', ascertained in its context and in light of the object and purpose of the Treaty in accordance with the rules of interpretation of article 31 of the VCLT'.

52 See Indonesia-Switzerland BIT (adopted 24 March 2022, entered into force 1 August 2024).

investor and host State requires that not every property right deserves protection under investment treaties, but only those implying at least a commitment of resources and a contribution for the host State development, as required by the most recent bits and arbitral case law, of non-ICSID tribunals as well.[53]

5 Conclusive Remarks

Starting from *Mavrommatis* an autonomous notion of property has been developed in international legal order, independent from national definitions and able to safeguard a wide range of interests. From the analysis of the right of property in every field of international law, two common requirements are needed in order to ascertain the existence of a property right: first of all the ownership of an economic right is required, aimed to produce a patrimonial benefit; secondly this right should attribute an exclusive status for its owner, involving the faculty to exclude third parties interferences, in particular those adopted by State authorities.

In light of the survey concerning every field of international law, from diplomatic protection aimed to safeguard aliens' goods to human rights conventions and investment treaties, it is arguable that the protection of property represents a widespread value in the international legal order, even though it has acquired different features in every single context. While in the first two fields the right of property is acknowledged and applied in its broadest meaning, safeguarding every kind of economic interest, only a particular kind of property can be protected before arbitral tribunals, since the need to find a balance between the parties involved requires for the compliance with the so-called 'outer-limits', useful to describe the intrinsic notion of investment.

In conclusion, while the protection of property, being recognized by a wide range of dispositions, can be considered a general principle of international law,[54] the conditions for its protection can vary depending on the specific

53 See *Raymond Charles Eyre and Montrose Developments Ltd. v Sri Lanka*, ICSID Case No. ARB/16/25, Award (5 March 2020) para 293: 'The Tribunal does not find it necessary to resolve the dispute between the Parties as to whether the Salini criteria do or do not apply per se in evaluating whether an investor has made a protected investment. There are now many decisions that have considered that "investment" has an inherent meaning and implies at least a contribution by the investor, a certain duration, and economic risk'.

54 See in this regard Roberto Ruoppo, *La proprietà nel diritto internazionale* (ESI 2022).

context where it is involved. While the ownership of an economic interest can be enough in the context of diplomatic protection and human rights conventions, some other requirements are needed in order to gain access before investment arbitral tribunals, where the ownership of an asset is mandatory but still not sufficient, because its employment in a dynamic activity involving resources' commitment and the assumption of a risk is required.

14

'Public Control' and *Mavrommatis*' Contribution to Treaty Interpretation

Michael Waibel

1 Introduction

The jurisdiction of the Permanent Court of International Justice (PCIJ or the Court) hinged on the classification of the concessions that the Ottoman Empire had granted to Euripide Mavrommatis prior to its disintegration in World War I. The three judgements in the *Mavrommatis* case were the only occasion in which the PCIJ addressed constitutional questions concerning the British mandate in Palestine, including the legislative powers of Palestine's government, the conformity of the exercise of these powers in awarding concessions with the British Mandate and the interaction of private and public law.

The concept of 'public control' played a decisive role in the Court's finding that it had jurisdiction over Greece's diplomatic protection claim. How the Court construed 'public control' reflects a contribution of the first *Mavrommatis* judgment in 1924, including on how to interpret treaties in two or more languages. This contribution on treaty interpretation is of some relevance to contemporary investment disputes. In addition, the *Mavrommatis* case made other important contributions discussed in other articles of this special issue, such as laying the foundation for diplomatic protection and defining when a dispute exists.

The broader context of the dispute is twofold. First, the collapse of the Ottoman Empire and the resulting peace-making after World War I, especially the Treaties of Sèvres (1920) and Lausanne (1923). On the losing side in World War I, the Ottoman Empire was devastated and collapsed. Most of its territory was occupied. Second, Zionist aspirations inspired by Herzl, Weizmann, and others for establishing a Jewish homeland in Palestine, and the British mandate with respect to Palestine that the League of Nations granted to the United Kingdom.

Michael Waibel, Professor of International Law, University of Vienna. The author thanks Martin Baumgartner, Giulio Cortesi and Benjamin Letzler for research assistance.

© 2026 THE AUTHOR(S) | HTTPS://DOI.ORG/10.1163/9789004766891-016

Initially, the victorious Allies dictated punitive peace terms to the Ottoman Empire. In stark contrast to the other peace conferences, with Germany at Versailles and Austria-Hungary at St. Germain, the 'Lausanne Conference on Near East Affairs', that led to the Lausanne Treaty of 1923 was negotiated while the defeated Ottoman Empire still had an army in the field.

At the San Remo Conference a few months prior to Sèvres, Britain, and France had shared the former Ottoman territories in the Middle East between themselves, using the League of Nations' mandate system as a fig leaf. The Treaty of Sèvres partitioned the Empire's Anatolian heartland. Only a tiny interior rump state was to remain after Greece, Italy, and France had occupied their assigned regions.

On 20 August 1920, a delegation of the Ottoman government signed the Treaty of Sèvres.[1] This treaty never entered into force. The Allied Powers gave Greece the right to enforce the Treaty of Sèvres. Refusing the terms of the Treaty of Sèvres, forces of the Turkish Nationalist Movement under Mustafa Kemal (Atatürk) expelled French forces from southeast Anatolia. Several years of warfare ensued, mainly between an Anatolian resistance, and the occupying powers. In mid-November 1922, the commander in chief of the Allied forces occupying the Ottoman Empire, British General Charles Harrington, escorted the last sultan of the Ottoman Empire, Mehmed VI, out of Yildiz Palace in Istanbul. On 23 October 1923, the Turkish Republic declared its independence in Ankara.

The events of 1921–1922 turned the tables and led to a very different negotiated peace, reflected in the Treaty of Lausanne of July 1923, which replaced the unsuccessful Treaty of Sèvres.[2] The Treaty of Lausanne, which remains in force, was the last of the peace settlements negotiated at the end of World War I. It brokered peace between Turkey and the 'Allied and Associated Powers': Britain, France, Greece, Italy, Japan, Romania, and Yugoslavia.

Deliberations on the future of Palestine after the war had already commenced during World War I. In Britain, Herbert Samuel's Cabinet memorandum on 'The Future of Palestine' of January 1915 argued that Palestine should become a British protectorate 'into which scattered Jews would in time swarm back from all quarters of the globe, and in due course obtain home rule'.[3] In

1 Treaty of Peace between the Allied and Associated Powers and Turkey (signed 10 August 1920).

2 Treaty of Peace with Turkey and Other Instruments (signed 24 July 1923, entered into force 6 August 1924).

3 Michael and Eleanor Brock (eds), *H. H. Asquith, Letters to Venetia Stanley* (OUP 2014) 477.

March 1916, Foreign Secretary Grey proposed a Jewish Commonwealth in Palestine. In 1917, Foreign Secretary Balfour issued his famous declaration.[4]

With this background, we turn to examine how the PCIJ established its jurisdiction over Greece's diplomatic protection claim on behalf of Euripide Mavrommatis. A central question was whether the concessions granted to Mavrommatis (and the overlapping concessions subsequently awarded to Pinhas Rutenberg) for the operation of utilities in British Palestine involved the Mandate Government – Britain – in exercising 'public control'. This question hinged on the qualification of the legal nature of concessions and the interpretation of key terms of the Treaty of Lausanne of 1923.

2 'Public Control' as the Jurisdictional Hook in the Treaty of Lausanne

In 1924, the Court considered the expression 'public control' in article 11 of the British Mandate for Palestine (the Mandate) to determine whether its jurisdiction covered Greece's diplomatic protection claim on behalf of Euripide Mavrommatis. Article 11 of the Mandate provided as follows:

> The Administration of Palestine shall take all necessary measures to safeguard the interests of the community in connection with the development of the country, and, subject to any international obligations accepted by the Mandatory, shall have full power to provide for *public* ownership or *control* of any of the natural resources of the country or of the public works, services and utilities established or to be established therein. It shall introduce a land system appropriate to the needs of the country, having regard, among other things, to the desirability of promoting the close settlement and intensive cultivation of the land.
>
> The Administration may arrange with the Jewish agency mentioned in article 4 to construct or operate, upon fair and equitable terms, any public works, services and utilities, and to develop any of the natural resources of the country, in so far as these matters are not directly undertaken by the Administration. Any such arrangements shall provide that no profits distributed by such agency, directly or indirectly, shall exceed a reasonable rate of interest on the capital,

4 Lord Arthur James Balfour, 'The Balfour Declaration', Israeli Ministry of Foreign Affairs, https://www.gov.il/en/pages/the-balfour-declaration-29-oct-2017 accessed 18 June 2025; see also Niall Fergusson, *The House of Rothschild: The World's Banker, 1849–1999* (OUP 1999) 449.

> and any further profits shall be utilised by it for the benefit of the country in a manner approved by the Administration.[5]

At the heart of the arguments of the parties on jurisdiction was whether Britain's granting of concessions to Rutenberg conflicted with its international obligations under article 11 of the Mandate. The Court considered this investigation necessary because the international obligations of the Mandatory were not automatically the international obligations of Palestine. Given the authority granted to the Palestine Administration under article 11 of the Mandate, the Palestine Authority needed to exercise this authority in a manner that was compatible with Great Britain's international obligations.

The parties agreed that the Mavrommatis concessions themselves, granted prior to the outbreak of the war, laid outside the scope of this article. The Court thus held that article 11 applied to the *Mavrommatis* case only if two conditions were met. First, the Rutenberg concessions must have fallen within its scope, having been granted in the exercise of the Mandatory's full power to provide for public ownership or control of the natural resources of Palestine. Second, that grant must have violated Britain's international obligations. Thus, the interpretation of the concept of 'public control' under article 11 of the Mandate was crucial.

To establish that it had jurisdiction, the PCIJ first had to determine the scope of Britain's international obligations referenced in article 11. Greece argued that the phrase at issue in article 11 referred to 'all international obligations in general'. Meanwhile, Britain considered that it referred 'only to various beneficent principles to the maintenance of which Great Britain was pledged under the Mandate, such as freedom of transit and communication and equality of commercial opportunity for all Members of the League'.[6] 'Public Control' was the crucial factor for the PCIJ to uphold its jurisdiction in *Mavrommatis*. The jurisdictional precondition found in article 26 of the Mandate – whether the dispute concerned 'the interpretation or the application of a provision of the Mandate'– was 'a major hurdle in the jurisdictional phase.'[7] The Court acknowledged that its jurisdiction under that article was limited to

5 *League of Nations – Official Journal* (3rd Year. No. 8 August 1922) 1007.

6 *The Mavrommatis Palestine Concessions* (*Greece v. United Kingdom*) (Objection to the Jurisdiction of the Court) PCIJ Rep Series A – No. 2, 24.

7 Michael Waibel, 'Mavrommatis Palestine Concessions (Greece v Great Britain) (1924 – 27)', in Erik Bjorge and Cameron A Miles (eds), *Landmark Cases in Public International Law* (Hart 2017), 41; see also, Ole Spiermann, *International Legal Argument in the Permanent Court of International Justice: The Rise of the International Judiciary* (CUP 2004), 193.

disputes concerning the interpretation and application of the Mandate. Article 26 provided as follows:

> The Mandatory agrees that if any dispute whatever should arise between the Mandatory and another Member of the League of Nations relating to the interpretation or the application of the provisions of the mandate, such dispute, if it cannot be settled by negotiation, shall be submitted to the Permanent Court of International Justice provided for by article 14 of the Covenant of the League of Nations.

The Court adopted an objective legal test to determine whether the dispute between Britain and Greece met these criteria.[8] Nevertheless, the PCIJ did not define the notion of 'public control' autonomously and in contrast to 'private control' but rather examined public control 'only' as a matter of treaty interpretation, albeit a consequential one.[9] It clarified:

> If the expression 'public control' is contrasted with 'private control' in the very restricted sense of a public undertaking as opposed to a private undertaking controlled by the public authorities, the Rutenberg concessions cannot be considered as having conferred upon the Palestine Administration 'public control' over the services under concession.[10]

In the interpretation of the meaning of 'public ownership and control' in article 11, the Court faced a crucial linguistic choice between the broader French version that encompassed concessions and the narrower English version that excluded concessions.[11] The French version of the treaty understood *contrôle* broadly encompassing 'the right to grant concessions with a view to the development of the natural resources of the country or public works, services and utilities, as also the right to annul or cancel existing concessions'.

This distinction led to diverging opinions among the PCIJ judges. While some judges aligned with the British argument that public control referred 'only to the governmental ownership or operation of public utilities, but not

8 *The Mavrommatis Palestine Concessions* (n 6) 16–17; Spiermann (n 7) 196–197; Waibel (n 7) 41.

9 *The Mavrommatis Palestine Concessions* (n 6); *The Mavrommatis Jerusalem Concessions* (*Greece v. United Kingdom*) PCIJ Rep Series A – No. 5; *Case of the Readaptation of the Mavrommatis Jerusalem Concessions* (*Greece v. United Kingdom*) (Jurisdiction) Series A No. 10.

10 *The Mavrommatis Palestine Concessions* (n 6) 19–20.

11 Waibel (n 7) 42.

to the grant of franchises to private concessionaires', the majority rejected this narrow view that all activities not carried out by the government were private. The expression 'public control' in English 'covered any exercise of public authority by which private enterprise was subordinated', thus extending beyond cases and situations where the government directly owned or managed an undertaking. It is also applied to certain forms of state actions regarding undertakings of a private character, including economic policies that subjected private enterprise to public authority. The Court held that this 'wider meaning of the English expression appears to be the only one which does not nullify the expression *contrôle public* in the French version'.[12] The Rutenberg concessions were public utilities, as the Government of Palestine supervised Rutenberg's enterprise, and the companies were to be created in agreement with the Jewish Agency. These facts collectively satisfied the third jurisdictional precondition.

The Court determined that public control encompassed 'various methods whereby the public administration may take over, or dictate the policy of, undertakings not publicly owned'.[13] In drawing this conclusion, the Court considered itself 'bound to adopt the more limited interpretation which can be made to harmonise with both versions (...) in accordance with the common intention of the Parties'.[14]

3 Scholarly Reactions to the PCIJ's Construction of 'Public Control'

The Court's approach to jurisdiction in *Mavrommatis* was significant for its contextual interpretation of the young Court's jurisdiction. Kuhn, a contemporary commentator, observed that while a plain reading of the treaty text might suggest broad jurisdiction, the Court was engaged in an exercise of self-restraint by requiring an actual exercise of 'full power to provide for (...) public control' under article 11.[15] The Court ruled that granting a competing concession constituted an exercise of public control, while mere supervisory or advisory powers over a concession would not have been sufficient for the Court to have jurisdiction. However, in Kuhn's view the acts alleged in relation

12 *The Mavrommatis Palestine Concessions* (n 6) 20.
13 Ibid., 19.
14 Ibid.
15 Arthur K Kuhn, 'The *Mavrommatis* Case on Readaptation of the Jerusalem Concessions' (1928) 22 AJIL 383–85.

to the Rutenberg concessions, despite overlapping with Mavrommatis' prior rights, did not inherently amount to an exercise of public control sufficient to trigger the Court's jurisdiction. He also pointed to the tension in the Court's reasoning, noting that while the PCIJ had adopted a strict approach to treaty-based jurisdiction, its reading of public ownership and control seemed to stretch the Mandate's text in a way that was not entirely consistent with traditional interpretative methods.

Hammarskjöld criticized the Court's reasoning as unpredictable, arguing that the Court appeared to have extended its jurisdiction beyond the scope explicitly provided in the Mandate. He identified two key issues: first, that 'affecting' a dispute under article 11 did not necessarily mean that the dispute should be decided exclusively on that basis, and second, that article 11 reference to 'any international obligations accepted by the Mandatory' risked expanding the Court's jurisdiction beyond what was originally contemplated. This broader reading, in effect, blurred the line between the specific mandate obligations and Britain's general international commitments, raising concerns about the discretionary nature of the Court's jurisdictional interpretation.

In the 21st century, Ole Spiermann underscored that the Court viewed Britain's granting of the Rutenberg concessions as an act of public control and thus within the scope of article 11.[16] However, crucially, this exercise of control was subject to international obligations accepted by the Mandatory power, which meant that the Court's jurisdiction under article 26 depended on whether these obligations were directly implicated in the dispute. The Court determined that the dispute pertained to the interpretation and application of the Mandate, affirming its jurisdiction where the international obligations referenced in article 11 affected the merits of the case or the rights conferred under the Mavrommatis concessions. The Court, however, declined jurisdiction over any elements of the case that had no direct connection to article 11.

4 Restrictive Interpretation of Multilingual Treaties: The 'Common Denominator' Approach and Its Mixed Reception

In reaching its jurisdictional decision, the PCIJ grappled with the interpretation of the Mandate and its different authoritative language versions four decades before the International Law Commission (ILC) turned its attention to treaty interpretation and codified its findings in the Vienna Convention on

16 Spiermann (n 7) 199.

the Law of Treaties (VCLT). The Court's interpretation of 'public control' in *Mavrommatis* that we examined above raised a broader question for treaty interpretation: did the Court create a presumption in favour of the restrictive interpretation of multilingual treaties?

Some authors identified a 'common denominator approach' in the following passage from the 1924 judgement:

> where two versions possessing equal authority exist one of which appears to have a wider bearing than the other, [the Court] is bound to adopt the more limited interpretation which can be made to harmonise with both versions and which, as far as it goes, is doubtless in accordance with the common intention of the Parties.[17]

According to this view, when dealing with two conflicting texts with equal authority, a 'common denominator' must be identified, creating a presumption in favour of a restrictive interpretation.[18] Authors reached this conclusion even though the PCIJ in *Mavrommatis* adopted a solution that gave preference to the French over the English text. The better view is that the Court's decision on this point does not reflect a rule of international law but rather a case-specific resolution.

However, the PCIJ was not always consistent in its application of the common meaning rule. Two years before *Mavrommatis*, in its 1922 *ILO Agriculture Advisory Opinion*,[19] the Court was confronted with the interpretation of the term 'industrial' in English versus '*industriel*' in French under the Treaty of Versailles. The French term had a narrower scope, as it normally excluded agriculture. Had the Court applied the common meaning rule, it would have adopted the narrower French definition. Instead, the Court held that 'the context is the final test',[20] and upon examining the broader treaty framework, concluded that the term 'industrial' or '*industriel*' did in fact extend to agricul-

17 *The Mavrommatis Palestine Concessions* (n 6) 19.

18 See Peter Tzeng, 'Article 33 of the VCLT: Interpretation of Treaties Authenticated in Two or More Languages', in Andreas Kulick and Michael Waibel (eds), *General International Law in International Investment Law: A Commentary* (OUP 2024) 166–176, where it is argued that the common meaning rule could be derived from art 33(3) and (4) of the VCLT. While general international courts, including the ICJ, have largely moved away from this approach, investor–State tribunals appear more open to applying the rule when interpreting plurilingual or multilingual treaties under art 33. Tzeng also acknowledges that the common meaning rule enhances predictability.

19 *Competence of the ILO in regard to International Regulation of the Conditions of the Labour of Persons Employed in Agriculture*, PCIJ Rep Series B – No 2.

20 Ibid., 35.

ture. This demonstrates that even within the PCIJ, restrictive interpretation was not a fixed rule and treaty interpretation could prioritize context over strict textual reconciliation. This might be a reason why legal scholarships and treaty practice did not adopt *Mavrommatis* as a rigid rule of interpretation.

Arbitrators and scholars have considered and, at times, applied the hypothesis of a "common denominator rule" or a "presumption in favour of a restrictive interpretation" over the last one hundred years when interpreting plurilingual treaties. Overall, this aspect of the *Mavrommatis* case on the interpretation of multilingual treaties is a road not travelled, including and especially in the Vienna Convention on the Law of Treaties. International courts and tribunals have not made reference to the passage from *Mavrommatis* quoted above as authority for the proposition that this is a rule of international law, and this *dictum* has not found widespread support among scholars either. Instead, courts and tribunals have referenced *Mavrommatis* either to refute it or to distinguish it from the norms they applied in interpreting multilingual treaties. Mössner also highlights that this rule does not provide a clear solution when a word is ambiguous in multiple meanings or when overlapping interpretations arise in different language versions.[21]

A hundred years ago when the PCIJ decided *Mavrommatis*, the traditional rule of *in dubio mitius* still had some support in international practice. Notably, the 1933 "Interpretation of Treaties" adopted by the Seventh International Conference of American States explicitly sets out the common denominator rule and proposes that it should be only adopted when ordinary methods of interpretation have failed, which would be a rare occurrence.[22] However, this principle has since been largely rejected in modern treaty interpretation.[23] In the late 1960s, the ECtHR explicitly dismissed this rule.[24] Furthermore, *Mavrommatis* demonstrated the Court's willingness to give greater weight to the drafting language of a treaty than to other authentic language versions, which

21 Jörg M Mössner, 'Die Auslegung mehrsprachiger Staatsverträge' (1972) 15 *Archiv des Völkerrechts* 284–285.

22 However, the common denominator rule was absent from 1928 Convention on Treaties, David Dudley Field's Draft Code, Bluntschli's Draft Code, and the 1927 Draft of the International Commission of American Jurists. See Panos Merkouris, 'Chapter 12: In Dubio Mitius', in Joseph Klingler, Yuri Parkhomenko and Constantinos Salonidis (eds), *Between the Lines of the Vienna Convention? Canons and Other Principles of Interpretation in Public International Law* (Kluwer 2018) 267.

23 Oliver Dörr, 'Article 33', in Oliver Dörr and Kirsten Schmalenbach (eds), *Vienna Convention on the Law of Treaties: A Commentary* (2nd edn, Springer 2018) 637.

24 ECtHR, *Wemhoff v Germany* (1968) Series A No 7, para 8.

the PCIJ affirmed more explicitly in the *Exchange of Greek and Turkish Populations* case.[25]

Jean Hardy explored whether *Mavrommatis* aligned with Fiore's rule. This rule suggests that 'where a word has a different juridical meaning in one contracting State from that which it has in the other, it must be construed according to its meaning in the State to which the provision of the treaty refers.'[26] The Court in *Mavrommatis* noted that the English version of the Palestine Mandate should take precedence, given that Britain, as the Mandatory power, bore the responsibility for applying its provisions.[27] While this reasoning appears to support Fiore's Rule, Hardy cautioned that the *Mavrommatis* decision was too ambiguous to form a binding principle. Unlike bilateral or multilateral treaties where obligations are distributed among the contracting states, the Mandate uniquely assigned responsibilities to Britain, making generalization difficult.[28] Later treaties, including the VCLT, opted for a more nuanced approach to linguistic conflicts, emphasizing reconciliation over unilateral deference to a single state's interpretation.

Hardy explains at length why some authors assert erroneously that the PCIJ endorsed "limited interpretation" as a rule for solving discrepancies between authentic texts.[29] The ILC subsequently cited Hardy's view with approval. It considered that although 'the Permanent Court was thought by some jurists to lay down a general rule of restrictive interpretation in cases of divergencies between authentic texts [...] [*Mavrommatis*] is not thought to call for a general rule laying down a presumption in favour of restrictive interpretation in the case of an ambiguity in plurilingual texts'.[30] As Max Sørensen put it, there is certainly no rule that 'a species of the lowest common denominator of the texts is to be sought – a hybrid version imposing the least obligation.'[31]

Sørensen examined the challenges posed by multilingual treaties, noting that reconciliation of texts in multiple languages that are equally authoritative

25 *Exchange of Greek and Turkish Populations*, PCIJ Rep Series B - No 10.

26 Pasquale Fiore in his *Diritto internazionale codificato* (3rd ed., Unione tipografico-editrice 1900), 310; Jean Hardy, 'The Interpretation of Plurilingual Treaties by International Courts and Tribunals' (1961) 37 BYIL 72, 115.

27 *The Mavrommatis Palestine Concessions* (n 7) 19: 'with especial force because the question concerns an instrument laying down the obligations of Great Britain in her capacity as Mandatory for Palestine [...]'.

28 Hardy (n 26) 116.

29 Ibid., 80.

30 ILC, 'Third Report on the Law of Treaties, by Sir Humphrey Waldock, Special Rapporteur' (1964) UN Doc. A/CN.4/167 and Add.1–3, 65.

31 Max Sørensen (ed), *Manual of Public International Law* (Macmillan/St Martin's Press 1968), ch 4, s Four [4.37].

could not rely on a strictly textual approach. He pointed to the Charter of the United Nations, with five authentic versions (English, French, Russian, Spanish, and Chinese), as an example of a treaty that avoids privileging any single linguistic version. Where discrepancies arise, the accepted method is to ascertain the intention of the parties. This approach differs from *Mavrommatis*, where the Court sought to harmonize the English and French versions but ultimately favoured the broader French text, rather than strictly prioritizing the more restrictive English version to limit Britain's obligations under the Mandate. Sørensen's analysis suggests that *Mavrommatis* did not establish a constraining principle of restrictive interpretation but instead provided a case-specific solution.

Ian Sinclair revisited *Mavrommatis* to assess whether it created a rule favouring restrictive treaty interpretation. He argued that the Court's reasoning should not be overgeneralized, as the Court was primarily concerned with whether a particular act of Britain fell within the Mandate's defined powers.[32]

The interpretation of plurilingual treaties presents an inherent challenge. The comment on article 29 of the 1966 Draft Convention on the Law of Treaties 1966 rightly points that a more accurate approach considers them as versions of a separate "text", all of which are authoritative unless the treaty expressly provides otherwise. International law does not grant inherent precedence to any particular language, meaning that all texts must be read together to establish a common meaning that aligns with the treaty's provisions and its overarching purpose.[33]

In *Mavrommatis*, rather than strictly favouring the narrower English interpretation of 'public control' over the broader French '*contrôle public*', the Court ultimately adopted an intermediate interpretation acknowledging that public control extended beyond mere state ownership to include broader forms of governmental regulation. The Court considered this the best interpretation, as it preserved the coherence between the English and French texts, preventing one version from nullifying the other. This aligns with the approach later reflected in the Draft Convention on the Law of Treaties, which emphasized on reconciliation of plurilingual versions rather than rigid restrictive interpretation.

Crucially, the ILC later rejected the idea of restrictive interpretation as a rule. Instead, the ILC emphasized that the application of restrictive interpretation depends on the treaty's nature and the specific context in which ambi-

---

32 Ian Sinclair, *The Vienna Convention on the Law of Treaties* (1st edn, Manchester University Press 1973) 149–150.

33 Manley O Hudson, 'Languages Used in Treaties' (1932) 26 AJIL 368, 372.

guity arises.[34] Since then, the ILC's insistence that there is no presumption in favour of a restrictive interpretation has gained broader resonance.[35] Restrictive (or expansive) presumptions in interpretation have become suspect, and increasingly give way to a neutral approach operating without such presumptions.[36] For example, the tribunal in *Mondev v United States* reasoned that 'there is no principle either of extensive or restrictive interpretation of jurisdictional provisions in treaties. In the end the question is what the relevant provisions mean, interpreted in accordance with the applicable rules of interpretation of treaties.'[37]

The ILC, while addressing the issue of plurilingual treaties, opted for a more flexible approach rather than codifying the rigid interpretative method used in *Mavrommatis*. Sir Humphrey Waldock, in his Third Report on the Law of Treaties (1964), proposed two provisions (draft articles 74 and 75) that reinforced the equal authority of such plurilingual treaties and the presumption of equal meaning. However, Sir Waldock did not incorporate the object and purpose test. In his Sixth Report (1966), Waldock merged these provisions into draft article 72, which was later adopted by ILC as article 29 of its draft articles. The ILC explicitly rejected the restrictive approach found in *Mavrommatis*, declining to adopt either a priority for the drafting language or a general presumption favouring restrictive interpretation.[38] The ILC's commentaries on the draft articles on the Law of Treaties noted that:

> In the *Mavrommatis Palestine Concessions* case, the Permanent Court was thought by some jurists to lay down a general rule of restrictive interpretation in cases of divergence between authentic texts [...]. But the Court does not

34 ILC, 'Report of the International Law Commission on the Work of its 18th Session' (4 May-19 July 1966) UN Doc. A/CN.4/191, 224–226.

35 Richard Gardiner, *Treaty Interpretation* (2nd edn, OUP 2016) 53; Alexander Orakhelashvili, *The Interpretation of Acts and Rules in Public International Law* (OUP 2008) 413; Isabelle Van Damme, *Treaty Interpretation by the WTO Appellate Body* (OUP 2011) 61, 281; Luigi Crema, 'Disappearance and New Sightings of Restrictive Interpretation(s)' (2010) 21 EJIL 681, 694; Hersch Lauterpacht, 'Restrictive Interpretation and the Principle of Effectiveness in the Interpretation of Treaties' (1949) 26 BYIL 284.

36 Michael Waibel, 'Uniformity versus Specialisation: A Uniform Regime of Treaty Interpretation?' in Christian J Tams, Antonios Tzanakopoulos and Andreas Zimmermann (eds), *Research Handbook on the Law of Treaties* (Edward Elgar 2014) 394 (citing James Crawford, *Brownlie's Principles of Public International Law* (8th edn, OUP 2012) and Anthea Roberts, 'Power and Persuasion in Investment Treaty Arbitration: The Dual Role of States' (2010) 104 AJIL 179–225).

37 *Mondev International Ltd v United States of America*, in (2003) 42 ILM 85, 94 [43].

38 ILC (n 34).

> appear necessarily to have intended [...] to lay down as a general rule that the more limited interpretation that can be made to harmonize with both texts is the one that must be adopted. Restrictive interpretation was appropriate in that case. But the question whether in case of ambiguity a restrictive interpretation ought to be adopted is a more general one the answer to which hinges on the nature of the treaty and the particular context in which the ambiguous term occurs [...]. Accordingly, while the *Mavrommatis* case gives strong support to the principle of conciliating – i.e., harmonizing – the texts, it is not thought to call for a general rule laying down a presumption in favour of restrictive interpretation in the case of an ambiguity in plurilingual texts.[39]

This demonstrates that even within the PCIJ, restrictive interpretation was not a fixed rule, and treaty interpretation could prioritize context over strict textual reconciliation.

Consistent with the ILC, the ICJ also avoided applying the common meaning rule. A significant example is the *Elettronica Sicula S.p.A.* (*ELSI*) case, where the Italian Government argued for a narrow textual reading based on article 33 (4) of the VCLT. Here the ICJ was asked to interpret the Italy-US Friendship, Commerce and Navigation Treaty and its Protocol. The case focused on differences in meaning between the terms 'taken' in English and '*espropriati*' (expropriated) in Italian, as well as between the terms 'interests' in English and '*diritti*' (rights) in Italian.[40] In assessing the first terms, the ICJ observed that '[t]he word 'taking' is wider and looser than '*espropriazione*''.[41] As for the second term, Italy argued that the term 'interests' was broader than the term '*diritti*'.[42] The ICJ eventually left these linguistic differences unresolved, because it reached its conclusion on the basis that Italy had not breached the treaty. However, the ICJ would have reached the same conclusion if it had defaulted to the common meaning rule. The ICJ left the question open as it would have been incompatible with the teleological interpretation enshrined in paragraph 4.[43]

39 Ibid., 225–226.

40 *Elettronica Sicula S.p.A.* (*ELSI*) (Judgment) [1989] ICJ Rep 15, 68.

41 Ibid.

42 Ibid., 70–71.

43 Mark E Villiger, 'Full Access Article 33: Interpretation of Treaties Authenticated in Two Or More Languages', in Mark E Villiger (ed), *Commentary on the 1969 Vienna Convention on the Law of Treaties* (Brill 2009) 460.

A similar pattern emerged in *The Question of the Re-evaluation of the German Mark* case of 1980,[44] where three dissenting arbitrators relied in part on *Mavrommatis* to support the common meaning rule.

None of the interpretative principles from *Mavrommatis* were codified in article 33 of the VCLT, which focuses instead upon 'the meaning which best reconciles the texts, having regard to the object and purpose of the treaty.'[45] As Peter Tzeng notes, article 33(3) and (4) appear to support a common denominator rule, but, in practice, the application of this rule remains inconsistent.[46] The requirement to determine a meaning that 'best reconciles the texts' grants significant discretion to interpreters, as what constitutes the 'best reconciliation' is often subjective and context dependent. The ICJ has only expressly recognized article 33(4) as customary international law, while the rest of article 33, including any implicit support for a common denominator rule, has not been definitively accepted as part of custom.[47]

Investor-State tribunals, in particular, appear more open to apply the common denominator rule when dealing with multilingual treaties, as it provides a clearer and more predictable reconciliation method compared to the broader balancing exercise required under article 33(4).[48] However, even in investment arbitration, tribunals do not strictly follow a common denominator approach but instead emphasize coherence with the treaty's object and purpose. This highlights how modern treaty interpretation prioritizes contextual and teleological methods over narrow textual interpretation.

Martino noted that the Court favouring the English version over the broader French version was not solely based on restrictive interpretation but on two additional factors: first, the narrower interpretation was in the language of the state against whom the obligation was being enforced; second, the original draft of the Mandate was probably prepared in English.[49]

---

44 *The Question whether the re-evaluation of the German Mark in 1961 and 1969 constitutes a case for application of the clause in article 2 (e) of Annex I A of the 1953 Agreement on German External Debts* (1980) 19 RIAA 67–145.

45 Daniella Martino, 'Determining Indeterminacy: Plurilingual Treaty Interpretation under Article 33 of the Vienna Convention on the Laws of Treaties' (2024) 62 *Columbia Journal of Transnational Law* 461, 470–471.

46 Tzeng (n 18) 168.

47 Ibid., 167.

48 Ibid., 174.

49 The impact of *Mavrommatis* in the field of treaty interpretation is hence limited. While sometimes seen as introducing a common denominator approach to resolving discrepancies among treaties in two or more languages, the decision remains a historical reference point rather than an authoritative one, especially after the adoption of the Vienna Convention on the Law of Treaties.

In addition to this (limited) contribution on treaty interpretation, the PCIJ in *Mavrommatis* established criteria for the invocation of error as a ground for the invalidity of a treaty. The British Government argued before the Court that the concessions granted to Mavrommatis were invalid since the Ottoman authorities had mistakenly assumed that he had been an Ottoman subject. Relying on 'principles which seem to be generally accepted in regard to contracts,' the PCIJ held that the concessions would only be liable to annulment if 'Ottoman nationality was considered as a condition of the grant of the concessions'.[50] The Court concluded that the reference to Mavrommatis as an Ottoman subject in the concession agreements was 'not intended to represent a condition on which the grant of the concession [was] dependent and that, therefore, the fact that M. Mavrommatis [was] not an Ottoman subject [could] not involve the invalidity of the concession'.[51] The ILC considered that the principle formulated by the PCIJ with regard to State contracts applied with equal force to treaties. The *Mavrommatis*' legacy on error, differently from interpretation of plurilingual treaties, found thus its place in article 48 VCLT.[52]

50 *The Mavrommatis Jerusalem Concessions* (n 6) 30.

51 Ibid., 31.

52 See the classical definition modelled on the *Mavrommatis dictum*. Arnold D McNair, *The Law of Treaties* (Clarendon 1961) 211 ('must go to the root of the transaction and be such that but for its existence the party misled would not have entered into the transaction'); Taslim O Elias, 'Problems Concerning the Validity of Treaties' (1971) 134 *RCADI* 333, 364 ('must go to the root of the matter'); Donald W Greig, *Invalidity and the Law of Treaties* (British Institute of International and Comparative Law 2006) 64 ('the importance of the error is not judged by the degree of error, but by what the error was about'). In particular, Robert Uerpmann-Wittzack underlies that the first condition of art 48 VCLT, i.e. that the error must pertain to an essential matter, is due to *Mavrommatis Palestine Concessions* (Robert Uerpmann-Wittzack, 'Mavrommatis Concessions Cases' (2013) *Max Planck Encyclopedia of Public International Law* [10]).

PART 3

Views from International Lawyers

15

Offshore Infrastructures at the Intersection of the International Law of the Sea and Italy's Domestic Law

Eugenio Tranchino

1 Introduction

Offshore infrastructures currently constitute a strategic pillar in the transition toward a sustainable and digitally interconnected energy model.

The progressive expansion of renewable energy sources and the renewed attention to the sustainable management of marine resources have transformed the maritime domain from a mere space of navigation and resource exploitation into a complex infrastructural environment. Within this environment, sovereign rights, economic freedoms, and environmental responsibilities intersect and often compete, requiring governance tools capable of reconciling national interests with the freedoms of the international community.

This scenario calls for a multi-level legal approach, capable of integrating international law of the sea – most notably the United Nations Convention on the Law of the Sea (hereinafter UNCLOS), ratified by Italy with Law no. 689 of 2 December 1994 – with European regulations and national legislation. The establishment of the Italian exclusive economic zone, the definition of Maritime Spatial Management Plans (PGSMs – *Piani di gestione dello spazio marittimo*), and the recent adoption of the National Plan of the Sea (*Piano del mare*) collectively represent decisive steps toward a coherent system of maritime governance grounded in legal certainty, environmental protection, and strategic planning.

Against this background, the purpose of this paper is to provide a systematic analysis of the legal regime governing offshore infrastructures, with particular attention to the interplay between the various levels of regulation and the resulting implications in terms of jurisdiction, administrative competence, environmental obligations, and national security.

The analysis will focus specifically on the operational implications for two categories of infrastructure, that is to say offshore wind plants and fossil fuel

Eugenio Tranchino, Partner at Watson Farley & Williams, Italy

© 2026 THE AUTHOR(S) | HTTPS://DOI.ORG/10.1163/9789004766891-017

research and extraction platforms, examining their respective legal bases, operational constraints, and the specific challenges they raise in a rapidly evolving regulatory environment. In doing so, this paper will consider the most recent developments in both domestic and international law, including the Italian State Council's position paper no. 01016/2025, the establishment of the Italian exclusive economic zone (EEZ) through Presidential Decree no. 193/2025, and the ongoing evolution of maritime spatial planning instruments, as well as the challenges related to environmental protection, safety, and the coexistence of maritime usages.

2 The UNCLOS Framework

2.1 UNCLOS' Zoning Architecture

UNCLOS constitutes the cornerstone of the legal order governing activities at sea and remains the primary reference point for the governance of offshore infrastructures: it designates the extent of national jurisdiction, allocates sovereign rights, and imposes duties concerning marine environmental protection, acting as a proper 'constitution of the oceans'.[1] Its regime is functional, attributing powers to coastal States depending on the maritime zone concerned and framing these powers within a system intended to balance national interests with the freedoms of the international community.

According to its zoning architecture, maritime spaces are organized into distinct legal regimes, each attaching a specific bundle of rights and obligations.

In particular, coastal States exercise full sovereignty within the territorial sea (extending up to 12 nautical miles from the so-called 'baseline'), albeit limited by the right of innocent passage of foreign vessels:[2] this sovereignty encompasses the authority to regulate and authorize offshore installations located within the territorial sea, enforce environmental and safety regulations, and exercise continuous administrative control over the construction, operation and removal of such structures.

Beyond the territorial sea, the EEZ grants each coastal State sovereign rights for the exploration and management of natural resources and jurisdiction

1 Tommy T.B. Koh, 'A Constitution for the Oceans' remarks adapted from statements made by the President on 6 and 11 December 1982 at the final session of the Conference at Montego Bay.

2 United Nations Convention on the Law of the Sea (adopted 10 December 1982, entered into force 16 November 1994), 1833 UNTS 3 artt 2 and 3.

concerning artificial islands and installations up to 200 nautical miles from the 'baseline'.[3]

The continental shelf further extends the aforementioned rights to the seabed and subsoil extending beyond the territorial sea to the outer edge of the continent: these rights exist *ipso facto* and *ab initio*,[4] regardless of whether an EEZ has been declared,[5] and have a 'functional' nature, as confirmed by judicial interpretation and practice.[6]

On the 'high seas', freedom to exercise any right to navigation, overflight, fishing, scientific research and construction of artificial installations remains open to all States.[7] These distinctions form the structural basis for understanding jurisdiction over offshore infrastructures.

2.2 EEZ: Italy's Position

As anticipated in Section 2.1, maritime zones represent the spatial projection of individual States over the sea areas adjacent to their coasts and, as such, hold strategic significance in asserting sovereignty and safeguarding maritime routes and resources within their jurisdiction vis-à-vis neighboring States. In each EEZ, coastal States hold sovereign rights for the purpose of exploring, exploiting, and managing natural resources (expressly including energy production from water, currents and wind).[8]

That being said, unlike the continental shelf (on which – as natural extension of the land territory – sovereign rights are granted *ipso facto*), EEZs are not self-executing: their establishment requires a formal act by the relevant coastal State. In this respect, though, the establishment of EEZs in the Mediterranean basin is particularly challenging: the morphology of the Mediterranean basin and the reduced distance separating coastal States has made the establishment of reciprocal EEZs increasingly complex, compelling frontager States to negotiate and enter into multiple bilateral agreements in order to regulate the management of their adjacent – or overlapping – EEZs.[9]

3 Ibid., art 56.

4 Fabio Caffio, 'L'Italia di Fronte alla Proclamazione Unilaterale Algerina della Zona Economica Esclusiva' in Silvia Grandi and Ombretta Coppi (eds), *Il Mare. Numero speciale del Bollettino ufficiale degli idrocarburi e delle georisorse* (MISE-Unmig, 3rd edn, 2020) 85.

5 UNCLOS, art 76ff.

6 Italian Court of Cassation, Judgment No. 14556 of 30 May 2025.

7 UNCLOS art 86ff.

8 Ibid., art 56.

9 Paola Giorgia Ascani, 'The legal regime of the Exclusive Economic Zones. What stage is Italy at?' (2021) Rivista Marittima 14.

Additionally, in the context of the Mediterranean Sea, references to EEZs are often understood to encompass the underlying continental shelf, unless otherwise provided. Although no rule of international law requires EEZs and the continental shelf to coincide, the prevailing assumption is one of full superposition between the water column and the seabed within the 200–nautical mile limit measured from the baselines of the territorial sea, through the adoption of a single-line boundary.

Such an approach, moreover, establishes a direct connection between the exploitation of fossil-energy resources located on the seabed and the protection of the marine environment in the superjacent water column, thereby ensuring compliance with appropriate ecological standards governing offshore activities.[10]

To overcome the difficulties linked to the establishment of EEZs within the Mediterranean borders, coastal States had originally opted for the definition of specific 'ecological protection zones' (EPZ), primarily aimed at setting the boundaries for fishing exploitation. Though, following the discovery of significant hydrocarbon reservoirs in the eastern part of the Mediterranean basin, coastal States' interests have shifted toward the establishment of specific EEZs rather than the preservation of their fishing exploitation rights.[11]

Italy's attitude toward the establishment of its own EEZ has been characterized over the years by a strong and long-lasting hesitation. From a critical perspective, such hesitation may be derived from Italy's willingness to protect and preserve the freedom of navigation and military exercise from the 'territorialization' of the semi-enclosed Mediterranean Sea.[12] In addition, it has been argued that the Italian Government has been held back by the fear that the establishment of exclusive economic zones (or fisheries zones) by other Mediterranean States could trigger significant social repercussions for Italian fishing operations, particularly those conducted by vessels flying the Italian flag in waters situated near the coasts of those States.[13]

Italy's awareness of the importance of having strictly defined EEZs has been raised for the first time only in 2018, in reaction to Algeria's proclamation of its EEZ, which extended into Italian maritime spaces up to 13 nautical miles off the coast of Sardinia and overlapped for roughly 70 miles with the Italian

10 Caffio (n 4) 85.

11 Ibid.

12 Tullio Scovazzi, 'The Italian Exclusive Economic Zone' (2022) Questions of International Law 40.

13 Ibid., 41.

EPZ.[14] Such occupation led to Italy's authorization for the establishment of its EEZ in 2021 through Law no. 91, in conformity with the UNCLOS provisions, subsequently implemented by Presidential Decree No. 209 of 14 December 2023.

Following the entry into force of Law No. 91/2021, Italy's need to establish its EEZ has become increasingly evident. Thus, to partially limit such legislative gap, the so-called *Piano del mare* was introduced. Approved for the first time by the Interministerial Committee for Maritime Policies (*Comitato interministeriale per le politiche del mare* – CIPOM) by resolution dated 31 July 2023 and published in the Official Gazette on 23 October 2023, the *Piano del mare* represents a strategic planning instrument of national relevance, designed to govern all maritime policies on a 3-year basis. The *Piano del mare* articulates a comprehensive vision of Italy's maritime policy and provides maritime players with a clear understanding of the strategic direction pursued by the State in areas such as environmental protection, development of the so-called 'blue economy', enhancement of the port system, and international cooperation on maritime spaces.[15] As specifically underscored in the *Piano del mare*,[16] the need for a clear regulatory framework governing the various activities conducted within maritime spaces is strongly perceived by economic players, who rely on stable and reliable information when making long-term investment decisions; moreover, the requirement for legal certainty in the delimitation of maritime boundaries extends well beyond national maritime zones: economic players must, in fact, be able to ascertain which areas fall under the jurisdiction of other States and which, by contrast, are subject to the legal regime of the high seas.[17]

The long-awaited Italian EEZ has been finally established by means of the Decree of the President of the Republic n. 193/2025, dated 26 September 2025,

---

14 Italian ecological protection zone established under Presidential Decree No. 209 of 27 October 2011.

15 Dipartimento per le Politiche del Mare, 'Perché un Piano del Mare?' (Dipartimento per le Politiche del Mare) https://www.dipartimentopolitichemare.gov.it/it/il-piano-del-mare/perche-un-piano-del-mare/.

16 Pursuant to art 2.11.4 of the *Piano del mare*, the delimitation of each State's EEZ is essential on the one hand, for 'the sustainable exploitation of renewable energy sources, including offshore wind and photovoltaic energy, as well as tidal and current energy' and, on the other hand, to 'improve the control and management of hydrocarbon and fossil fuel deposits located on the underlying continental shelf, including those shared with neighboring countries across delimitation lines'.

17 Annalisa Ciampi, 'Ad un passo dall'istituzione della zona economica esclusiva. Tappe ed ostacoli di un percorso (non ancora) concluso' (2025) Osservatorio sulle Fonti https://www.osservatoriosullefonti.it/rubriche/fonti-internazionali/4822-osf-3-2025-int5.

published on the Official Gazette n. 294/2025, and issued in accordance with article 1, paragraph 2, of Law no. 91 of 14 June 2021. Such change in law establishing the Italian EEZ entered into force on 3 January 2026 and will grant our country all rights referred to in article 56 of the UNCLOS, including 'exploring and exploiting, conserving and managing the natural resources' for the performance, inter alia, of activities relating to 'the production of energy from the water, currents and winds' and 'the establishment of and use of artificial islands, installations and structures' within 200 nautical miles from the coast. The establishment of the Italian EEZ will indeed not only leave the freedom of navigation entirely unaffected, but will also play a decisive role in fostering the development of offshore projects and energy production infrastructures: the Presidential Decree n. 193/2025 has undoubtedly filled a substantial void in the Italian regulatory framework and has opened the door to new business opportunities and investments on offshore infrastructures.[18]

All being considered, it appears clear that the essential question of maritime boundary delimitation constitutes a fundamental precondition for establishing any cooperative framework aimed at the promotion of the blue economy and the sustainable use of marine resources and the construction and operation of offshore infrastructures.[19]

2.3 EEZ: Key Relations with Neighboring Countries

As anticipated above, the semi-enclosed Mediterranean basin requires coastal States to enter into specific bilateral agreements aimed at regulating their inevitable overlapping EEZ claims. In this context, the principal incentive driving coastal States to enter into such agreements is the need to avert a recurrence of disputes analogous to the 2018 Algeria-Italy case.

On the basis of such premises, the bilateral agreement between Italy and Croatia has been ratified with Law no. 62 of 15 May 2023: the two States have established that the delimitation line of their respective EEZs – within which each Party is entitled to exercise its sovereign rights and jurisdiction under international law – coincides with the boundary of the continental shelf between them. The agreement with Croatia is of a particular importance as both coastal States are endowed with substantial natural gas deposits beneath

18 Enrico Vergani, 'Italy Also Establishes an Exclusive Economic Zone (EEZ)' (2025) Ship2-Shore, https://www.ship2shore.it/en/italy-also-establishes-an-exclusive-economic-zone-eez.

19 Federpesca, 'Spazi marittimi. Contributo per il Dipartimento delle Politiche del Mare' (Dipartimento per le Politiche del Mare, 20 June 2025) www.dipartimentopolitichemare.gov.it/media/of3kiczr/federpesca.pdf.

their respective subsoil. In this context, the agreement that entered into force in June 2023 has assumed a pivotal role, as it has not only delineated the maritime boundaries between the Parties but has also provided authoritative clarification regarding the sovereign rights that each State is entitled to exercise over the maritime areas adjacent to its coastline, including without limitation all rights relating to the construction and operation of offshore platforms destined to the extraction of gas from the aforementioned subsoil reservoirs.[20]

Such agreement between Italy and Croatia is the second bilateral agreement relating to the delimitation of the Adriatic Sea. The first agreement in this respect was executed with Greece and was ratified with Law no. 93 of 1 June 2021: this represents the very first official agreement whereby Italy has formalized an extension of its maritime sovereignty that – as already highlighted – it had previously refrained from asserting so as not to encourage other coastal States to do the same – an approach grounded in the assumption that such reciprocal actions could ultimately prejudice the interests of certain Italian fishing communities.[21]

By contrast, several other outstanding delimitations remain unresolved and appear particularly delicate in light of the geographical configuration. One notable case is Malta, with whom no agreement has yet been reached: Malta has not formally delineated its EEZ boundaries, a circumstance that continues to delay the opening of structured negotiations.[22] Nevertheless, despite the absence of an active negotiating framework, both Parties have already articulated official positions and reservations. In particular, the Maltese government has expressed concerns regarding certain Italian maritime planning measures, insisting that Italian spatial plans in overlapping areas (specifically in the Ionian-Central Mediterranean region) must not prejudge the outcome of future EEZ delimitations.[23] These concerns are likely connected to Malta's recent,

20 Fabio Caffio, 'L'accordo tra Italia e Croazia per la delimitazione delle ZEE' (2022) Limes Online www.limesonline.com/limesplus/l-accordo-tra-italia-e-croazia-per-la-delimitazione-delle-zee-14713554/.

21 Irini Papanicolopulu, 'Prime Osservazioni sull'accordo di delimitazione tra Grecia e Italia del 9 giugno 2020' (*SIDIBlog*, 18 June 2020) https://www.sidiblog.org/2020/06/18/prime-osservazioni-sullaccordo-di-delimitazione-tra-grecia-e-italia-del-9-giugno-2020/ accessed 7 February 2026; Germano Dottori, 'Perché è buona la mossa del governo con la Grecia sulle ZEE' (Star Magazine, 10 June 2020) https://www.startmag.it/mondo/perche-e-buona-la-mossa-del-governo-con-la-grecia-sulle-zee/ accessed 7 February 2026.

22 Scovazzi (n 12) 51.

23 Ministero dell'Ambiente e della Sicurezza Energetica, 'Italian Maritime Spatial Plans: Transboundary SEA Consultations: feedback from the Maltese authorities' (2023) https://va.mite.gov.it/File/Documento/751246 accessed 7 February 2026.

unprecedented drive toward offshore wind development, based on its intention to deploy floating wind farms beyond its territorial waters in zones expected to fall within its future EEZ. Since these Maltese offshore wind sites overlap with potential Italian EEZ claims, the installation of semi-permanent structures – such as floating turbines and offshore substations – has direct implications for sovereign rights relating to energy production.[24] Offshore energy infrastructure therefore goes beyond the economic dimension and shapes the factual context within which future delimitation negotiations will take place. The renewable energy component – particularly the floating wind programs under development in both countries – has transformed the Italy–Malta maritime boundary issue from a purely theoretical UNCLOS exercise into a matter of pressing practical relevance. It remains to be seen whether Italy's establishment of its EEZ will accelerate the negotiation process with Malta toward a bilateral agreement governing overlapping jurisdictions beyond territorial waters and clearly defining each coastal State's sovereign rights over its respective continental shelf.

Finally, to circle back to the Algeria-Italy case, the negotiations for the definition of a specific delimitation of the maritime boundaries are to date far from being settled: by Presidential Decree on 20 March 2018, Algeria proclaimed its EEZ extending to the north-west of the Gulf of Oristano (Sardinia region), with an apex located approximately 60 nautical miles from the coast of Sardinia and at least 195 nautical miles from the Algerian coastline, therefore threatening the offshore wind projects being developed located in front of the Sardinian coasts. Therefore, the Algerian EEZ takes no account whatsoever of the opposite maritime areas, thereby overlapping with them.[25] Toward this unilateral proclamation, an Italian protest was lodged by means of a *Nota Verbale* dated 28 November 2018: Italy's reaction can be considered well-founded, in that it prevented Algeria – absent an explicit Italian position – from assuming that it was entitled to extend its EEZ to encompass all waters up to the outer limit of the Italian territorial sea southwest of Sardinia[26] (thereby potentially jeopardizing the development of wind projects located in such area).

As of the current status of the dispute, Italy and Algeria are two friendly nations whose relations – rooted in a long-standing partnership – have trad-

24 Malta's first offshore wind, whose tender has been launched in late July 2025, will be located *beyond the 12-nautical-mile limit*, within the area Malta will formally declare as its EEZ.

25 Caffio (n 4) 94.

26 Scovazzi (n 12) 47.

itionally been characterized by considerable mutual understanding and cooperation.[27] Negotiations have already been opened back in 2020: the key critical point will be to find a common ground solution to define each coastal State's sovereign rights, in particular relating to the right to construct and operate offshore infrastructures and exploit all available natural resources (without stepping into each other's jurisdiction).

2.4 Environmental Protection and Maritime Scientific Research

Across all maritime zones, UNCLOS recognizes and promotes the freedom to conduct marine scientific research, essential for enhancing our knowledge of the oceans and their ecosystems, imposing, on the other hand, specific environmental duties on each coastal State.

Part XII of the UNCLOS imposes a general obligation on States to 'protect and preserve the marine environment'.[28] In this respect, it has been noted that article 192 of the UNCLOS is unbounded by spatial limitations, even though the overall architecture of the UNCLOS is construed on the element of maritime zones in which coastal States exercise different layers of jurisdiction: in contrast to these zonal distinctions, article 192 of the UNCLOS formulates a general and undifferentiated duty to protect and preserve the marine environment.[29] As a result, such duty shall be deemed as applying across all maritime zones: as confirmed by a substantial jurisprudence,[30] not only within areas subject to coastal State sovereignty or sovereign rights, but also beyond national jurisdiction.

The general obligation provided for under article 192 of the UNCLOS is then complemented by the specific provisions of UNCLOS applicable to the single maritime zones. Explanatory to this concept is the duty – imposed on coastal States – to 'protect and preserve the marine environment' within their EEZ,[31] which runs in parallel with the general obligation referred to in article 192 of the UNCLOS.

---

27 Caffio (n 4) 97.
28 UNCLOS art 192.
29 Maria Gavouneli, 'Protection standards for the marine environment: Updating Part XII of the Law of the Sea Convention?' in Stephen Minas and Jordan Diamond (eds), *Stress Testing the Law of the Sea. Dispute Resolution, Disasters & Emerging Challenges* (Brill 2018).
30 *South Cina Sea Arbitration* (*Philippines v. China*), PCA case no. 2013–19, Award (12 July 2016).
31 UNCLOS art 56.

In this regard, UNCLOS situates offshore infrastructures within a broader environmental governance framework. Part XII of the UNCLOS further imposes on States specific obligations to prevent, reduce, and control pollution arising from seabed activities, offshore installations and the operation of artificial structures. This is not only to preserve the waters under their jurisdiction, but also to ensure that activities conducted under their control do not cause pollution-related harm to neighboring States.[32] This entails rigorous environmental assessments, continuous monitoring, and cooperation in the event of emergencies. It follows, therefore, that environmental protection and scientific research are essential conditions for ensuring that environmental risks associated with offshore projects are managed in accordance with internationally recognized standards.

Over the years, some doubts have emerged on whether the provisions of Part XII of the UNCLOS can still be deemed adequate compared to the increased needs of our current reality (and whether they suffice in confronting the environmental impacts associated with the construction, operation and decommissioning of offshore infrastructures).[33] In this respect, though, it has been argued that although no amendments or integrations have been made to the original wording of the UNCLOS' provisions, the normative reach has expanded considerably, shaped by an evolving jurisprudence and the progressive development of international law.[34]

3 Offshore Infrastructure: Focus by Category

The development of offshore infrastructure to date represents one of the most dynamic and strategic frontiers in the broader context of the country's digital and energy transition. These infrastructures are not only technological enablers but also legal and geopolitical constructs, operating at the intersection of multiple regulatory layers. The legal framework governing them is articulated across overlapping levels: international, through instruments such as the UNCLOS, and national, through laws, decrees, and planning instruments that translate overarching principles into concrete operational mechanisms.

32 Ibid., art 194.

33 World Bank Group, 'Environmental, Health, and Safety Guidelines Wind Energy' (World Bank, 7 August 2015) https://www.ifc.org/en/insights-reports/2015/publications-policy-ehs-wind-energy accessed 7 February 2026.

34 Gavouneli (n. 29).

In this complex regulatory landscape, understanding the distinctions between the various categories of offshore infrastructure – namely, offshore wind plants and hydrocarbon extraction platforms – is essential. Each category is subject to a different degree of regulatory complexity and engages distinct aspects of state sovereignty over maritime spaces. Offshore wind plants, for instance, often require coordinated spatial planning and environmental assessments; hydrocarbon platforms invoke exclusive sovereign rights over the continental shelf.

Nonetheless, marine scientific research remains a fundamental component for the development of offshore infrastructures. Oceanographic studies and geological analyses are indispensable tools for identifying areas suitable for the deployment of offshore wind energy infrastructure, as well as for assessing the stability and profitability of the seabed for hydrocarbon extraction, while simultaneously minimizing the ecological impact of such activities. Therefore, in recent years, Mediterranean coastal States including Italy have been characterized by an increasing interest in ensuring that adequate protection protocols are put in place in the Mediterranean basin as the performance of all activities relating to marine research, deployment of offshore wind energy infrastructure and exploration and extraction of hydrocarbons has now become of national interest.[35]

All being considered, a nuanced comprehension of these distinctions is critical not only for legal certainty and compliance but also for ensuring that the deployment of offshore infrastructure aligns with national strategic interests, environmental sustainability, and the principles of international law.

3.1 Offshore Wind Plants

Of all marine infrastructures, offshore wind farms are the ones that most embody the challenge of the energy transition. Although far from the ideals of 1982, offshore renewable energy production is at the core of European policy, with targets of 88 GW of installed capacity by 2030 and approximately 360 GW by 2050.

Given its geographical configuration, our country is well positioned to become the southern energy hub within the European framework. Moreover, its strategic location makes our country a natural bridge to the African continent, which – thanks to its potential in solar, wind, and green hydrogen – is

35 Daniele Panebianco, 'Il Contesto Securitario del Mediterraneo Allargato e la Protezione degli Interessi Nazionali Marittimi: il Ruolo della Marina Militare' (2021) Rivista Marittima 43, 45–46.

increasingly recognized as a future powerhouse of clean energy.[36] To date, Italy counts more than 90 wind-farm projects, allocated between 10 Italian regions (with Puglia, Sardinia and Sicily in the lead), for an overall capacity of 74 GW; of those 93 projects, which are currently at various stages of the authorization process before the Ministry of Environment and Energy Security, 88 of them are floating installations, with an average distance from the coast of 32.7 km.[37]

The sea represents a strategic resource for the energy transition, offering concrete opportunities in the production of energy from renewable sources, with the help of offshore wind and wave infrastructures. These technologies are playing an increasingly significant role in the European energy mix and, albeit more gradually, in the Italian one as well.[38] Unlocking the full potential of marine energy requires integrated and forward-looking planning, capable of combining innovation, environmental sustainability, and compatibility with other maritime usages.

That being said, the Italian experience in this respect remains quite limited. To date, the only operational offshore wind farm off the Italian coast is the Beleolico plant, inaugurated in Taranto in the spring of 2022 as the first offshore wind farm in the Mediterranean. The Beleolico plant comprises 10 turbines with a total capacity of approximately 30 MW, generating an estimated 58,000 MWh per year – enough to meet the energy needs of around 60,000 people.

The critical development of offshore wind infrastructures in Italy is attributable to a combination of factors: first and foremost, the protracted length of the authorization process, but also the long-awaited establishment of an Italian EEZ and the uncertainty linked to it, alongside an insufficient coordination with existing legislative instruments.

From a regulatory standpoint, Italy has recently initiated a process of rationalization and simplification of the authorization framework, with the aim of providing greater legal certainty and predictability for industry players. The adoption of Legislative Decree no. 190/2024 (hereinafter *Testo Unico FER*)

---

36 Opening speech by President von der Leyen for the inauguration of the academic year of the University of Palermo, 23 February 2023 https://italy.representation.ec.europa.eu/notizie-ed-eventi/notizie/discorso-di-apertura-della-presidente-von-der-leyen-linaugurazione-dellanno-accademico-2023-02-23_it; Piano del Mare 2023–2025 of 31 July 2023 art 2(4).

37 Legambiente, 'In Italia mappati 93 progetti eolici offshore da Legambiente' (*Legambiente* 18 July 2025) https://www.legambiente.it/comunicati-stampa/in-italia-mappati-93-progetti-eolico-offshore-da-legambiente/ accessed 7 February 2025.

38 Piano del Mare 2023–2025 (n 36) art 2(4).

marked a significant step forward in streamlining the complex regulatory landscape applicable to offshore wind projects. The *Testo Unico FER* governs the authorization regimes for the construction and operation of renewable energy plants – including offshore facilities – and reaffirms the competence of the MASE in issuing the necessary permits. In addition to the so-called 'Single Authorization' (*Autorizzazione Unica* – AU) required under article 9 of the *Testo Unico FER*, projects are also subject to mandatory Environmental Impact Assessment (*Valutazione di Impatto Ambientale* – VIA) under Legislative Decree No. 152 of 3 April 2006. The most critical issue remains the length of the authorization process: despite the centralized approach introduced by the new legal framework, the time required to obtain the relevant permits is often unjustifiably long, as exemplified by the Beleolico project in Taranto.[39]

Another key concern is represented by the delay in the establishment of the Italian EEZ: as already noted, the Italian EEZ has just been implemented through Decree of the President of the Republic n. 193/2025, and it represents a decisive shift in fostering the development of offshore wind projects, especially with regard to offshore wind infrastructures located beyond the 12 nautical miles: prior to the establishment of the Italian EEZ, the vast majority of offshore wind projects were confined within the 12 nautical miles' limit, as those projects situated beyond the territorial sea would have been exposed to significant legal uncertainty due to the absence of a clearly defined national jurisdiction. Now, the development of wind infrastructures beyond the territorial sea will arguably receive significant impetus: the possibility of authorizing wind farms beyond the territorial sea waters offers a significant advantage in terms of mitigating conflicts with coastal communities, as the visual impact of such installations at a distance of 24 nautical miles is dramatically reduced.[40] Moreover, the presence of a formally established EEZ strengthens the protection of all offshore energy infrastructure located in extraterritorial waters, thereby avoiding overlapping claims, as previously occurred between Italy and Algeria.[41]

---

39 The authorization process for the Beleolico offshore wind plant in Taranto lasted about 15 years.

40 Camera dei Deputati, 'Ratifica ed esecuzione dell'Accordo tra la Repubblica italiana e la Repubblica di Croazia sulla delimitazione delle zone economiche esclusive' *Dossier VQ0770*, 28 febbraio 2023.

41 Alessandro Stringa, 'Il problema della ZEE e l'adeguamento dello strumento aeronavale italiano' (*IARI*, 12 December 2023) https://iari.site/2023/12/12/il-problema-della-zee-e-ladeguamento-dello-strumento-aeronavale-italiano/ accessed 7 February 2026.

Additionally, an officially established Italian EEZ favors the synergy between the installation of offshore renewable energy infrastructures and coastal and port planning. In recent years, such synergy has been facilitated by the so-called Maritime Spatial Management Plans (hereinafter PGSMs – *Piani di gestione dello spazio marittimo*), which – pursuant to Directive 2014/89/EU – define the spatial and temporal distribution of various activities within marine areas. Developed by a dedicated Technical Committee (established under Legislative Decree No. 201 of 17 October 2016) and approved by Decree of the Ministry of Infrastructure and Transport no. 237 of 25 September 2024, the three PGSMs elaborated – (i) Tyrrhenian – Western Mediterranean, (ii) Adriatic, and (iii) Ionian – Central Mediterranean – serve a primarily technical-operational function. Each PGSM identifies specific functional sectors (e.g., fisheries, renewable energy, transport) within its respective marine macro-area and sets out compatibility measures between sectors, as well as guidelines and recommendations for the activities typically carried out in each area.

Prior to the establishment of the Italian EEZ, the practical utility of PGSMs was in practice quite limited as they were falling short of definitively identifying suitable areas for the development of new offshore wind infrastructure – therefore making it particularly difficult to assess the compatibility of offshore wind infrastructure with marine biodiversity and fishing activities –, deferring instead to the future issuance of specific national guidelines. Now, with an official delimitation of an Italian EEZ, the adoption of such guidelines (which need to take into account, inter alia, the geomorphological characteristics of the seabed and the compatibility of offshore development with fishing and navigation activities)[42] may represent the opportunity to complete a regulatory framework that has long been characterized by uncertainty and normative voids, therefore incentivizing new flows of investments from foreign players.[43]

Offshore wind, therefore, is not merely a technical or industrial phenomenon, but a testing ground for modern maritime law – a legal framework that must reconcile economic development, international cooperation, and environmental protection.

42 Cesare Fossati, Maria Vittoria Sini, 'Eolico Offshore: bene i Piani di Gestione dello Spazio Marittimo, meno bene il DL Ambiente' *Staffetta Quotidiana* (Rome, 22 October 2024).

43 Vergani (n 18).

3.2 Hydrocarbon Extraction Platforms

Hydrocarbon extraction platforms, once emblematic of the race for energy resources, now represent a transitional ground between a fossil-based past and a sustainable future. As noted above, their legal foundation lies in arts. 76 and 77 of the UNCLOS, which grant coastal States exclusive rights over the continental shelf for the exploration and exploitation of mineral and non-living resources of the seabed and subsoil.

Italy has implemented the provisions of article 76 et seq. of the UNCLOS and has regulated activities related to the exploration and extraction of hydrocarbons on its continental shelf through a complex and layered regulatory framework that has remained largely unchanged for decades.

Law No. 613/1967 remains the foundational statute governing exploration and extraction activities both within the territorial sea and on the Italian continental shelf. This instrument was subsequently integrated by Legislative Decree No. 625/1996, which implemented Directive 94/22/EC and introduced a legal framework governing the conditions for granting and exercising concessions for hydrocarbon operations across all offshore areas under Italian jurisdiction and within the limits of the Italian continental shelf.

Further developments followed with Legislative Decree No. 145/2015, implementing Directive 2013/30/EU. This Legislative Decree introduced comprehensive rules on safety and environmental protection in offshore oil and gas operations and strengthened accident-prevention requirements, safety and environmental requirements for licensing.[44] The same also introduced an integrated liability for environmental damage borne by the licensee, who therefore remains financially responsible for the prevention and remediation of environmental damages caused by offshore operations in the oil and gas sector carried out by the same licensee or on its behalf.[45]

Such legislation sets out the conditions for the issuance of exploration permits, at the same time has reaffirmed the outer limit of 200 nautical miles of the Italian continental shelf. In addition, in recent years there has been a marked increase in underwater activities on the continental shelf, driven by growing interest in the seabed: propelled by the Oil & Gas sector, the offshore maritime infrastructure industry has witnessed a proliferation of specialized '*unmanned*' technologies designed to enhance the efficiency of offshore infra-

---

44 Legislative Decree No. 145 of 18 August 2015 arts 1 and 4.

45 Ibid., art. 7(1).

structure maintenance operations.[46] Therefore, the establishment of an Italian EEZ can only further strengthen our commitment to continue along this path.

On another note, the so-called 'decommissioning' phase of offshore production platforms and plants has long been at the center of public debate and industry attention. Once neglected, the need to regulate the decommissioning – to be understood as the phase of cessation of mining activities and the consequent removal of the platform and the simultaneous remediation of the affected marine area – of offshore mining platforms has become central to the national strategy: where within the EEZ, article 60, paragraph 3, of the UNCLOS requires the removal of installations that are no longer operational, except in cases of authorized conversion to compatible uses (such as scientific research or aquaculture). In Italy, this obligation has been implemented through the Ministerial Decree of 15 February 2019, which approved the 'National Guidelines for the Decommissioning of Offshore Hydrocarbon Production Platforms and Related Infrastructure'. The primary objective of these guidelines is to ensure the quality and completeness of environmental impact assessments for marine infrastructure used in the development of hydrocarbon fields located within the territorial sea and the Italian continental shelf.[47]

The Ministerial Decree of 15 February 2019 is specifically intended to prevent offshore oil and gas platforms from being abandoned at the end of their production cycle (which typically lasts between 10 and 50 years), thereby avoiding environmental, economic, and social consequences.

Finally, it is worth highlighting that in recent years a parallel trend aimed at the repurposing of existing infrastructure toward alternative uses has increasingly taken hold: instead of being removed, mining infrastructures can be transformed, among other things, into *hubs* for oceanographic research, CO_2 storage facilities or support infrastructures for the maintenance of wind turbines or intended for the production of energy from solar sources, thus contributing to the objectives of the *Piano nazionale integrato per l'energia e il clima 2030* relating to sustainable use of the sea.

46 *Piano del mare 2023–2025* (n 36) art 2(11)(4).

47 Ministero dell'Ambiente e della Sicurezza Energetica, 'Dismissione mineraria delle piattaforme marine' https://unmig.mase.gov.it/dismissione-mineraria-delle-piattaforme-marine/ accessed 7 February 2026.

4 Conclusions

The legal framework governing offshore infrastructures, as outlined above, portrays a sector undergoing rapid expansion, yet still lacking full regulatory and planning maturity. The complexity of maritime spaces, the stratification of legal sources, and the multiplicity of competing interests all pose significant challenges to achieving a stable balance between economic development, energy security, and environmental protection.

This scenario represents – now more than ever – a crossroads between international law, energy law, environmental law, and maritime spatial planning. Regulatory developments, at both the national and supranational levels, have progressively shaped a system in the making, where heterogeneous legal regimes coexist and require a coordinated and multidimensional approach.

UNCLOS remains the primary source of reference, establishing the fundamental principles underpinning the sovereign rights of coastal States and the freedoms of the seas. However, the Italian experience demonstrates that mere adherence to these principles is not sufficient to ensure a stable and effective governance structure: the long absence of a formally established Italian EEZ and the lack of a truly prescriptive maritime planning framework have hindered legal certainty and the competitiveness of the offshore sector.

Although national legislation has made significant progress in recent years – such as the adoption of the Testo Unico FER, the PGSMs, the 2023–2025 *Piano del mare* and the establishment of an Italian EEZ – further efforts are needed to systematize the framework. In particular, a clearer delineation of administrative competences is required, along with a redefinition of coordination mechanisms between strategic planning, environmental protection, and project authorization.

Substantively, the categories of infrastructure analyzed – offshore wind farms and hydrocarbon extraction platforms – represent different stages of regulatory and technological maturity. Nevertheless, they share a common need: a law of the sea capable of reconciling the freedom of economic activity with environmental responsibility and collective security.

In this regard, the consolidation of Italy's offshore infrastructure system calls for three strategic priorities: (*i*) the strengthening of integrated maritime spatial planning, through the update of the PGSMs and the *Piano del mare* 2026–2028; (*ii*) the execution of specific bilateral agreements with neighboring coastal States, essential to regulate the sovereign rights to which each

Mediterranean State is entitled;[48] and (*iii*) regulatory simplification and certainty, through the adoption of unified authorization and oversight instruments that prevent overlaps and jurisdictional conflicts.

Only through a coherent and unified framework – capable of integrating legal, technical, and environmental dimensions – will it be possible to transform the potential of the sea into a true infrastructure for sustainable development. Offshore infrastructures, more than physical works, are today a test for the capacity of the law to govern innovation, anticipate risks, and ensure a balanced interplay between sovereignty, sustainability, and security.

48 Camera dei Deputati, 'Ratifica ed esecuzione dell'Accordo tra la Repubblica italiana e la Repubblica di Croazia sulla delimitazione delle zone economiche esclusive' *Dossier VQ0770*, 28 febbraio 2023.

16

In Memoriam of Antonio Crivellaro

Federico Alberto Cabona

1 Introduction

I first met Antonio Crivellaro in the first week of April 2018. I had just graduated from law school and joined the international arbitration practice of BonelliErede, which he had founded. Despite the abundance of senior scholars in the firm, everyone there just referred to him as '*il Professore*' (the Professor), without fear of misunderstandings. He had me called to his office for introductions and welcomed me. He also suggested I consider growing a beard to look less like a 'choir boy' (words of wisdom I am still struggling to enact). I had the privilege of spending the following seven years working next to him: one of the last titans of the legal profession, and an even better man.

2 Life

Antonio Crivellaro was born on 21 November 1942 in Veggiano, a rural village in the Veneto region. Italy was in the middle of World War II, its army having just been defeated in El Alamein. Seventh of nine children in a family of farmers, he grew up in the countryside of a rebuilding country. These less-than-ideal odds did not prevent him from graduating in political science from the University of Padua, harbouring the dream of becoming a diplomat. He instead transitioned to law as a post-graduate. He obtained a PhD in public international law under the supervision of Gaetano Arangio-Ruiz, also from the University of Padua, where he became lecturer in 1973.

Three years later, he moved to ENI, Italy's multinational energy company, where he eventually became head of international contracts and disputes (the company's general counsel was the late Prof. Piero Bernardini, among the forefathers of investment arbitration in Italy). In 1978, he left ENI to become head of legal at Impresit, a major construction and engineering company. His in-house role in companies that were largely active abroad exposed him to the

Federico Alberto Cabona, Senior Associate at BonelliErede

© 2026 THE AUTHOR(S) | HTTPS://DOI.ORG/10.1163/9789004766891-018

law and practice of international trade and arbitration, at a time in which law firms specializing in these areas did not exist in Italy.

In 1984, he moved to private practice at Bonelli e Associati, the law firm of the late Prof. Franco Bonelli, another trailblazing jurist in post-war Italy. He maintained his role as professor of international trade law and international contracts at the University of Padua until the mid-1990s. To resist the expansion of Anglo-American firms in the Italian legal market, in 1999 Bonelli e Associati merged – also thanks to Crivellaro's vision – with two other shops to establish Bonelli Erede Pappalardo (currently known as BonelliErede), which would turn into Italy's largest law firm. Here, the Professor passed down the craft he had learned throughout his trajectory to generations of lawyers, creating an international arbitration group at a time when no such thing existed anywhere else in Italy. As of 2025, "his" team has grown to about 25 lawyers.

Since 2015, he also served as General Editor of *Diritto del commercio internazionale*, Italy's most prestigious scientific review on the law of international trade, contributing to advance the careers of scores of Italian academics.

3 Footprint on International Law

Professor Crivellaro was an eclectic international lawyer. He researched and lectured on international law as an academic and practiced it as in-house lawyer, external counsel, and arbitrator. He was involved in hundreds of international disputes over the years, primarily in the construction industry. Some of the precedents he helped establish in the above capacities were groundbreaking. I wish to remember the ones he was most proud of.

3.1 Salini v Morocco

At the turn of the millennium, the Professor was lead counsel for the claimants (Salini Costruttori S.p.A. and Italstrade S.p.A.) in what is possibly the best-known decision in investment arbitration law: *Salini v Morocco*.[1]

Most known investment arbitration cases – i.e., arbitral proceedings between foreign investors and host States – unfold under the auspices of the ICSID, an institution established to facilitate investor-State dispute resolution in 1966 by the Convention on the Settlement of Investment Disputes

1 *Salini Costruttori SpA and Italstrade SpA v Kingdom of Morocco* [*I*], ICSID Case No ARB/00/4, Decision on Jurisdiction (23 July 2001).

between States and Nationals of Other States (ICSID Convention). The ICSID Convention is in force between 158 States at the time of writing.[2]

Under article 25(1) of the ICSID Convention:

> The jurisdiction of the Centre shall extend to any legal dispute arising directly out of an investment, between a Contracting State (or any constituent subdivision or agency of a Contracting State designated to the Centre by that State) and a national of another Contracting State, which the parties to the dispute consent in writing to submit to the Centre. When the parties have given their consent, no party may withdraw it unilaterally.[3]

The drafters of the ICSID Convention did not agree on a definition of 'investment',[4] which had to be developed by doctrine and case law. Whereas the jurisprudential and scholarly debate on this issue is not over (indeed, negating the existence of an investment is part of the objections playbook for respondent States), the *Salini v Morocco* Decision on Jurisdiction has provided the framework for this discussion.

At issue was whether a contract between the two Italian investors and the *Société Nationale des Autoroutes du Maroc* for the construction of a highway joining Rabat to Fez qualified as an investment for the purposes of ICSID jurisdiction.[5] Adhering to the claimants' position, the arbitral tribunal found that:

> The doctrine generally considers that investments infer: contributions, a certain duration of performance of the contract and a participation in the risks of the transaction. In reading the Convention's preamble, one may add the contribution to the economic development of the host State of the investment as an additional condition.[6]

The *Salini v Morocco* tribunal held that Salini and Italstrade had made an investment, accepting their arguments regarding the fulfilment of the above

2 Database of ICSID Member States (last accessed on 20 December 2025).

3 Convention on the settlement of investment disputes between States and nationals of other States (adopted 8 March 1965, entered into force 14 October 1966) 575 UNTS 159 art 25(1) (emphasis added).

4 Stephan Schill, Christoph Schreuer, Anthony Sinclair, 'Article 25', in Stephan Schill et al (eds), *Schreuer's Commentary on the ICSID Convention. A Commentary on the Convention on the Settlement of Investment Disputes between States and Nationals of Other States* (3rd edn, CUP 2022) 175.

5 *Salini v Morocco* (n 1) para 2.

6 Ibid., para 52.

four criteria – (i) substantial contribution, (ii) duration, (iii) risk, (iv) contribution to the host State's development – and confirming its jurisdiction under the ICSID Convention.[7]

These criteria have come to be known as the '*Salini* test', which to this day is almost invariably applied by tribunals called to verify whether an investment in the sense of article 25(1) of the ICSID Convention was made[8] (though the fourth criterion has mostly been abandoned in later case law).[9] Notably, a growing number of precedents refer to the *Salini* test also to ascertain the existence of an 'investment' under bilateral investment treaties (BITs), irrespective of the fact that such treaties often set out their own detailed definitions of this notion.[10]

More important than refining the relevant 'investment' criteria, which had already been conceptualized to some degree by commentators, was the '*liberalism*' with which the *Salini v Morocco* decision applied them to the facts of the case,[11] following Professor Crivellaro's arguments. It does not seem far-fetched to argue that this approach helped ushering in a true golden age for investor-State dispute resolution, as businesses around the world started turning to investment protection (and specifically ICSID) more and more to enforce their rights against sovereign entities.

3.2 Salini v Ethiopia

The Professor's advocacy was conducive to one of the key endorsements of the principle of autonomy of international arbitration from parochial legal systems in international jurisprudence: the award rendered in *Salini v Ethiopia*.[12]

The underlying dispute arose from the performance of a contract for the construction of an emergency raw water sewerage reservoir for the city of Addis Ababa between Salini Costruttori S.p.A., defended by the Professor, on the one hand, and the Ethiopian State and the Addis Ababa Water and Sewer-

7 Ibid., paras 53–58.

8 Stephan Schill et al (eds) (n 4) 178 ff. See also Emmanuel Gaillard, 'Identify or Define? Reflections on the Evolution of the Concept of Investment in ICSID practice', in Christina Binder et al (eds), *International Investment Law for the 21st Century: Essays in Honour of Christoph Schreuer* (OUP 2009) 403–404.

9 Stephan Schill et al (eds) (n 4) 189.

10 Ibid., 173.

11 Farouk Yala, 'The Notion of "Investment" in ICSID Case Law: A Drifting Jurisdictional Requirement?' (2005) 22 JIntlArb 105, 114.

12 *Salini Costruttori SpA v Federal Democratic Republic of Ethiopia, Addis Ababa Water and Sewerage Authority*, ICC Case No 10623/AER/ACS, Award (7 December 2001).

age Authority, on the other.[13] During the arbitration, which was administered by the International Chamber of Commerce (ICC) and seated in Addis Ababa,[14] the tribunal fixed Paris – as opposed to Addis Ababa – as the venue where hearings would be held, as it was empowered to do under the terms of reference signed by both parties.[15] In protest, the respondent authority challenged the tribunal's impartiality and jurisdiction before the courts of the seat, which enjoined the tribunal from pursuing the arbitration until further notice.[16] The Professor requested the tribunal to ignore the injunction and proceed with the hearing and the determination of its own jurisdiction.[17]

This is precisely what the tribunal did. Quoting the ensuing award:

> An international arbitral tribunal is not an organ of the state in which it has its seat in the same way that a court of the seat would be. The primary source of the Tribunal's powers is the parties' agreement to arbitrate. An important consequence of this is that the Tribunal has a duty *vis à vis* the parties to ensure that their arbitration agreement is not frustrated. In certain circumstances, it may be necessary to decline to comply with an order issued by a court of the seat, in the fulfilment of the Tribunal's larger duty to the parties. [...]
> The value of this approach is illustrated strongly by the present case. The reasons that are being advanced to justify the suspension of the arbitration are wholly misconceived and, if sustained, would undermine the parties' agreement to submit their disputes to international arbitration and would constitute a denial of justice.[18]

The tribunal then proceeded to confirm its jurisdiction and moved to the merits phase, which eventually led to a settlement between the parties.[19]

3.3 Saipem v Bangladesh

If *Salini v Ethiopia* was a standard-bearer for the *trans*-national theory of autonomy of arbitration, years later the Professor brought his 'fight' for the

13 Ibid., paras 6–7.
14 Ibid., paras 11–12.
15 Ibid., paras 53, 60.
16 Ibid., paras 75–78.
17 Ibid., paras 79–80.
18 Ibid., paras 128, 146.
19 Emmanuel Gaillard, 'Seven dirty tricks to disrupt an arbitration and the responses of international arbitration law' (2023) 39 ArbIntl 361.

emancipation of arbitral tribunals from the control of seat courts to a *supra*-national level in another seminal ICSID case: *Saipem v Bangladesh*.[20]

In this case, Saipem S.p.A., an Italian oilfield services multinational, had entered into a contract for the building of a pipeline carrying condensate and gas in Bangladesh with Petrobangla, a Bangladeshi State entity.[21] A dispute arose between them concerning certain payments to be made, leading to a commercial arbitration seated in Dhaka and administered by the ICC.[22] However, Petrobangla convinced the court of the seat to issue a ruling revoking the ICC tribunal's authority for miscarriage of justice based on certain procedural determinations it had made.[23] Undeterred, the ICC panel issued its award, ordering Petrobangla to pay Saipem compensation for breach of contract.[24] Seized by Petrobangla to set aside the award, the Bangladeshi court held that no award existed, since the ICC arbitrators had acted in contempt of Bangladeshi law.[25]

As Petrobangla had no assets to target outside Bangladesh,[26] Saipem commenced ICSID proceedings against the host State instead. To do so, it invoked the protection granted to Italian investors under the Italy–Bangladesh BIT, whereby '[i]nvestments of investors of one of the Contracting Parties shall not be directly or indirectly nationalized, expropriated, requisitioned or subjected to any measures having similar effects'.[27]

The ICSID tribunal sided with the claimant. In an unprecedented decision, it maintained that, if abusively exercised, the court of the seat's right to deprive a foreign investor of the benefit of a commercial award ascertaining rights arising from its investment would amount to an expropriation-like measure.[28] Such was the case at hand, given the patent arbitrariness of the Bangladeshi court's revocation order.[29]

This represented a paradigm shift in the relationship between arbitral tribunals and local courts. Whereas, traditionally, commercial arbitral tribunals are subject to the oversight of the courts of the jurisdiction where they are seated, the *Saipem v Bangladesh* Award recognized that the conduct of the

20 *Saipem SpA v The People's Republic of Bangladesh*, ICSID Case No ARB/05/07.
21 Ibid., paras 6–7.
22 Ibid., paras 10, 23–25.
23 Ibid., para 40.
24 Ibid., para 48.
25 Ibid., paras 49–50.
26 Ibid., para 130.
27 Ibid., para 124.
28 Ibid., paras 128–134.
29 Ibid., para 159.

courts of the seat could itself be scrutinized by investment arbitral tribunals. This precedent thus clarified that the deference owed by commercial arbitrators to seat courts is not unlimited, at least in the eyes of international law.[30]

4 Bequest to International Lawyers

The Professor's footprint on the law and practice of international arbitration is only second to the impact he had on the careers and lives of generations of international arbitration practitioners and academics in Italy and abroad.

His mind was sharp, curious, and free. He was unconstrained by the rigidities of the law. This allowed him to see strengths where more dogmatic thinkers would not see anything. He used to say, recalling the teachings of the late Serge Lazareff, that facts should always take precedence: 'when you understand the facts, the application of the law will follow as effortlessly as water flowing over a solid'. He embodied this mantra as counsel and arbitrator, making sure he learnt the details of every case.

As counsel, his case theories were straightforward, blunt, adamant, and forceful. He perfectly understood subtleties but often preferred to stay away from them. He understood and exerted the persuasive power of simplicity more and better than anyone else.

He never learnt (or wanted) to type on keyboards, so he required his associates' assistance to put his thoughts on (virtual) paper. But rather than writing, he composed pleadings in his head and dictated them, displaying a degree of awareness, logic, and precision that no one could replicate in an age in which adjusting an imperfect sentence is only a few clicks away. In these sessions, he always welcomed the views of his younger colleagues, keeping his mind open to and not infrequently adopting their suggestions on any issue, from strategy to choice of arguments to wording.

His age notwithstanding, he would show up at the office almost every day. He enjoyed being around his team. A man of unlimited kindness and generosity, he cared about passing down his knowledge and experience, gladly spending hours telling stories about the many hats he had worn throughout his professional life. He was genuinely interested in the lives and well-being of those who surrounded him. His door was always open for anyone who sought

---

30 Luca Radicati di Brozolo and Loretta Malintoppi, 'Unlawful interference with International Arbitration by National Courts of the Seat in the Aftermath of *Saipem v Bangladesh*', in Miguel Á Fernández Ballesteros and David Arias Lozano (eds), *Liber Amicorum Bernardo Cremades* (Kluwer 2010) 1011–1012.

his advice, which was as precious as it was easy to obtain. He was as proud of the lawyers he trained as a man could be of his children and grandchildren, never missing an opportunity to lend a helping hand or put in a good word for them.

Il Professore passed away on 8 August 2025, aged 82. He was immensely admired, yet not as much as he was beloved.

PART 4

Reports by ILA Italy Committees and Study Groups Members

17

A Look at the Pandemic Agreement as Members of the ILA Global Health Law Committee, Including Notes on the Activity of the Committee from 2024 to 2025

Pia Acconci and Stefania Negri

1 An Overview of the Support to the Negotiations of a Pandemic Agreement by the ILA Global Health Law Committee

The International Law Association (ILA) Global Health Law Committee – established in October 2014 and co-chaired by professor Frederick Abbott (Florida State University, American Branch) and the late professor Brigit Toebes (University of Groningen, Netherlands Branch) since that time[1] – has focused on post-COVID-19 pandemic legal developments with respect to pandemic preparedness, surveillance, and response, including analyses and

1 The mandate of the Committee is to identify and describe "Global Health Law" as a separate branch of international law by investigating relevant rules and practices in several specific subject matters. In addition to addressing the international response to epidemics and, later, to the COVID-19 pandemic, the Committee, at an earlier stage, paid significant attention to the relationship between intellectual property and access to medicines, particularly in relation to the UN Secretary General High-Level Panel on Access to Medicines discussions. The Committee also adopted a resolution addressing Russia's invasion of Ukraine. The Committee presented its first report in 2016 (ILA Conference in Johannesburg), its second report in 2018 (ILA Conference in Sydney), its third report in 2020 (ILA Conference in Kyoto – (virtual), its fourth report in 2022 (ILA Conference in Lisbon) and its fifth report in 2024 (ILA Conference in Athens). For further information about the mandate, reports and notes adopted by the Committee since its establishment, see previous volumes of this Yearbook, as well as the official website of the ILA <https://www.ila-hq.org/en> accessed 6 January 2026, and/or https://frederickabbott.com/ila_global_health accessed 6 January 2026>. ILA Italy is represented within the Global Health Law Committee by Professor Pia Acconci (University of Teramo, since 2015) and Professor Stefania Negri (University of Salerno, since 2016).

Pia Acconci, Full Professor of International Law, University of Teramo | *Stefania Negri,* Associate Professor of International Law, University of Salerno

© 2026 THE AUTHOR(S) | HTTPS://DOI.ORG/10.1163/9789004766891-019

recommendations regarding the negotiations on an international agreement on pandemic prevention, preparedness and response (hereafter, Pandemic Agreement) and amendments to the 2005 International Health Regulations.

Much of the work of the Committee since its establishment has been about addressing situations of global health emergency, starting with its meeting in Geneva in 2015 when the Ebola epidemic was a major issue. The report emerging from that meeting anticipated a good number of the gaps that later affected the response to COVID-19.

Since the outbreak of the COVID-19 pandemic, the Committee has adopted a comprehensive approach to explore the role of international law norms and principles in prevention, preparedness and response to global health emergencies caused by the spread of infectious diseases, including pandemics. The Committee has paid special attention to the importance of human rights protection as regards fundamental rights of individuals and groups during such emergencies and in their aftermath, as well as economic rights, especially as to the equitable and universal access to essential medicines. This approach can be inferred from relevant documents adopted by the Committee, particularly from its Statement in April 2020;[2] its Third Report to the ILA Kyoto Conference (29 November–13 December 2020), which expanded the importance of international law in addressing the COVID-19 pandemic, by considering the interplay between public health and emerging topics, such as artificial intelligence; its Resolution No. 2/2020 adopted on the occasion of the Kyoto Conference which updated and integrated its April 2020 Statement;[3] its Fourth Report to the ILA Lisbon Conference (19–24 June 2022), which paid special attention to the law-making processes launched by the World Health Organization (WHO), in relation to the revision of the 2005 International Health Regulations (IHR) and the negotiation by the Intergovernmental Negotiating Body (INB) of a Pandemic Agreement.[4] As a whole, the Committee has made significant efforts to assess and guide the international response to the COVID-19 pandemic and to address the main issues that arose in the context of Pandemic Agreement negotiations, including anticipating the contentious pathogen access and benefit sharing (PABS) discussions.

On 30 March 2023, the Committee adopted a "Note on the negotiation of a Pandemic Agreement and amendments to the International Health Regulations". This assessed the developments in the two ongoing parallel law-

2 Available at <https://www.ila-hq.org/en_GB/news-articles/statement-ila-global-health-law-committee-regarding-covid-19-issued-5-april-2020> accessed 6 January 2026.

3 Available at <https://www.ila-hq.org/en_GB/documents/resolution-2-kyoto-2020-global-health-law-final> accessed 6 January 2026.

4 Unfortunately, the 2022 Report is not available online.

making processes and the inherent complex questions raised by the interaction of the two regimes, in order to highlight how the relevant subject matters could be placed into one or the other negotiating basket in light of a set of allocation principles or methodologies.[5] At the ILA Athens Conference (24–28 June 2024) the Committee adopted its Fifth Report. The first section of this Report addressed post-COVID-19 pandemic legal developments with respect to pandemic preparedness, surveillance and response.[6]

In this Report, the Committee acknowledged that negotiations within the INB were still continuing and that each revision of the draft presented new elements for discussion and analysis. In light of the fact that the text was continuously evolving, the Committee discussed primarily those provisions related to "medical countermeasures" (articles 9 to 13-bis and 20), focusing on their general intent rather than on specific language.[7] The Committee noted that the main obstacle confronting successful conclusion and adoption of the Pandemic Agreement was the political landscape within certain countries – especially the United States, and to some extent some EU Member States like Germany – whose approval would be central to carrying out potentially more ambitious purposes based on economic capacity and research and development infrastructure. The Committee found that a Pandemic Agreement – concluded without the participation of a few of the members with the greatest capacity for developing and producing (or transferring technology for) products to address pandemics – would face substantially greater obstacles in implementation.[8] The Committee broadly endorsed the conclusion of a Pandemic Agreement, although it noted that as of early June 2024 the negotiating process had shown a continuous scaling back of specificity and the extent of potential binding obligations. The Committee also acknowledged that a relevant number of political issues and stakeholder interests would very probably pose obstacles to a more ambitious result.[9]

As regards human rights protection, the Committee aligned with the views expressed by many human rights experts that the Agreement should make explicit reference to the right to health, framing efforts to maintain core public health capacities and ensuring the availability, accessibility and quality of

5 Available at <https://frederickabbott.com/ila_global_health> accessed 6 January 2026.

6 The preliminary Report is available at <https://www.ila-hq.org/en_GB/documents/global-health-law-committee-interim-report-athens-2024> accessed 6 January 2026. The Committee examined drafts including one dated February 8–15, 2024 "leaked" in advance of the February 19-March 1 meeting of the INB.

7 Ibid., para 6.

8 Ibid., para 7.

9 Ibid., paras 58–59.

diagnostics, medications, vaccinations and other health services and basic needs. In this respect, the Committee fully endorsed advocacy that the Pandemic Agreement include clear and explicit human rights language.[10]

The 2024 Report further devoted a section to the One Health approach in international health law and governance along with its codification in draft article 5 of the Agreement.[11] The Committee noted that provisions in the draft Pandemic Agreement addressing One Health were over time substantively diluted of specific obligations due to non-alignment of WHO member States' positions. The undetailed text of article 5 proved controversial and led eventually to a relatively short and vague text in the February 2024 draft when compared with previous drafts. The 2024 Report stressed that a number of reasons accounted for complicating and politicising what should have been an uncontroversial issue and for turning it into one of the points dividing developed from developing countries. One reason was that One Health was framed during the negotiations as a priority for developed countries and a source of expensive and onerous obligations for developing countries which would divert scarce resources largely for the benefit of the Global North. Another reason was the linkage with the equally divisive issue of pathogen access and benefit sharing, in particular the claim of benefits from the utilisation of new pathogens discovered through surveillance.[12] On the other hand, the Report recognized that One Health is an inspiring and holistic concept that moves away from a purely anthropocentric approach and focuses on the human-animal-environmental interface, but at the same time it can be a rather vague concept that has to be translated into concrete policy and operational measures. In light of this consideration, the inclusion of animal health and welfare, food production and trade, as well as diverse environmental drivers, means that the One Health approach in its totality extends beyond WHO's mandate.[13] This led the Committee to reflect on whether an international agreement would be the most appropriate normative tool to regulate issues characterized by a high level of regime complexity, or whether more flexible instruments, such as joint frameworks among the organizations concerned, would be more conducive to a comprehensive approach reducing the risk of gaps or overlapping competence clashes.[14] Notwithstanding the careful attention paid to possible critical issues, the Committee supported the inclu-

10 Ibid., para 10.

11 The first sub-section on "One Health under international law and governance" was drafted by Stefania Negri.

12 Ibid., para 31.

13 Ibid.

14 Ibid., para 32.

sion of One Health in the final text of the Pandemic Agreement, while acknowledging that most decisions regarding how the One Health approach will be implemented nationally and internationally remain for future negotiation and elaboration. The Committee concluded that more consideration might have been given at the outset of the negotiations to WHO's limited mandate, and that efforts to expand that mandate into subject matters for which other international organizations are principally responsible are likely to face obstacles.[15]

2 The Pandemic Agreement: A Regulatory Attempt to Tackle Critical Gaps in International Law Exposed by the COVID-19 Pandemic

The Pandemic Agreement was negotiated in parallel with the revision process of the 2005 IHR from 2022 to 2024.[16] While such a process terminated in May 2024 as scheduled, with the revised IHR being approved by consensus at the 77th session of the World Health Assembly (WHA),[17] the adoption of the Agreement was postponed to 2025. This deferral was needed because of a

15 Ibid., para 36.

16 WHO Member States agreed, through Executive Board Decision 150(3) (2022) and World Health Assembly Decision WHA75(9) (2022), to embark on a process to amend the IHR (2005). The process was led by the Member States through the Working Group on Amendments to the International Health Regulations (2005) (WGIHR), established in May 2022. The parallel law-making process was led by WHO Member States within the Intergovernmental Negotiation Body (INB), established at a special session of the WHA in December 2021, with the aim of drafting and negotiating a convention, agreement or other international instrument. See Ronald Labonté and others, 'A Pandemic Treaty, Revised International Health Regulations, or Both?' (2021) 17 Glob. Health, 128; Pedro A. Villarreal, 'Lawmaking at the WHO: Amendments to the International Health Regulations and a New Pandemic Treaty After COVID-19', SWP Comment 2023/C 04, 13 January 2023 <https://www.swp-berlin.org/publikation/lawmaking-at-the-who-amendments-to-the-international-health-regulations-and-a-new-pandemic-treaty-after-covid-19> accessed 6 January 2026.

17 Resolution WHA77.17, Strengthening preparedness for and response to public health emergencies through targeted amendments to the International Health Regulations (2005), 1 June 2024, available at <https://www.who.int/health-topics/international-health-regulations#tab=tab_1> accessed 6 January 2026. See Stephanie Switzer and Mark Eccleston-Turner, 'The Emperor's New Clothes: the amendments to the World Health Organization's International Health Regulations' (2024) 1 Journal of Global Health Law 26; Roojin Habibi, Mark-Eccleston Turner and Gian Luca Burci, 'The 2024 Amendments to the International Health Regulations: A New Era for Global Health Law in Pandemic Preparedness and Response?' (2025)53 JLME 47.

lack of global consensus on key contentious issues – especially pathogen sharing and equitable access to benefits (like vaccines/therapeutics) – mainly due to the conflicting interests and expectations of Member States in light of the inequality of their resources, capacity and power.

From the very beginning, the Pandemic Agreement was conceived as a complement to the IHR, with a view to both addressing gaps and providing a legal framework for specific key issues that would not fit easily within the Regulations or that would substantially change its scope. In fact, the revised text approved by the WHA incorporates amendments aimed at improving and strengthening the existing IHR architecture of prevention, protection from, control and response to public health emergencies of international concern, shying away from introducing major innovations like the One Health approach or PABS mechanism. Of the more than three hundred amendments proposed by Member States and regional organizations,[18] those eventually adopted by the WHA represent only a small percentage and mostly remain within the technical and managerial scope of the IHR. The most relevant amendments, in terms of novelty and paradigm change, concern the definition and determination of a pandemic emergency, as well as technical and financial mechanisms to facilitate equitable access to medical countermeasures, that is, pharmaceuticals, vaccines and other health products, and compliance. Considering their ratio and scope, these amendments fall under three major categories: "technical amendments" which fit within the original frame of the IHR and aim at strengthening or clarifying it (the introduction of the pandemic emergency; the new requirement for States Parties to establish a National IHR Authority that should secure coordination of IHR implementation across the government; the clarification of core capacities); amendments aimed at mobilizing political consensus and financial resources to guarantee equitable access to health products in times of emergencies; institutional amendments introducing the new Compliance Committee, which is not really a compliance mechanism but rather a facilitative and consultative body, "non-adversarial,

18 Proposed amendments to the IHR were submitted by sixteen States Parties, some of which presented proposals also on behalf of regional integration organizations (which were invited by the DG despite absence of any such involvement under article 55.1 IHR): Armenia; Bangladesh; Brazil; Czech Republic on behalf of the Member States of the European Union; Eswatini on behalf of the WHO African Region Member States; India; Indonesia; Japan; Malaysia; Namibia; New Zealand; Republic of Korea; Russian Federation on behalf of the Member States of the Eurasian Economic Union; Switzerland; United States of America; and Uruguay on behalf of MERCOSUR. The proposals submitted by these States and intergovernmental organizations involved 33 of the 66 articles of the IHR plus five out of its nine annexes, for a total of more than three hundred individual amendments, including six new articles and two new annexes.

non-punitive, assistive and transparent" with the aim of "promoting and supporting learning, exchange of best practices and cooperation among States Parties".[19] The amendments entered into force on 19 September 2025.[20]

In light of the above remarks, it is clear that the revised IHR and the Pandemic Agreement address different issues and have different function and scope. As noted by Gian Luca Burci, "[t]he IHR purport to be an operational instrument with a scope limited to preparedness, detection of disease outbreaks and containment of their international spread. The pandemic agreement has a more ambitious scope, covering the whole 'ideal cycle' of a pandemic from primary prevention to preparedness and equitable cooperation in response. Notwithstanding these differences, there was a clear intention on the part of negotiators to ensure synergy and complementarity between the two instruments that, if implemented effectively and cooperatively, can constitute the main components of an overall international legal regime on global health security."[21]

---

19 Art 54 *bis*, paras 1 and 1(a). See Gian Luca Burci, 'The Entry into Force of the Amendments to WHO's International Health Regulations' (*EJIL Talk*, 7 October 2025) <https://www.ejiltalk.org/the-entry-into-force-of-the-amendments-to-whos-international-health-regulations/> accessed 6 January 2026.

20 See <https://www.who.int/news/item/19-09-2025-amended-international-health-regulations-enter-into-force> accessed 6 January 2026. By a formal letter dated 18 July 2025, the Italian Health Minister Orazio Schillaci notified the WHO Director-General of Italy's rejection of the 2024 amendments pursuant to article 22 of the WHO Constitution and article 61 of the IHR as amended in 2022. The Italian government did not accept the amendments because it basically considered them as an attack on national sovereignty. In fact, the letter expressed apprehensions over what the Italian Government viewed as a threat to democratic accountability and the independence of national health systems. This decision was widely criticized on the grounds that it lacked sound legal justifications, since the IHR explicitly recognize and respect state sovereignty, as clearly worded in article 3, para 4: "States have, in accordance with the Charter of the United Nations and the principles of international law, the sovereign right to legislate and to implement legislation in pursuance of their health policies." See Marzio Bartoloni, 'Italy rejects changes to WHO emergency regulations, like the US: "Too binding" (Il Sole 24 Ore, 19 July 2025) <https://en.ilsole24ore.com/art/italy-rejects-oms-health-regulation-amendments-as-usa-AHD6a2nB> accessed 6 January 2026; 'Italy Rejects WHO's 2024 Health Regulation Amendments, Citing National Sovereignty' (LN24 International, 22 July 2025) <https://ln24international.com/2025/07/22/italy-rejects-whos-2024-health-regulation-amendments-citing-national-sovereignty/> accessed 6 January 2026. The Italian Government did not sign the final text of the Pandemic Agreement either.

21 Burci (n 19).

Following three years of intensive negotiations, the Pandemic Agreement was eventually adopted at the 78th WHA session on 20 May 2025 with an overwhelming majority of 124 votes in favour and 11 abstentions.[22]

The Agreement is based on a double approach to pandemics, being both upstream, in relation to prevention and preparedness, and downstream as to response and recovery.

The Agreement establishes legally binding obligations that partly formalize and enhance existing international non-binding provisions that are usually provided in WHO resolutions, technical guidance and guidelines. The Agreement strikes a balance between intensifying international cooperation for health protection and preserving domestic sovereignty.

In effect, during its negotiations, the INB mandate was under pressure because of regulatory gaps, divergent interests and needs, among others, the need for a systemic, but flexible, approach to pandemic prevention, preparedness and response. That is the main reason why the Agreement is based on a wide approach providing for "equitable access to health products and resources" in accordance with the "universal health coverage" (UHC) approach, "enhanced resilient health systems",[23] especially in terms of health and care workforce, decent work conditions, mental health and gender equal-

22 Resolution WHA78.1, WHO Pandemic Agreement, 20 May 2025, available at <https://apps.who.int/gb/ebwha/pdf_files/WHA78/A78_R1-en.pdf> accessed 6 January 2026. See at <https://www.who.int/news/item/20-05-2025-world-health-assembly-adopts-historic-pandemic-agreement-to-make-the-world-more-equitable-and-safer-from-future-pandemics> accessed 6 January 2026. Italy was one of the 11 abstaining Member States together with Slovakia, Poland, Netherlands, Bulgaria, Israel, Guatemala, Iran, Russia, Paraguay and Jamaica. The reasons were the same as those put forward for the rejection of the IHR amendments, i.e. sovereignty claims, notwithstanding the Agreement recognizes at article 3, para 1, "the sovereign right of States, in accordance with the Charter of the United Nations and the principles of international law to legislate and to implement legislation, within their jurisdiction", and also clearly states at article 22 that "[n]othing in the WHO Pandemic Agreement shall be interpreted as providing the Secretariat of the World Health Organization, including the Director-General of the World Health Organization, any authority to direct, order, alter or otherwise prescribe the national and/or domestic law, as appropriate, or policies of any Party, or to mandate or otherwise impose any requirements that Parties take specific actions, such as ban or accept travellers, impose vaccination mandates or therapeutic or diagnostic measures or implement lockdowns." On the Italian abstention, see Barbara Gobbi, 'WHO pandemic plan, here's why Italy abstained (along with ten other countries)' (Il Sole 24 Ore, 21 May 2025) <https://en.ilsole24ore.com/art/oms-pandemic-plan-why-italy-abstained-along-with-ten-other-countries-AHeTvor> accessed 6 January 2026. On the issue of sovereignty, see Ahmed Soliman and others, 'WHO pandemic accord: full adherence to the principle of sovereignty' The Lancet, 2023, 1322.

23 See article 6.

ity,[24] "benefit sharing", "public health objectives", "technology transfer" and "a coordinating financial mechanism".[25] Equity, solidarity, transparency and open innovation are at the root of its negotiations under a flexible approach and a vision considering infectious disease surveillance, development and stability as a whole piece of a common international regulatory and policy framework.

The Agreement also aims at strengthening community-engagement, risk communication and "population literacy", as will be shortly illustrated. Its flexibility for the sake of domestic sovereignty can be inferred from the recurrent references to sentences such as "within means and resources at their disposal", "in accordance with national and/or domestic law and policy", "as appropriate" and/or "taking into account its national circumstances".

The reference to the "coordinating financial mechanism", the "One Health approach" and equity are the chief regulatory innovations provided in the Agreement. The design of a PABS mechanism run by the WHO is also a remarkable innovation, as it is expected to facilitate the timely and fair, in terms of affordability and allocation, sharing of pathogen materials, particularly of pathogen genetic sequence data, with pandemic potential and related benefits.[26]

Provisions of the Pandemic Agreement related to "research and development" are relevant in relation to overcoming development and technological gaps among the WHO Member States, in particular as regards their economic capacity, in terms of manufacturing capacity in the pharmaceutical sector, and "research and development" infrastructure.[27] Public and private sustainable investments are needed for this purpose, as article 9 of the Agreement provides for. In effect, section VI of the 2024 Report of the Committee underlined that the COVID-19 pandemic had shown how important it is to understand what foreign investments would be strategic for the protection of health from infectious diseases, as well as non-communicable diseases, and, for this reason, should be promoted by international investment agreements. The Report

24 See article 7.

25 See articles 19–20.

26 See article 12. PABS has been designed as a multilateral common system for mutually sharing benefits and results of research and scientific innovation related to pandemic countermeasures under an equitable approach. The effective implementation of PABS will depend on the successful negotiation by WHO of specific contracts with interested corporations and the voluntary full support by its Member States. For a critical view on the possible establishment of a 'PABS' system by the Pandemic Agreement, see Abbie-Rose Hampton and others, "Equity' in the Pandemic Treaty: The False Hope of "Access and Benefit-Sharing' (2023) 72 ICLQ 909.

27 See Introduction of the 2024 Report of the Committee, para 7.

highlighted the usefulness of *post*-COVID-19 investments for mental health, by referring to foreign private investments in the regeneration of numerous abandoned rural and urban spaces or locations, including small villages or mountain communities subject to depopulation phenomena. These investments have been carried out only partly, even though they would improve living conditions, contribute to open-air socialization and thus to mental health. Such investments would be in line with recommendations by the UN Special Rapporteur on the right of everyone to the enjoyment of the highest attainable standard of physical and mental health, Dainius Puras, and would connect the UN Agenda for Sustainable Development by 2030 and various UN programs and actions related to the effectiveness of human rights.[28]

The 2024 Report of the Committee further anticipated another noteworthy regulatory innovation in the Pandemic Agreement, that is its article 16 related to “communication and public awareness”. This provision acknowledges the positive interplay among “science, public health and pandemic literacy in the population”, as to the impact of information sharing on pandemic prevention and surveillance. Article 16 assumes that such activities can be successful, if transparent”, “timely”, “accurate” and “science and evidence-based information” on a pandemic reasons and vectors are available and taken into due account, “as well as [...] risk communication and effective community-level engagement” are ensured for “the efficacy and safety of pandemic-related health products”. The 2024 Report of the Committee anticipated such regulatory innovations, as “[i]naccurate and misleading information regarding the pandemic outbreak and efforts to address it” had contributed to the out-of-control spread of Covid-19”.

3 Prospects for the Development of the Mandate of the ILA Global Health Law Committee

The current mandate of the Global Health Law Committee is expected to end at the 82nd Biennial Conference of the ILA, which is scheduled for 17–21 August 2026 in Vienna. ILA Committees are ordinarily established with four-year terms, and the Committee has been granted two extensions since it was established. The Committee is working to present a final report to the ILA.

28 Section VI of the 2024 Report of the Committee on ‘The Interplay of Foreign Investment and Global Health in International Investment Law: Support for Mental Health” was principally drafted by Pia Acconci.

This would include the results of its work program and a resolution for adoption by the full ILA with any recommendations the Committee would propose. Its previous biennial reports were "interim" reports.

The final report is to draw conclusions from the work program of the Committee and propose a resolution for adoption by the full ILA with recommendations for the future. These might concern a proposal for a model treaty or law, a recommendation for a new institution or the revision of an existing one and/or a comprehensive approach to global health law.

In effect, the final report might begin by covering the evolution of the field of "Global Health Law" since the Committee started its work in 2014 and how the Committee and its members may have helped make this field a more visible part of the international legal dialogue. A specific substantive session of the report would cover the Pandemic Agreement and related PABS negotiations, which presumably but not necessarily will be completed by August 2026.

Besides, the final report might provide for a few prospective recommendations, taking due account of how the announcement by the United States of its proposed withdrawal from the WHO and funding halt, as well as emerging indications that the European Union is considering reducing funding for international health efforts could impact on the appropriateness of the future international response to pandemics.

On account of the Committee members' views exchanged via e-mail, the final Report might also point in the direction of a proposal for a new ILA Committee on a specific subject matter related to international health law. This proposal should take into due consideration that the ILA is aiming to move away from broad field-based committees and instead focus on more narrowly defined, self-contained topics within each field. This new approach is intended to allow committees to work more deliberately, achieve results within a typical four-year cycle with one possible extension and create space for refreshing membership as new scholars and practitioners enter the field.

Should such a proposal be submitted, ILA Headquarters might be willing to establish such a new committee either just before or shortly after Vienna, ensuring a sense of continuity.

A few members of the Committee have underlined that the role of health in environmental law and governance could be a promising topic, either in general terms or narrowing down even further on one or more specific aspects, for example climate change, biodiversity, including the vexed question of access to pathogens, water management, management of chemicals and pollutants, particularly plastic. This topic might be considered from the perspective of the ongoing debate related to fully integrating health in environmental law. Such a topic might be investigated from the broader multi-sectoral and interdisciplinary perspective of the One Health approach considering its recent recognition in the Pandemic Agreement and the work of the "Quadripartite", that is the international inter-institutional framework based on the cooperation among the WHO, Food and Agriculture Organization, World Organization for Animal Health and United Nations Environment Programme.

18

Sustainable Development, the Post-2030 Agenda and International Law

Ilaria Espa

1 Introduction

Current economic, social and ecological challenges call for a re-evaluation of how international law can support current efforts in treaty regimes, international tribunals and other fora to address global sustainability challenges. In particular, there is the need to assess how international law contributes to the delivering of the Sustainable Development Goals (SDGs) and related targets, and to develop recommendations which can strengthen its role in the emerging post-2030 sustainable development agenda in the United Nations and beyond.

In November 2024, the International Law Association (ILA) established a new Committee on the Contributions of International Law to the Global Sustainable Development Goals and the Post-2030 Agenda. The Committee is co-chaired by Professors Marie-Claire Cordonier Segger (Canada) and Damilola Olawuyi (Nigeria), who will coordinate the work together with two co-rapporteurs, Professor Tenia Kyriazi (Greece) and the present author. Officially launched at the inaugural meeting held at the Università della Svizzera italiana (Lugano), in May 2025, the Committee continues the ILA's long-standing engagement with sustainable development challenges through international law. Building on the work of previous Committees, it has been entrusted with a nine-year mandate to advance understanding of the role and status of principles and rules of international law to deliver on the SDGs, their implications in the practice of States and international organizations, their reflection in the decisions of international courts and tribunals, and the relevance of international law to the post-2030 agenda.

Against this backdrop, this article is structured as follows. Section 2 reviews the main ILA contributions on sustainable development arising from the work

Ilaria Espa, Associate Professor of International Economic Law, Università della Svizzera italiana (Lugano); Co-Rapporteur of the ILA Committee on the Contributions of International Law to the Global Sustainable Development Goals and the Post-2030 Agenda.

© 2026 THE AUTHOR(S) | HTTPS://DOI.ORG/10.1163/9789004766891-020

of earlier Committees over the past five decades and situates the new Committee within this broader context. Section 3 illustrates the mandate of the Committee. Section 4 reports on the current state of progress of the Committee's work in preparation to the ILA Vienna Biennial in August 2026. Section 5 concludes.

2 The Work of Previous International Law Association Committees on Sustainable Development

The ILA has been a singularly important non-governmental actor in the evolving debate on the role of international law for sustainable development.[1] Its foundational contribution to this debate dates back to the 1980s, when the first ILA Committee on Legal Aspects of a New International Economic Order (NIEO), chaired by Dr Kamal Hossain (Bangladesh), sought to agree principles and rules of international law relating to the establishment and operation of a NIEO.[2] Driven by the ambition to reduce divisions between distinct groups of least developed, developing and developed countries that had largely stymied debate over the previous two decades, this first ILA Committee remarkably achieved the adoption of the Seoul Declaration on Progressive Development of Principles of Public International Law relating to a New International Economic Order at the ILA Seoul Conference in 1986.[3] This 13-principle Declaration sought to carefully craft compromises on matters of global governance spanning from permanent sovereignty over natural resources to the right to development, from common heritage of mankind to broader issues of equality, equity and economic solidarity.[4]

In the words of Duncan French, one of its co-rapporteurs, issues pertaining to Principle 5 on "Permanent Sovereignty over Natural Resources" were "*undoubtedly the most difficult to resolve*".[5] The principle contains a number

1 This section borrows from Ilaria Espa and Marie-Claire Cordonier Segger, 'The Work of the International Law Association on Sustainable Natural Resources Management for Development', in Marie-Claire Cordonier Segger, Ilaria Espa and Nico Schrijver (eds), *Natural Resources, Sustainable Development and International Law* (Kluwer Law International 2026) 37–54.

2 Kamal Hossain (ed), *Legal Aspects of the New International Economic Order* (Nichols 1980).

3 International Law Association, 'Report of the Sixty-Second Conference' (Seoul 1986) (International Law Association, Seoul 1986) 1–11.

4 Dancan French, 'From Seoul with Love – The Continuing Relevance of the 1986 Seoul ILA Declaration on Progressive Development of Principles of Public International Law Relating to a New International Economic Order' (2008) 3 NILR 3.

5 Ibid., 11.

of key elements that seek to achieve a balance between, on the one hand, the rights entailed by permanent sovereignty over natural resources and, on the other hand, the duties implicated by the exercise of such rights. As to the former, the Seoul Declaration recognizes that the principle of permanent sovereignty expressly extends national jurisdiction not only over natural resources but also to economic activities and wealth, that it emanates from the principle of self-determination and that it empowers a State "to regulate, exercise authority, legislate and impose taxes in respect of natural resources enjoyed and economic activities exercised and wealth held in their own territories by foreign interests subject only to any applicable requirements of international law".[6] With regard to the contentious topic of expropriation, the Declaration reads:

> A State may nationalise, expropriate, exercise eminent domain over or otherwise transfer property or rights in property within its territory and jurisdiction subject to the principle of international law requiring a public purpose and non-discrimination, to appropriate compensation as required by international law, and to any applicable treaty, and without prejudice to legal effects flowing from any contractual undertaking.

It follows that, more generally, the principle of permanent sovereignty does not exempt a State from the application of the relevant principles and rules of international law.[7] In this context, the ILA Committee considered that further research was needed to investigate the interrelationship of the principle of permanent sovereignty and other international law principles and rules attempting at minimizing, preventing and/or remedying injurious consequences – from injury to the economy of other States to damage to the environment of other States or of areas beyond the limits of national jurisdictions, from absolute poverty to violations of human rights – which may arise when States exercise their right to regulate, exercise authority, legislate and impose taxes in respect of natural resources, economic activities and wealth, and the power to expropriate.[8]

Building on this legacy, a second Committee on Legal Aspects of Sustainable Development was formed with the task of identifying and elucidating

---

6 ILA, Seoul Declaration, principle 5.4.

7 Nico Schrijver, 'Responsibility of States in respect of the exercise of permanent sovereignty over natural resources: An analysis of some principles of the Seoul Declaration (1986) by the International Law Association' (1989) 36 NILR 285.

8 Ibid., 294.

principles, norms and rules of international law, both existing and emerging ones, which could constitute the normative framework for sustainable development. The mandate of this Committee was deeply influenced by increasing international awareness of the interplay between environmental conservation and development efforts through the notion of sustainable development, which had been instrumental for the evolution of the principle of permanent sovereignty over natural resources, from a right-based principle to a principle giving rise to both rights and duties in many fields of natural resources management, environmental policies and international trade and investment regulation.[9] The work of this second Committee on Legal Aspects of Sustainable Development culminated in the adoption of the 2002 New Delhi Declaration of Principles of International Law relating to Sustainable Development. This Declaration identifies seven key interrelated principles of international law, which cumulatively contribute to the legal implementation of sustainable development: (1) the duty of States to ensure sustainable use of natural resources; (2) the principle of equity and the eradication of poverty; (3) the principle of common but differentiated responsibilities; (4) the principle of precautionary approach to human health, natural resources and ecosystems; (5) the principle of public participation and access to information and justice; (6) the principle of good governance.

Among these principles, the principle of sustainable use of natural resources is central to the very definitional objective of sustainable development, which involves, according to the New Delhi Declaration, "a comprehensive and integrated approach to economic, social and political processes, which aims at the sustainable use of natural resources of the Earth and the protection of the environment on which nature and human life, as well as social and economic development depend and which seeks to realize the right of all human beings to an adequate living standard on the basis of their active, free and meaningful participation in development and in the fair distribution of benefits resulting therefrom, with due regard to the needs and interests of future generations".[10] According to the New Delhi Declaration, the principle of sustainable use of natural resources embodies both the (sovereign) right and the duty of all States

9 Committee on Legal Aspects of Sustainable Development, 'Fifth and Final Report on Searching the Contours of International Law in the Field of Sustainable Development' in International Law Association, 'Report of the Seventieth Conference' (New Delhi 2002) (International Law Association, New Delhi 2002) . See also Nico Schrijver, *Sovereignty Over Natural Resources : Balancing Rights and Duties* (CUP 2009).

10 International Law Association, 'New Delhi Declaration of Principles of International Law relating to Sustainable Development' (New Delhi 2002) (International Law Association, New Delhi 2002), recital 13.

to manage their own natural resources "in a rational, sustainable and safe way".[11] This means that, on the one hand, States can pursue their own environmental and developmental policies but, on the other hand, they also have the responsibility to ensure that such policies attain the conservation and sustainable use of natural resources for both present and future generations and do not cause harm to the environment of others or to areas beyond the limits of national jurisdiction. Ultimately, the principle of sustainable use of natural resources descends and at the same time expands on the principle of sovereignty over natural resources as clarified in the 1986 Seoul Declaration with a view to contribute to the furtherance of sustainable development.

While the ILA Committee on Legal Aspects of Sustainable Development went a long way in elucidating the normative content of the principle of sustainable use of natural resources and in clarifying that "[f]or sustainable development, effective governance of resources is crucial",[12] the investigation of the legal status of the principle of sustainable use of natural resources, and more generally of the seven New Delhi Principles, was at the core of the mandate of a third ILA Committee on International Law on Sustainable Development. The work of this Committee led to the adoption of the 2012 Sofia Guiding Statements on the Judicial Elaboration of the 2002 New Delhi Declaration.[13] The Sofia Statements sought to refine the understanding of the crucial role of international courts and tribunals in both the conceptual development and practical implementation of sustainable development and key related principles such as the principle of sustainable use of natural resources. According to the Committee, the "growing salience of sustainable development jurisprudence" results out of an unprecedented increase in State litigation concerning natural resources and environmental protection in a wide range of different international arenas including the law of the sea, human rights, trade law, investment law, which developed out of the increasing awareness of the social costs and environmental impacts linked to natural resource degradation.[14]

11 Ibid., paras 1.1–1.2. See also Committee on International Law on Sustainable Development, 'Final Report' in International Law Association, Report of the Seventy-Fifth Conference (Sofia 2012) (International Law Association, Sofia 2012) 14.

12 Committee on the Role of International Law for the Sustainable Management of Natural Resources for Development, 'Second Report' in International Law Association, 'Report of the Seventy-Eight Conference' (Sydney 2018) (International Law Association, Sydney 2018) 2.

13 International Law Association, 'Sofia Guiding Statements on the Judicial Elaboration of the 2002 New Delhi Declaration of Principles of International Law Relating to Sustainable Development' (Sofia 2012) (International Law Association, Sofia 2012).

14 Ibid., Guiding Statement 3. See also Ilaria Espa, 'Natural Resources Management in the Sustainable Development Goals Era: Insights from World Trade Organization Case Law',

Based on the evolution of case law – alongside treaty development and other instances of State and institutional practice – the Committee concluded that "the sustainable use of natural resources is increasingly a rule of general customary international law, notwithstanding the geographical location and/or legal status of the natural resource involved".[15] Second, it noted that "the content of the general rules will vary depending upon whether it is a shared natural resource, a common resource or within the exclusive confines of the territory of a State", with "the obligation becom[ing] more precise and defined in particular circumstances, including (i) established treaty regimes on such matters as fisheries, marine living resources and specific ecosystems (eg wetlands; (ii) cooperative arrangements concerning transboundary and shared natural resources, especially watercourses, and (iii) the increasingly specific guidance (if not also emerging customary international law) on the rights of Indigenous Peoples and their management of local natural resources".[16] Third, the Committee affirmed that "the level and obligation of conservation required in the sustainable use of any particular resource will vary in light of all circumstances, though as a matter of the general obligation a State is expected to act in accordance with precaution and due diligence and in the interests of both the long-term sustainability of the resource and the benefit of their peoples".[17] It finally noted that "it is increasingly expected that an ecological approach to natural resources will be integrated into resource conservation and this too will increasingly become a substantive element of any customary obligation".[18]

Building on this legacy, the ILA Committee on the Role of International Law in Sustainable Management of Natural Resources for Development undertook to study and analyse the contents, legal status and application of the principles and rules of international law related to the sustainable management of natural resources, and to examine the relationship between the evolving international law in the field of sustainable development, as defined in the 2002 New Delhi Declaration and the 2012 Sofia Guiding Statements, and the prin-

in Cosimo Beverelli, Jürgen Kurtz and Damian Raess (eds), *International Trade, Investment and the Sustainable Development Goals* (CUP 2020) 76–108 and Ilaria Espa, 'Natural Resource Management and Sustainable Development in the WTO Legal System: Implications for the Investment Regime', in Shawkat Alam, Jahid Hossain Bhuiyan and Jona Razzaque (eds), *International Natural Resources Law, Investment and Sustainability* (Routledge 2018) 86–107.

15 Committee on International Committee on Sustainable Development, 'Final Report' in International Law Association, 'Report of the Seventy-Fifth Conference' (Sofia 2012) (International Law Association, Sofia 2012) 14.

16 Ibid.

17 Ibid.

18 Ibid.

ciple of the sustainable use of natural resource. This work led to the adoption of 2020 Kyoto Guidelines on the Role of International Law in Sustainable Management of Natural Resources for Development at the 79th Biennial Conference in Kyoto (ILA Sustainable Natural Resources Guidelines or Kyoto Guidelines).[19]

The Guidelines are organized in three parts. Part I presents, sector by sector in a non-exhaustive survey, the myriad rules and standards which now define, guide and direct State practice, and provide a roadmap for the progressive development of international law on the sustainable management of global, regional, transboundary and national natural resources, covering: (1) global natural resources such as celestial bodies, the atmosphere and a stable climate system, biological diversity and ecological systems, and the ocean and its mineral and living resources; (2) regional and transboundary natural resources of global importance such as forests and landscapes, rivers and freshwater ecosystems, and migratory species; and (3) national natural resources of global relevance such as forests and landscapes, land and soil, mineral commodities, including precious minerals, and sustainable energy. Part II addresses trends and innovations in international legal instruments and approaches in sustainable natural resources management for development, with a non-exhaustive selection covering trends from: (1) human rights approaches; (2) economic instruments; (3) environment and sustainable development cooperation including scientific collaboration, financing mechanisms, monitoring, reporting and verification, and public participation and access to information and justice; and (4) peacebuilding and post-conflict instruments, including secure land and water access. In this section, the Guidelines also explore (5) innovative techniques and requirements in international instruments on the sustainable management of natural resources for development, with special attention to: (a) sustainable resources management through transparency and stakeholder engagement, (b) equitable benefit sharing from sustainable natural resources management, (c) legal indicators of effectiveness for sustainable natural resources management, and (d) control of illicit flows for sustainable natural resources management. They also provide a brief, non-exhaustive update on (6) sustainable natural resources management in international dispute settlement. Finally, in Part III, explanatory notes are provided for the interpretation and application of the Guidelines.

19 International Law Association, 'Guidelines on the Role of International Law in Sustainable Natural Resources Management for Development' (Kyoto 2020) (International Law Association, Kyoto 2020); for a commentary, see Marie-Claire Cordonier Segger and Nico J. Schrijver, 'ILA Guidelines for Sustainable Natural Resources Management for Development' (2021) 68 NILR 315.

Importantly, the ILA Sustainable Natural Resources Guidelines find that both established and emerging international law norms have the potential to shape the principles, regulatory frameworks, institutions, standards and incentives for natural resources management on multiple local, national, regional and global levels. In the words of the Committee, "international law both reflects and also serves as a critical catalyst for the design, adoption, and implementation of sustainable natural resources management and resolution of disputes in relation to the use of natural resources".[20]

In assessing the role of international law in this context, the Committee considered that "it is crucial to take into account how concepts of sovereignty and territory are evolving to accommodate new scientific understanding of interrelated ecological systems and conditions, whereby notions of custodial sovereignty may offer useful insights. The Committee's work has established that sovereignty, of key importance to international law from its inception, is becoming both more fluid and more qualified in the face of shared responsibilities for the sustainable use of transboundary, regional, and global international natural resources, and collaborative regimes for management". Experts, through the Committee process, identified tensions in the context of nationally based natural resources, and as the rapporteur and chair noted, "considered how international legal regimes may offer options to reconcile key concerns, avoiding or reducing the potential for conflict between and within States over resource use, as well as defusing potential clashes between resource conservation and exploitation goals".[21] Crucially, they recognize, "natural resources are also essential to advance nearly all 17 Sustainable Development Goals, and many of their 169 targets, from poverty elimination, to ending hunger, to access to water and energy, to combating climate change and promoting peace, justice and security".[22]

3 The Mandate of the New Committee

Since the adoption of the 2030 Agenda with its 17 SDGs and 169 targets, there has been considerable progressive development of international law on sustainable development. Continuing the ILA's practice of addressing sustainable development challenges through international law, the newly established ILA

20 ILA, Kyoto Guidelines, para 4.1.

21 Ibid., para 4.2.

22 Ibid., para 4.3.

Committee on the Contributions of International Law to the Global Sustainable Development Goals and the Post-2030 Agenda aims at

> analys[ing] and build[ing] better global understanding of the role and legal status of principles and rules of international law to deliver on the SDGs, as well as their implementation in the practice of States and international organizations, their reflection in the decisions of international courts and tribunals, and the relevance of international law to the post-2030 agenda.[23]

The mandate of the Committee unfolds over the course of eight years into three phases. During the first phase (2024–2026), the Committee will conduct a comprehensive analysis of treaty regimes and case law related to the 17 SDGs and their 169 targets, identify references to international law in the SDGs framework and relevant gaps, and formulate recommendations for advancing the SDGs and defining the post-2030 agenda. This mapping exercise will provide the foundation for analysing emerging trends in the operationalization of the principle of integration of human rights, economic and environmental considerations into decision-making in international law on sustainable development, as defined in the 2002 New Delhi Declaration and the 2012 Sofia Guiding Statements, during the second phase (2027–2030). This work will allow the Committee to study how the integration principle is reflected in international environmental law (eg in multilateral environmental agreements, but also in new instruments related to the high seas, plastics and soils), international economic law regimes (eg in trade and investment agreements, but also new treaties such as the Agreement on Climate Change, Trade and Sustainability) and human rights instruments (eg children's and Indigenous Peoples' rights), also in light of relevant decisions of international courts and tribunals on matters related to the SDGs. This analysis will result in the development of recommendations to the United Nations and relevant international bodies in efforts to advance the SDGs, incorporate proposals for the integration of legal indicators to monitor and measure the effectiveness of international law for achieving the SDGs, and inform the negotiation of the post-2030 agenda during the third and final phase (2031–2032).[24]

---

23 International Law Association, 'Mandate for the Establishment of an ILA Committee on the Contributions of International Law to the Global Sustainable Development Law and the Post-2030 Agenda' (International Law Association, 2024) 1.

24 International Law Association, 'Proposed Programme of Work of an ILA Committee on the Contributions of International Law to the Global Sustainable Development Law and the Post-2030 Agenda' (International Law Association, 2024) 6.

The newly established Committee addresses a crucial issue of our time, that is, how international law can (better) support efforts to address complex global sustainability challenges, while also contributing to an adequate quality of life and the realization of human rights for all.[25] It seeks to enhance global understanding of how international law on sustainable development can help address the pressing development challenges many countries continue to face, and their dependence and impact on nature, while at the same time contributing to tackling global issues such as climate change, resource depletion, ecosystem degradation, as well as the broader links between these problems and humanity's impact on the planet.

4 Progress in the Work of the Committee

As mentioned in Section 3, the first phase of the Committee's mandate consists of examining the contents, legal status and application of the principles and rules of international law related to the SDGs and their targets at regional and international levels. Accordingly, the Committee's work to date has focused on identifying four key "clusters" of SDGs – namely, Economy, Society, Governance and Biosphere – to facilitate a systematic mapping of existing references to international law within the SDG framework, as well as to identify relevant gaps. The clusters are structured to capture the interplay between human rights (Society cluster), economic development (Economy cluster) and environmental protection (Biosphere cluster) efforts through the notion of sustainable development, and to understand how this interplay has shaped internal and global governance practices (Governance cluster). The objective is, in other words, to dissect each of the components of the comprehensive and integrated approach that informs the very definitional objective of sustainable development, as defined in the 2002 New Delhi Declaration,[26] and to understand how the integration of human rights, economic and environmental considerations has been recognized and implemented in practice.

From this perspective, the stocktaking analysis for each cluster will map developments in treaty law and case law, while also reviewing the practice of States and international organizations in relation to the four key clusters of SDGs. Ultimately, this comprehensive assessment will identify the most relevant trends, legal developments and illustrative examples, and will inform

25 Ibid., 4.
26 ILA, New Delhi Declaration, recital 13.

the analysis on the operationalization of the integration principle in the second phase.[27]

The mapping exercise is currently ongoing, and experts in the ILA Committee have already begun populating an online platform that would serve as the main repository for the Committee's members in the process leading to the first interim report, due in spring 2026, in preparation for the ILA Vienna Biennial in August 2026. This platform is being developed through the collaboration of almost thirty experts from all over the world and will soon be expanded to reflect the contributions of a dozen new experts whose membership to the Committee has just been confirmed in November 2025. Once the mapping will be completed, the platform will be made publicly accessible with a view to increasing engagement with international law scholars and practitioners and encouraging communication and consultation with a broader audience, including international bodies engaged in defining the post-2030 agenda. In this perspective, the work will not only focus on identifying existing synergies and complementary approaches between the different clusters, which will be crucial to inform the analysis on the integration principle in the second phase, but also on addressing the most critical gaps through initial recommendations for the post-2030 agenda. Such recommendations will be developed in consultation with the broad ILA network and advanced interactively to inform UN deliberations.[28]

5 Conclusions

Since the adoption of the 2030 Agenda with its 17 SDGs and 169 targets, there has been considerable progressive development of international law on sustainable development. Building on the contributions of the ILA, the new Committee on "The Contributions of International Law to the Global Sustainable Development Goals and the Post-2030 Agenda" aims at shedding light on how such developments contribute to operationalizing the principle of integration, by means of (i) identifying and elucidating the principles, norms and rules of international law, both existing and emerging, to deliver on the SDGs; (ii) analysing how international courts and tribunals contribute to implementing such principle through the interpretation and application of international law on sustainable development; and (iii) developing recommendations for the post-2030 agenda that address existing outstanding gaps.

27 ILA, 'Proposed Programme of Work' 6.
28 Ibid., 7.

The SDGs prioritize, with time-bound targets, the need to advance efforts to end poverty and hunger, ensure access to health, education, energy and water, support gender equality and decent employment, secure sustainable cities and communities, infrastructure, innovation and industry, production and consumption patterns, and respond to global climate change, terrestrial and marine biodiversity loss, while providing for greater equity, peace and justice, and global partnerships. As countries cope with remaining development challenges in the context of pressing global sustainability challenges, the work of this newly established Committee is more crucial than ever for advancing the role international law to deliver on the SDGs and for aligning the post-2030 sustainable development agenda with international law.

PART 5

Judicial and Arbitral Practice

19

Anti-suit Injunctions: Record, Role, and Relevance

Hussein Haeri KC and Christopher Birks

1 Introduction

The anti-suit injunction is a particular instrument of common law legal systems arising out of the concept of the equitable jurisdiction enjoyed by English courts as far back as the Middle Ages. From its nascent form, the anti-suit injunction has drawn on equity's flexibility to evolve in a way that has continued to have real relevance to modern circumstances. With the UK's departure from the European Union and the falling away of the Brussels I and Recast Regulations, the use of anti-suit injunctions by English courts has become more prominent, constituting a meaningful tool to address certain injustices which may arise in cross-border litigation and arbitration.

This piece will touch on the historical underpinnings of the anti-suit injunction and address the implications for anti-suit relief of notable developments in the English and international political and legal systems, such as the UK's departure from the EU, legal developments in Russia regarding international arbitration and the entering into force of the English Arbitration Act 2025. Some comparative consideration will be given to the use of anti-suit injunctions by the English courts and the courts of other common law jurisdictions, as well as alternative remedies available in civil law systems, which generally do not order or, in some cases, even recognise anti-suit injunctions.

2 Historical Background and Doctrinal Foundations

In considering the origins of the anti-suit injunction, it is instructive to understand the historical division of the English judiciary between the common law courts and the Court of Chancery. Whereas the common law courts applied the strict legal rules and remedies imposed by precedent, the Court of Chancery applied a somewhat looser set of rules based on a more flexible, fairness-

Hussein Haeri KC, Partner and Head of Public International Law at Withers LLP, London, and Professor of Practice at SOAS, University of London. | *Christopher Birks,* Senior Associate at Withers LLP, London. This piece was prepared with the assistance of Tessa Hall and Ivan Miachikov.

© 2026 THE AUTHOR(S) | HTTPS://DOI.ORG/10.1163/9789004766891-021

based approach which evolved into a set of principles now called equity. Equity was deployed by the Court of Chancery to curb the potential injustice posed by the strict rules and procedures of the common law courts. Prior to the Supreme Court of Judicature Acts of 1873 and 1875, the legal and equitable jurisdictions were separate.

The anti-suit injunction began in its earliest form as the 'common injunction', whereby the Court of Chancery would restrain litigants from seeking relief from the common law courts which were contrary to the principles of equity.[1] The interference of Court of Chancery decisions in common law actions raised no issues of international comity, and by virtue of the particularities presented by the division of English judicature, English courts developed an early ease with the concept of restraining actions to prevent inequitable outcomes.

Despite some (particularly early) misgivings about extending anti-suit injunctions to proceedings outside of England and Wales,[2] English courts grew comfortable with the notion that it could bind litigants in foreign proceedings. At first, this extended almost entirely to jurisdictions within the British Empire,[3] but over the course of the 19th century, the English courts developed a firmer doctrinal basis for granting anti-suit relief in respect of proceedings elsewhere. In *Bushby v Munday* (1821), the court first reconciled its equitable power and objectives with considerations of international comity. The court held that in 'binding the conscience' of the litigant themselves, the *in personam* nature of an anti-suit injunction is such that the foreign court is not itself bound, and there is therefore no usurpation of the foreign court's jurisdiction.[4] This remains the foundation of anti-suit injunctions with an international element to this day.

3 Anti-suit and Equivalent Relief in Civil Law Jurisdictions

Civil law jurisdictions have traditionally been more reluctant to grant anti-suit relief, prioritising sovereignty over private rights. The French courts do not grant such injunctions, though they have signalled a willingness to enforce them,[5] provided that they enforce contractual obligations (anti-arbitration

1 Thomas Raphael, *The Anti-Suit Injunction* (2nd edn, OUP 2019) para 2.03.

2 *Love v Baker* [1665] 1 Chan Cas 67 (22 ER 698).

3 *Wharton v May* [1799] 5 Ves 71 (31 ER 454).

4 *Bushby v Munday* [1821] 5 Madd 297 (56 ER 908).

5 *In Zone Brands International v Intermedia*, Cour de cassation, civile, Chambre civile 1 (14 octobre 2009) 08–16.369 08–16.549.

injunctions will not be recognised due to the *kompetenz-kompetenz* principle), are directed at litigants and not the court, and are not in contravention of the EU's jurisdictional framework (as to which more below).[6] The Italian courts neither grant nor recognise anti-suit injunctions, the prevailing view being that they are incompatible with Italian public policy. There may, however, be a limited exception in the arbitration context. Under article 818 of the Italian Code of Civil Procedure, arbitral tribunals seated in Italy may issue provisional measures, which might arguably include anti-suit injunctions to protect the integrity of the arbitral process.[7]

Even if civil law jurisdictions were to grant anti-suit relief, that might be less effective than those granted in common law jurisdictions due to the latter's deployment of the contempt of court mechanism, which imposes the coercive threat of penal sanction in the event that an injunction defendant fails to comply with the injunction. Nevertheless, the civil law courts are not without power to sanction infringing parties. It seems possible, for instance, that an arbitration agreement governed by Italian law could provide for liquidated damages in the event that a party brings proceedings in breach of the agreement.[8]

4 Public International Law Considerations

Given that there is some measure of tension, however indirect, between anti-suit injunctions and territorial sovereignty, can anti-suit relief somehow be considered incompatible with public international law? Given the long-standing differences in the approaches taken by common and civil law systems to this form of relief and the requirements for ascertaining customary international law, such a case cannot credibly be made. Nevertheless, it is generally accepted in common law systems that in the exercise of this form of relief there must be a sufficiently close connection between the jurisdiction ordering the anti-suit relief and the subject matter in question.

It is generally accepted that customary international law restricts the grant of injunctive relief against States, save where consent is given to such meas-

6 Kimberley Bazelais, 'Should French Courts Issue Anti-suit Injunctions? Analysing the French Approach in Light of the Proposed Arbitration Law Reform', Kluwer Arbitration Blog (1 August 2025) <https://legalblogs.wolterskluwer.com/arbitration-blog/should-french-courts-issue-anti-suit-injunctions-analysing-the-french-approach-in-light-of-the-proposed-arbitration-law-reform/> accessed 29 October 2025.

7 IBA Arbitration Committee, 'Guide – Italy' (October 2023) Section VI(5), 11–12.

8 Massimo Benedettelli, *International Arbitration in Italy* (Wolters Kluwer 2020) 303.

ures of constraint. This is provided, for example, in article 18 of the 2004 UN Convention on Jurisdictional Immunities of States and Their Property, which has gained widespread acceptance notwithstanding that it is not yet in force as a treaty.[9] Article 25 of the Convention proscribes the imposition of a fine or penalty against a State for refusal to comply with an injunction, rendering any penalty by way of contempt of court against a State or its personnel untenable. These provisions are similar to section 13(2)(a) of the UK State Immunity Act 1978.

5 The European Regime and Brexit

Given the considerable influence of civil law on European Union law, it is perhaps of no surprise that the 1968 Brussels Convention (which was entered into by Member States prior to the UK's entry into the European Community in 1973) and its successors, the Brussels I and Recast Regulations, presented a significant impediment to the effective operation of anti-suit relief by English courts. In the first 17 years after the implementation of the Brussels Convention into UK law by the Civil Jurisdiction and Judgments Act 1982, English courts continued to grant anti-suit injunctions. However, this was brought to an end in 1999 with the European Court of Justice (ECJ) decision in *Turner v Grovit*.

In that case, the English Court of Appeal had granted an anti-suit injunction to restrain parallel proceedings brought in Spain, which the court held had been brought in bad faith in an attempt to frustrate a claim brought in England. On hearing an appeal of the Court of Appeal's decision, the UK House of Lords referred the matter to the ECJ for a preliminary ruling on whether such an injunction was compatible with the Brussels Convention. The ECJ held that the Brussels Convention precluded the grant of an injunction by a court of one Contracting State restraining a party from commencing or continuing proceedings in another Contracting State, even if the foreign proceedings were alleged to be abusive or in bad faith.[10] The ECJ found that the Brussels Convention was based on the principle of mutual trust between the courts of Contracting State. It was unpersuaded by the common law analysis of anti-suit injunctions as an *in personam* remedy which does not impinge on the

9 James Crawford (ed), *Brownlie's Principles of Public International Law* (9th edn, OUP 2019) 473.

10 Case C-159/02 *Turner v Grovit* ECR I-3565.

jurisdictional autonomy of other States, considering that it was the substantive (albeit indirect) impact on the foreign proceedings which mattered.

Turner v Grovit concerned a non-contractual injunction, and so the English courts took the approach that the ECJ's decision did not apply to injunctions to enforce an arbitration agreement, on the basis that it fell within the arbitration exception to the scope of the Brussels Convention. That analysis did not survive the ECJ's decision in *Allianz v West Tankers* (*The Front Comor*),[11] in which the injunction claimant had sought an injunction to restrain the pursuit of Italian proceedings brought in breach of an arbitration agreement in favour of English arbitration. To the surprise of English legal scholars, the ECJ held that although arbitration was excluded from the scope of the Brussels I Regulation (the successor to the Brussels Convention), allowing an anti-suit injunction in the circumstances would undermine mutual trust as well as the effectiveness of the Regulation, being inconsistent with the principle that the courts of a Member State should determine their own jurisdiction.

It should be noted that although the reasoning in *Turner* and *West Tankers* continues to prevent the courts of an EU Member State from issuing an anti-suit injunction restraining the pursuit of proceedings in another Member States, the ECJ decision in *Gazprom v Lietuvos Respublika*, preserved the power of arbitral tribunals to issue anti-suit injunctions and of national courts to recognise such injunctions. The basis for this was that arbitral awards ordering injunctive relief do not offend the principle of mutual trust underpinning the Brussels Regulation, and that the recognition and enforcement of such awards are governed by national law and the New York Convention, not by the Brussels Regulation.

In any event, with the UK's departure from the EU, the aforementioned decisions and the legislative framework they interpret have fallen away. This has reinvigorated the anti-suit injunction as a form of relief and, as will be explored further below, has already given rise to instances of injunctive relief in aid of arbitration in EU Member States.

6 Practice and the Issue of Comity: How the Courts See Different Anti-suit Injunctions in England and Beyond

Anti-suit injunctions can be broadly divided into four categories depending on the context in which they arise. Contractual anti-suit injunctions are one of the most frequently granted, holding a party to their bargain where they have

11 Case C-185/07 *Allianz SpA v West Tankers Inc* (*The Front Comor*) ECR I-663.

agreed an exclusive jurisdiction or arbitration clause. Non-contractual anti-suit injunctions, on the other hand, address vexatious or oppressive litigation commenced abroad, absent the aforementioned contractual constraints. A third category, an important consequence of a successful anti-suit injunction obtained in one of the first two categories, are anti-enforcement injunctions. Finally, anti-arbitration injunctions may stop or suspend an arbitration in certain circumstances.

One of the issues which frequently features in practice in this context is that of comity. The word 'comity' derives from the Latin *comitatem*, i.e. courtesy or civility. In public and private international law, 'comity of nations' refers to the mutual respect one nation awards to another, and in particular their courts and legal systems. A leading commentator observes, however, that comity goes beyond these principles and 'includes more general imperatives of international public policy which do not amount to rules of law'.[12] In the context of anti-suit injunctions, comity reflects five main concepts in English jurisprudence: (i) jurisdiction should not be exercised in an exorbitant way; (ii) one State's courts should not without good reason interfere with the adjudicatory sovereignty of another State; (iii) considerations of deference which apply to another State's decisions and judgments; (iv) considerations pertaining to the remit of each State's natural sphere of influence and their limits; and (v) the 'concept that a court has a greater standing to intervene if a matter does fall within its own natural sphere of influence'.[13]

Thus, the granting of an anti-suit injunction in one State is in theory capable of restraining the perceived sovereignty of another State; despite being remedies *in personam* not directed at the courts of that foreign State (or even capable of binding them). The potentially severe consequences of a breach, however, render foreign proceedings capable of being disrupted by an anti-suit injunction.[14] This practical effect in turn may be said to offend comity. This tension is reflected in the English courts' jurisprudence on the different types of anti-suit injunctions and arguably in the stance often taken by foreign courts, particularly those in civil law jurisdictions.

6.1 Contractual Anti-suit Injunctions

Where a party agrees to dispute resolution in a particular forum, one way of holding them to that contractual promise is an anti-suit injunction if proceed-

12 Thomas Raphael (n 1) paras 1.26–1.27.

13 For further detail on each of these ideas, see Ibid., para 1.28.

14 Ibid., paras 1.30–1.34, 1.37.

ings are brought elsewhere in breach of an exclusive jurisdiction or arbitration clause. Such clauses in essence contain a negative covenant not to sue anywhere bar the agreed forum, constituting an enforceable promise.[15] Both exclusive jurisdiction clauses and arbitration agreements (if valid) can be enforced by way of injunction irrespective of whether the enforcing party commences proceedings or intends to do so.[16]

The English courts' equitable power to grant contractual anti-suit injunctions has been codified in section 37(1) of the Senior Courts Act 1981, according to which the '*High Court may by order* [...] *grant an injunction* [...] *in all cases in which it appears to the court to be just and convenient to do so*'. The leading test is expressed in *The Angelic Grace*:[17] If a party threatens or commences foreign proceedings in breach of a valid jurisdiction or arbitration agreement, an English court will ordinarily grant an injunction unless the application respondent shows 'strong reasons' for suing in the other forum and provided the application is brought promptly.[18] This shifts the burden onto the respondent, i.e. the party seeking to bring or continue foreign proceedings.[19]

What constitutes 'strong reasons' is case-specific. In the past, the courts have considered the interests of third parties involved (and indeed the House of Lords in *Donohue v Armco* acknowledged expressly that a similar approach is taken by the courts in the USA, Canada, Australia, and New Zealand).[20] Other factors that may be taken into account include misconduct on the part of the applicant, given the principle that those who come to the court seeking equitable relief must come with clean hands. In *RBS v Highland Financial Partners*, the Court of Appeal held that the trial judge had been right to refuse RBS an anti-suit injunction in relation to proceedings in Texas on the grounds of RBS' key witness' misconduct.[21] The case of *Qingdao Huiquan*

15 Steven Gee, *Commercial Injunctions* (7th edn, Sweet & Maxwell 2022) para 14-021.

16 *AES Ust-Kamenogorsk Hydropower Plant LLP v Ust-Kamenogorsk Hydropower Plant JSC* [2013] UKSC 35; see also Steven Gee (n 15) para 14-020.

17 *Aggeliki Charis Compania Maritima SA v Pagnan SpA* (*The Angelic Grace*) [1995] 1 Lloyd's Rep 87; see also Steven Gee (n 15) para 14-020.

18 Ibid., para 14-020.

19 *Donohue v Armco Inc* [2001] UKHL 64, 24.

20 Ibid., 25; and *Hamilton-Smith v CMS Cameron McKenna LLP* [2016] EWHC 1115 (Ch), 18, 62.

21 *Royal Bank of Scotland Plc v Highland Financial Partners LP* [2013] EWCA Civ 328, paras 158-172, amongst others referring to the English law equitable doctrine that 'he who comes to equity must come with clean hands', albeit noting that Lord Bingham in *Donohue v Armco Inc* (n 19) set out that this equitable defence is distinct from the 'strong reason' doctrine.

Shipping suggests that improper conduct may be broader than RBS' dishonesty, spanning to instances of a deliberately delayed application for an injunction.[22] By contrast, the High Court in *Caitlin Syndicate* held that a defendant losing the benefit obtained in New Jersey proceedings taken in breach of a jurisdiction agreement would not amount to 'strong reasons'.[23]

As the above might suggest, comity plays a reduced role where contractual anti-suit injunctions are concerned and the existence of a negative covenant tends to outweigh other considerations.[24] In *Donohue v Armco*, the House of Lords merely mentioned comity in passing with reference to another case.[25] The court in *Qingdao Huiquan Shipping* agreed that comity was not in issue: while delay and comity are linked insofar as the 'delay [...] has materially increased the perceived interference with the process of the foreign court or led to a waste of its time or resources', the delay in that case was not decisive on the facts.[26] This was because the Chinese court had by that stage only considered jurisdictional questions internal to the Chinese system and not whether the arbitration clause was binding.

The interplay between comity and contractual anti-suit injunctions has similarities in the context of arbitration. The UK Supreme Court in *Enka v Chubb* affirmed the courts' power to grant anti-suit injunctions where a valid arbitration agreement is breached, treating them equivalently to exclusive jurisdiction clauses.[27] In doing so, it set out the nine principles governing the determination of the law applicable to an arbitration agreement in the absence of an express choice of law. While the analysis of all nine principles goes beyond the scope of this article, Principles II and VIII at their core state that in the absence of a choice of law governing the arbitration agreement, the applicable law will be that with which the arbitration agreement is most closely connected. Principle VIII goes on to confirm that where a seat has been chosen, this will generally be the law of the seat even in circumstances where this is different from the law governing the contract. The Supreme Court – in agreement with the Court of Appeal – also held that the principles

22 *Qingdao Huiquan Shipping Co v Shanghai Dong He Xin* [2019] 1 Lloyd's Rep 520, 40–45, noting however that in this case, a delay of one year in bringing the application did not constitute 'good reason' to deny the injunction as the Chinese court seized with the foreign proceedings had not yet considered whether the applicable arbitration clause bound the respondent.

23 *Catlin Syndicate Ltd v Amec Foster Wheeler USA Corp* [2020] EWHC 2530 (Comm).

24 Steven Gee (n 15) para 14-055.

25 *Donohue v Armco Inc* (n 19).

26 *Qingdao Huiquan Shipping Co v Shanghai Dong He Xin* (n 22) 41–43.

27 *Enka Insaat Ve Sanayi AS v OOO Insurance Company Chubb* [2020] UKSC 38.

applicable to the grant of an anti-suit injunction in this context do not differ according to whether English or foreign law governs the arbitration agreement. Much in line with the courts' stance on exclusive jurisdiction clauses, the Supreme Court confirmed that 'comity has little if any role to play. The court's concern will be to uphold the parties' bargain, absent strong reason to the contrary, and the court's readiness to do so is itself an important reason for choosing an English seat of arbitration'.[28]

In 2024, the UK Supreme Court in *UniCredit Bank v RusChemAlliance* again turned to anti-suit injunctions regarding a breached arbitration agreement.[29] The case is discussed in detail in the next chapter, and so for present purposes it suffices to mention that the Supreme Court concluded that issuing the injunction would be no offence against comity as both the Russian Federation and France are parties to the New York Convention.[30]

In the interest of completeness, it is worth noting that the nuanced rule in *Enka v Chubb* has recently seen a simplification as to the law governing an arbitration agreement. The new section 6A of the English Arbitration Act 2025, in force since 1 August 2025, introduces a default rule pursuant to which, in the absence of the parties' agreement to the contrary, the law applicable to the arbitration agreement shall be the law of the seat of the arbitration. In practice, this means that English law will apply to an English-seated arbitration where no choice of law has been made in the arbitration agreement.

6.2 Non-contractual Anti-suit Injunctions

Anti-suit injunctions may also be granted in cases where the applicant is unable to point to a contractual obligation. Due to their different nature and lacking the *prima facie* strength of the 'bargain' argument, courts generally exercise a higher degree of caution in these cases and apply a different test to the 'strong reasons' test. These cases (as well as the anti-enforcement cases below) consider the issue of comity more closely, therefore arguably remaining truer to the equitable nature of the remedy itself.

The courts may restrain foreign proceedings that are 'vexatious or oppressive', or 'unconscionable'. The Judicial Committee of the Privy Council in *Aéro-*

28 Ibid., 184

29 *UniCredit Bank GmbH v RusChemAlliance LLC* [2024] UKSC 30.

30 Ibid., 80: '[T]here can be no violation of comity in the English court granting an injunction to restrain RusChem from invoking that jurisdiction, and none is suggested. Nor is there any breach of comity as regards the French courts. France, too, is a party to the New York Convention and recognises and respects the policy of upholding agreements to arbitrate'.

spatiale held that an 'injunction will only be granted to prevent injustice, and [...] that means that the Texas proceedings must be shown in the circumstances to be vexatious or oppressive'.[31] The case concerned a businessman resident in Brunei who had been killed in a helicopter crash, and whose widow brought various claims against the manufacturer, owner and operator in France, England and Malaysia. The French manufacturer unsuccessfully applied in Brunei for an anti-suit injunction to restrain the Texan proceedings. They succeeded on appeal to the Privy Council, partly on the basis that they would suffer serious injustice not being able to claim an indemnity or contribution from the Malaysian operator in the Texan proceedings.

In reaching its decision, the Privy Council stressed that 'since such an order indirectly affects the foreign court, the jurisdiction is one which must be exercised with caution'.[32] Some 10 years later, the House of Lords in *Airbus Industries* – another air crash fatality case – expanded on the importance of comity.[33] It confirmed that broadly, jurisdiction is to be exercised 'when the ends of justice require it [...] [which] may occur when the foreign proceedings are vexatious or oppressive'. Citing *Aérospatiale*, 'in exercising the jurisdiction regard must be had to comity, and so the jurisdiction is one which must be exercised with caution'.[34] Lord Goff, giving the lead judgment, stressed the importance of this principle by referring to concurring case law (see below) by the Canadian Supreme Court in *Amchem Products*,[35] and the Australian High Court in *CSR Ltd*.[36] In a strongly worded paragraph ending the judgment's section on the applicable principles, the Law Lords drew a distinction between the system enshrined in the Brussels Convention and common law jurisdictions. In the latter, the 'basic principle is that each jurisdiction is independent'.[37] The Law Lords acknowledged that the only two options in alternative forum cases have their limitations; a stay or dismissal requires voluntary adoption by the State in question whereas granting anti-suit relief is 'inhibited by respect for comity'. This, of course, points to the doctrinal foun-

31 *Societe Nationale Industrielle Aérospatiale v Lee Kui Jak* [1987] AC 871, 899E-F.

32 Ibid., 892E-F.

33 *Airbus Industries GIE v Patel* [1999] 1 AC 119.

34 Ibid., 133F.

35 *Amchem Products Inc v British Columbia (Workers' Compensation Board)* [1993] 102 DLR (4th) 96.

36 *CSR Ltd v Cigna Insurance Australia Ltd* [1997] 189 CLR 345.

37 *Airbus Industries GIE v Patel* (n 33) 133G.

dations of the principle of comity and underscores the value common law jurisdictions usually attribute to it.

The discussion of comity considerations in *Airbus Industries* heavily draws on comparative law. Querying whether to impose a requirement to prevent the grant of an anti-suit injunction in circumstances which amount to a breach of comity,[38] the Law Lords looked to other common law jurisdictions: In *Amchem Products*, the Supreme Court of Canada confirmed that where the foreign court does not dismiss or stay the disputed action, the domestic court must entertain the anti-suit injunction application 'only if it is alleged to be the most appropriate forum and is potentially an appropriate forum'.[39] The Australian High Court in *CSR Ltd* similarly emphasised the need for the court seized with the application to determine whether it or the court of another State ought to determine the matter in issue (or at least the part which relates to the injunction sought). The Australian court has to determine whether or not it is an appropriate forum and, owing to comity, whether it is appropriate for it to determine the matter in issue before granting an anti-suit injunction.[40]

The *Laker Airways* litigation saw an English court grant an anti-suit injunction against Laker Airways from pursuing anti-trust proceedings against certain European airlines, following which a US court granted an injunction restraining airlines which had not obtained such an injunction from seeking an anti-suit injunction in England. That latter decision was affirmed in the Court of Appeals for the District of Columbia Circuit,[41] while the UK House of Lords held that no anti-suit injunction ought to have been granted by the English courts.[42] Following *Laker Airways*, a divergence in approaches ensued in the US Circuits which continues to exist to date; one stricter,[43] whereby the US court must have regard to comity and only grant an injunction to protect its own jurisdiction or prevent evasion of public policies, and another, laxer

38 While noting that such requirement did not at the time exist, see ibid., 134E.

39 *Amchem Products Inc v British Columbia (Workers' Compensation Board)* (n 35), 118F.

40 *CSR Ltd v Cigna Insurance Australia Ltd and others* (n 36), 437–438.

41 *Laker Airways Ltd v Sabena, Belgian World Airlines* [1984] 731 F.2d 909.

42 *Laker Airways Ltd v Secretary of State for Trade and Industry* [1985] AC 58.

43 This approach, which essentially establishes a presumption against injunctions and in favour of concurrent proceedings, is exemplified in *Quaak v Klynveld Peat Marwick Goerdeler* [2004] 361 F.3d 11, is discussed in detail in Daniel Tan, 'Anti-suit injunctions and the vexing problem of comity' (2005) 45 *Virginia Journal of International Law* 295–297.

standard,[44] according to which the injunction will be granted if foreign proceedings are vexatious, oppressive or will otherwise cause inequitable hardship.[45]

After consideration of these other authorities, *Airbus Industries* then concluded that 'comity requires that the English forum should have a sufficient interest in, or connection with, the matter in question to justify the indirect interference with the foreign court'.[46] Perhaps unsurprisingly after this consideration of comity, the Law Lords held that the anti-suit injunction ought not to have been granted as the English court was only called to aid in circumstances where India (the natural forum) was unable to grant injunctive relief and England had no interest in, or connection with, the dispute in question.

6.3 Anti-enforcement Injunctions

Anti-enforcement injunctions restrain a party from seeking enforcement of a foreign judgment, order, or arbitral award. The English courts will not normally, absent a breach of contract, grant an injunction preventing enforcement of a foreign judgment within the jurisdiction of a foreign court.

In *SAS Institute Inc v World Programming Ltd*, the Court of Appeal opined on comity in the context of an anti-enforcement injunction pertaining to a US judgment, where the enforcement orders were directed at UK assets amongst others. It stated in principle that successful anti-enforcement injunctions will be rare; not because there is a 'requirement of exceptionality' but because the conditions for granting will rarely be met.[47] Turning its attention to the 'important consideration' of comity, the Court of Appeal identified several

44 See *Paramedics Electromedicina Comercial Ltd v GE Medical Systems Information Technologies Inc* [2004] 369 F.3d, as discussed in Daniel Tan, 'Anti-suit injunctions and the vexing problem of comity' (SSRN 2005), 295–297.

45 *Airbus Industries GIE v Patel* (n 33) 140A.

46 Ibid., 138G-H. In an alternative forum case, this involves considering whether the English court is the natural forum for the dispute, while in a single forum case, it may be possible to establish sufficient connection with the English forum.

47 *SAS Institute Inc v World Programming Ltd* [2020] EWCA Civ 599, 93. Indeed, the Court of Appeal at that stage confirmed that only two successful anti-enforcement injunction cases had been cited to it: *Ellerman Lines Ltd v Read* [1928] 2 KB 144 and *Bank St Petersburg OJSC v Archangelsky* [2014] EWCA Civ 593, in both of which the injunction had been granted to enforce compliance with a jurisdiction agreement. It is also worth noting that this analysis is deemed consistent with the Court of Appeal's important prior judgment in *Masri v Consolidated Contractors International Co SAL* [2008] EWCA Civ 625, which in essence held that where a party was properly before the English courts, an anti-suit injunction is not a claim separate to the main claim and therefore does not require its own jurisdictional basis.

relevant strands,[48] including that 'comity is a two-way street, requiring mutual respect between courts in different states. [...] Just as it is inconsistent with comity for the English court to purport to interfere with assets subject to the local jurisdiction of another court, so it is inconsistent with comity for another court to purport to interfere with assets situated here which are subject to the jurisdiction of the English court'.[49] Analysing the applicable principles, the court concluded that an anti-enforcement injunction pertaining to certain assets in the UK should be granted. Indeed, an order (from the US courts) extending to the relevant UK-based assets 'would be exorbitant in the sense I have described, which means that relatively little, if any, weight should be given to comity as a factor telling against the grant of an injunction. While it would be a matter of regret to grant an injunction which would risk causing offence to a United States court, it would in my judgment be our duty to do so'.[50]

Given the comparatively rare occurrence of successful anti-enforcement cases in the English courts, it is worth noting that the Commercial Court recently allowed two such injunctions in the 'Google-Russia saga'. In 2024,[51] the court granted anti-enforcement and anti-suit injunctions in respect of Russian court orders imposing penalties on Google subsidiaries not party to the original agreements or proceedings; while in 2025,[52] the court issued final injunctive relief to prevent recognition or enforcement of Russian judgments outside Russia, emphasising the principles of comity and the "just and convenient" standard.

6.4 Anti-arbitration Injunctions

Finally, injunctions to restrain arbitrations are rarer in practice owing to the principle of *kompetenz-kompetenz*, requiring that the domestic courts' control is exercised after an award has been granted (such as by way of challenge before the court of the seat, or at the enforcement stage) and according to which arbitrators in the first instance should be permitted to decide on their own competence.[53] This is in principle reflected in the English Arbitration Act 1996 (and has not been amended by the new 2025 Act mentioned above), while

48 *SAS Institute Inc v World Programming Ltd* (n 47) 100–112.

49 Ibid., 111–112.

50 Ibid., 125.

51 *Google LLC v NAO Tsargrad Media* [2024] EWHC 2212 (Comm).

52 *Google LLC v NAO Tsargrad Media* [2025] EWHC 94 (Comm), discussed in further detail below.

53 Thomas Raphael (n 1) para 11.01.

section 72 of the Arbitration Act 1996 affords the courts a power to intervene where English-seated arbitrations are concerned. Notably, the power under section 72 does not displace the courts' general power under section 37(1) Senior Courts Act 1981 in circumstances similar to those set out in subsections (1–2) above (i.e. if the arbitration in question infringes the legal or equitable rights of the injunction applicant, or if the arbitration is vexatious, oppressive or unconscionable).[54] As explained by Thomas Raphael KC, however, section 37(1) anti-arbitration injunctions will be exercised very sparingly, within the limits of the Arbitration Act 1996, so that in practice it is likely difficult to justify an intervention if the conditions of section 72 are not satisfied.[55]

With regard to foreign-seated arbitrations, the English courts have confirmed that their power stems from section 37(1) Senior Courts Act 1981 and the tests set out in relation to contractual and non-contractual arbitrations apply in principle. There appears to be a modification in practice, however, whereby despite some tension, the 'majority of the more closely reasoned modern decisions [...] apply the exceptional circumstances threshold'.[56] This applies also in cases which at first sight might appear to be suitable for a more straightforward application of the principles set out in *The Angelic Grace*.[57] This approach is not only thought to be consistent with the principle of *kompetenz-kompetenz* but also with international comity, which would suggest that the natural supervisory power over an arbitration rests with the court of the seat of the arbitration.[58]

As can be seen from the above, in common law jurisdictions the issue of comity remains a vital consideration in courts' approaches. Practice varies subject to the type of injunction, with lesser importance awarded to comity in the presence of valid jurisdiction or arbitration clauses, and international – even domestic – divergence in application featuring regularly. That said, these types of injunctions are granted and remain powerful tools to try and steer the conduct of international litigation and arbitration. This stands in contrast

54 Ibid., para 11.03.

55 Note these conditions are, briefly, that a person has taken no part in the arbitration but is 'alleged to be a party', and that they question either the validity of the arbitration agreement, the constitution of the tribunal or what matters have been submitted to arbitration in accordance with the arbitration agreement (Arbitration Act 1996 s 72(1)(a)-(c). Thomas Raphael (n 1), discusses this in greater detail at paras 11.13–11.11.21 with an interesting yet limited enumeration of examples which may in practice remain for an application under section 37(1).

56 Ibid., para 11.30.

57 For a more detailed discussion, see Thomas Raphael (n 1) para 11.30 ff.

58 Ibid., para 11.32.

with the civil law world, which (albeit by no means uniformly so) does not generally provide for or issue injunctions of this type.

While respective civil law legal systems vary, anti-suit injunctions are generally considered by such systems to come up against issues of sovereignty and access to justice, linking back to the doctrinal basis of comity. One notable shift in this context, however, has seen Chinese courts issue a wave of anti-suit injunctions in 2020:[59] the Supreme People's Court in *Huawei v Conversant* issued an anti-enforcement injunction to restrain a German injunction against Huawei until Chinese proceedings concluded,[60] and a Wuhan court in *Xiaomi v InterDigital* granted an injunction restraining InterDigital from seeking or enforcing injunctive relief in India or elsewhere while the Chinese case was pending.[61]

7 Practical and Doctrinal Developments in the Context of Legal Developments in the Russian Federation

7.1 Amendments to the Russian Arbitrazh Procedural Code

In June 2020, Russia made amendments to the Arbitrazh Procedural Code (APC)[62] introducing new articles 248.1 and 248.2 (also known as the Lugovoy Law). Article 248.1 provides for the exclusive jurisdiction of the Russian arbitrazh courts over disputes involving persons who are affected by foreign restrictive measures; broadly speaking, sanctions.[63]

It is notable that the law is subject to the agreement of the parties or international treaties of the Russian Federation.[64] However, this carve-out is of

59 This tendency is discussed in great detail in Peter Yu, Jorge Contreras and Yu Yang, 'Transplanting anti-suit injunctions' (2022) 71 *American University Law Review* 1537–1618. See, in particular, 1578 ff, discussing the 5 cases which issued anti-suit injunctions in China in 2020 and of which two are used to illustrate this trend here.

60 *Huawei Techs Co v Conversant Wireless Licensing SARL* (2019) Zuigao Fa Zhi Min Zhong, Supreme People's Court (28 August 2020).

61 *Xiaomi Commc'n Tech Co v InterDigital Tech Corp.* [2020] E 01 Zhi Min Chu No 169–1, Wuhan Intermediate People's Court (23 September 2020).

62 The procedural rules governing the resolution of commercial and economic disputes. The word 'arbitrazh' is commonly translated to 'arbitration', however the arbitrazh courts are very much a part of the Russian domestic judicial system, and as such the translation to 'arbitration' is not used here to avoid confusion.

63 Arbitrazh Procedure Code of the Russian Federation (24 July 2002, as amended on 1 April 2025) N 95-FZ, art 248.1.

64 Ibid., art 248.1(1).

limited effect in practice as the law provides that the exclusive jurisdiction rule also applies where an exclusive jurisdiction clause or arbitration agreement is deemed unenforceable by reason of the foreign restrictive measures becoming an obstacle to the subject's access to justice. In December 2021, the Russian Supreme Court held in the case of *JSC Uraltransmash v PESA* that the introduction of sanctions against a person or entity is sufficient to create obstacles to their access to justice.[65] In effect, this operates to allow the arbitrazh court to take jurisdiction notwithstanding a valid arbitration agreement or exclusive jurisdiction clause. Despite concerns about the application of this rule, including to jurisdictions both friendly and 'unfriendly' to Russia, this approach to the application of the law has been recently upheld by the Russian Constitutional Court.[66]

Furthermore, article 248.2 of the Arbitrazh Procedural Code now authorises the arbitrazh courts to issue injunctions prohibiting the initiation or continuation of proceedings in foreign courts or arbitral tribunals upon application by a sanctioned party – in other words, an anti-suit injunction. The Russian legal system, in common with other civil law systems, did not provide for anti-suit injunctions or an equivalent remedy prior to the introduction of this law.

The effect of these provisions is that parties engaged in contracts with sanctioned parties can now find their arbitration agreements to be stymied or even ineffective. The law has been frequently invoked, with some 480 cases being brought under it since the Supreme Court decision in *Uraltransmash* with an overall success rate of 82%.[67] This has resulted in simultaneous litigation in various jurisdictions, with the parties seeking opposing anti-suit injunctions in Russia and in the relevant foreign jurisdiction.

---

65 *Ural Transport Machinery Construction Company JSC v Pojazdy Szynowe PESA Bydgoszcz Spolka Akcyjna & others*, Supreme Court of the Russian Federation, Economic Disputes Panel, Ruling No 309-ЭС21–6955 (А60–36897/2020) (9 December 2021).

66 Constitutional Court of the Russian Federation, Ruling No 999-O (29 April 2025) St Petersburg, refusal to accept for consideration the complaint of OWH SE iL concerning alleged violations of constitutional rights by arts 248.1 and 248.2 of the Arbitrazh Procedure Code of the Russian Federation.

67 Stepan Sultanov and Anastasiya Ryabova, 'Anti-suit Injunctions and Russian Courts' Exclusive Jurisdiction under Lugovoy Law (arts 248.1 and 248.2 of APC)', Review of Judicial Practice, KIAP Law 2024, available at <https://www.kiap.com/upload/iblock/4eb/kv3shr3nksvl722801f2yck60n23m9rq/KIAP-Alert-ENG-with-Annex.pdf> accessed 20 December 2025.

7.2 Developments in the UK

The most well-known case brought in this context is the aforementioned *UniCredit v RusChemAlliance*, a UK Supreme Court case concerning an application for an anti-suit injunction brought before the English court, despite the seat of the relevant arbitration being Paris.

The applicant, UniCredit, a German bank, issued bonds guaranteeing the performance of German contractors under construction contracts with RusChemAlliance LLC, a Russian company. The bonds contained a clause providing that English law governed the bond and all related obligations, but that disputes were to be settled by arbitration in Paris under ICC rules.[68] The contractors ceased performance following the imposition of EU sanctions on Russia leading to the termination of the contract and RusChemAlliance demanding repayment of the advance payments it made, which was refused.

RusChemAlliance commenced proceedings in the Russian courts, relying on article 248.1, and UniCredit responded by seeking an anti-suit injunction in the English courts to restrain RusChemAlliance from continuing the Russian proceedings in breach of the arbitration agreements.[69]

The court first determined that the relevant governing law for the arbitration agreement was English law, being the governing law of the contract, applying *Enka v Chubb*. The Court rejected arguments based on French law and clarified that the exception in *Enka*, whereby the law of the seat might apply, should not override a clear choice of law in the contract unless expressly stated.[70]

Secondly, the Court considered whether England was the proper forum for the claim for an anti-suit injunction. The Court held that, where parties have contractually agreed to arbitrate disputes, the focus is on enforcing the contractual bargain, and the English court may grant an injunction to restrain breach of the arbitration agreement over a party within its jurisdiction unless strong reasons suggest otherwise.[71] The fact that the seat of arbitration was Paris did not make England inappropriate, particularly as neither the French courts nor arbitration proceedings in Paris could provide an effective remedy; French courts lacked jurisdiction, and any arbitral award would not be

68 *UniCredit Bank GmbH v RusChemAlliance* (n 29) 3.

69 Ibid., 6–9.

70 Ibid., 35–37, 59–60.

71 Ibid., 66–67, 69, 73–75.

enforceable in Russia.[72] The Court concluded that only the English court could provide an effective remedy to uphold the parties' agreement.[73]

The Court accordingly dismissed the appeal and affirmed the Court of Appeal's order granting a final anti-suit injunction requiring RusChemAlliance to discontinue its Russian proceedings.[74]

RusChemAlliance demonstrates a novel approach to anti-suit injunctions adopted by the court – the grant of an anti-suit injunction in favour of arbitration located in another jurisdiction, something made possible due to the *in personam* nature of the remedy.

With the introduction of the Arbitration Act 2025, the approach taken by the court in *RusChemAlliance* is now not possible due to the reversal of *Enka* and its replacement with the new default rule that (in the absence of express choice to the contrary) the law governing the arbitration agreement will be the law of the seat.

In any event, despite persuading the English courts to intervene in order to hold RusChemAlliance to its bargain, UniCredit nevertheless subsequently applied to revoke the anti-suit injunction after RusChemAlliance obtained its own injunction in Russia fortified with a EUR 250 million fine against UniCredit should it not do everything in its power to procure the revocation of the anti-suit injunction it obtained.[75] In agreeing to discharge its injunction, the English court noted that UniCredit had been coerced by virtue of the fact that it had assets in Russia, whereas RusChemAlliance had no assets in England.[76] The threat of contempt against RusChemAlliance, which might otherwise have given the anti-suit injunction practical application, was therefore ineffective in this case.

The discharging of the injunction in favour of UniCredit was followed by a series of discharges of injunctions which other banks had obtained against RusChemAlliance.[77] These developments demonstrate that while the theory is sound, practical considerations are likely to be the decisive factor. The English court is prepared to assist with the granting of an anti-suit injunction in this context, but such relief may ultimately be ineffective where the applicant has no means to enforce compliance, especially if they have assets at risk in Russia or other jurisdictions friendly to it.

---

72 Ibid., 84–85, 104–112.

73 Ibid., 112.

74 Ibid., 113.

75 *UniCredit Bank GmbH v RusChemAlliance LLC* [2025] EWCA Civ 99.

76 Ibid., 6, 31, 39.

77 See *Bayerische Landesbank & Ors v RusChemAlliance LLC* [2025] EWHC 924 (Comm).

In the case of *Google v Tsargrad*,[78] Russian media companies subject to Western sanctions brought proceedings in Russia against Google entities, seeking massive penalties for blocking their YouTube channels. The Russian courts relied on article 248.1 to assert jurisdiction, disregarding English jurisdiction and arbitration clauses. Google sought anti-enforcement injunctions in England to prevent enforcement of the Russian judgments abroad.[79]

The court clarified the principles for granting anti-enforcement injunctions, especially in the context of the Russian penalties, confirming that there is no distinct 'exceptionality' threshold for such injunctions, but that they are rarely granted due to comity and delay.[80] The exceptionality aspect was relevant as a practical concern.[81]

The court also noted the difficulties parties may face in enforcing anti-suit injunctions, recognising that seeking such relief would have been futile for the applicant.[82] This supports the idea that in some cases seeking an anti-enforcement injunction may be a more practical solution.

Finally, in *JP Morgan v VTB Bank*,[83] VTB brought proceedings in Russia against JP Morgan entities and their affiliates following the termination of their agreement due to sanctions, despite English-law arbitration agreements providing for London-seated LCIA arbitration. The Russian claims were again based on article 248.1 APC and sought to impose group liability on JP Morgan affiliates. JP Morgan sought anti-suit injunctions in England.[84]

The court found that pursuing the Russian proceedings, especially where Russian law was being used to impose liability on non-parties, was not just a contractual breach but also 'vexatious and oppressive' and emphasised that seeking to avoid the UK sanctions regime and the agreed dispute resolution process amounted to seeking an 'illegitimate juridical advantage'.[85]

In general, we have seen a robust response from the English courts, as well as clarifications on the application of the law on anti-suit injunctions. However, the English court's assistance has sometimes been tempered by practical difficulties in ensuring compliance with those injunctions. A pivot towards using the anti-enforcement injunction may be recognised as a more effective

78 *Google LLC & Google Ireland Ltd v NAO Tsargrad Media & Ors* [2025] EWHC 94 (Comm).
79 Ibid., 11–43.
80 Ibid., 75, 82.
81 Ibid., 82–83.
82 Ibid., 114–115.
83 *JP Morgan Securities Plc v VTB Bank PJSC* [2025] EWHC 1368 (Comm).
84 Ibid., 48–74.
85 Ibid., 151–156.

means of dealing with the issue, albeit with the obvious downside and risk of having an outstanding adverse judgment.

7.3 Developments in Other Common Law Jurisdictions

In Ireland, in the case of *GTLK Europe DAC v JSC State Transport Leasing Company*,[86] the applicant was successful in obtaining an anti-suit injunction restraining the Russian party from continuing proceedings in Russia.

The underlying dispute stemmed from liquidation proceedings and a challenge to the validity of certain pledge agreements by the applicant's liquidators. These were ultimately held to be void by the Irish High Court, which was upheld on appeal. The respondent had simultaneously commenced proceedings in Russia, obtaining an anti-suit injunction seeking to restrain the liquidators of the applicant from initiating or continuing any legal proceedings concerning the pledge agreements or asserting ownership of the aircraft subject to those agreements.[87] This was done before the High Court had delivered its judgment.[88]

The High Court expressly acknowledged the existence of the Russian anti-suit injunction in its own judgment but noted that as an *in personam* order, it did not displace the court's jurisdiction.[89]

The High Court held that it had jurisdiction to grant anti-suit injunctions, drawing on principles established in English and other common law jurisdictions[90] – noting in particular the *in personam* nature of the relief sought. In fact, the court expressly noted that the order 'is not directed to the foreign tribunal before which proceedings are sought to be restrained' and that it 'does not involve any criticism of that foreign tribunal or, indeed, involve any consideration of how the foreign tribunal has, or will, conduct the proceedings'.[91] It considered its jurisdiction to be necessary to protect the integrity of the court's own processes and to ensure that parties subject to its jurisdiction do not undermine or ignore its orders.[92]

86 *GTLK Europe DAC v JSC State Transport Leasing Company* [2025] IEHC 524.
87 Ibid., 24–25.
88 Ibid., 15–16.
89 Ibid., 18.
90 Ibid., 74–84.
91 Ibid., 80, 82.
92 Ibid., 78.

The court found that the Russian proceedings were an abuse of process intending to circumvent the final orders made in the Irish courts.[93] It did note, however, that if the respondent was acting *bona fide* in asserting that the Russian court had jurisdiction, its anti-suit injunction application there would have been considered appropriate. However, given the respondent's submission to the Irish jurisdiction, its actions were held to be an interference with the litigation in Ireland.[94]

The High Court accordingly ordered its own anti-suit and anti-enforcement injunctions restraining the respondent from continuing with the Russian proceedings, but limited its scope to the respondent itself, declining to bind third parties or require the respondent to discontinue the Russian proceedings or refrain from bringing claims in other jurisdictions.[95]

The Irish approach is therefore similar to that taken by the English courts, save that in this case the underlying reasoning for granting the anti-suit injunction was couched more in terms of vexatious conduct, and in particular the nature of the case as insolvency proceedings, rather than relying primarily on the parties' agreement.

7.4 Developments in Civil Jurisdictions

Germany, like other civil jurisdictions, does not recognise anti-suit injunctions as an available remedy, and this position remains unchanged notwithstanding the changes to Russian law explored above. This was recently confirmed by the refusal by the Düsseldorf Higher Regional Court to issue an anti-anti-suit injunction brought in the light of a Russian article 248.2 injunction.[96]

However, parties in Germany have other remedies available which may assist in this context: under Section 826, 1004(1) sentence 2 of the German Civil Code, applicants may seek injunctive relief against conduct deemed intentionally immoral and damaging, which can include actions to enforce a judgment obtained through a process which violates the rule of law; and Section 1032(2) of the German Civil Procedure Code provides a mechanism for declaratory relief, allowing parties to obtain a court declaration that arbitration is the sole proper forum for the dispute, even before the arbitral tribunal is constituted.

93 Ibid., 85.
94 Ibid., 86.
95 Ibid., 93–98.
96 Düsseldorf Higher Regional Court, 26 W 7/24 (17 June 2024) ECLI:DE:OLGD:2024:0617.26W7.24.00.

In an example of this latter mechanism in practice, the Berlin Higher Regional Court (Kammergericht)[97] granted declaratory relief to a German company facing Russian state court proceedings in breach of an arbitration agreement. The contract was governed by German law and provided for arbitration in Vienna. The Russian party invoked article 248.1, but the Berlin Court rejected this argument, holding that arbitration remained the sole proper forum and that the jurisdiction of state courts was excluded.

What is notable is the extra-territorial reach of Section 1032(2) of the German Civil Procedure Code, allowing German courts to intervene even where the seat of arbitration is outside Germany, provided there is a sufficient territorial connection (such as the applicant's domicile or risk of enforcement in Germany).

In Switzerland, the Swiss Federal Council adopted measures intended to limit the effect of articles 248.1 and 248.2 in amendments to the Ordinance on Measures Connected with the Situation in Ukraine, which entered into force on 13 February 2025.

The amendments specifically address the effect of articles 248.1 and 248.2, providing that injunctions obtained pursuant to these provisions or penalties for their violation are not to be recognised, implemented, or enforced.

By contrast, it does not appear that France has seen such comparable developments. However, while a party cannot expect to obtain an anti-suit injunction from the French court in support of its own arbitration, the French court will likewise not be expected to recognise or enforce any such injunctions obtained in Russia.

7.5 Conclusions on Developments: A Converging Trend?

The approach of common law jurisdictions has been a reaffirmation of the orthodoxy underlying anti-suit injunctions as an *in personam* remedy couched in the agreement of the parties and the requirements of equity. By seeking to prevent a party from initiating or continuing offending proceedings, the anti-suit injunction has been used effectively as a shield against parties seeking to make use of the Russian APC amendments to bypass an arbitration agreement.

On the other hand, civil law jurisdictions have generally declined to embrace the anti-suit injunction. Instead, they have tended to respond to the difficulties posed by the Russian APC amendments by adapting existing remedies and doctrines more familiar to their systems.

97 Berlin Higher Regional Court, 12 SchH 5/22 (1 June 2023) ECLI:DE:KG:2023:0601.12 SCHH5.22.00.

Notwithstanding the robustness of the anti-suit injunction, difficulties with ensuring compliance and the inability of such remedies to protect their beneficiaries from equivalent sanctions in Russian courts means that the anti-suit injunction is not a panacea to the interference of the Russian state and judiciary with the rights of litigants. Moreover, the relative narrowing of English jurisdiction to order anti-suit relief in respect of foreign-seated arbitrations as a result of the Arbitration Act 2025 means that the deployment of anti-suit injunctions may reduce in frequency relative to the period of the *RusChemAlliance* cases.

Therefore, while still maintaining their different approaches, it may be that both common and civil law jurisdictions converge on an approach focused on declining to enforce judgments or anti-suit injunctions obtained under articles 248.1 and 248.2 APC respectively, in recognition of the fact that attempting to prevent Russian parties obtaining those remedies in the first place has significant practical limitations. Moreover, in cases where the Russian Federation's particular approach to private international law is not engaged, the anti-suit injunction will remain in many cases an effective remedy which litigants will continue to seek and obtain.

8 Conclusion

The anti-suit injunction has had a long pedigree, albeit one coloured by tensions with international comity and the UK's sometimes uneasy relationship within the European legal order. Given the deep roots of equity in English law and other legal systems which have developed at least partly with reference to it, the anti-suit injunction appears likely to remain a hallmark of the common law for the foreseeable future.

20

The Era of Anti-suit Injunctions and Judicial Battles at the Intersection of Sanctions and Countersanctions

Antonio Leandro

1 Preliminary Remarks

The large-scale restrictive measures adopted by the European Union (EU) against Russia – initially in the aftermath of the annexation of Crimea and subsequently following its invasion of Ukraine – and the Russian reactions have triggered a cross-border judicial battle, which is marked by the issuance of anti-suit injunctions, penalty judgments, ban on recognition and enforcement of orders, judgments and arbitral awards. This paper will refer to restrictive measures as 'sanctions', following common usage, and will limit the inquiry to the EU-Russian axis, while acknowledging the existence of parallel sanctions against Belarus.[1]

1 It is worth recalling that the EU adopts sanctions under art 215 of the Treaty on the Functioning of the European Union (TFEU) that governs the EU Common Foreign and Security Policy (CFSP). CFSP aims to safeguard the Union's values, maintain international peace and security, and consolidate and support democracy, the rule of law, and human rights. Basically, acts imposing sanctions to the Russian Federation due to its invasion of Ukraine are updating measures that the EU adopted in 2014 after the Russian invasion of Crimea, namely: Decision 2014/145/CFSP and Regulation (EU) 269/2014 of 17 March 2014 concerning restrictive measures in respect of actions undermining or threatening the territorial integrity, sovereignty and independence of Ukraine [2014] OJ L 78, respectively, 16 and 6 (the latest consolidated versions date 17 July 2026 Decision 2014/512/CFSP and Regulation (EU) 833/2014 of 31 July 2014 concerning restrictive measures in view of Russia's actions destabilizing the situation in Ukraine [2014] OJ L 229, respectively, 13 and 1 (the latest consolidated version dates 17 July 2026 Sanctions that target Belarus are laid down in Decision 2012/642/CFSP of 15 October 2012 [2012] OJ L285/1, and Regulation (EC) 765/2006 of 18 May 2006 concerning restrictive measures in view of the situation in Belarus and the involvement of Belarus in the Russian aggression against Ukraine [2006] OJ L134/1 (the latest consolidated version dates 24 April 2026). Other measures address areas of the Donetsk and Luhansk oblasts of Ukraine.

Antonio Leandro, Full Professor of International Law, University of Bari Aldo Moro

© 2026 THE AUTHOR(S) | HTTPS://DOI.ORG/10.1163/9789004766891-022

The entire framework of sanctions and countersanctions has impacted the ordinary regime of judicial protection in situations involving EU operators, sanctioned Russians, or Russian individuals in general. The same scenario arises vis-à-vis the relationships between the Russian Federation and other countries, such as the United Kingdom, which share content and objectives of EU sanctions policies.

Even at first glance, the sanctions regime shifts from a variety of economic restrictive measures, as outlined in the earlier 'packages', to a hybrid system that impacts access to justice either as a primary purpose or as a practical tool in support of the effectiveness of economic sanctions.

This paper will investigate the rationale behind the legal tools deployed in such a judicial battlefield, primarily focusing on the EU-Russian relations and comparing them to the English approach when dealing with anti-suit/arbitration injunctions.

2 Sanctions and the Restriction on Access to Justice for Targeted Entities

To set the scene, it is worth recalling that EU sanctions restrict the ability of listed entities to assert contractual rights and seek judicial protection before the courts of Member States. Conversely, the EU has introduced judicial mechanisms to safeguard EU operators harmed by Russian countermeasures, particularly those aimed at nationalising business activities or expropriating assets within Russian territory.

At the same time, Russia has responded by establishing special judicial procedures in its domestic courts that are designated for parties targeted or affected by EU sanctions.

Each 'block' enacts measures that either enhance or hinder judicial protection, depending on whether the aim is protective or punitive, with disruptive consequences for legal certainty regardless of the intent.

More in detail, EU sanctions impose significant limitations on judicial protection for listed individuals and 'any other Russian person, entity or body' within EU territory, particularly regarding claims for damages arising from asset freezes or bans on financial transactions. These individuals and entities will be referred to collectively as 'targeted entities'.

Such a limitation applies at the intersection of substantive and procedural rights. Notably, article 11 of Regulation (EU) No 833/2014 includes the so-called 'no claims clause', which prohibits the satisfaction of any claim arising from contracts or transactions whose execution is hindered by sanctions. It is worth recalling that the Regulation (like Regulation (EU) No 269/2014) applies to any person inside or outside the territory of the Union who is a national of a Member State, to any legal person, entity or body, inside or outside the territory of the Union, which is incorporated or constituted under the law of a Member State, and to any legal person, entity or body in respect of any business done in whole or in part within the Union (article 13). For simplicity, we will refer to them as 'EU operators'.

As a result, targeted entities cannot pursue legal remedies in a Member State's courts or arbitral tribunals to seek redress for non-performance by EU operators when the non-performance is due to compliance with sanctions. For instance, targeted entities are barred from claiming full payment under bond agreements concluded with an EU-based bank because the bank is prohibited from making payment due to article 11.

Notably, access to justice is not inherently barred. If it were so, the EU sanction regime would constitute a clear violation of a fundamental right deeply embedded in the European public policy. What targeted entities cannot obtain is the allowance and satisfaction of a claim that directly or indirectly challenges the effect of the sanctions or invokes the application of rules (e.g., contract law) whose functioning is temporarily halted by the sanctions.[2]

Their right to access courts is not affected in other situations. For example, Regulation (EU) No 269/2014 recognises the right of sanctioned individuals to seek judicial assessment as to whether non-performance by their counterparty was indeed caused by the sanctions or by other factors such as the misapplication of the sanctions. In such cases, judicial remedies remain fully available.

Targeted entities face an additional layer of judicial restriction regarding the enforcement of foreign judgments and awards within EU territory. Regulation (EU) No 269/2014 explicitly prohibits satisfying 'a claim for the recognition or enforcement, including by the procedure of *exequatur*, of a judgment, an arbitration award or an equivalent decision, wherever made or given' if the requests for recognition or enforcement seek to satisfy the rights arising from contractual obligations the performance of which has been affected by sanctions (article 11, read in conjunction with article 1(a)(v)).

Accordingly, even if a Russian party obtained a foreign judgment or an arbitral award ordering specific performance or payment by an EU operator,

---

2 See Opinion of Advocate General Biondi delivered on 26 February 2026, Case C-802/24 *NV Reibel v JSC VO Stankoimport* ECLI:EU:C:2026:110, para 22 ff, in relation to the arbitrability of disputes covered by the no-claim clause.

enforcement would be blocked within the EU if its effect consists of infringing or circumventing the sanction.

This scenario is clearer considering that: (1) financial sanctions usually result in asset freezing, which prevents any compulsory measures of execution; (2) the sanction may remove the substantive legal basis for the claim, triggering the aforementioned article 11(1) of both Regulation (EU) No 833/2014 and Regulation (EU) No 269/2014, thereby rendering the right unenforceable.

Thus, the main consequence is not only blocking any action before European courts but also prohibiting the recognition of judgments and awards based on prohibited claims. Indeed, as will be discussed below, such an effect may be directly imposed by the EU provisions in specific circumstances.

The public policy exception has also been invoked as a ground for refusal of recognition. Concerning foreign awards, whose recognition is governed by the New York Convention of 1958, a German court argued that the sanction regime so much merges the substantive public policy of the State where enforcement is sought that, if recognition entailed the enforcement of a payment prohibited under the sanction, the *exequatur* of the award would violate public policy.[3]

Notably, the prohibition on claiming before European courts and the refusal to recognise foreign judgments and awards are as temporary as the sanction regime, which is set to last until the Russian Federation ceases its gross violations of international law. Put differently, since public policy is a dynamic concept that varies over time, its content, linked to sanctions as a consequence of a 'formal referral' to the act imposing sanctions, is designed to vanish once the sanctions are lifted.

Therefore, while refusing to recognise the award for enforcement, the German court correctly dismissed the respondent's request to declare the award definitively unrecognisable and unenforceable in Germany.[4]

3 Judicial Russian Countersanctions: Anti-suit, Anti-arbitration Injunctions, and Penalty Judgments

As a countermeasure to sanctions imposed by unfriendly countries, the Russian Federation has amended its Arbitrazh Procedural Code (APC) to provide

3 *Machinery case V*, Stuttgart Court of Appeal, 1 Sch 3/24 (13 May 2025), available at <www.cisg-online.org> accessed 24 April 2026.

4 Ibid. See also, on the temporary impact of sanctions on arbitration agreements and the enforcement of arbitral awards, Swiss Federal Tribunal (13 March 2026) (4A_305/2025), available at www.bger.ch accessed 24 April 2026.

Russian targeted entities with judicial protection when other foreign *fora* are ineffective or biased due to sanctions.[5] In fact, this regime dates back to 2020 with the adoption of the 'Lugovoy Law' in response to 'Western' sanctions triggered by the events in Crimea.

The Russian regime revolves around the provision of a protective forum with authority to issue injunctions against individuals suing targeted entities in courts or arbitral tribunals sitting in *unfriendly* countries. Russian courts may also impose monetary penalties if the recipient fails to comply with the anti-suit injunction. Overall, the Russian provisions do not seek to prevent Western individuals from bringing actions altogether but aim to have cases filed with Russian courts.

More in detail article 248.1 APC provides a protective ground of jurisdiction, allowing Russian courts to rule on disputes involving sanctioned persons, even where choice-of-forum or arbitration agreements may point elsewhere. Article 248.2 grants the power to issue anti-suit injunctions with the aim of preventing foreign counterparties from initiating or continuing proceedings in foreign courts or arbitral tribunals. The same provision allows Russian courts to impose substantial fines on parties that violate the injunctions.

Taken as a whole, article 248 applies to disputes involving legal entities and individuals against whom sanctions have been adopted, as well as disputes arising from the effects of sanctions affecting Russians in general, regardless of other territorial or personal connections with the Russian Federation. Thus, Russia allegedly retains exclusive jurisdiction over targeted entities to ensure they benefit from fair and impartial justice, which is allegedly denied if the dispute were to be deferred to courts or arbitral tribunals in *unfriendly* States.

As noted above, failure to comply with anti-suit injunctions may lead to substantial monetary penalties.[6] Actually, article 248.2, Part 10, APC literally indicates that, as a consequence of failing to comply with the injunction, the penalty is issued *in favour* of the claimant. The penalty does not constitute a

5 It often happens to see *Arbitrazh* translated as 'arbitration' even in official documents. Actually, the 'Arbitrazh Procedure Code' governs, *inter alia*, jurisdiction and powers of 'Arbitrazh courts', i.e., state courts dealing with commercial disputes.

6 In 2024 alone, Russian courts reportedly used these provisions in over 200 cases, with penalties reaching up to €14 billion. See the Freshfields' report at <www.freshfields.com/en/our-thinking/campaigns/international-arbitration-in-2025/russian-disputes-and-anti-suit-injunctions-arbitration-and-state-courts-allies-adversaries-or-both> accessed 24 April 2026. More recently, the Arbitrazh Court of St Petersburg and Leningrad threatened an Austrian company with € 32-million fine if failed to withdraw an SCC arbitration claim against Gazprom Export (Judgment No A56–91014/2025 (22 October 2025), available at <www.kad.arbitr.ru> accessed 24 April 2026).

'contempt of court' fine, as understood in common law jurisdictions. We will return to this point.

Be that as it may, the penalty's amount must not exceed the claim value, nor the legal costs incurred by the parties.

Aside from being exclusive and purportedly intended for protective purposes, the jurisdiction in question appears exorbitant, as it is based solely on the claimant's inclusion among sanctioned individuals. The Russian Supreme Court clarified that no damages are necessarily required once this formal condition is fulfilled.[7] In other words, the mere imposition of sanctions creates barriers to justice for targeted entities and, thus, the basis for such an exorbitant jurisdiction.

This mechanism does not formally prohibit any foreign litigation. Parties are allowed to initiate judicial or arbitral proceedings abroad. However, both parties must agree. If they do not, that is, if targeted entities decide to bring the action before the Russian courts,[8] article 248 offers them an 'effective' forum, because it remains accessible despite sanctions – and a 'neutral' one – because it is located outside the territory of unfriendly jurisdictions.

Even when targeted entities do not dispute the existence of an arbitration agreement, they often contend that the agreement is unenforceable due to the sanctions regime. This position rests on the assumption that, were the dispute to be referred to arbitral tribunals seated in a State applying sanctions against Russia, it would risk being unfairly settled.[9]

Targeted entities also argue that they could not challenge the final award before European courts due to the aforementioned restrictions on justice that apply when the claim relates to sanction compliance.

When the counterparty nonetheless initiates proceedings before European courts or arbitral tribunals, relying on European rules of jurisdiction or the arbitration agreement, the Russian courts assert their 'exclusive' jurisdiction and issue anti-suit injunctions upon request from the targeted entity.

7 See Judgment No 309-ЭС21-6955 (1–3) (9 December 2021) and Judgment No 305-ЭС22-6215 (29 June 2022), both available at <www.kad.arbitr.ru> accessed 24 April 2026.

8 Indeed, art 248.1 APC grants to targeted entities a right in this respect, including the right to seek an order preventing the initiation or continuation of proceedings before foreign courts or arbitral tribunals.

9 Russian entities have also argued that sanctions prevent them from obtaining legal assistance: see *Commerzbank AG v RusChemAlliance LLC* [2023] EWHC 2510 (Comm). Thus, sanctions would also impact on equality of arms before European courts (Arbitrazh Court of St Petersburg and Leningrad, 22 October 2025 (n 6)).

4 The EU Response at the Crossroads of Sanction Policies and Disallowance of Russian Anti-suit Injunctions

The EU responded with its 15th sanctions package, which prohibits the recognition or enforcement of Russian anti-suit injunctions, interim orders, judgments or other decisions issued under article 248 or equivalent Russian legislation, along with the prohibition on assisting and enforcing criminal orders or penalties imposed in relation to Russian anti-suit injunctions.[10]

This suite of sanctions works on the assumption that Russian anti-suit injunctions and related penalties infringe well-established principles of international procedural law and commercial dispute resolution practice.[11] The implied reference is to injunctions issued against the institution of judicial or arbitral proceedings under choice-of-court or arbitration agreements.

However, the EU ban extends beyond anti-suit injunctions; it also encompasses all judgments and orders issued under article 248, including those on the merits.

In doing so, the EU closes the loop. Initially, article 5ab was added to Regulation 833/2014 to prevent EU operators from engaging with parties who had initiated article 248 actions before Russian courts. Subsequently, article 11c was introduced to prohibit Member State courts from recognising or enforcing any decision obtained in that way.

This approach reflects the EU's long-standing opposition to anti-suit injunctions, rooted in the case law of the Court of Justice of the EU (CJEU). From *Turner* to *West Tankers* and *Gazprom*,[12] the Court has consistently stressed the incompatibility of judicial anti-suit injunctions with the EU principles of

---

10 Reference to 'article 248' in the EU acts should be read as a joint reference to arts 248-1 and 248-2 of the 'Arbitrazh Procedure Code'.

11 The EU measure literally works on the assumption that 'the manner in which Russian courts issue such anti-suit injunctions and fines is in clear violation of established international principles and long-standing practices in the resolution of international business disputes' (Recital 9 of Decision (CFSP) 2024/3187 of 16 December 2024 amending Decision 2014/512/CFSP).

12 Case C-159/02 *Gregory Paul Turner v Felix Fareed Ismail Grovit* ECLI:EU:C:2004:228; Case C-185/07 *Allianz SpA and Generali Assicurazioni Generali SpA v West Tankers Inc* ECLI:EU:C:2009:69; Case C-536/13 *Gazprom OAO v Lietuvos Respublika* ECLI:EU:C:2015:316. See also Case C-590/21 *Charles Taylor Adjusting Ltd, FD v Starlight Shipping Co, Overseas Marine Enterprises Inc* ECLI:EU:C:2023:633, even though the case concerned a 'quasi' anti-suit injunction, since the measure at issue was a judgment awarding provisional damages against a party who had brought proceedings abroad.

mutual trust and procedural autonomy when they result in restricting the exercise of jurisdiction by courts of Member States.[13]

Thus, the ban on the recognition of Russian anti-suit injunctions as a countersanction is consistent with a system that generally does not allow the circulation of such measures. Lacking the specific provision of article 11c of Regulation (EU) No. 833/2014 one might have argued that the refusal of recognition would be grounded on the public policy exception.[14]

On the other hand, it is apparent that the EU has introduced a specific rule against the anti-suit injunction within a sanctions package. In fact, the ban on injunctions, alongside the prohibition on recognising penalties and other judgments under article 248, seems more rooted in sanctions policies than in those underlying the European measures of cooperation in civil and commercial. The recognition of Russian court decisions is prohibited, regardless of the specific purpose of the injunction to restrain parallel or related proceedings before the courts of EU Member States. Besides, the EU measure does not only ban the recognition of anti-suit injunctions. As noted above, judicial authorities of EU Member States are forbidden from recognising and enforcing any 'injunction, order, relief, judgment or other court decision pursuant to or derived from article 248' (article 11c of Regulation (EU) 833/2014).

In other words, anti-suit injunctions are just one example of the banned 'decisions'.

In light of this, such a ban reveals the EU legislator's categorical rejection of the Russian regime, which claims to assert jurisdiction solely to protect individuals who – if they had acted within the EU and under the scope of the sanctions – would not be entitled to any judicial protection from a European legal perspective. As a result, the ground and the *rationale* for refusal to recognise such anti-suit injunctions rest specifically on the sanctions regime. The same applies to Russian judgments imposing penalties or awarding damages for the infringement of prior anti-suit injunctions.

---

13 The Court remains neutral with respect to the recognition of arbitral anti-suit injunctions as it deems the matter falling outside the Brussels Ibis Regulation (*Gazprom* (n 12)).

14 Giovanni Zarra, 'Rapporti economici fra privati e accesso alla giustizia in situazioni di conflitto internazionale: profili di diritto internazionale e dell'Unione europea' (2025) 2 *Eurojus* 294.

5 The Anti-suit Injunctions Battleground outside the EU

Before English courts, operating under rules that allow the issuance of anti-suit injunctions,[15] an ongoing legal battle is unfolding through the reciprocal use of such injunctions.

It may be debatable whether English anti-suit injunctions operate in accordance with their usual basis or pursuant to the specific *rationale* of pushing back the exorbitant jurisdiction established by article 248 APC.

Overall, when it comes to granting anti-suit injunctions, courts are called to assess whether they 'would be appropriate to avoid injustice'.[16] This assessment may include the injustice arising from the exclusivity of jurisdiction that Russian courts claim, notwithstanding the presence of connections, agreements, and other factors that would lead the dispute to be heard before European courts or arbitral tribunals.

This reasoning is particularly relevant when English courts are asked to grant anti-suit injunctions in support of foreign-seated arbitral proceedings. This is not the appropriate context to address the theoretical question of whether English courts have jurisdiction in such cases. However, as rightly pointed out by Audit in his advice to the court dealing with *Commerzbank AG v RusChemAlliance*, concerning the issuance of an anti-suit injunctions in support of a Paris arbitration, the sanctions policies of France and the UK constitute international public policy, such that the English anti-suit injunctions in question would be recognised in France irrespective of the stance the French legal order has vis-à-vis the anti-suit injunctions in general.[17]

However, English courts have not explicitly endorsed this argument in their rulings. Nonetheless, it could have facilitated their decision to overcome the struggles of issuing anti-suit injunctions for foreign-seated arbitration when the breach of the arbitration agreement derives from suing before Russian courts under article 248 APC.

On the other hand, the risk of substantial monetary penalties ordered by Russian courts may provide a strong reason to restrain from seeking anti-suit injunctions.

The Unicredit case is illustrative.[18] Regarding a bond dispute, Unicredit requested an injunction to prevent the Russian counterparty from initiating

15 See extensively Thomas Raphael, *The Anti-Suit Injunction* (2nd edn, OUP 2019).

16 *Castanho v Brown and Root (UK) Ltd* [1981] AC 557 at 573.

17 Quoted in *Commerzbank AG v RusChemAlliance LLC* (n 9) para 54.

18 See *Unicredit Bank GmbH v Ruschemalliance* LLC [2025] EWCA Civ 99. Among other cases involving the issuance of anti-suit injunctions in support of foreign-seated arbitra-

proceedings against it in Russian courts under article 248 APC in breach of a prior agreement to arbitrate the dispute in Paris. Unicredit successfully obtained the anti-suit injunction before English courts. However, circumstances changed: a Russian court issued a threat of a penalty worth € 250 million if Unicredit had refused to settle the bond dispute in Russian courts. Consequently, Unicredit demanded that the English anti-suit injunction be revoked.

English courts accepted Unicredit's request, despite acknowledging that it was compelled to do so due to the potential financial repercussions it would have faced otherwise.

Leaving aside the intriguing procedural question of whether the anti-suit injunction may be *per se* revoked, it is worth noting that the English courts argued that the commercial interest underlying Unicredit's application to revoke the anti-suit injunctions had to prevail over the *rationale* of the measure in light of the circumstances of the case.[19] As noted above, the circumstances changed in such a way that Unicredit deemed it necessary to demand the revocation of previous injunctions in order to avoid penalties that would result in 'draconian' financial consequences. In other words, maintaining the English injunctions would have caused greater harm to Unicredit than the harm they were intended to prevent. It bears recalling that article 248 indicates that the penalty is issued *in favour* of the claimant so that, in the event Unicredit had refused the payment, the claimant would start enforcement against its assets located in the Russian territory or in other countries in which the enforcement would not be refused.

Similar scenarios could not occur before courts of those (most) EU Member States that unknow or even prohibit the anti-suit injunctions until the recent introduction of article 11ca into Regulation (EU) No 833/2014, which establishes a mechanism functionally equivalent to an anti-suit injunction.

6 The EU Anti-suit Injunction

Given that the refusal to recognise Russian anti-suit injunctions is primarily rooted in sanctions policy rather than general principles of private inter-

tion, see: *Deutsche Bank AG v RusChemAlliance LLC* [2023] EWCA Civ 1144; *Commerzbank AG v RusChemAlliance LLC* (n 9).

19 *Unicredit Bank GmbH v Ruschemalliance* (n 18) para 30.

national law, one might have questioned why courts in EU Member States were not granted equivalent powers.

Moreover, there is no compelling reason to categorically exclude such powers.

It is worth briefly recalling that anti-suit injunctions are deemed to clash with some principles underlying the EU judicial space, particularly that revolving around the Brussels Ibis regime.[20] As noted above, the CJEU has articulated this incompatibility since the *Turner* case. More in detail, the Court states that an anti-suit injunction that impedes the claimant to bring or continue an action clashes with the Brussels Ibis Regulation if it: (i) prevents a court of another Member State from exercising jurisdiction under the Regulation; (ii) undermines mutual trust between 'legal systems and judicial institutions' of Member States;[21] or (iii) obstructs access to the court seized under the Regulation and, thereby, access to justice.[22]

Without denying that the CJEU's ultimate purpose is to protect the individual right to access a court and mutual trust among judicial authorities, it seems logical to infer that the anti-suit injunction does not pose issues when that right is validly restricted by EU law. In other words, the anti-suit injunction would only conflict with a right of access to justice that is not inherently limited within the EU level.[23] This argument also mitigate the usual concerns about the incompatibility of anti-suit injunction with the public policy of the requested States that disregard or even prohibit them:[24] no public policy could protect a right of access to justice that is already restricted at the EU level. Moreover, the CJEU's case law does not interfere with the procedural autonomy of Member States, which are free to *provide* anti-suit injunctions in their legal order. The point the Court stresses is that the injunction may not be *recognised* in the EU space because of the aforementioned reasons.

Therefore, since EU law prohibits Member States from recognising or enforcing any decision obtained under article 248 APC, there was no conceptual barrier to allowing the European courts to grant measures aimed at making

20 Regulation (EU) No 1215/2012 of the European Parliament and of the Council of 12 December 2012 on jurisdiction and the recognition and enforcement of judgments in civil and commercial matters (recast) [2012] OJ L 351/1.

21 *Gregory Paul Turner* (n 12) para 24.

22 *West Tankers* (n 12) para 31.

23 With respect to anti-suit injunctions in support of the prohibition on individual actions after the opening of insolvency proceedings, see our *Jurisdiction in EU Cross-border Insolvency Law* (Edward Elgar Publishing 2025) 144 *et seq*.

24 Recently see Paolo Vinciguerra, 'Anti-suit injunctions, ECHR and the public policy defence' (2025) 61 *Rivista di diritto internazionale privato processuale* 674.

such prohibition effective at its source, namely where targeted entities resort to article 248.

Thus, according to article 11ca, anti-suit injunctions (rectius, orders) are directed at parties who invoke article 248 jurisdiction to claim damages or other adverse effects resulting from the sanctions, including in breach of an exclusive jurisdiction or arbitration clause designating another forum or arbitral tribunal. EU operators are entitled to seek and obtain the injunction, the grant of which is not a matter of equitable discretion but follows directly from the statutory conditions laid down by the Regulation. As such, anti-suit injunctions would neither directly nor indirectly restrict Russian courts from exercising jurisdiction. Their purpose would be solely to enforce the sanction regime applicable to targeted entities. It is no coincidence that the order requires them either not to initiate or to discontinue any proceedings under article 248, and to refrain from relying on the effects of any related measures in any jurisdiction. Failure to comply with the order gives rise to financial penalties, payable directly to the claimant, proportionate to the potential loss the claimant could suffer from such a violation. Incidentally, even if the anti-suit injunction were deemed to indirectly affect the Russian courts' jurisdiction under article 248, there is no mutual trust between European and Russian courts that bars its issuance.

Nonetheless, the new EU anti-suit injunction is subject to certain limitations.

It goes without saying that its recognition in Russia is not a realistic prospect, simply because it operates as a counter-countersanction in response to proceedings brought, and penalties imposed, under article 248.

It would have a chance in other countries, whether in those sharing the EU sanctions policies or elsewhere. Particularly pursuant to the latest amendments to article 11ca, the EU injunctions would apply to actions brought by targeted entities to enforce article 248 judgments in third countries, including those in which no sanctions apply.

However, third countries not applying sanctions or not sharing the EU sanctions policies may view the EU injunction as a form of 'secondary' or 'extraterritorial' sanction, given its potential to indirectly restrict their courts' jurisdiction, and refuse to enforce the injunctions accordingly.

On the other hand, since the EU injunction also seeks to protect choice-of-court or arbitration agreements that Russian courts have displaced under article 248, it could stand a chance of being recognised at least in third countries that, whether or not sharing the underlying sanctions policy, employ similar procedural tools for the same ends.

7 Further Russian Countersanctions and Remedies for EU Operators

The battleground involving anti-suit injunctions or obstacles to judgment recognition does not fully capture the broader judicial implications of unilateral sanctions. The EU also addresses the consequences of Russian measures that authorise state entities to take over EU operators' assets located in Russian territory.[25] In response, the EU introduced a protective jurisdictional mechanism for EU operators who are victims of such measures.

Article 11b of Regulation (EU) No 833/2014 grants them the right to claim damages before EU courts, provided that the measure is 'illegal under international customary law or under a bilateral investment treaty entered into between the relevant Member State and the Russian Federation'.[26] This applies to actions that are usually set to be brought before Russian courts due to personal or territorial connections between the dispute and Russian territory. However, in such cases, EU operators would be required to seek damages before courts of the same State that cause the harm, i.e., before courts allegedly lacking impartiality.

Against this background, the EU has established a *forum necessitatis* under article 11d of Regulation (EU) No 833/2014, which applies where the claim has a 'sufficient connection' to the forum State and no other ordinary grounds lead to the jurisdiction of European courts. Sufficient connection exists, for example, when the claimant is domiciled in the forum State.

On the other hand, such disputes may fall under the jurisdiction of investor-to-State arbitration if the relevant investment treaty (possibly a BIT concluded by the interested Member State and the Russian Federation) so provides. Moreover, judgments rendered by European courts under this new *forum necessitatis*, along with the recovery of damages from Russian entities, may themselves constitute a breach of the BIT due to the infringement of the settlement-dispute clauses provided therein. This is why article 11b exempts Member States from such liability, also stating that they shall not comply with

---

25 See the Decree of the President of the Russian Federation No 302 of 25 April 2023, which authorises the Government to take control of Russian assets owned or managed by investors associated with *unfriendly* foreign States. This regime works under two circumstances: (a) in the case of threats to Russian Federation's national security, or (b) when the Russian Federation or Russian individuals are deprived of their assets abroad.

26 The provision expressly refers to Decree No 302 of 25 April 2023 (n 25) or equivalent Russian legislation.

any judgments or arbitral awards, including investor-State arbitral awards, or other judicial decisions that hold them liable.

In the same vein, Regulation (EU) No 833/2014 was further amended to enable Member States to recover damages and costs resulting from participation in an investor-to-State arbitration initiated by targeted entities because of sanctions. In this respect, the EU considers such investment arbitrations as 'illegitimate' proceedings because they are based on claims arising from the effects of sanctions. Therefore, article 11f entitles Member States to object to the recognition of investment awards , while article 11e allows them to recover damages from those who commenced, intervened or participated in the arbitration, or seek to enforce the awards.

From the preceding, it follows that there is a blatant disregard for the investor's right to resort to arbitration and for the latter as a suitable venue for settling disputes concerning the direct or indirect impact of sanctions on foreign direct investments, regardless of whether an EU operator or a targeted entity qualifies as 'investor' in the dispute at issue.

8 Concluding Remarks

Unilateral sanctions and countersanctions in EU-Russian Federation relations have created a scenario in which States negate the effect of foreign decisions, attempt to channel disputes into their own courts, expand or restrict individual procedural rights, and give rise to jurisdictional conflicts.

The complex interplay of anti-suit or anti-arbitration or anti-anti-suit/arbitration injunctions, penalty orders, non-recognition of judgments, *forum necessitatis*, and grounds of exclusive jurisdiction exhibits unique features through the lens of sanctions and countersanctions. Yet, this lens is paramount to understanding the entire scenario.

From the EU perspective, the primary focus is on the effectiveness of sanctions so that (a) targeted entities cannot benefit from judicial protection abroad that would be denied within the EU, and (b) EU operators may rely on EU judicial protection when facing damages and costs incurred from sanction compliance or because of Russian countersanctions.

From the Russian perspective, the priority is to provide targeted entities with the judicial protection allegedly denied by 'unfriendly courts', and it is indeed denied when it comes to claims related to sanctions.

Individuals are at the centre of this conflict, facing judicial constraints, legal uncertainty, and increased costs. Quite paradoxically, even when it comes to judicial 'expansions' intended to protect EU operators affected by sanctions compliance, not all judicial means are available to them due to sanctions.[27]

Anti-suit injunctions, anti-anti-suit injunctions, and prohibitions on recognising orders, judgments, and penalties are clearly not directed at EU Member States, their allies, and the Russian Federation.

None of the above is surprising when one considers that, while States design sanctions and countersanctions, it is the communities under their jurisdiction that bear the concrete consequences. Not by chance, EU sanctions flow from Decisions adopted under the Common Foreign and Security Policy, while their application to individuals takes place through Regulations.

Undoubtedly, this period has clearly shown how far-reaching sanctions can subordinate individual rights to foreign policy objectives, raising serious concerns about whether certain sanctions infringe fundamental human rights even when measured against the proportionality test in light of their stated objectives. That, however, is a question for another inquiry.

---

27 That is the case of preservation and protective measures requested by EU operators. Whether through ordinary or special grounds of jurisdiction, and regardless of the reason why damages are claimed before EU Member State courts, none of such measures may be issued in relation to assets belonging to sanctioned individuals. The freezing of funds or economic resources, which may be subject to protective measures, prevents the latter from being issued and enforced. Even if *fumus boni iuris* informed the request for preservation measures, and even if it pertained to the same rights as those warranting the recourse to the *forum necessitatis*, the enforcement would divert the targeted asset from being blocked for sanction purposes (Case 340/20 *Bank Sepah* ECLI:EU:C:2021:903, paras 45 and 56). Ultimately, preservation or protective measures cannot override the status quo of 'frozen asset', even when supporting claims for damages caused by Russian countermeasures. All this aligns with the broad concept of 'freezing', which includes any means preventing the use of funds and economic resources as well as any move or transfer thereof, or alteration of their volume, amount, location, ownership, possession, character, and destination.

PART 7

Book Reviews

21

Antonio Cassese, *L'esperienza del male. Guerra, tortura, genocidio, terrorismo alla sbarra. Conversazione con Giorgio Acquaviva*

Giulia Perrone

The book-interview was first published in 2011. The second edition, edited by Micaela Frulli, appeared in 2025. Apart from a prologue and an afterword, the latter being a new element added to this edition, the book is composed of ten chapters and an introduction. Each chapter covers thematic areas and judicial procedures that Antonio Cassese has personally contributed to shaping throughout his career. The tone is colloquial, and the responses are precise, clear, and accessible to a general audience, while still marked by the scholarly rigor of one of the leading international jurists in history. As Frulli notes in the afterword, the book reads like Cassese's testament, given that the year of its publication coincides with the year of his passing. And indeed, he retraces the events that have led to some of the most significant transformations of international law through the account of his own direct experience. The questions posed by Giorgio Acquaviva are the ones that still confront scholars, practitioners, and anyone interested in international legal, political, and social matters today. They therefore include whether there is a way to reduce the spread of violence worldwide; whether those responsible will ever be held accountable; when civilian victims will cease to be regarded as 'collateral damage'; and whether the United Nations (UN) is respecting its mandate to maintain international peace and security. The answers, provided in 2011, remain relevant today.

Regarding the structure, chapter I presents some preliminary reflections on the 'experience of evil', defined as the direct encounter with situations arising from malice and a desire for destruction (p. 16). Chapters II and III address the rise and development of international human rights law. Chapters V, VI, and VII provide substantive discussion about genocide, torture, and terrorism, whereas chapter IV is specifically dedicated to Cassese's work on the question of Palestine. Chapter VIII deals with the international criminal justice system. Chapter IX provides a more intimate account of Cassese's educational and professional choices, including a reference to his mentors and to his understanding of the role of the jurist. Finally, the conversation ends with reflec-

© 2026 THE AUTHOR(S) | HTTPS://DOI.ORG/10.1163/9789004766891-023

tions on the difficulties of limiting State sovereignty and an appeal not to relinquish the defence of human rights.

Overall, this is an essential read, and at least three reasons justify this statement. First, Cassese observes that his experience of State-led negotiations and procedures confirmed what Hans Gerhart Niemeyer had already noted in 1932: the international community rests on a volcano represented by State sovereignty, and it takes only a minor eruption of the volcano for the international community to crumble. His most serious concern is therefore that a genuine 'international community' does not yet exist (p. 54), and that normative advancements, such as *erga omnes* obligations or *jus cogens*, remain largely formalistic, with States' behaviour mostly being guided by an *éternelle raison d'État* rather than by international agreements or customary norms (pp. 97, 244). The ongoing crisis of multilateralism makes this view arguably relevant today, as a few States are withdrawing from, or threatening to withdraw from, international agreements and organisations. The United States (US) withdrawal from the Paris Agreement, the Trans-Pacific Partnership, the Human Rights Council, and the World Health Organization is a case in point, as is the imposition of sanctions on the International Criminal Court (ICC). This illustrates a continuity with the example on p. 49, concerning a State's ability to create human rights norms while simultaneously disregarding them, based on contingent needs. As Cassese notes, the atomic bombs were dropped on Hiroshima and Nagasaki by the US just six weeks after the adoption of the UN Charter in San Francisco, and almost simultaneously with the decision to establish the Nuremberg Tribunal to prosecute the Nazis' atrocious crimes. He thus suggests maintaining a critical stance towards the actions of governments and recalls his role in the attempted creation of a national human rights institution tasked with monitoring the situation of fundamental rights and freedoms in Italy (pp. 78–86). Although that project was ultimately abandoned for political reasons, States participating in the UN Universal Periodic Review continue to recommend that Italy expedite the establishment of an independent national human rights institution (NHRI) in line with the Principles relating to the Status of National Institutions for the Promotion and Protection of Human Rights (the Paris Principles) (see Human Rights Council, 'Report of the Working Group on the Universal Periodic Review. Italy' (18 March 2025) UN Doc A/HRC/59/4). Notably, the Italian Government has recently accepted such recommendations, but it has also specified that 'for some of them [she] cannot commit to a specific prompt deadline for compliance' (all translations are by the author; see Human Rights Council, 'Report of the Working Group on the Universal Periodic Review. Italy. Addendum' (7 April 2025) UN

Doc A/HRC/59/4/Add.1). Indeed, the Global Alliance of National Human Rights Institutions (GANHRI) 2024 Annual Report shows that 118 States have successfully established NHRIs that comply fully, or in part, with the Paris Principles, and Italy is not among them.

Against the scepticism towards governmental action, Cassese places greater emphasis on the action of the 'international civil society' (p. 75). The role played by non-governmental organisations (NGOs) and other components of civil society in fact-finding initiatives concerning ongoing events or committed violations is indeed noteworthy. As recently demonstrated by national case law concerning the export of arms to Israel, courts are increasingly relying on evidence provided by NGOs when assessing international responsibility (see, for example, *Oxfam Novib et al v The Netherlands*, The Hague Court of Appeals, 200.336.130/01 (12 February 2024) para 1.5. See also: *The Queen (on the Application of Campaign Against Arms Trade) v The Secretary of State for International Trade*, High Court of Justice of England and Wales, EWCA Civ 1020 (20 June 2019) para 86). If the conversation developed in this book were to continue today, a new question might concern the extent to which civil society may contribute to international justice and law.

The call for a strengthened role of the international civil society resonates with particular urgency at this moment, when the most heinous crimes are being committed by governments, regardless of their human rights obligations, with remote prospects of holding perpetrators to account and ensuring access to legal remedies for victims. Cassese acknowledges that justice may fail to produce a real deterrent effect and to prevent crime, and recalls his frustration in witnessing the genocide being committed in Srebrenica when he was already at The Hague, serving as the President of the International Criminal Tribunal for the former Yugoslavia. The presence of a panel of judges competent to rule on the alleged crimes, and to convict the perpetrators, had not dissuaded the generals in the field from committing them, 'because racial and ethnic hatreds, in this case ethnic and religious, are so strong and deep-rooted that, in reality, the law and the judges can do very little to prevent them' (p. 138).

Nevertheless, and this is the second reason why this book is highly recommended, he suggests a five-point strategy for promoting international criminal justice (p. 196). He is of the view that, even if justice fails to produce a real deterrent effect and to prevent crime, it remains 'the most effective response to serious human rights violations', especially with regard to individual liability for international crimes, and irrespective of whether the perpetrators are generals, colonels, chiefs of staff, or even Heads of State or Prime Ministers, such as Augusto Pinochet, Slobodan Milošević, and Charles Taylor – a list to which Vladimir Putin or Benjamin Netanyahu should belong today, among others. Proceeding against individuals is, in his words, more effective than proceeding against the State, as it allows for a more concrete stigmatisation of criminal conduct and makes possible judicial policies geared toward compensating victims. He thus suggests strengthening the work of the ICC as the first point of his strategy. Regrettably, however, the perceived effectiveness of the ICC appears to be moving backwards, to the point that, only in 2025, Burkina Faso, Hungary, Mali, and Niger have notified their withdrawal from the Rome Statute. And indeed, the judicial powers of the Court have been challenged on multiple occasions, most recently in relation to Vladimir Putin and Benjamin Netanyahu, who have officially visited ICC States Parties and flown over their territory, including Italy, despite the arrest warrants pending against them and the resulting obligation to arrest and surrender the accused to the Court. Cassese further suggests promoting the prosecution of international crimes before national courts and tribunals through the exercise of universal jurisdiction, that is, irrespective of the *default* rules of active, passive personality, or place of commission. The high interest of States in universal jurisdiction is demonstrated by the ongoing debate within the Sixth Committee of the UN General Assembly; however, the actual application of such a ground remains extremely limited. Existing jurisprudence based on universal jurisdiction is sparse, and even in States that have made use of it there is lack of uniformity both in the frequency and in the modalities of its application. Taking the European context as an example, in 2025 only nine of the twenty-seven EU Member States have so far exercised their prosecutorial powers in the absence of a connecting link with the alleged offences. Among these nine, there is inconsistency regarding the crimes for which they permit the exercise of universal jurisdiction and the preconditions required for its application. Moreover, several delegations participating in the Sixth Committee have stated that respect for the immunities of State officials under customary international law should be a condition for the application of universal jurisdiction (General Assembly, 'The scope and application of the principle of universal jurisdiction. Report of the Secretary-General' (1 August 2024) UN Doc A/79/269), a position that appears difficult to reconcile with the third point of Cassese's strategy, which aims to ensure that no exceptions apply to the prosecution of serious human rights violations. The fourth point suggests the establishment of a commission of inquiry that States could rely on to collect evidence and to recommend whether, and in what manner, a trial of the alleged perpetrators should be conducted. In this context, the work of the European Union Agency for Criminal Justice Cooperation (Eurojust) is noteworthy. Although not a 'commission of inquiry', the agency cooperates with prosecutors and judges in EU Member

States to strengthen judicial cooperation across various crime areas and address related challenges, including the EU e-evidence package, which may have an impact on judicial cooperation procedures; maximising support for the agency in terms of cooperation, resources. Lastly, Cassese focuses on States and recommends that courts, such as the European Court of Human Rights, should make more explicit what is often only implicitly stated in their judgments, namely, the obligation of States found responsible of human rights violations to adopt concrete measures to prevent the recurrence of violations.

Turning to the third reason that makes this book an essential read, although many more could be added, the conversation has the merit of providing jurists with a methodological lesson.

According to Cassese, while legal sciences must be methodically rigorous, direct engagement with social reality nonetheless contributes to a fuller and more meaningful understanding of the law. Drawing on Saint-Exupéry's metaphor of the 'geographer' and the 'explorer', Cassese sees himself as the explorer: someone who does not merely study 'seas' and 'mountains' from afar but goes to see them first-hand, experiencing them directly in order to gain a deeper knowledge (p. 236). Outside the metaphor, he affirms that his understanding of international law improved significantly when he moved from purely research-oriented activities to paradiplomatic ones, and even more so when he became a member and president of the Council of Europe's Committee for the Prevention of Torture. In this latter role, he was required to visit places where people were deprived of their freedom, such as police stations, prisons, detention centres for asylum seekers, and forensic psychiatric hospitals, always accompanied by doctors, psychiatrists, and experts in penitentiary systems. His direct encounter with 'suffering humanity, living in terrible, sometimes intolerable conditions' has led him to subject the very concept of the State to stringent critique, as it has evolved since the time of Thomas Hobbes and his legendary and fearsome Leviathan. In his view, 'entering the mind of the Leviathan' is essential to fully understand how States will exercise their sovereign powers, including in the context of international human rights treaty making, or analogue negotiations. Notably, he affirms that jurists can no longer confine themselves to a positivist approach, in which one studies what exists, attempts to interpret the norms, and reconstructs the logic of institutions. What is needed is 'an injection of high values' (p. 56) aimed at fostering enthusiasm for the 'undeniable expansion of human rights' that is currently taking place. Criticisms against formal positivism had already been raised by Carl Schmitt, according to whom it is necessary to delve into the ideological underpinnings, and seek the 'values' underlying each 'piece' of the law. While Cassese agrees with the passages in Schmitt's *Legality and Legitimacy*, as well as in *Doctrine of the Constitution*, where, discussing the Weimar Constitution, the author attacked purely external and 'functional' interpretations of the Constitution that fail to take into account the 'values' sustaining it, he nonetheless warns the reader against any such critique when it is deployed to legitimise the 'crude ideological manipulation of legal science' (pp. 228–230).

In other words, Cassese appears to suggest that while positivism helps preserve scientific rigor in legal analysis, it also risks rendering such analysis entirely detached from social reality. From this perspective, engaging directly with that reality contributes to a deeper understanding of the law. Accordingly, an approach to the study of international law that incorporates sociological, philosophical, and, more generally, extra-legal dimensions is desirable, provided that jurists remain constantly aware of the ideological framework within which any reflection extending beyond strict formalism is situated. This lesson should be of highest regard for contemporary scholars and practitioners.

ILA Italy Activities in 2025

Arbitrating with States: Multi-tier Dispute Resolution Clauses and Legal Privilege, 21 January 2025, seminar organized by Carlo De Stefano (Roma Tre University) under the auspices of ILA Italy.

Shaping Appropriate ADR in International Law, 7 April 2025, conference organized by the ILA Committee on ADR in International Law under the auspices of ILA Italy and the University of Florence.

Regulating Activities in the Cyberspace. International and European Perspectives, 13 February 2025, conference organized by Gian Maria Farnelli (University of Bologna Alma Mater) under the auspices of ILA Italy.

Artificial Intelligence and International Law: Between New Prospects and Human Rights Concerns, 26 February 2025, webinar organized by ILA Italy alongside the Islamabad Policy Research Institute (IPRI) and the Research Society of International Law (RSIL).

Il diritto in uno spazio estremo: la dimensione sottomarina, 5 March 2025, conference organized by Ilaria Tani (University of Milan-Bicocca) under the auspices of ILA Italy, the Italian Ministry of Foreign Affairs and International Cooperation, the Italian Ministry of Universities and Research, the Italian Ministry for Civil Protection and Maritime Policies, the Italian Navy, the National Biodiversity Future Center, the Milan Bar Association, the Guglielmo Marconi 150th National Committee, the Guglielmo Marconi Foundation, and other stakeholders.

Il diritto internazionale alla prova della crisi ucraina, 7 May 2025, seminar organized by Fulvio Maria Palombino (University of Rome Tor Vergata) under the auspices of ILA Italy.

Giustizia internazionale e cambiamenti climatici: esperienze e prospettive a confronto, 9 May 2025, conference organized by Andrea Saccucci (University of Naples Luigi Vanvitelli) under the auspices of ILA Italy and the Italian Society of International Law and in collaboration with the PhD Program in Internationalization of Legal Systems and Fundamental Rights.

Antonio Cassese "L'esperienza del male. Guerra, tortura, genocidio, terrorismo alla sbarra" (a cura di Micaela Frulli), 14 May 2025, book launch organized by Mirko Sossai (Roma Tre University) under the auspices of ILA Italy.

International Law for the SDGs: Opportunities and Challenges in Turbulent Times, 15 May 2025, inaugural event of the ILA Committee on International Law for the SDGs organized by Ilaria Espa (Università della Svizzera italiana) under the auspices of ILA Italy.

© 2026 THE AUTHOR(S) | HTTPS://DOI.ORG/10.1163/9789004766891-024

Cause and Effect: The Dynamics of Causation and Damages in International Arbitration, 20 May 2025, seminar organized by ArbIt, the Italian Forum for Arbitration and ADR and ILA Italy.

Uso della forza e legittima difesa alla luce del conflitto a Gaza, 22 May 2025, seminar lecture by Maurizio Arcari (University of Milan-Bicocca), organized by Donato Greco and Loris Marotti (University of Naples Federico II) under the auspices of ILA Italy, as part of the seminar series "Confronti federiciani di diritto internazionale" (I ed. 2025).

What's Next for International Sanctions?, 14 June 2026, roundtable organized by Mirko Sossai (Roma Tre University) under the auspices of ILA Italy on the occasion of the book launch of the volumes: Giovanna Adinolfi, Alessandra Lang, and Chiara Ragni (eds), "Sanctions By and Against International Organizations. Common Issues and Current Developments", Intersentia, Cambridge, 2024; Antonio Bultrini, Francesco Giumelli, Clara Portela, and Mirko Sossai (eds), "International Sanctions in Practice: An Interdisciplinary Perspective", Routledge-Giappichelli, Abingdon-Torino, 2024.

***Erga Omnes* Coming of Age**, 26 June 2025, seminar lecture by Christian J. Tams (University of Glasgow) organized by Donato Greco and Loris Marotti (University of Naples Federico II) under the auspices of ILA Italy, as part of the seminar series "Confronti federiciani di diritto internazionale" (I ed. 2025).

Infrastrutture strategiche in mare: dialogo tra diritto e industria sulle sfide di regolamentazione dell'offshore, 14 October 2025, co-organized by Watson Farley & Williams and ILA Italy, on the occasion of the launch of the very first volume of the "Yearbook of the ILA Italian Branch".

Le sanzioni economiche unilaterali nel diritto internazionale pubblico e privato, 17 October 2025, conference organized by Donato Greco, Loris Marotti and Giovanni Zarra (University of Naples Federico II) under the auspices of ILA Italy.

Il rapporto tra scienza e diritto nella giurisprudenza dei tribunali internazionali, 31 October 2025, seminar lecture by Chiara Ragni (University of Milan Statale), organized by Donato Greco and Loris Marotti (University of Naples Federico II) under the auspices of ILA Italy, as part of the seminar series "Confronti federiciani di diritto internazionale" (I ed. 2025).

Il contributo della Corte europea dei diritti dell'uomo alle sfide del cambiamento climatico, 10 November 2025, seminar lecture by Judge Raffaele Sabato (European Court of Human Rights), organized by Eduardo Savarese (University of Naples Federico II) under the auspices of ILA Italy.

Giurisdizione consultiva della Corte internazionale di giustizia e cambiamento climatico: criticità e prospettive, 13 November 2025, seminar lecture by Laura Pineschi (University of Parma), organized by Donato Greco and Loris Marotti (University of Naples Federico II) under the auspices of ILA Italy, as part of the seminar series "Confronti federiciani di diritto internazionale" (I ed. 2025).

Sponsorship Credits

CURTIS
Curtis, Mallet-Prevost, Colt & Mosle LLP

GIANNI & ORIGONI

WATSON FARLEY & WILLIAMS

© 2026 THE AUTHOR(S) | HTTPS://DOI.ORG/10.1163/9789004766891-025

www.ingramcontent.com/pod-product-compliance
Lightning Source LLC
LaVergne TN
LVHW020718290926
849104LV00003B/27
* 9 7 8 9 0 0 4 7 6 6 8 8 4 *